Wilhelm Streitberg

Urgermanische Grammatik

Wilhelm Streitberg

Urgermanische Grammatik

ISBN/EAN: 9783744624077

Hergestellt in Europa, USA, Kanada, Australien, Japan

Cover: Foto ©Andreas Hilbeck / pixelio.de

Weitere Bücher finden Sie auf **www.hansebooks.com**

SAMMLUNG

VON

ELEMENTARBÜCHERN

DER

ALTGERMANISCHEN DIALEKTE.

UNTER MITWIRKUNG VON

Prof. Dr. K. D. BÜLBRING, Prof. Dr. F. HOLTHAUSEN,
Dr. B. KAHLE, Prof. Dr. V. MICHELS, Dr. L. SÜTTERLIN

HERAUSGEGEBEN

VON

Dr. W. STREITBERG,

O. Ö. PROFESSOR DER INDOGERMANISCHEN SPRACHWISSENSCHAFT
AN DER UNIVERSITÄT FREIBURG I. D. SCHWEIZ.

———

I. URGERMANISCHE GRAMMATIK.

HEIDELBERG.

CARL WINTER'S UNIVERSITÄTSBUCHHANDLUNG.

1896.

URGERMANISCHE

GRAMMATIK.

EINFÜHRUNG IN DAS VERGLEICHENDE STUDIUM
DER ALTGERMANISCHEN DIALEKTE

VON

Dr. W. STREITBERG,

O. Ö. PROFESSOR DER INDOGERMANISCHEN SPRACHWISSENSCHAFT
AN DER UNIVERSITÄT FREIBURG I. D. SCHWEIZ.

HEIDELBERG.
CARL WINTER'S UNIVERSITÄTSBUCHHANDLUNG.
1896.

EDUARD SIEVERS

in hoher Verehrung.

Vorwort.

Die vorliegende urgermanische Grammatik ist das erste in einer Reihe von Elementarbüchern, die den Anfänger in das Studium der altgermanischen Dialekte einführen sollen. Der Zweck des Unternehmens ist für die ganze Anlage des Buches und für die Auswahl des Stoffes bestimmend gewesen. Wenn sich trotzdem der erste Band der Sammlung nicht nur dem Umfang nach, sondern auch in mancher andern Beziehung von den folgenden unterscheidet, so beruht das nicht auf planloser Willkür, sondern ist in der Natur der Aufgabe begründet. Diese läßt sich am besten dahin definieren, daß die urgermanische Grammatik durch eine systematische Vergleichung der altgermanischen Dialekte untereinander die allen gemeinsame Grundlage festzustellen und das gewonnene Resultat in den weitern Rahmen der allgemein-indogermanischen Grammatik einzufügen habe.

Aus der Natur dieser Aufgabe folgt unmittelbar, daß die Grundlage für ein befriedigendes Verständnis der Probleme, die in der urgermanischen Grammatik behandelt werden, eine hinlängliche Kenntnis der Thatsachen ist, die das Fundament der Rekonstruktion abgeben. Wenn also die urgermanische Grammatik, von rein wissenschaftlichem d. h. historischem Gesichtspunkt aus betrachtet, an der Spitze einer Sammlung von Grammatiken der altgermanischen Dialekte stehn muß, weil sie die Grundlage für das wissenschaftliche Verständnis der Einzelmundarten schafft, so ist doch nicht zu bezweifeln,

*

daß sie vom Standpunkt der Praxis aus die letzte
Stelle einzunehmen habe: erst wenn der Anfänger die
Grammatik der einzelnen Dialekte durchgearbeitet und
sich zu eigen gemacht hat, kann er sich mit Nutzen an
eine Synthese der überlieferten Thatsachen wagen.

Es läßt sich nicht verkennen, daß eine solche Rekonstruktion eigentümliche Schwierigkeiten bietet und daß es
aus diesem Grunde nicht eben leicht ist, einem Anfänger,
der nur über eine gewisse Kenntnis von Thatsachen aus
dem Bereich der altgermanischen, der griechischen und
der lateinischen Grammatik verfügt, knappe und doch
faßliche Anweisung zu geben, die ihn zum Verständnis
der oft verwickelten Probleme befähige. Ich habe mich
nach besten Kräften bemüht, alles in den Rahmen der
Darstellung aufzunehmen, was nähere oder entferntere
Voraussetzung der vorgetragnen Lehren ist. So recht-
fertigt sich die relativ ausführliche Behandlung mancher
Fragen der allgemein-indogermanischen Grammatik, die
beim ersten Blick vielleicht befremden könnte. Sie scheint
mir um so notwendiger, als zur Stunde eine zusammenfassende Darstellung der idg. Lautlehre, die den heute
herrschenden Anschauungen entspräche, nicht existiert.
Im übrigen bemerk ich, daß hier wie sonst bei der Auswahl des Stoffes für mich die Erfahrungen maßgebend gewesen sind, die ich während der letzten fünf Jahre in meinen
Vorlesungen über germanische Grammatik gemacht habe.
Ich darf mich daher wohl der Hoffnung hingeben, daß
mein Büchlein, da es unmittelbar aus der Praxis er-
wachsen ist, im allgemeinen wenigstens die richtige Mitte
zwischen den beiden Extremen 'zu wenig' und 'zu viel'
innehalte.

Bei dieser Gelegenheit sei es mir gestattet, über das
Verhältnis des vorliegenden Werkchens zu der schon längst
von mir verheißnen Deutschen Grammatik, die in Breit-
kopf und Härtels Bibliothek indogermanischer Grammatiken erscheinen soll, ein Wort beizufügen. Wenn ich
mein Versprechen nicht so rasch einlösen kann, als es

mein Wunsch wäre, so ist daran lediglich die Ungunst äußerer Verhältnisse schuld. Dafür, daß ich meine Absicht nicht aufgegeben habe, ist grade dies Büchlein Bürge. Es hat mir willkommne Gelegenheit gegeben, alle über die Grenzen des Germanischen hinausgehnden Probleme aus meinem Plan auszuscheiden und ihn dadurch geschloßner und einheitlicher zu gestalten: Die 'urgermanische Grammatik' behandelt die Entwicklung der indogermanischen Ursprache zum Urgermanischen; die 'deutsche Grammatik' wird die Entwicklung der altgermanischen Dialekte aus dem Urgermanischen darzustellen haben.

Ein Wort der Erläuterung bedarf ferner das Verhältnis meines Werkchens zu seinen Vorgängern. Brugmanns Grundriß, Kluges Vorgeschichte und Noreens Lautlehre sowohl in der schwedischen wie in der deutschen Bearbeitung sind überall sorgsam zu Rate gezogen und verwertet worden, wie jeder Kundige unschwer erkennen wird. Aber so sehr ich mich auch jeder Übereinstimmung mit jenen ausgezeichneten Gelehrten freue, so hat doch grad in dem Umstand, daß ich in wesentlichen Punkten ihre Anschauungen nicht zu teilen vermag, für mich ein Anreiz gelegen, meine Auffassung der ihren gegenüber zu stellen.

Wer die Forschungen der letzten Jahre verfolgt hat, weiß, daß die Frage nach der Formulierung der germanischen Auslautgesetze im Mittelpunkte der Diskussion steht. Von ihrer Entscheidung ist die Beantwortung zahlreicher Einzelfragen nicht nur auf dem Gebiete der Lautlehre, sondern namentlich auch auf dem der Formenlehre direkt abhängig. Ich für meine Person bekenne mich in allen wesentlichen Punkten als einen Anhänger der Lehre von Scherer, Mahlow, Hanssen, Hirt. Jeder der vier Namen scheint mir einen Fortschritt auf dem Weg zur Erkenntnis zu bedeuten. Aber während die Vulgatansicht von Brugmann bis Wilmanns in ausgiebigster Weise zu Wort gekommen ist und reichlich Gelegenheit gehabt hat, ihre Vorzüge und Schwächen vor aller

Augen zu zeigen, ist es der neuen Lehre bisher nicht beschieden gewesen, in einem Lehrbuch Eingang zu finden. Unter diesen Umständen ist es für einen Gegner der herrschenden Anschauung eine lockende Aufgabe, in systematischer Darstellung den Beweis zu erbringen, daß die neue Lehre der alten nicht nur in theoretischer, sondern auch in praktischer Hinsicht überlegen sei.

Daß dieser Versuch auf mancher Seite Anstoß erregen werde, läßt sich voraussehn. Dennoch habe ich keinen Augenblick geschwankt, nur das zu bieten, was ich selber für richtig halte, mag es auch andern anders scheinen.

Da in meinen Augen ein wesentlicher Teil meiner Aufgabe darin besteht, den Zuwachs, den die letzten Jahre unsrer Erkenntnis gebracht haben, auch dem Anfänger zugänglich zu machen, so hab ich bei den Litteraturangaben dem letzten Jahrzehnt besondre Aufmerksamkeit geschenkt. Ältere Litteratur ist nur in ganz bestimmten, leicht verständlichen Fällen genannt. Diese Beschränkung dünkt mich ungefährlich, da Brugmann, Kluge und Noreen überall bequem zugänglich sind. Mit Rücksicht auf die jüngst erschienene deutsche Bearbeitung von Noreens Schrift hab ich in der Lautlehre die Litteraturangaben auf ein Minimum beschränkt.

Im allgemeinen hat mich bei der Aufnahme von Zitaten das Prinzip geleitet, Litteraturangaben nur dort zu machen, wo eine Einigung in der Beurteilung der Thatsachen noch nicht erfolgt ist. Indem ich hier die neuesten Untersuchungen nenne, glaub ich dem Leser hinlänglich Veranlassung und Gelegenheit gegeben zu haben, die Streitfrage weiter zu verfolgen.

Zusammenfassende Handbücher werden nicht zitiert. Nur in einem Falle hab ich eine Ausnahme von dieser Regel machen zu müssen geglaubt: bei Hirts Akzentbuch. Da mir das Werk durch die Güte des Verfassers schon in den Korrekturabzügen mitgeteilt ward, so widerstrebte mir eine stillschweigende Verwertung seiner Resultate. Ich hab es daher jedesmal ausdrücklich namhaft gemacht.

Schließlich bleibt mir noch die angenehme Pflicht, den Herrn zu danken, die mich bei der Ausarbeitung der Grammatik unterstützt haben, sei es durch Auskunft in zweifelhaften Fällen, sei es durch Durchsicht der Korrekturbogen. Es sind Prof. Brugmann, Prof. Sievers, Prof. Bülbring, Prof. Holthausen, Dr. Kahle, sowie Freund Hirt, mit dem ich die meisten Probleme bald mündlich, bald schriftlich wieder und wieder erörtert habe.

Wiesbaden, 10. Oktober 1895.

Wilhelm Streitberg.

Inhalt.

Einleitung.

Seite.

Erstes Kapitel. Litteraturangaben (§ 1—8) . . . . . 1—8
Zweites Kapitel. Stellung und Gliederung der germanischen Sprache (9—15) . . . . 9—17

Erster Hauptteil: Laut- und Akzentlehre.

Drittes Kapitel. Sprachphysiologische Vorbemerkungen 18—30
Litteraturangaben (16). — Die Sprachorgane (17).
— Ruhelage und Artikulation (18). — Die Sprach-
laute (19). — Die Artikulationsarten (20). — Die Ar-
tikulationsstellungen (21). — I. Die Vokale (22. 23).
— II. Die Konsonanten (24—30). — Funktionsver-
schiedenheiten (31. 32). — Einwirkung der Laute auf-
einander (33). — Der Akzent (34—38).
A. Vokalismus. Viertes Kapitel. Das indogermanische Vokalsystem . . . . 31—43
Die idg. Vokale (39—43). — Das Verhältnis der
idg. Vokale zu einander. A. Qualitativer Ablaut (44).
— B. Quantitativer Ablaut (45—48). — Die Ablautstufen der wichtigsten Formkategorien (49).
Fünftes Kapitel. Die idg. Vokale im Germanischen 43—96
Idg. *a o ə* (50—56). — Idg. *ō* und *ā* (57—61).
— Idg. *e* (62—66). — Idg. *i* (67. 68). — Idg. *u*
(69—71). — Idg. *i* und *u* in unsilbischer Funktion
(72—74). — Wechsel zwischen unsilbischem und silbischem *i* (75). — Idg. *ē* (76—78). Anhang: enges
germanisches *ê* (79). — Idg. *ī* und *ū* (80). — Die
silbischen Liquiden und Nasale (81—84). — Die idg.
Langdiphthonge; Vokalkürzung im Germanischen
(85—88). Anhang: -*ēu̯*-, -*āu̯*-, -*ōu̯*- und -*ēi̯*- vor Vokal
(89—92). — Vokaldehnung (93). — Einwirkung der
Vokale aufeinander [Umlaut] (94). — Der idg. Ablaut im Germanischen. A. *e*-Reihe: 1. *e* vor Verschlußlaut oder Spirans (95); Anhang: schwundstufiges *ē*

Seite.

(96). 2. *e* vor einfachem Nasal oder einfacher Liquida (97); Anhang: schwundstufiges *ē* (98). 3. *e* vor Nasal oder Liquida + Konsonanz (99). 4. *e*+*i̯* (100). 5. *e*+*u̯* (101). B. *a*-Reihe (102). C. *ē*-Reihe (103). D. *ā*-Reihe. — Reihenwechsel (105). — Die germanischen Vokale der Haupttonsilben (106).

B. Konsonantismus. Sechstes Kapitel. Das indogermanische Konsonantensystem . . . . . . 97—103
  Übersicht (107). — 1. Labiale (108). — 2. Dentale (109). — 3. Palatale (110). — 4. Die reinen Velare (111). — 5. Die labialisierten Velare (112). — Tabellen (113).

Siebentes Kapitel. Die idg. Konsonanten im Germanischen . . . . 103—137
  Lautverschiebung und grammatischer Wechsel. Geschichtliches (114). — Erster Verschiebungsakt: Die idg. Tenues werden zu Tenues aspiratae (115). — Zweiter Verschiebungsakt: Die Tenues aspiratae werden zu stimmlosen Spiranten (116). A. Die auf idg. Tenues zurückgehnden Aspiraten (117): 1. idg. *p* = germ. *f*; 2. idg. *t* = germ. *þ*; 3. vorgerm. *k* = germ. *h* [I. idg. *k̂*; II. idg. *k*]; idg. *kv* = germ. *lv*, *h*, *f*. — B. Die idg. Tenues aspiratae (118): *ph*, *th*, *kh*. — Ausnahmen (119) 1. bei vorausgehnder Spirans, 2. idg. *tt*. — Dritter (und vierter) Verschiebungsakt (121): A. Die idg. Mediae aspiratae (122), 1. idg. *bh* = urgerm. *b*, 2. idg. *dh* = urgerm. *d*, 3. vorgerm. *gh* = urgerm. *ɉ* [I. idg. *ĝh*, II. idg. *gh*], 4. idg. *gvh* = urgerm. *ɉu̯*, *ɉ*, *w*. B. Die idg. Tenues und Tenues aspiratae (123): 1. idg. *p* = germ. *b*, 2. idg. *t* = germ. *d*, 3. vorgerm. *k* = germ. *ɉ*, 4. idg. *kv* = germ. *ɉw*, *ɉ*, *w*, 5. idg. *s* = germ. *z*. — Der grammatische Wechsel (124): 1. beim Verbum, 2. beim Nomen. — Der letzte Verschiebungsakt (125). — Die idg. Mediae werden zu germ. Tenues: 1. idg. *b* = germ. *p*, 2. idg. *d* = germ. *t*, 3. vorgerm. *g* = germ. *k*, 4. idg. *gv* = germ. *q*, *k*. Anhang: Verschiebung der geminierten urgerm. Mediae. — Chronologisches (126).

Achtes Kapitel. Konsonantenverbindungen und Verwandtes . . . . 138—153
  I. Assimilationen. A. Progressive Assimilation von 1. *n* an vorausgehende stimmhafte Spiranten oder Verschlußlaute, 2. *ln* zu *ll*, 3. *nu̯* zu *nn*. B. Regressive Assimilation von 1. *dl* zu *ll*, 2. *zl* zu *ll*,

3. *zm* zu *mm*; partielle Assimilation von idg. *md* zu
nd, von idg. *ŋkv* zu *mf*. — II. Verschiebung der
Artikulationsart (128): *mn* wird *bn*, *mr* wird *br*. —
III. Konsonantenverlust (129): 1. Vor *s* + Konsonanz, 2. vor *h*, 3. von *u*, 4. nach anlautender Konsonanz,
5. von *h* nach Konsonanz, 6. Schwund mittlerer Konsonanten: a) zwischen *s* + Konsonant, b) zwischen zwei
n, c) zwischen *n* + *i*, d) Schwund von *u* zwischen Konsonant + *i*, 7. Schwund im Auslaut a) von dentalen
Verschlußlauten, b) von Nasalen. — IV. Einschub
von Konsonanten (130): 1. Zwischen *s* + *r*, 2. zwischen inlautendem *m* + *r*. — Die westgermanische
Konsonantendehnung (131). — Übersicht über die
germanischen Konsonanten (132).

C. Akzentlehre. Auslautgesetze. Neuntes
   Kapitel. Der indogermanische Akzent . . . . .   153—163
      I. Der idg. Satzakzent (133). — II. Der idg. Wort-
   akzent (134). — III. Der idg. Silbenakzent: gestoßne
   und schleifende Akzentqualität im Idg. Entstehung
   des Schleiftons (135—140).

Zehntes Kapitel. Der germanische Akzent . . . . .   163—191
      1. Der germ. Satzakzent (141). — 2. Der germ.
   Wortakzent: Die Existenz der idg. Akzentstel-
   lungen im Urgerm. (142). — Die germ. Akzentverschiebung: A. Der germ. Hauptiktus. B. Der germ.
   Nebeniktus (143). — Synkope und Apokope kurzer
   Vokale: Allgemeines. Absolut auslautendes -*a* -*e* (144),
   a-Verlust (145), *i*-Verlust (146), *u*-Verlust (147). —
   3. Der germ. Silbenakzent: Unterscheidung schleifender (dreimoriger) und gestoßner (zweimoriger)
   Längen im germ. Auslaut. A. Schleifende Endsilben:
   urgerm. 1. -*ō̃*, 2. -*æ̃*, 3. -*ō̃*, 4. -*æ̃*, 5. -*oĩ*, 6. -*ĩ*. B. Gestoßne Endsilben: urgerm. 1. -*ó*, 2. -*iế*, 3. -*í*, 4. -*ái*, 5. -*ṑ*,
   6. -*æ̀* (148—152).

Zweiter Hauptteil: Formenlehre.

Erster Abschnitt: Nomen und Pronomen.

Elftes Kapitel. Die idg. Nominalstammklassen im Ger-
   manischen . . . .   192—223
      A. Die vokalischen Bildungen. I. *e̯o*-
   Stämme: 1. reine *e/o*-Stämme, 2. *i̯e/i̯o*-Stämme, 3. *u̯e/u̯o*-
   Stämme, 4. *re/ro*-Stämme, 5. *le/lo*-Stämme, 6. *me/mo*-
   Stämme, 7. *ne/no*-Stämme, 8. *te/to*-Stämme, 9. *ke/ko*-

Stämme, 10. *ske̹sko*-Stämme. — Akzentuation (153).
— II. Die *ā*-Stämme. Akzentuation (154). — III. Die
i̹ē-Stämme. Akzentuation (155). — IV. Die *i*-Stämme:
1. reine *i*-Stämme, 2. *ni*-Stämme, 3. *ti*-Stämme. Akzentuation (156). — V. Die *u*-Stämme: 1. reine *u*-
Stämme, 2. *nu*-Stämme, 3. *tu*-Stämme, Akzentuation (157). — B. Die konsonantischen Bildungen.
Verhältnis zu den *e̹o*-Stämmen (158). — I. Die sog.
Wurzelstämme. Akzentuation (159). — II. Die *r*-
Stämme. Akzentuation (160). — III. Die *n*-Stämme.
1. reine *n*-Stämme. 2. *men*-Stämme. 3. *i̹en*-Stämme.
4. *u̹en*-Stämme. 5. heteroklitische Stämme. Akzentuation (161). — IV. Die *s*-Stämme. 1. reine
s-Stämme, 2. *i̹es*-Stämme, 3. *u̹es*-Stämme. Akzentuation (162). — V. Die *t*-Stämme. Akzentuation (163). — VI. Die *nt*-Stämme. Akzentuation.
(164). — Anhang: Die Bildung der Zahlwörter.
A. Kardinalia. I. 1—10 (165). — II. 11—19 (166). —
III. 20—120 (167). — IV. 100—1000 (168). — B. Or-
dinalia (169).

Zwölftes Kapitel. Nominaldeklination . . . .   223—275
Vorbemerkungen (170). — Idg. Kasusendungen
(171). — A. Die vokalische Deklination. I.
e̹o-Stämme: 1. Die reinen *e̹o*-Stämme (172). 2. Die
i̹e̹i̹o- und *u̹e̹u̹o*-Stämme (173). — II. Die *ā*-Stämme
(174). — III. Die *i̹ē*-Stämme (175). — IV. Die *i*-Stämme
(176). — V. Die *u*-Stämme (177). — B. Die konsonantische Deklination. I. Die sog. Wurzelstämme (178). — II. Die *r*-Stämme (179). — III. Die
n-Stämme (180). — IV. Die *s*-Stämme (181). — V. Die
nt-Stämme (182).

Dreizehntes Kapitel. Stammbildung und Flexion der
Pronomina . . . .   261—275
A. Die Personalpronomina (183—185). — B. Die
geschlechtigen Pronomina. I. Die wichtigsten Stämme
(186). — II. Die Flexion (187). — Anhang: A. Die
Flexion der Adjektiva (188). — B. Die Bildung der
Adverbia (189).

Zweiter Abschnitt: Verbum.

Vierzehntes Kapitel. Vorbemerkungen . . . .   276—288
1. Aktionsart und Zeitstufe (190, 191). — 2. Die
sog. Tempora (192). — 3. Die Modi (193). — 4. Die
Genera Verbi (194). — 5. Die idg. Personalendungen:

Seite.

Der Unterschied zwischen absoluter und konjunkter
Endung (195). — Die Endungen I. des Aktivs, II. des
Mediums (196). Perfektendungen (197). — 6. Das
Verbum infinitum: a) Infinitive, b) eigentl. Partizipia,
c) Verbaladjektiva (198).

Fünfzehntes Kapitel. Das Präsens . . . .   288—322
    A. Die Stammbildung. Vorbemerkungen (199).
1. Die e/o-Klasse: I. wurzelbetonte, II. suffixbetonte
e/o-Verba (200). — 2. Die ne/no-Klasse (201). — 3. Die
nu̯e/nu̯o-Klasse (202). — 4. Nasalinfixklasse (203). —
5. te/to-Klasse (204). — 6. Die ske/sko-Klasse (205).
— 7. Die i̯e'/i̯o-Klasse: A. Die idg. Verhältnisse.
a) Die primären Verba. I. Die eigentlichen i̯e'/i̯o-Verba:
1. Die starren, 2. die abgestuften Bildungen. II. Die
Kausativa. III. Die Verba auf -ē̆i̯-. b) Die denominativen Verba. — B. Die germanischen Verhältnisse. a) Die primären Verba. I. Die eigentlichen i̯e'/i̯o-Verba: 1. die starren, 2. die abgestuften
Bildungen. II. Die Kausativa. III. Die Verba auf
-ē̆i̯-. b) Die denominativen Verba (206). — 8. Die
primäre ā-Klasse (207). — 9. Die nā-Klasse (208).
— 10. Die neu-Klasse (209). — 11. Die sog. Wurzel-
klasse: I. die unreduplizierten, II. die reduplizierten
Wurzelverba (210). — B. Die Flexion. I. Aktiv-
endungen (211). — II. Medialendungen (212).

Sechzehntes Kapitel. Das Präteritum. . . . .   323—342
    Vorbemerkungen (213) — I. Das starke Prä-
teritum. A. Stammbildung. 1. Die ablautenden
Präterita (214). — 2. Die reduplizierenden Präterita:
I. Mit erhaltner Reduplikationssilbe (215). — II. Ohne
Reduplikation (216). — B. Die Personalendungen (217).
— II. Das schwache Präteritum: Litteratur
(218). — A. Die Personalendungen (219). — B. Die
Stammbildung. I. Der Dental und seine Herkunft:
1. die denominativen, 2. die primären Verba. II. Die
Stämme (220).

Siebzehntes Kapitel. Die Modi . . . .   342—348
    I. Der Optativ. 1. Stammbildung. A. Der the-
mathische, B. der athematische Optativ. — 2. Personalendungen (221). — II. Der Konjunktiv (222).
— III. Der Imperativ (223).

Wortregister . . . .   348—369
Berichtigungen und Nachträge . . . .   370—371

Vorbemerkungen.

A. Orthographische Erläuterungen.

1. Die Umschrift des ai. Alphabets.

Kurze Vokale: a i u.
Lange Vokale: $\bar{a}$ $\bar{\imath}$ $\bar{u}$.
Vokale in unsilbischer Funktion: y v.
Kurze Diphthonge: $\bar{e}$ [1]) $\bar{o}$ [2]).
Lange Diphthonge: $\bar{a}i$ $\bar{a}u$.
Liquiden: r l.
Liquiden in silbischer Funktion; Kürzen: r l.
                              Längen: $\bar{r}$.
Hauchlaut: h.

Artik.-Stelle.	Ten.	Ten. asp.	Med.	Med. asp.	Nas.	Spir.
Velare	k	kh	g	gh	$ṅ$	
Palatale	c [3])	ch	j [4])	jh	$ñ$	$ś$ [5])
Kakuminale	$ṭ$	$ṭh$	$ḍ$	$ḍh$	$ṇ$	$ṣ$ [6])
Dentale	t	th	d	dh	n	s
Labiale	p	ph	b	bh	m	

Die Nasalierung wird durch ˎ bezeichnet.

---

[1]) = urar. ai.
[2]) = urar. au.
[3]) Wie engl. ch in *child*.
[4]) Wie engl. j in *journal*.
[5]) Wie deutsches ch in *ich*.
[6]) Wie deutsches *sch*.

2. Zur Schreibung des Germanischen.

I. Gemeingermanisch.

In den (hypothetischen) urgerm. Wörtern bezeichnen *f þ h lv* stimmlose, *ƀ đ ʒ ʒw* die entsprechenden stimmhaften Spiranten. Es ist dies zu beachten, weil in den überlieferten Dialekten *h* in den meisten Fällen den Hauchlaut, *lv* den labialisierten Hauchlaut wiedergiebt; weil ferner im Aisl. *f,* im Ae. *đ* sowohl den stimmlosen als auch den stimmhaften bilabialen bezw. dentalen Spiranten ausdrücken, während ae. *ʒ* neben der Geltung als stimmhafte Spirans auch den Wert einer Media hat.

Das Umlaut-*e* wird zum Unterschied von dem ererbten oder aus *i* entstandnen *e* nach dem Vorschlag von E. Sievers durch *ę* gegeben.

II. Gotisch.

lv bezeichnet labialisiertes *h*. *ai* = *æ*, *aú* = *å*. *ái* und *áu* sind ihrer etymologischen Geltung nach Diphthonge; gesprochen wurden sie in unbetonter Silbe sicherlich schon als langes *æ* und *å*.

III. Altisländisch.

Der Akut ist Längezeichen.

ǫ ist offnes *o* (*å*), *æ* offnes *e* (*ä*), *ø* offnes oder geschloßnes *ö*.

IV. Altenglisch.

Der Akut ist Längezeichen.

3. Zur Umschrift des Altbulgarischen.

e o ĭ ŭ sind etymologische Kürzen, *a ē i y*[1] *u*[2] etymologische Längen.

Nasalvokale: *ę* wie frz. *in* in *ingrat*, *ǫ* wie frz. *on* in *bon* zu sprechen.

š = deutsch. *sch*, *č* = engl. *ch* in *child*, *ž* = frz. *j* in *jour*.

4. Zur litauischen Orthographie.

a e i u sind etymologische Kürzen. *ą ę* haben etymologisch die Geltung von Nasalvokalen, phonetisch bedeuten sie langes *ā*, langes weites *e* (*ǣ*). *ė* ist langes enges *ê*, *y* ist *ī*. *ū* wird als *uo*, *ë* als *iė* gesprochen.

sz = abg. *š*, *cz* = abg. *č*.

Die in der Grammatik angewandte Akzentuation ist die von Baranowski (nicht die von Kurschat). Der Gravis (`) steht daher nur auf einmorigen Vokalen (im Auslaut).

---

[1] = idg. *ī*.

[2] = urslav. *ou*.

Zusatz: Die hochdeutsche Lautverschiebung.

Da in der Grammatik vielfach ahd. Formen angeführt werden, ohne daß der Rahmen des Buches es gestattet hätte, die hd. Lautverschiebung zu behandeln, so sei zur Orientierung bemerkt, daß die urgermanischen Tenues in den ahd. Dialekten, wo die Verschiebung vollständig durchgeführt ist,

1) im Anlaut, in der Gemination und nach Konsonanten zur Affrikata;

2) im In- und Auslaut nach Vokalen zur gedehnten Spirans

verschoben werden.

Bezüglich der hd. Vertretung der urgerm. stimmhaften Spiranten und Verschlußlaute (Mediae) sei nur erwähnt, daß urgerm. d und $đ$ im Ostfränkischen und Oberdeutschen als t erscheinen.

B. Die wichtigern Abkürzungen.

abg. = altbulgarisch.
ae. = altenglisch.
ahd. = althochdeutsch.
ai. = altindisch.
air. = altirisch.
aisl. = altisländisch.
an. = altnordisch.
and. = altniederdeutsch.
ar. = arisch.
aofries. = altostfriesisch.
as. = altsächsisch.
av. avest. = avestisch.
d. = deutsch.
frz. = französisch.
gr. = griechisch.
hd. = hochdeutsch.
idg. = indogermanisch.

lett. = lettisch.
lit. = litauisch.
me. = mittelenglisch.
mhd. = mittelhochdeutsch.
mnd. = mittelniederdeutsch.
mndl. = mittelniederländisch.
nd. = niederdeutsch.
ndl. = niederländisch.
ne. = neuenglisch.
nfr. = niederfränkisch.
nhd. = neuhochdeutsch.
nnd. = neuniederdeutsch.
on. = ostnordisch.
schw. = schwach.
st. = stark.
ved. = vedisch.
wn. = westnordisch.

AfdA. = Anzeiger für deutsches Altertum.
BB. = Bezzenbergers Beiträge.
F. = Femininum.
HZ. = Haupts Zeitschrift (Zeitschrift für deutsches Altertum).
KZ. = Kuhns Zeitschrift (Zeitschrift für vgl. Sprachforschung).
IF. = Indogermanische Forschungen.
IF.Anz. = Anzeiger. Beiblatt zu den Idg. Forschungen.
M. = Maskulinum.
N. = Neutrum.
PBrB. = Paul-Braunes Beiträge.
QF. = Quellen und Forschungen (s. S. 8).
ZZ. = Zachers Zeitschrift (Zeitschrift f. deutsche Philologie).

Einleitung.

Erstes Kapitel.

Litteraturangaben.

A. Allgemeine Sprachwissenschaft.

1. Internationale Zeitschrift für allgemeine Sprachwissenschaft, herausg. von F. Techmer. Bd. 1—5 nebst Supplement. Leipzig 1884—90. *Zitiert als* Internationale Zeitschrift, *abgekürzt* IZ.

von der Gabelentz, G. Die Sprachwissenschaft, ihre Aufgaben, Methoden und bisherigen Ergebnisse. Leipzig 1891.

Paul, H. Prinzipien der Sprachgeschichte. 2. Aufl. Halle 1886. *(Grundlegendes Werk.)*

Strong, H. A., Logeman, W. S., and Wheeler, B. I. Introduction to the Study of the History of Language. London 1891. *(Sehr brauchbare popularisierende Bearbeitung von Pauls Prinzipien.)*

Wegener, Ph. Untersuchungen über die Grundfragen des Sprachlebens. Halle a. S. 1885.

Jespersen, O. Progress in Language with Special Reference to English. London 1894. *(Englische Übersetzung von des Verfassers dänisch geschriebnen* Studier over Engelske Kasus. Kopenhagen 1891.)*

B. Indogermanische Sprachwissenschaft.

I. Zeitschriften.

2. Zeitschrift für vergleichende Sprachforschung auf dem Gebiete des Deutschen, Griechischen und Lateinischen, herausg. von Adalbert Kuhn. Bd. 1—22 (Bd. 21 = Neue Folge, Bd. 1). Berlin 1852—74. *Von da ab lautet der Titel:* Zeitschrift für vgl. Sprachforschung auf dem Gebiete der idg. Sprachen, herausg.

von A. Kuhn. Bd. 23. 24. Berlin 1877. 79 — herausgeg. von
A. Kuhn, E. Kuhn und J. Schmidt. Bd. 25. Berlin 1881 —
von E. Kuhn und J. Schmidt. Bd. 26—33. Berlin 1883—85,
Gütersloh 1887—94.

Zitiert als Kuhns Zeitschrift, *abgekürzt* KZ. *Die ersten
20 Bände haben heute fast nur noch historisches Interesse. Als
Ergänzung zu der ursprünglich nur auf Deutsch, Griechisch und
Lateinisch beschränkten Zeitschrift sind bestimmt gewesen:*

Beiträge zur vgl. Sprachforschung auf dem Gebiete der
arischen, keltischen und slavischen Sprachen, herausgeg. von
A. Kuhn und A. Schleicher. Bd. 1—8. Berlin 1858—76.

Im allgemeinen ebenfalls nur noch von historischer Bedeutung.

Beiträge zur Kunde der idg. Sprachen, herausgeg. von
Adalbert Bezzenberger. Bd. 1—18 — herausgeg. von
A. Bezzenberger und W. Prellwitz. Bd. 19. 20. Göttingen
1877—94.

Zitiert als Bezzenbergers Beiträge, *abgekürzt* BB.

Indogermanische Forschungen. Zeitschrift für idg. Sprach-
und Altertumskunde, herausgeg. von Karl Brugmann und
Wilhelm Streitberg. Bd. 1—5. Straßburg 1892—95.

Titelabkürzung: IF. *Als Beiblatt hierzu erscheint:*

Anzeiger für idg. Sprach- und Altertumskunde. Beiblatt zu
den Indogermanischen Forschungen, herausgeg. von Wilhelm
Streitberg. Bd. 1—5. Ebd.

Titelabkürzung: IF. Anz. *Inhalt: Kritische Referate, Biblio-
graphie mit ausführlichen Inhaltsangaben, Rezensionenverzeichnisse.
Von außerdeutschen Zeitschriften sind zu nennen:*

Mémoires de la société de linguistique de Paris. Bd. 1—8.
Paris 1868—95.

The American Journal of Philology, ed. by Basil L. Gil-
dersleeve. Bd. 1—15. Baltimore 1880—95.

II. Grammatische Gesamtdarstellungen.

3. Brugmann, K. Grundriß der vgl. Grammatik der idg.
Sprachen. Bd. 1: *Einleitung und Lautlehre.* Straßburg 1886.
Bd. 2, erste Hälfte: *Vorbemerkungen. Nominalkomposita. Redu-
plizierte Nominalbildungen. Nomina mit stammbildenden Suffixen.
Wurzelnomina.* 1889. Bd. 2, zweite Hälfte: *Zahlwortbildung.
Kasusbildung der Nomina. Pronomina. Verbale Stammbildung
und Flexion (Konjugation).* 1892. Indizes (*Wort-, Sach-, Autoren-
index*). 1893. — Grundriß der vgl. Grammatik der idg. Sprachen
von Karl Brugmann und Berthold Delbrück. Bd. 3. Vgl.
Syntax der idg. Sprachen von B. Delbrück. Erster Teil. Straßburg 1893.

Edgren, Hj. Jämförande Grammatik omfattande Sanskrit, Grekiska, Latin och Gotiska. I. Ljudlära och Nominal stambildningslära. Göteborg [1893].

Giles, P. A Short Manual of Comparative Philology for Classical Students. London 1895. *(Empfehlenswertes Hilfsmittel für Anfänger)*.

Bibliothek idg. Grammatiken. Leipzig.

1. Sievers, E. Grundzüge der Phonetik zur Einführung in das Studium der Lautlehre der idg. Sprachen. 4. Aufl. 1893.

2. Whitney, W. D. Indische Grammatik. 1879. *Dasselbe Werk in englischer Ausgabe:* 2. Aufl. 1889. *Anhang 1:* Holtzmann, A. Grammatisches aus dem Mahabharata 1884. *Anhang 2:* Whitney, W. D. Die Wurzeln, Verbalformen und primären Stämme der Sanskritsprache. 1885.

3. Meyer, G. Griechische Grammatik. 2. Aufl. 1886.

4. Delbrück, B. Einleitung in das Sprachstudium. Ein Beitrag zur Geschichte und Methodik der vgl. Sprachforschung. 3. Aufl. 1893.

5. Hatzidakis, G. N. Einleitung in die neugriechische Grammatik. 1892.

Weitere Bände, die Albanisch, Armenisch, Iranisch, Germanisch, Lateinisch, Litauisch, Irisch, Slavisch und Vulgärgriechisch behandeln sollen, sind in Vorbereitung.

Fick, A. Vgl. Wörterbuch der idg. Sprachen. 4. Aufl., bearbeitet von A. Bezzenberger, A. Fick und Wh. Stokes. Erster Teil: Wortschatz der Grundsprache, der arischen und der westeuropäischen Spracheinheit von A. Fick. Göttingen 1890. — Zweiter Teil: Wortschatz der keltischen Spracheinheit von Wh. Stokes und A. Bezzenberger. 1894. *(Wegen sehr zahlreicher Versehen ist der 1. Band nur mit größter Vorsicht zu benutzen. Vgl. Bartholomae, Zeitschr. d. deutsch-morgenl. Gesellsch. Bd. XLVIII, S. 504 ff.)*

III. Einzeluntersuchungen.

4. Schmidt, J. Die Verwandtschaftsverhältnisse der idg. Sprachen. Weimar 1872.

Fick, A. Die ehemalige Spracheinheit der Indogermanen Europas. Eine sprachgeschichtliche Untersuchung. Göttingen 1873.

Persson, P. Studien zur Lehre von der Wurzelerweiterung und Wurzelvariation. Upsala 1891.

Hirt, H. Der idg. Akzent. Straßburg 1895.

Schmidt, J. Zur Geschichte des idg. Vokalismus. Bd. 1 Weimar 1871. Bd. 2 Ebd. 1875.

de Saussure, F. Mémoire sur le système primitif des voyelles dans les langues indo-européennes. Leipzig 1879. Reproduction Paris 1887.

Mahlow, G. Die langen Vokale ā ē ō in den europäischen Sprachen. Ein Beitrag zur vgl. Lautlehre der idg. Sprachen. Berlin 1879. Neudruck ebd. 1888.

Hübschmann, H. Das idg. Vokalsystem. Straßburg 1885.

Bechtel, Fr. Die Hauptprobleme der idg. Lautlehre seit Schleicher. Göttingen 1892.

Osthoff, H., und Brugmann, K. Morphologische Untersuchungen auf dem Gebiete der idg. Sprachen. Bd. 1—5. Leipzig 1878—90.

Titelabkürzung MU. *(Werden fortgesetzt.)*

Bartholomae, Chr. Studien zur idg. Sprachgeschichte. I. Idg. *ss*. Halle a. S. 1890. II. Idg. *sk* und *skh*. aind. *āsīš*. lat. *erās*. Ebd. 1891.

Schmidt, J. Die Pluralbildungen der idg. Neutra. Weimar 1889.

Hoffmann, O. Das Präsens der idg. Grundsprache in seiner Flexion und Stammbildung. Göttingen 1889.

Osthoff, H. Zur Geschichte des Perfekts im Idg. mit besonderer Rücksicht auf Griechisch und Lateinisch. Straßburg 1884.

C. Germanische Grammatik.

I. Allgemeines.

5. von Bahder, K. Die deutsche Philologie im Grundriß. Paderborn 1883.

Jahresbericht über die Erscheinungen auf dem Gebiete der germanischen Philologie, herausgeg. von der Gesellschaft für deutsche Philologie in Berlin. Bd. 1—15. Leipzig 1880—94.

Eine Aufzählung der ältern Erscheinungen findet man ZZ. IX., X. *sowie in der* Germania *unter dem Titel:*

Bibliographische Übersicht der Erscheinungen auf dem Gebiete der deutschen (*später* germanischen) Philologie von Karl Bartsch. Germania VIII. 1863 ff. *Durch den* Jahresbericht *später überholt.*

Litteraturblatt für germanische und romanische Philologie, herausgeg. von Otto Behaghel und Fritz Neumann. Bd. 1—10. Heilbronn 1880—89. — Bd. 11—16. Leipzig 1890—95.

Grundriß der germanischen Philologie, herausgeg. von H. Paul. Bd. 1: Begriff und Geschichte der germ. Philologie, Methodenlehre, Schriftkunde, Sprachgeschichte [Kluge, Fr. *Vorgeschichte der altgerm. Dialekte.* Sievers, E., *Gotisch.* Noreen, A., *Nordisch.* Behaghel, O., *Deutsch.* te Winkel, J.,

Niederländisch. Siebs, Th., *Friesisch.* Kluge, Fr. (Behrens, D.
u. Einenkel, E.) *Englisch*]. Mythologie. Straßburg 1891. —
Bd. 2, Abteilung 1: Heldensage, Litteraturgeschichte, Metrik.
1893. — Bd. 2, Abteilung 2: Wirtschaft, Recht, Kriegswesen,
Sitte, Kunst. Namen-, Sach- und Wortregister. 1893.

II. Zeitschriften.

6. Zeitschrift für deutsches Altertum, herausgeg. von Mo-
riz Haupt. Bd. 1—9. Leipzig 1841—53. Bd. 10— [13 = Neue
Folge 1] —16. Berlin 1856—73 — herausgeg. von Karl Müllenhoff und Elias Steinmeyer. Bd. 17. 18. Ebd. 1874. 75. —
Von da ab lautet der Titel: Zeitschrift für deutsches Altertum
und deutsche Litteratur, herausgeg. von E. Steinmeyer. Bd.
19—34. Ebd. 1876—90 — herausgeg. von Eduard Schröder
und Gustav Roethe. Bd. 35—38. Ebd. 1891—94. *Vom 19. Bd.
an erscheint als Beiblatt zur Zeitschrift:*
Anzeiger für deutsches Altertum und deutsche Litteratur.
Bd. 1—20. 1876—94.
Die Zeitschrift wird gewöhnlich als Haupts Zeitschrift, *abgekürzt* HZ., *zitiert; neuerdings wird auch die Abkürzung* ZfdA. *be-
liebt. Die Abkürzung des Anzeigertitels ist stets* AfdA.
Germania. Vierteljahrsschrift für deutsche Altertumskunde,
herausgeg. von Franz Pfeiffer. Bd. 1—3. Stuttgart 1856—58.
Bd. 4—13 (= Neue Reihe Bd. 1). Wien 1859—68 — herausgeg.
von Karl Bartsch, Bd. 14—32. Ebd. 1869—1887 — herausgeg.
von Otto Behaghel, Bd. 33—37. Ebd. 1888—92.
*Die Germania ist mit dem 37. Bd. eingegangen. Als Supple-
ment sind erschienen:* Germanistische Studien. Bd. 1. 2. Wien
1872. 75.
Zeitschrift für deutsche Philologie, herausgeg. von E. Höpf-
ner und J. Zacher, Bd. 1—20. Halle a. S. 1869—88. Er-
gänzungsband 1874 — herausgeg. von Hugo Gering Bd. 21. 22.
Ebd. 1889. 90 — von Hugo Gering und Oskar Erdmann,
Bd. 23—27. Ebd. 1891—95.
Gewöhnlich als Zachers Zeitschrift *zitiert und* ZZ. *abgekürzt.
Doch gewinnt neuerdings auch die Abkürzung* ZfdPh. *an Boden.*
Beiträge zur Geschichte der deutschen Sprache und Litteratur,
herausgeg. von Hermann Paul und Wilhelm Braune. Bd. 1
bis 15. Halle a. S. 1874—91 — herausgeg. von Eduard Sievers.
Bd. 16—19. Ebd. 1892—94. Register zu Band I—XII von C. Dor-
feld. Ebd. 1888.
Gewöhnlich als Paul-Braunes Beiträge *zitiert und* PBrB. *oder*
PBB. *abgekürzt. Die Beiträge kommen für grammatische Zwecke
in erster Linie in Betracht. In ihnen findet man die epochemachen-*

den Arbeiten zur germ. Laut- und Formenlehre von Braune,
Kluge, Osthoff, Paul, Sievers.

*Von außerdeutschen Zeitschriften germanistischen Inhalts sei
genannt:*
Arkiv for nordisk Filologi, udgivet ved Gustav Storm.
Bd. 1—4. Christiania 1883—88 — udgivet genom Axel Kock.
Bd. 5. [= Ny Földj 1] —11. Lund 1889—95.
*Obwohl hauptsächlich der skandinavischen Philologie gewidmet,
ist das Arkiv doch auch für gemeingermanische Grammatik von
hoher Bedeutung.*

III. Grammatische Gesamtdarstellungen.

7. Grimm, Jac. Deutsche Grammatik. Teil 1. Zweite
Auflage. Neuer vermehrter Abdruck, besorgt durch Wilhelm
Scherer. Berlin 1870. *Daneben ist für den Vokalismus notwendigerweise die dritte Bearbeitung zu berücksichtigen, von der
die erste Hälfte des ersten Bandes 1840 erschienen ist. (Inhalt:
1. Buch. Von den Buchstaben. 2. Buch. Wortbiegungen. 1. Kap.
Deklination. 2. Kap. Konjugation.)* — Teil 2. Neuer vermehrter
Abdruck, besorgt durch Wilhelm Scherer. Ebd. 1878. *(Inhalt: 3. Buch. Von der Wortbildung. 1. Kap. Von der Bildung
durch Laut und Ablaut. 2. Kap. Von der Ableitung. 3. Kap.
Von der Zusammensetzung.)* — Teil 3. Neuer vermehrter Abdruck,
besorgt durch Gustav Roethe und Edward Schröder. Gütersloh 1890. *(Inhalt: 3. Buch. Von der Wortbildung. 4. Kap.
Pronominalbildungen. 5. Kap. Adverbia. 6. Kap. Genus. 7. Kap.
Komparation. 8. Kap. Diminution. 9. Kap. Negation. 10. Kap.
Frage und Antwort.)* — Teil 4. Göttingen 1837. *(Inhalt:
4. Buch. Syntax. 1. Das Verbum im einfachen Satz. 2. Das
Nomen im einfachen Satz.) Ein Neudruck des vierten Teiles steht
noch aus.*
Holtzmann, A. Altdeutsche Grammatik, umfassend die
gotische, altnordische, altsächsische, angelsächsische und althochdeutsche Sprache. Bd. 1, Abteilung 1. Die spezielle Lautlehre.
Leipzig 1870. — Bd. 1, Abteilung 2. Vergleichung der deutschen
Laute untereinander. Ebd. 1875. *(Bd. 1, Abt. 2 ist nach des Verfassers Tod von Alfred Holder herausgegeben worden.)*
Sammlung kurzer Grammatiken germanischer Dialekte,
herausgeg. von Wilhelm Braune. Halle a. S.
1. Braune, W. Gotische Grammatik. · 3. Aufl. 1887.
2. Paul, H. Mittelhochdeutsche Grammatik. 4. Aufl.
1894. *(Schließt die Behandlung der Syntax ein.)*
3. Sievers, E. Angelsächsische Grammatik. 2. Aufl.
1886. *(Dritte stark erweiterte Auflage in Vorbereitung.)*

4. Noreen, A. Altnordische Grammatik. I. Altisländische und altnorwegische Grammatik. Unter Berücksichtigung des Urnordischen. 2. Aufl. 1892.

5. Braune, W. Althochdeutsche Grammatik. 2. Aufl. 1891.

6. Behaghel, O. und Gallée, J. H. Altsächsische Grammatik. Erste Hälfte. Laut- und Flexionslehre, bearbeitet von J. H. Gallée. 1891.

Ergänzungsreihe. 1. Kluge, Fr. Nominale Stammbildungslehre der altgermanischen Dialekte. 1886. 2. Sievers, E. Altgermanische Metrik. 1893.

Sievers, E. Paradigmen zur deutschen Grammatik. Gotisch, Altnordisch, Angelsächsisch, Altsächsisch, Althochdeutsch, Mittelhochdeutsch. Halle a. S. 1874. — Berichtigungen und Nachträge 1876.

Henry, V. Précis de grammaire comparée de l'anglais et de l'allemand, rapportés à leur commune origine et rapprochés des langues classiques. Paris 1893.

Wilmanns, W. Deutsche Grammatik. Gotisch, Alt-, Mittel- und Neuhochdeutsch. Bd. 1. Lautlehre. Straßburg 1893. *Der 2. Bd., der demnächst erscheint, wird die Stammbildung, der 3. Bd. die Flexion, der 4. Bd. die Syntax behandeln. Als 5. Bd. soll sich gegebenen Falls eine Geschichte der deutschen Sprache anschließen.*

Sweet, H. A History of English Sounds from the Earliest Period with Full Word-Lists. Oxford 1888. *(Gehört wegen der Einleitung hierher, die neben phonetischen Erörterungen auch eine knappe Darstellung der urgermanischen Lautlehre bringt.)*

Schade, O. Altdeutsches Wörterbuch. 2 Bände. Halle a. S. 1872—82. *(Noch immer unentbehrlich.)*

Kluge, Fr. Etymologisches Wörterbuch der deutschen Sprache. 5. Aufl. Straßburg 1894. *(Ausgezeichnet.)*

Janssen, V. F. Gesamtindex zu Kluges etymologischem Wörterbuch der deutschen Sprache. Straßburg 1890. *(Wertvolle Ergänzung, die Kluges Wb. für die Ausnutzung zu grammatischen Zwecken aufs bequemste zugänglich macht.)*

IV. Einzeluntersuchungen.

8. Scherer, W. Zur Geschichte der deutschen Sprache. Berlin 1868. 2. Ausgabe. Ebd. 1878. Zweite Ausgabe neuer Abdruck. Ebd. 1890.

Noreen, A. Urgermanische Lautlehre. Mit besonderer Rücksicht auf die nordischen Sprachen. Straßburg 1894. *(Er-*

weiterte Bearbeitung von des Verfassers schwedischer Schrift: Ut-
kast till Föreläsningar i urgermansk Judlära. Upsala 1890.)

Streitberg, W. Zur germanischen Sprachgeschichte. Straßburg 1892. *(Behandelt die Geschichte der idg. Langdiphthonge im
Germanischen.)*

Kräuter, J. F. Zur Lautverschiebung. Straßburg 1877.

Zimmer, H. Die Nominalsuffixe *a* und *ā* in den germanischen Sprachen (= Quellen und Forschungen zur Sprach-
und Kulturgeschichte der germanischen Völker *[abgekürzt QF.]*
Nr. XIII). Straßburg 1876.

Schlüter, Wolfg. Die mit dem Suffixe *ja* gebildeten
deutschen Nomina. Göttingen 1875.

von Bahder, K. Die Verbalabstrakta in den germanischen
Sprachen, ihrer Bildung nach dargestellt. Halle a. S. 1880.

Sütterlin, L. Geschichte der Nomina agentis im Germanischen. Straßburg 1887.

Michels, V. Zum Wechsel des Nominalgeschlechts im
Deutschen. I. Straßburg 1889.

Jellinek, M. H. Beiträge zur Erklärung der germanischen
Flexion. Berlin 1891. *(Behandelt namentlich die Auslautgesetze.)*

Leskien, A. Die Deklination im Slavisch-Litauischen und
Germanischen. Leipzig 1876. *(In der Geschichte der germanischen
Grammatik epochemachend.)*

Kahle, B. Zur Entwicklung der konsonantischen Deklination im Germanischen. Berlin 1887.

Osthoff, H. Zur Geschichte des schwachen deutschen Ad-
jektivums (= Forschungen im Gebiete der idg. nominalen Stammbildung, Teil 2). Jena 1876.

Kluge, Fr. Beiträge zur Geschichte der germanischen
Konjugation (= QF. Nr. XXXII). Straßburg 1879.

Pogatscher, A. Zur Lautlehre der griechischen, lateinischen
nnd romanischen Lehnworte im Altenglischen (= QF. Nr. LXIV).
Straßburg 1883.

Franz, W. Die lateinischen Lehnworte im Althochdeutschen.
Straßburg 1883.

***

*Einzeluntersuchungen, die sich auf die Behandlung eines spe-
ziellen Punktes beschränken, werden an der ihnen gebührenden
Stelle genannt werden.*

Zweites Kapitel.

Stellung und Gliederung der germanischen Sprache.

9. Das Germanische ist ein Glied der großen indogermanischen Sprachfamilie. Diese besteht aus folgenden Sprachen: 1. Indo-Iranisch (Arisch). 2. Armenisch. 3. Griechisch. 4. Albanisch. 5. Italisch. 6. Keltisch. 7. Germanisch. 8. Baltisch-Slavisch. Vgl. über das Verhältnis der einzelnen idg. Sprachen zu einander: K. Brugmann, Zur Frage nach den Verwandtschaftsverhältnissen der idg. Sprachen. IZ. I. 226 ff. — H. Hirt, Die Verwandtschaftsverhältnisse der Indogermanen. IF. IV. 36 ff. Die acht aufgezählten Sprachen, zu denen sich noch einige andre, nur in kümmerlichen Resten erhaltne gesellen, sind nichts als die weiterentwickelten Dialekte der idg. Ursprache, etwa wie die romanischen Sprachen nichts anders sind als die dialektisch differenzierte Weiterentwicklung des Volkslateins. Mit dem Namen »idg. Ursprache« bezeichnet man in der Regel die Sprache des idg. Urvolks in dem Augenblick, der seiner endgültigen Trennung in einzelne selbständige Völkerstämme vorangeht.

Die idg. Sprachen teilen sich in zwei große Dialektgruppen, deren Ursprung in die Zeit der idg. Sprachgemeinschaft zurückreicht.

1. Die *centum*-Sprachen: Griechisch, Italisch, Keltisch und Germanisch. Sie haben die palatalen Verschlußlaute der idg. Ursprache als Verschlußlaute erhalten. Idg. *ḱṃtóm* 'hundert', gr. ἑ-κατόν, lat. *centum*, air. *cēt*, got. *hund*.

2. Die *satem*-Sprachen: Indo-Iranisch, Armenisch, Albanisch und Baltisch-Slavisch. Sie haben die palatalen Verschlußlaute der idg. Ursprache in palatale Spiranten verwandelt. Idg. *ḱṃtóm* 'hundert', aind. *śatám*, avest. (ostiran.) *satem*, lit. *szm̃tas*, abulg. (kirchenslav.) *sŭtó* (Lehnwort aus dem Iranischen).

10. Die Frage nach der Heimat des idg. Urvolks,
d. h. dem Orte, wo es in der Zeit, die der endgültigen
Trennung unmittelbar vorherging, gesessen hat, ist noch
nicht zweifellos entschieden. Während man früher fast
allgemein den Ursitz in Asien gesucht hat, neigt gegenwärtig die Mehrzahl der Forscher der Ansicht zu, daß
Nordosteuropa als Urheimat zu betrachten sei. Vgl. H. Hirt,
IF. I. 464 ff. S. Reinach, L'origine des Aryens. Paris
1892. Ist diese Anschauung richtig, so haben allein die
Indo-Iranier ausgedehnte Wanderungen unternommen,
während bei den Indogermanen Europas neben der Wan-
derung auch die allmähliche zusammenhängende Ausbreitung
eine große Rolle gespielt haben muß. Vgl. H. S. Vod-
skov, Sjæledyrkelse og Naturdyrkelse. Heft 1. 2. Kopenhagen 1890. (Ausführliches Referat über den Inhalt im
AfdA. XVIII. 21 ff. von Fr. Kauffmann und IF. Anz.
III. 111 ff. von O. R. Franke.) Sicher ist soviel, daß
auf europäischem Boden Indogermanen vom Beginn der
jüngern Steinzeit nachzuweisen sind; vielleicht nicht ganz
unwahrscheinlich, daß sie schon während der ältern Steinzeit
dort gesessen haben. Vgl. A. Bezzenberger, Deutsche
Litteraturzeitung, 1892, Sp. 1486 ff. Auch das darf als
gesichertes Ergebnis der neuern anthropologischen Untersuchungen betrachtet werden, daß die idg. Völker, soweit
wir sie zurückverfolgen können, keinen einheitlichen Körper-
typus aufweisen. Mit andern Worten, daß das eine in allen
wesentlichen Punkten einheitliche Sprache redende idg.
Urvolk sowenig eine einheitliche Rasse gebildet hat wie
eines der modernen Völker Europas, die samt und sonders
deutliche Spuren vielfacher Rassenmischung tragen. Denn
die Einheit der Sprache hat nicht die Einheit der Rasse
zur Voraussetzung.

11. Mit der Verschiedenheit der Ansichten über die
Urheimat der Indogermanen hängt die Verschiedenheit
der Anschauungen über ihren Kulturzustand aufs engste
zusammen. Wer an Asien festhält, wird bei der Rekonstruktion der uridg. Kultur von den Verhältnissen des

indo-iranischen Urvolks ausgehn, das den Ackerbau nicht
kennt. Vgl. F. Spiegel, Die arische Periode und ihre
Zustände. Leipzig 1887. Wer sich dagegen für Europa
entscheidet, wird sich in erster Linie auf die Zustände,
die bei den europäischen Indogermanen in ältester Zeit
geherrscht haben, berufen dürfen. Vgl. C. Lottner, KZ.
VII. 18 ff. Er wird demnach den allen Europäern be-
kannten Ackerbau in die Urzeit zurückdatieren und dem
entsprechend bei den Europäern Bewahrung, bei den Indo-
Iraniern Verlust alter Errungenschaften annehmen. Vgl.
über die Probleme der idg. Kulturgeschichte V. Hehn,
Kulturpflanzen und Haustiere in ihrem Übergang aus
Asien nach Griechenland und Italien, sowie in das übrige
Europa. 6. Aufl. herausgeg. von O. Schrader. Mit botan.
Beiträgen von A. Engler. Berlin 1894. — O. Schrader,
Sprachvergleichung und Urgeschichte. Linguistisch-histo-
rische Beiträge zur Erforschung des idg. Altertums. 2. Aufl.
Jena 1890. (Vgl. dazu die Rezension von P. von Bradke in
den Göttingischen gelehrten Anzeigen 1890. Nr. 23. S. 897 ff.).
— P. von Bradke, Über Methode und Ergebnisse der arischen
(idg.) Altertumswissenschaft. Gießen 1890. — R. von Ihe-
ring, Vorgeschichte der Indoeuropäer. Leipzig 1894.

Wie sich auch diese Fragen entscheiden mögen, jedenfalls steht soviel fest, daß die europäischen Indogermanen,
also auch die Germanen, keine Wanderhirten gewesen
sind, daß sie vielmehr feste Wohnsitze gekannt und neben
der Viehzucht auch den Ackerbau betrieben haben. Vgl.
über die speziell germanischen Verhältnisse R. Much, HZ.
XXXVI. 97 ff. Über die germ. Zustände im allgemeinen
handelt K. Müllenhoff, Deutsche Altertumskunde. Berlin.
I². 1891. II. 87. III. 92. V. 91.

12. Was die germanische Sprache anlangt, so
scheint sie ein durchaus selbständiges, den übrigen idg.
Einzelsprachen koordiniertes Glied der idg. Sprachfamilie
zu sein. Wenigstens sind bis jetzt alle Versuche miß-
glückt, nähere Verwandtschaft zwischen ihr und einer der
andern idg. Sprachen nachzuweisen. Denn wenn das

Germanische vielleicht in mancher Beziehung mit dem Baltisch-Slavischen einer- und mit dem Keltischen und Italischen anderseits zusammengeht — wobei es dahingestellt bleiben mag, ob Keltisch und Italisch, wie vielfach vermutet worden ist, einander näher stehn als irgend einer andern idg. Sprache, vgl. Brugmann, IZ. I. 226 ff. —, so ist der Grund dafür wohl vorab in seiner geographischen Lage zu suchen. Das gilt namentlich von Übereinstimmungen im Wortschatz.

a) Für einen engern Zusammenhang zwischen Germanisch mit Keltisch und Italisch wird in erster Linie geltend gemacht, daß alle drei Sprachen in wesentlich übereinstimmender Weise den freiwechselnden idg. Akzent auf die Anfangssilbe verschoben haben. Nun steht allerdings unzweifelhaft fest, daß die Akzentverschiebung erst in die Zeit des Sonderlebens der germanischen Sprache fällt. Denn sie ist jünger als die spezifisch germanische Lautverschiebung. Immerhin braucht trotzdem ein gewisser Zusammenhang zwischen den in den drei benachbarten Sprachen sich gleicherweise abspielenden Vorgängen nicht geleugnet zu werden: Wenn auch die Ausführung einzelsprachlich ist, so kann doch der Keim des Prozesses schon in ältere Zeit zurückreichen.

b) Was schon von vornherein bis zu einem bestimmten Grad gegen die engere Verwandtschaft zwischen Germanisch und Baltisch-Slavisch spricht, ist der Umstand, daß das Germanische zur Gruppe der *centum*-Sprachen, das Baltisch-Slavische dagegen zur Sippe der *satem*-Sprachen gehört. Dennoch hat man früher sehr großes Gewicht auf eine übereinstimmende Suffixform in der Deklination gelegt. Im Baltisch-Slavischen wie im Germanischen lautet das Kasuszeichen des Instrumental Plur. *-mis, -mis*, während es in andern idg. Sprachen regelmäßig als *-bhis* auftritt. Vgl. Instr. Plur. lit. *trimìs* 'drei', abg. *trĭmi*, aisl. *þrimr* (aus urgerm. *þrimiz*) gegenüber ai. *tribhíṣ*, gr. ϑεόφι. Dieses Zusammentreffen beweist nicht, was es soll, da es feststeht, daß sowohl die mit *bh*- als auch die mit *m*- anlautenden Formen des Instrumentalsuffixes aus der Ursprache stammen. Vgl. deshalb lat. *statim* aus *stati-mi, vgl. H. Hirt, IF. V. 251 ff., air. *anmimm* 'durch den Namen', mit dem Ausgang idg. *-mṇ-mi. Hier liegt also das instrumentale *m*-Suffix in Sprachen vor, die im Dativ und Instrumental Plur. *bh*-Suffixe kennen. Umgekehrt erscheint auch das *bh*-Suffix auf slav. Sprachgebiet in Dat. Sing. abg. *tebě* 'dir', womit der aind. Dat. Sing. *túbhyam* 'dir' zu vergleichen ist. Die aind. Form ist in *tu-bhy-am* zu zerlegen und ihr *-bhy*-dem gr. -φι gleichzusetzen. Folglich verliert die Übereinstimmung, die Germanisch und Baltisch-Slavisch in diesem Punkt zeigen, ihre Bedeutsamkeit.

Auffallender ist, daß das Germanische und das Litauische (nicht das Slavische!) die Zahlen 11 und 12 auf gleiche Art bilden. Vgl. got. *ain-lif twa-lif*, lit. *vēnú-lika dvý-lika*, wörtlich 'eins überschießend (über zehn), zwei überschießend', da got. *-lif*, lit. *-lika* zu got. *af-lifnan* 'übrigbleiben', lit. *líkti* 'übrig bleiben' gehören. Während jedoch das Germanische diese Bildungsweise auf die beiden genannten Zahlen beschränkt, verwendet sie das Litauische bei allen Zahlen von 11—20. Näheres bei **Johannes Schmidt**, Die Urheimat der Indogermanen und das europäische Zahlsystem (Berlin 1890). S. 24 ff. Für die Bestimmung der Verwandtschaftsverhältnisse ist ein solcher vereinzelter Punkt bei zwei aneinanderstoßenden Dialekten nicht zu verwerten.

13. Die innere Gliederung der germanischen Sprache ist folgende:

A. Ostgermanisch.

I. Gotisch.

1. Westgotisch.

2. Ostgotisch. Vgl. F. Wrede, Die Sprache der Ostgoten in Italien (= QF. Nr. LXVIII). Straßburg 1891. — Ein letzter Rest der Ostgoten sind die sog. Krimgoten, die sich bis ins 16. Jahrh. erhalten haben. Einzelne krimgot. Wörter sind uns durch Busbeck überliefert. Vgl. W. Tomaschek, Die Goten in Taurien. Wien 1881.

Fr. Kluge, PBrB. XI. 563 f. F. Braun, Die letzten Schicksale der Krimgoten. Petersburg 1890.

II. Wandalisch. Vgl. F. Wrede, Über die Sprache der Wandalen (= QF. Nr. LIX). Straßburg 1886.

III. Burgundisch. Vgl. R. Kögel, Die Stellung des Burgundischen innerhalb der germ. Sprachen. HZ. XXXVII. 223 ff.

B. Nordgermanisch.

I. Ostnordisch.
1. Schwedisch.
2. Dänisch.

II. Westnordisch.
1. Norwegisch.
2. Isländisch.

C. Westgermanisch.

I. Englisch-Friesisch. Vgl. Th. Siebs, Zur Geschichte der englisch-friesischen Sprache. Halle a. S. 1889.
1. Englisch, *auf ältester Entwicklungsstufe auch* Angelsächsisch *genannt*.
2. Friesisch.
    Zum Englisch-Friesischen gehört auch das Langobardische nach W. Bruckner, Die Sprache der Langobarden (= QF. Nr. LXXV.). Straßburg 1895.

II. Deutsch.
1. Niederdeutsch.
    a) Niederfränkisch, *auf spätrer Entwicklungsstufe* Niederländisch *genannt*.
    b) Niederdeutsch; *der wichtigste der in älterer Zeit überlieferten Dialekte ist das* Altsächsische.
2. Hochdeutsch.
    a) Mitteldeutsch.
        α) Westmitteldeutsch (Mittel-, Rhein- und Ostfränkisch). Vgl. W. Braune, Zur Kenntnis des Fränkischen und zur hd. Lautverschiebung. PBrB. I. 1 ff. F. Wrede, Hochfränkisch und Oberdeutsch. HZ XXXVII. 288 ff.

β) Ostmitteldeutsch (Thüringisch, Obersächsisch, Schlesisch).

b) Oberdeutsch.

α) Bairisch.

β) Alemannisch.

14. Wie man das Indogermanische zu jener Zeit, da es noch eine im wesentlichen einheitliche Sprache bildet, als 'Urindogermanisch' zu bezeichnen pflegt, so versteht man auch unter 'Urgermanisch' die noch im wesentlichen einheitliche germanische Sprache in jener Periode, die der Ausbildung charakteristisch hervortretender Dialekte vorhergeht. So wenig wie aus der urindogermanischen, sind uns aus der urgermanischen Zeit Sprachdenkmäler überliefert. Man ist daher zu der Darstellung des damaligen Sprachzustands lediglich auf Rekonstruktion angewiesen. Doch liegen die Verhältnisse für die Erschließung des Urgermanischen dadurch wesentlich günstiger, daß wir eine, wenn auch ziemlich kärgliche Überlieferung aus Zeiten besitzen, die der urgermanischen Periode ungemein nahe liegen, deren Sprachform sich kaum von jener der germ. Urzeit unterscheidet. Diese ältesten Schichten der Überlieferung geben uns daher ein ungemein wichtiges Mittel zur Kontrole an die Hand. Sie sind die folgenden:

a) Die von den lateinischen und griechischen Schriftstellern überlieferten german. Eigennamen. Im allgemeinen ist die lat. Transskription genauer als die griechische. Eine genügende Sammlung existiert leider nicht.

b) Die german. Lehnwörter, die in den ersten Jahrhunderten unserer Zeitrechnung in die finnisch-lappischen Sprachen aufgenommen worden sind. Bei dem konservativen Charakter dieser Sprachen hat sich die äußere Form des Lehnguts bewundernswürdig altertümlich erhalten. Vgl. W. Thomsen, Über den Einfluß der german. Sprachen auf die finnisch-lappischen. Übersetzt von E. Sievers. Halle a. S. 1870. Daneben ist zu berück-

sichtigen J. K. Qvigstad, Nordische Lehnwörter im
Lappischen (= Christiania Videnskabs-Selskabs Forhand-
linger for 1893. No. 1). Christiania 1893.

c) Die ältesten nordischen Runeninschriften, die mit
dem längern (gemeingermanischen) Alphabet geschrieben
sind. Sie übertreffen an Altertümlichkeit der Sprachform
alle andern Denkmäler und repräsentieren einen Sprach-
zustand, den man als 'Urnordisch' bezeichnen muß. Nur
in wenigen Punkten unterscheidet er sich von dem
urgermanischen Lautstand. Sie beginnen ungefähr im
3. oder 4. Jahrhundert n. Chr. Eine umfassende Sammlung
mit zahlreichen Abbildungen und eingehndem Kommentar
giebt S. Bugge, Norges Indskrifter med de ældre Runer.
Christiania 1891 ff. Bis jetzt sind 2 Hefte des großan-
gelegten Werkes erschienen. Eine Auswahl der wichtigsten
findet man in Noreens Anord. Gramm. I.[2] S. 256 ff. Eine
grammatische Untersuchung der Sprache bietet Fr. Burg,
Die älteren nordischen Runeninschriften. Berlin 1885. Forschungen über die Entstehung des Alphabets nebst zahlreichen sprachlichen Bemerkungen bringt L. Wimmer, Die
Runenschrift. Übersetzt von F. Holthausen. Berlin 1887.

Weniger zahlreich und wichtig sind die westgermanischen Runeninschriften. Die kontinentalen findet man in dem
Buche von R. Henning, Die deutschen Runendenkmäler.
Straßburg 1889. Vgl. L. Wimmer, De tyske runemindes-
mærker. Kopenhagen 1894. Eine bequeme Zusammenstellung giebt H. Gering in seiner Rezension ZZ. XXIII.
354 ff. Die englischen Runeninschriften stehn bei H. Sweet,
The Oldest English Texts. London 1885.

Für die Chronologie sind auch die in die german.
Sprachen aufgenommenen Lehnwörter von Wichtigkeit.
Außer den beiden S. 8 angeführten Werken ist vor allem
Fr. Kluges reichhaltige Zusammenstellung keltischer,
römischer, griechischer, slavo-lettischer Fremdwörter zu
berücksichtigen (Pauls Grundriß I. 303 ff.). Über die Ent-
lehnung keltischer Wörter handelt, jedoch ohne genügende
Reserve, H. d'Arbois de Jubainville, Les premiers

habitants de l'Europe. Bd. II. 2. Aufl. (Paris 1894.) S. 330 ff.
Vgl. ferner R. Löwe, Gotisch und Alanisch. IF. III. 146 ff.
(Nachtrag IF. Anz. III. 170. Vgl. auch F. Holthausen,
IF. V. 274). S. Bugge, Über den Einfluß der armenischen
Sprache auf die gotische. IF. V. 168 ff. Nachtrag ebd. S. 274.

Kaum ein greifbares Ergebnis gewährt C. C. Uhlenbeck, Die germ. Wörter im Baskischen. PBrB. XVIII.
397 ff. Vgl. darüber H. Schuchardt, ebd. 531 ff. Uhlenbeck, ebd. XIX. 326. Schuchardt, ebd. 537 ff.

15. Die Mehrzahl der Forscher nimmt gegenwärtig
an, daß aus dem Urgermanischen drei große Dialektgruppen
hervorgegangen seien, nämlich — wie in der Übersicht
angegeben ist — Ostgermanisch, Nordgermanisch und Westgermanisch. Diese Ansicht geht auf A. Schleicher (Die
deutsche Sprache⁴ S. 91 ff.) zurück. Dagegen haben Müllenhoff (W. Scherer, Zur Gesch. d. deutschen Spr. S. 97 ff.)
und A. Holtzmann in seiner ad. Grammatik das Nordische
enger ans Gotische angeschlossen und ihnen das Westgermanische gegenübergestellt. Man faßt alsdann die gotische und die nordische Dialektgruppe unter dem Namen
'Ostgermanisch' zusammen. Vgl. H. Zimmer, HZ. XIX.
393 ff. Die Berechtigung zu einer solchen Zusammen-
fassung könnte nur eine größere Anzahl gemeinsam voll-
zogener Neuerungen geben. Es ist jedoch nur eine einzige
bis jetzt bekannt: nämlich der Übergang des urgerm. intervokalischen *ww* in nord. got. *ggw* und der des urgerm.
intervokalischen *jj* in nord. urgot. *g'g'j*, woraus sich nord.
ggj got. *ddj* entwickelt. Vgl. Joh. Schmidt, KZ. XXIII.
294 f., und W. Braune, PBrB. IX. 545 ff. Daher muß
es als vorsichtiger angesehn werden, das Nordische als
selbständige Gruppe neben das Gotische zu stellen. Der
Charakter des Nordgermanischen dürfte am besten damit
bezeichnet sein, daß es eine Mittelstellung zwischen den
beiden Extremen Ost- und Westgermanisch einnehme.

Über die relative Chronologie verschiedner germanischen
Lautgesetze handelt ausführlich O. Bremer, IF. IV. 8 ff.

Erster Hauptteil.

Laut- und Akzentlehre.

Drittes Kapitel.

Sprachphysiologische Vorbemerkungen.

16. Litteraturangaben. Sievers, E., Grundzüge der
Phonetik. 4. Aufl. Leipzig 1893. *(In erster Linie für den Philo-
logen berechnet.)*

Sievers, E., Phonetik. Pauls Grundriß der germ. Phil. I.
266—99.

Bremer, O., Deutsche Phonetik (= Sammlung kurzer
Grammatiken deutscher Mundarten. Bd. 1). Leipzig 1893. *(Neben
Sievers' Phonetik vorzüglich empfehlenswert. Ausgezeichnete Laut-
bilder.)*

Techmer, F., Phonetik. Zur vgl. Physiologie der Stimme
und Sprache. 2 Teile (Text u. Anmerkungen, Atlas). Leipzig 1880.

Techmer, F., Naturwissenschaftliche Analyse und Synthese
der hörbaren Sprache. IZ. I. 69—170.

Sweet, H., A Primer of Phonetics. Oxford 1890.

Passy, P., Étude sur les changements phonétiques et leurs
caractères généraux. Paris 1890.

Rousselot. Les modifications phonétiques du langage étu-
diées dans le patois d'une famille de Cellefrouin (Charente). Paris
1891. *(Muster experimenteller Phonetik, epochemachend.)*

Die Sprachorgane.

17. 1. Der Atmungsapparat, bestehend aus der Lunge
und den zugehörigen Muskeln, bringt den zum Sprechen
notwendigen Exspirationsstrom hervor.

2. Der Kehlkopf, aus Schleimhaut, Muskeln und
Knorpeln gebildet, schließt die Luftröhre nach oben ab.
Er wird vom Schild- und vom Ringknorpel umgeben. Auf
dem Hinterrand des Ringknorpels befinden sich zwei kleine
bewegliche Knorpel, die Stellknorpel. Von diesen ziehn
sich zwei elastische Muskelstränge, die Stimmbänder,

nach vorn und vereinigen sich im Winkel des Schild-
knorpels. Die Stimmbänder bilden dort, wo sie an die
Stellknorpel angewachsen sind, einen Spalt, die Glottis
oder Stimmritze. Von der Lage der Stellknorpel hängt
die Lage der Stimmbänder und damit auch die Gestalt
der Stimmritze ab.

a) Die Stimmritze ist geöffnet. Das ist beim Atmen
der Fall.

b) Sie ist so stark verengert, daß der passierende
Luftstrom die Stimmbänder in Schwingungen versetzt.
Der hierdurch hervorgerufene Ton heißt Stimmton. Laute,
die mit verengerter Stimmritze, also mit Stimmton gesprochen werden, heißen stimmhaft; solche, die mit ge-
öffneter Stimmritze, also ohne Stimmton gesprochen werden,
heißen stimmlos.

c) Die Verengerung ist so hochgradig, dass der passierende Luftstrom an den Rändern ein Reibungsgeräusch
hervorruft. Das ist beim Flüstern der Fall.

Anmerkung. Von der gewöhnlichen Vollstimme unterscheidet man die Flüsterstimme, bei der der Exspirationsdruck so sehr vermindert ist, daß er die Ränder der Stimmbänder
nicht mehr zum Tönen bringen kann, und die Murmelstimme,
die eine Mittelstellung zwischen Voll- und Flüsterstimme einnimmt. Die Stimmbänder stehn so weit voneinander ab und
der Exspirationsdruck ist so schwach, daß die Schwingung der
Stimmbänder nur unvollkommen ist und dem Stimmton Flüster-
und Hauchgeräusche beigemischt sind. Die Murmelstimme findet
sich bei lautem Sprechen häufig an unbetonten Stellen. So ist
z. B. das unbetonte -e des Deutschen in *gabe*, *name* u. s. w. ein
gemurmelter Vokal, den man gewöhnlich mit ǝ umschreibt. Vgl.
E. Sievers, Phonetik S. 27 f. 103 f.

3. Der ganze Raum, den der Exspirationsstrom von
der Stimmritze an bis zur äußern Mund- und Nasenöffnung
passieren muß, wird nach der Analogie der Blasinstrumente
als Ansatzrohr bezeichnet. Er besteht, abgesehn von
dem Kehlraum, aus dem Mund- und dem Nasenraum.
Beide sind durch den harten Vordergaumen (Palatum)
und den weichen Hintergaumen (Velum), der in das
Zäpfchen (Uvula) ausläuft, voneinander getrennt. Die

2*

Verbindung des Mund- und Nasenraums wird durch die
Stellung des Velums geregelt: Wird das Velum bis zur
Rachenwand gehoben, so ist der Nasenraum abgesperrt.
Die bei dieser Stellung hervorgebrachten Laute heißen
orale Laute. Ist das Velum bis zum Zungenrücken ge-
senkt, so ist der Mundraum abgesperrt, dagegen besteht
eine Verbindung zwischen Kehl- und Nasenraum. Das
ist z. B. der Fall bei der Aussprache des *ng (ŋ)* in dem
deutschen Wort *lange*. Schwebt das Velum frei, so stehn
Kehl-, Mund- und Nasenraum miteinander in Verbindung.
In den beiden letzten Fällen spricht man von nasalierten Lauten.

Der Mundraum befindet sich zwischen dem festen
Ober- und dem beweglichen Unterkiefer. Der Winkel,.
den beide miteinander bilden, heißt der Kieferwinkel.

Im Unterkiefer befindet sich, den ganzen Boden der
Mundhöhle ausfüllend, die Zunge, eine dicke Muskelmasse,
die ungemeine Beweglichkeit und Veränderlichkeit der
Gestalt besitzt. Man unterscheidet an ihr 1. die Zungenspitze; 2. die Vorderzunge oder das Zungenblatt,
ein Streifen hinter dem Rande von $1^1/_2$ cm Breite; 3. den
Zungenrücken.

Die weichen Fleischteile zwischen dem harten Gaumen
und den Oberzähnen heißen die Alveolen.

Nach außen begrenzen die Lippen den Mundraum.
Sie können vermöge ihrer reichen Muskulatur der Mundöffnung die verschiedensten Formen geben. Von ihren
Bewegungen sind die wichtigsten: 1. die Verbreiterung,
wodurch die Mundöffnung spaltförmig gestaltet wird (z. B.
bei der Artikulation des *i*); 2. die Zusammenziehung
und Vorstülpung, wodurch eine Rundung der Mundöffnung bewirkt wird (z. B. bei der Artikulation des *u*).

Ruhelage und Artikulation.

18. Bei ruhigem Atmen befindet sich der Sprech-
apparat in der Indifferenzlage. Diese ist bei den verschiedenen Sprachgemeinschaften verschieden. Weil sie

die Grundlage abgiebt für die mannigfaltigen Bewegungen
(Artikulationen) des Sprechapparats, so bezeichnet man sie
als die Artikulationsbasis.

Unter Artikulation versteht man die jedesmalige
Einstellung des Sprechapparats, die durch Modifikation
des Exspirationsstroms den einzelnen Laut erzeugt.

Die Sprachlaute.

19. Die gesprochene Sprache existiert allein im
Satz. Dieser zerfällt in kleinere rhythmische Gruppen,
die man Sprechtakte genannt hat. Der Sprechtakt besteht
aus Silben, wobei man unter 'Silbe' einen Lautkomplex
versteht, der mit einem selbständigen, einheitlichen Ex-
spirationsstoß hervorgebracht wird (Drucksilbe), oder der
durch die Abstufung in der natürlichen Schallfülle der
einzelnen Elemente begrenzt wird (Schallsilbe); die Silbe
endlich aus einzelnen Lauten oder, wie man treffend,
doch unbequem gesagt hat, Sprachelementen. Vgl. den
wertvollen Aufsatz von I. Flodström, Zur Lehre von
den Konsonanten. BB. VIII. 1 ff. Die Isolierung der
Einzellaute ist das Ergebnis der sprachphysiologischen
Analyse. Ihre Gruppierung muß in erster Linie eine
genetische sein. Doch erfordert natürlich auch die aku-
stische Seite sorgfältige Berücksichtigung. Dies muß um
so mehr der Fall sein, als die Sprache die Bestimmung
hat, gehört zu werden, ein bestimmter akustischer Effekt
jedoch sehr häufig durch ganz verschiedne Artikulationen
erreicht werden kann.

Die Artikulationsarten.

20. Man unterscheidet je nach der Artikulationsart drei Klassen von Lauten:

1. Öffnungslaute. Der Mundraum ist so weit geöffnet, daß der Exspirationsstrom ohne jede Reibung ungehindert passieren kann. Dies ist bei den Vokalen
und bei einem Teil der r- und l-Laute (die man unter
dem bequemen Namen Liquiden zusammenzufassen pflegt)
der Fall.

2. Engenlaute. Der Mundraum ist an einer bestimmten Stelle so stark verengert, daß der Exspirationsstrom sich beim Passieren an den Rändern der Enge reibt.
Daher heißen die Engenlaute gewöhnlich Reibelaute
oder Spiranten.

3. Verschlußlaute. Der Mundraum ist an einer
bestimmten Stelle vollständig abgesperrt, so daß der Exspirationsstrom völlig abgeschnitten wird. Und zwar besteht
eine doppelte Möglichkeit:

a) Zugleich mit dem Mundraum ist auch der Nasenraum abgesperrt. Die so gebildeten Laute bezeichnet man
als orale Verschlußlaute oder Verschlußlaute κατ' ἐξοχήν,
vgl. z. B. *p t k.*

b) Während der Mundraum vollständig abgesperrt
ist, steht der Nasenraum dem passierenden Exspirationsstrom ungehindert offen. Auf diese Weise entstehn die
nasalen Verschlußlaute, gewöhnlich kurzweg Nasale ge-
nannt, vgl. z. B. *m* (labial), *n* (dental), *n̑* (palatal), *ŋ* (velar).

Solange die Mundöffnung verschlossen ist, staut sich
der Exspirationsstrom hinter dem Verschluß. Die Lösung
des Verschlusses verursacht eine Explosion, indem die
komprimierte Luft plötzlich hervorbricht.

Da die Explosion stets ein momentaner Akt ist, nennt
man die Verschlußlaute auch Momentanlaute, im
Gegensatz zu den als Dauerlauten bezeichneten Öffnungs-
und Engenlauten.

Die Artikulationsstellungen.

21. Bei jeder der drei genannten Gruppen sind je
nach der Stellung der Zunge zahllose Einzellaute möglich.
Für die gewöhnlichen Zwecke der Praxis genügt es jedoch,
eine Anzahl besonders wichtiger Stellungen als Haupttypen
herauszugreifen. Man nennt Laute dieser Art, die erzeugt
werden, wenn der Exspirationsstrom die in bestimmter
Weise fest eingestellten Sprachorgane passiert, Stellungs-
laute. Jedoch ist wohl zu beachten, daß die Sprache
nicht aus unverbunden nebeneinander stehnden Stellungs-

lauten besteht. Vielmehr treten bei ununterbrochnem Exspirationsstrom während des Übergangs von einer Stellung
in die andre mit Notwendigkeit gewisse Laute auf, die
man, ihrer Natur entsprechend, Übergangslaute nennt.
Die Übergangslaute sind immer von ihrer Umgebung
abhängig, brauchen daher nicht eigens bezeichnet zu
werden.

I. Die Vokale.

22.   Die Vokale sind reine Stimmtonlaute, deren
Verschiedenheit auf der verschiednen Gestaltung des Re-
sonanzraums, d. i. der Mundhöhle beruht. Diese verschiedne Gestaltung der Mundhöhle wird in erster Linie
durch die verschiedene Stellung der Zunge bewirkt. Der
Zungenrücken bildet charakteristische Erhöhungen, wodurch der Mundraum in zwei miteinander verbundene
Hohlräume geteilt wird, deren Resonanz den Vokalklang
bestimmt. In zweiter Linie kommt bei der Bildung der
Vokale die Artikulation der Lippen in Betracht. Diese
können sich entweder völlig passiv verhalten (z. B. bei der
Bildung von *a*), oder sie sind spaltförmig erweitert (z. B.
bei *e i*) oder endlich sie sind gerundet und vorgestülpt
(z. B. bei *u*). Bei der Beurteilung der Zungenartikulation
kommen in Betracht: 1. die Horizontalstellung, die
angiebt, wie weit nach vorn oder hinten die Artikulationsstelle liegt; 2. die Vertikalstellung, die den Grad der
Erhöhung des Zungenrückens bezeichnet, und 3. die
Spannung der Zungenmuskeln.

1. Je nach der Stelle, wo die Erhöhung des Zungenrückens stattfindet, unterscheidet man:

a) Velare oder hintere Vokale. Sie werden durch
Erhebung des Zungenrückens gegen Velum und Rachenwand gebildet (z. B. *a o u*).

b) Palato-velare oder gemischte Vokale. Sie
werden durch die Erhebung des mittlern Zungenrückens
gegen die Grenze von Palatum und Velum gebildet (z. B.
russ. *y*, engl. *i* in *sir*).

c) Palatale oder vordere Vokale. Die Zunge hebt sich gegen das Palatum (z. B. *i e ä ö ü*).

2. Je nach dem Grad der Vertikalerhebung unterscheidet man:

a) hohe Vokale (z. B. *i u*);

b) mittlere Vokale (z. B. *e a*);

c) niedere Vokale (z. B. *ä å*).

3. Nach der Stärke der Spannung der Zungenmuskeln unterscheidet man:

a) enge (geschlossne) Vokale (z. B. deutsches *ī* und *é*);

b) weite (offne) Vokale (z. B. deutsches. *ĭ* und *ĕ*).

Man empfindet den Spannungsunterschied am deutlichsten, wenn man z. B. deutsches (enges, geschlossnes) *ī é* und (weites, offnes) *ĭ ĕ* rasch hintereinander ausspricht.

23. Ist bei der Bildung der Vokale der Nasenraum abgeschlossen, so sprechen wir von oralen Vokalen; ist dagegen durch Senkung des Velums eine Verbindung zwischen ihm und dem Mundraum hergestellt, so entstehn nasalierte Vokale (auch Nasalvokale genannt). Man bezeichnet diese durch ein unten rechts angehängtes Häkchen, z. B. *ą ę* (= frz. *an en* und *in*).

II. Die Konsonanten.

24. Die verschiedenen *l*-Laute werden dadurch charakterisiert, daß die Zungenspitze den Mundraum in der Mitte nach vorn zu abschließt, während sich der mittlere Teil der Zunge von den hintern Backenzähnen entfernt hält, so daß zwei Kanäle das freie Passieren des Exspirationsstromes ermöglichen. Ist nur ein einziger Kanal ausgebildet, so spricht man von einseitigem *l*.

25. Die *r*-Laute. 1. Alveolares *r*. Durch Erhebung der Vorderzunge aus der Ruhelage wird eine Öffnung zwischen dem Zungenrand und den Alveolen gebildet. Das alveolare *r* kann gerollt sein, indem der konvexe Zungensaum durch den Exspirationsstrom nach außen geschleudert wird, jedoch infolge seiner Elastizität sofort wieder zurückschnellt.

2. Kakuminales *r*. Durch starkes Aufwärtsbiegen des vordern Zungensaums wird die Zunge ausgehöhlt und dem Palatum hinter den Alveolen genähert. Das Rollen mangelt.

3. Uvulares *r*. Während sich der Zungenrücken gegen das Velum erhebt, wird in der Mittellinie der Zunge eine Rinne gebildet, in der die Uvula vorwärts und rückwärts schwingt.

26. Je nach der Artikulation des Kehlkopfs scheidet man zwischen stimmhaften und stimmlosen *l*- und *r*-Lauten.

Wird bei der Bildung von *l*- und *r*-Lauten die Öffnung so weit verengert, daß sich der Exspirationsstrom beim Passieren an den Rändern reibt, so entstehn spirantische *l* und *r*.

27. Verschlußlaute und Spiranten. 1. Labiale:
a) der Verschluß bezw. die Enge wird durch die beiden Lippen bewirkt (labiolabiale: *p b m*, mitteldeutsches *w*);

b) er wird durch Unterlippe und Oberzähne bewirkt (labiodentale: deutsches *f*).

2. Dentale: der Verschluß bezw. die Enge wird durch die Artikulation der Zungenspitze oder der Vorderzunge gegen Zähne oder Alveolen bewirkt.

a) Interdentale: der Zungensaum artikuliert gegen den Spalt zwischen beiden Zahnreihn. Hierher gehört z. B. oft engl. *th*.

b) Postdentale: die Artikulation findet zwischen Zungensaum und hinterer Fläche der Oberzähne statt. Hierher gehört z. B. urgerm. *þ* (vgl. W. Braune, IF. IV. 341 f.), meist engl. *th*.

c) Alveolare: die Vorderzunge artikuliert gegen die Alveolen der Oberzähne. Hierher gehören *t d s z n*.

3. Kakuminale: die Zungenspitze wird nach dem Gaumendach auf- und zurückgebogen. Hierher gehören die aind. *ṭ ḍ š ṇ*.

4. Palatale: der Zungenrücken artikuliert gegen das Palatum. Hierher gehören die deutschen *k′ g′* vor pa-

latalen Vokalen (*i e ä* u. dgl.), *n'*, sowie die deutschen
ich-Laute.

5. Velare: der hintere Zungenrücken artikuliert
gegen das Velum. Hierher gehören die deutschen *k g* vor
a, o, u, ferner *ŋ,* sowie die *ach*-Laute.

28. Je nach der Art der Kehlkopfartikulation
können die Verschlußlaute und die Spiranten **stimmhaft**
oder **stimmlos** sein. Für die stimmhaften Verschlußlaute
ist der Name **Medien** gebräuchlich, für die stimmlosen
der Name **Tenues.** Da bei den Medien ein Teil von
der Kraft des Exspirationsstroms dazu verbraucht wird,
die Stimmbänder in Schwingungen zu setzen, so ist natürlich die Kompression der Luft im Mundraum während
des Verschlusses weniger stark und infolgedessen auch die
Explosion bei Lösung des Verschlusses weniger kräftig als
bei den entsprechenden Tenues.

29. Unter **Aspiraten** versteht man reine Verschlußlaute, denen ein Hauch folgt. Stimmhafte Aspiraten
(aspirierte Medien) sind aind. *bh dh gh* usw., stimmlose
Aspiraten (aspirierte Tenues) dagegen aind. *ph th kh* usw.,
agriech. φ θ χ, nhd. *p t k* (gesprochen als $p + h$, $t + h$, $k + h$).

30. Mit dem Namen **Affrikata** bezeichnet man
die Verbindung eines Verschlußlauts mit der homorganen
Spirans. Vgl. z. B. *pf ts kch.*

Funktionsverschiedenheiten.

31. Dauerlaute, die sich durch besondere Klangfülle
auszeichnen, können in doppelter Funktion auftreten:

1. Sie können selber Träger des Silbenakzentes sein.
Man nennt sie alsdann **silbisch.** Silbisch fungieren in
der Regel die Vokale, häufig auch die *r*- und *l*-Laute, sowie die Nasale. Bei den Vokalen ist eine besondre Bezeichnung der silbischen Funktion überflüssig, bei den
übrigen besteht sie in einem untergesetzten Kreis, also
r̥ l̥ m̥ n̥ ŋ̥.

2. Enthält eine Silbe zwei Laute, von denen jeder
silbebildend auftreten kann, so übernimmt der schallstärkere

die silbische Funktion; der schallärmere ist alsdann unsilbisch. Die unsilbischen Vokale bezeichnet man durch
einen untergesetzten Halbkreis, schreibt also a̯ e̯ i̯ o̯ u̯ usw.,
die unsilbischen r- und l-Laute, sowie die unsilbischen
Nasale bleiben unbezeichnet.

32. Die Verbindung eines silbischen und eines unsilbischen Vokals zu einer Silbe heißt man Diphthong,
vgl. z. B. ai̯ au̯ ei̯ eu̯ ae̯ oe̯ ao̯, i̯a u̯a i̯e u̯e usw. Doch pflegt
man häufig, der großen Übereinstimmung wegen, auch die
Verbindung eines silbischen Vokals mit unsilbischen r- und
l-Lauten, sowie mit unsilbischen Nasalen Diphthonge im
weitern Sinn zu nennen.

Einwirkung der Laute aufeinander.

33. Die Unterschiede, die zwischen benachbarten
Lauten bestehn, werden häufig ganz oder zum Teil ausgeglichen. So wird die Differenz zwischen zwei aufein-
anderfolgenden Vokalen in Diphthongen vielfach vermindert:
ai wird ae—æ—ē u. dgl. m. Palatale Vokale bewirken oft
eine Palatalisierung (Mouillierung) der vorausgehnden
Konsonanten, indem die palatale Artikulation vorausge-
nommen wird. Die palatalisierten Konsonanten können
dann ihrerseits vorausgehnde nicht palatale Vokale mouil-
lieren. Labiale Vokale können bei vorhergehnden Lauten
Vorwegnahme der Lippenrundung veranlassen.

Ungemein häufig sind Assimilationen bei benachbarten
Konsonanten. Sie haben vielfach vollständige Homorganität
als Ergebnis, z. B. ln wird zu ll, nw zu nn usw.

Nicht selten findet auch Einschiebung oder Aus-
stoßung von Lauten in bestimmten Gruppen statt. Vokalentwicklung zeigt sich häufig zwischen Liquida oder Nasal
+ Konsonanz. Auf umgekehrtem Weg kann ein unbetonter
Vokal in der gleichen Stellung verloren gehn, wobei die
ursprünglich unsilbische Liquida oder Nasalis silbebildend
wird. Einschub von Konsonanten ist häufig beim Übergang von Nasalen zu andern Konsonanten, -mr- wird
z. B. zu -mbr-, -ns- zu -nts- u. dgl.

Der Akzent.

34. «Das Wesen des Akzentes läßt sich sehr gut an einem Bilde veranschaulichen. Man kann sich die Redegebilde als einen gipfelreichen Bergzug vorstellen, dessen Höhenlinie am Horizonte beständig auf- und absteigt. Der ganze Bergzug versinnbildlicht den jedesmal im Zusammenhang ausgesprochenen vollen Satz, die einzelnen von der Umgebung sich abhebenden Berge die vielen Worte desselben. Die Gipfel können an und für sich betrachtet verschieden hoch und geformt sein: es genügt, daß sie immer relativ höher sind als ihre Seitenthäler. Der Akzent ist nun nichts anderes als der jedesmal höchste oder höhere Punkt einer Redeerhebung: je nachdem man den Hauptgipfel der ganzen Höhenkette oder die Gipfel der einzelnen Berge gesondert ins Auge faßt, spricht man von einem 'Satzakzent' oder einem 'Wortakzent'». Vgl. E. Seelmann, Die Aussprache des Latein (Heilbronn 1885) S. 15.

Drei Faktoren werden gewöhnlich unter dem Namen 'Akzent' zusammengefaßt: 1. die Stärke des Exspirationsdrucks; 2. die Höhe der Tonlage; 3. die Dauer der Silbe. Jede Silbe, mag sie den Wortakzent tragen oder nicht, muß notwendigerweise mit einem bestimmten Exspirationsdruck gesprochen werden; sie muß eine bestimmte musikalische Höhe haben und muß schließlich einen längern oder kürzern Zeitraum in Anspruch nehmen. Je nachdem nun die Exspirationsenergie oder die musikalische Höhe für die Betonung charakteristisch erscheint, spricht man von einer vorwiegend exspiratorischen oder von einer vorwiegend musikalischen Betonung. Diese besteht z. B. im Französischen, jene im Deutschen.

35. Der vorwiegend exspiratorische Akzent hat im allgemeinen die Tendenz, möglichst weit von der Endsilbe des Wortes an den Anfang zurückzutreten. Der Grund liegt darin, daß ein energischer Druck bei frischen Kräften leichter ausgeübt werden kann als bei teilweise verbrauchten.

Je mehr der exspiratorische Akzent überwiegt, je stärker der Energieverbrauch bei einer Silbe ist, desto weniger Kraft wird für die andern Silben des Wortes übrigbleiben. Sie werden daher notwendigerweise der Reduktion ausgesetzt sein. Diesen Schwächungsprozeß kann man z. B. in der deutschen Lautgeschichte aufs beste beobachten. Es heißt z. B. im Ahd. noch *habēn salbōn geban wazzar fater namo zunga,* aber im Nhd. ist in den unbetonten Endsilben der Vokal entweder ganz geschwunden, oder er erscheint als gemurmeltes *ə*: *hābn̥ salbn̥ gēbn̥ wassr̥ fātr̥ nāmə zungə* u. dgl. m. Wo wir deshalb in einer Sprachperiode starken Reduktionen unbetonter Silben begegnen, dürfen wir auf Vorherrschen des exspiratorischen Akzentes schließen.

36. Vergleicht man die einzelnen Silben eines Wortes miteinander, so wird man verschiedene Abstufungen der Betonung (je nachdem des Nachdrucks oder der Tonlage) wahrnehmen. Denn es widerspricht den Gesetzen der Apperzeption, daß zwei Silben nacheinander genau auf gleicher Stufe stehn. Gewöhnlich genügt die Unterscheidung dreier Stufen; daher spricht man bei vorwiegend exspiratorischem Akzent vom Hauptiktus (Hauptton), vom Nebeniktus (Nebenton) und von Iktuslosigkeit (Unbetontheit); bei vorwiegend musikalischem Akzent dagegen von Hochton, der über die normale Mittellage emporsteigt, von Tiefton, der unter sie hinabgeht, und von Mittelton.

37. Wie in dem oben angeführten Gleichnis die Form der einzelnen Berggipfel verschieden sein kann, so findet sich auch eine Verschiedenheit in der Akzentform der einzelnen Silbe.

Faßt man die Exspirationsbewegung der Silbe ins Auge und bezeichnet man den Moment des größten Nachdrucks als Exspirations- oder Silbengipfel, so kann man folgende Akzentformen (Akzentqualitäten) unterscheiden:

1. Man spricht von eingipfligen Silben, wenn der Exspirationsstrom gleichmäßig ununterbrochen dahinfließt. Und zwar besteht hier eine dreifache Möglichkeit:

a) Der Moment der größten Intensität liegt im Beginn der Silbe, die Betonung ist abschwellend (fallend). Bezeichnung `.

b) Er liegt am Ende, die Betonung ist anschwellend (steigend). Bezeichnung ´.

c) Oder endlich er liegt in der Mitte, so daß der Exspirationsdruck anfangs zunimmt, bis er sein Maximum erreicht hat, und dann allmählich nachläßt, alsdann redet man von anschwellend-abschwellender (steigend-fallender) Betonung. Bezeichnung ^.

2. Ist die Kontinuität des Exspirationsstroms gestört, findet hinter dem Silbengipfel bei einer im allgemeinen abnehmenden Energie eine geringe Verstärkung oder vor dem Silbengipfel bei einer im allgemeinen zunehmenden Energie eine geringe Schwächung statt, so spricht man von zweigipfligen Silben. Der Nebengipfel liegt demnach hinter oder — seltner — vor dem Hauptgipfel. Bezeichnung ˜.

Die Grenzen zwischen einer Silbe mit zweigipfliger Betonung und zwei selbständigen Silben sind fließend.

38. Auch bei der musikalischen Betonung lassen sich ähnliche Formen unterscheiden:

a) Der Ton ist eben.

b) Der Ton steigt.

c) Der Ton sinkt.

d) Es sind Kombinationen möglich: sinkend-steigend, steigend-sinkend, steigend-eben usw.

Doppeltonige Silbenakzente sind in der Regel mit zweigipfliger Exspiration verbunden; sie geben den 'singenden' Mundarten ihren eigentümlichen Charakter.

A. Vokalismus.

Viertes Kapitel.

Das indogermanische Vokalsystem.

39. Die idg. Ursprache hat, soviel bis jetzt bekannt ist, folgende silbischen Laute (Vokale, silbische Liquiden und Nasale) besessen:

I. **Vollstufenvokale**, d. h. solche, die ursprünglich nur in der Haupttonsilbe des Wortes erscheinen. Sie treten nicht nur allein, sondern auch in diphthongischer Verbindung auf.

Einfache Kürzen: $\acute{a}$ $\acute{e}$ $\acute{o}$.

Einfache Längen: $\acute{\bar{a}}$ $\acute{\bar{e}}$ $\acute{\bar{o}}$.

Kurzdiphthonge: $\acute{a}i$ $\acute{e}i$ $\acute{o}i$.

$\acute{a}u$ $\acute{e}u$ $\acute{o}u$.

Langdiphthonge: $\acute{\bar{a}}i$ $\acute{\bar{e}}i$ $\acute{\bar{o}}i$.

$\acute{\bar{a}}u$ $\acute{\bar{e}}u$ $\acute{\bar{o}}u$.

II. **Schwundstufenvokale**, d. h. solche, die ursprünglich nur in den nichthaupttonigen Silben des Wortes auftreten können.

Kürzen: ∂ (auch in den Diphthongen ∂i ∂u).

i u.

$\underset{\circ}{l}$ $\underset{\circ}{r}$.

$\underset{\circ}{m}$ $\underset{\circ}{n}$.

Längen: $\bar{i}$ $\bar{u}$.

$\underset{\circ}{\bar{l}}$ $\underset{\circ}{\bar{r}}$.

$\underset{\circ}{\bar{m}}$ $\underset{\circ}{\bar{n}}$.

Anmerkungen.

1. Idg. a e o und $\bar{a}$ $\bar{e}$ $\bar{o}$ sind im Indo-Iranischen in a bezw. in $\bar{a}$ zusammengefallen. Doch ermöglicht das **Palatalgesetz** noch die Unterscheidung von e $\bar{e}$ auf der einen, a $\bar{a}$ o $\bar{o}$ auf der andern Seite. Vgl. K. Verner bei Osthoff, MU. I. 115 Fußnote. H. Collitz, BB. III. 177 ff. Joh. Schmidt, KZ. XXV. 1 ff.

Über das vielumstrittene Gesetz K. Brugmanns (Curtius'
Studien IX. 380 ff.), wonach idg. *o* als indo-iran. *ā* in offner Silbe
erscheint, vgl. Verf. IF. III. 360 ff.

2. In dem eintönigen *o ō* der meisten idg. Einzelsprachen
scheinen zwei, in der Ursprache von Haus aus geschiedene
Vokalqualitäten zusammengefallen zu sein. Man darf sie vielleicht als *ă* und *o*, *ằ* und *ō* trennen. Vgl. Chr. Bartholomae,
BB. XVII. 91 ff. IF. I. 303 Fußnote. J. Zubatý, BB. XVIII.
241 ff. Die Frage kann unerörtert bleiben, da sie für die germ.
Lautgeschichte ohne praktische Bedeutung ist.

3. Ein europäisches *ē* hat A. Fick, BB. II. 204 ff. erwiesen;
als idg. ist es durch das Palatalgesetz dargethan worden. Weitere
Aufklärung über die idg. Längen hat dann namentlich G. Mahlows S. 4 angeführte Schrift über die langen Vokale gebracht.
Die Frage nach den Langdiphthongen und ihren Schicksalen in
der idg. Ursprache haben Joh. Schmidt, KZ. XXVII. 287 ff.
369 ff., W. Schulze, ebd. 420 ff. und R. Meringer, KZ. XXVIII.
217 ff. in Fluß gebracht.

4. Idg. *ə* hat K. Brugmann (Curtius' Studien IX. 381).
zuerst nachgewiesen; idg. *ṛ l̥* G. Humperdinck, Die Vokale und
die phonetischen Erscheinungen ihres Wandels in Sprachen und
Mundarten (Progr. d. Progymn. zu Siegburg 1874), S. 43, und H. Osthoff, PBrB. III. 52 f.; idg. *n̥ m̥* K. Brugmann in dem Aufsatz
Nasalis sonans in der idg. Grundsprache (Curtius' Studien IX.
287 ff.). Die Aufstellung langer silbischer Nasale und Liquiden
geht auf F. de Saussure, Mémoire 247 ff., zurück. Vgl. dazu
namentlich Ph. Fortunatov, Archiv f. slav. Philologie IV. 575 ff.,
F. de Saussure, Mém. Soc. Ling. VIII. 43 ff. Da auch dieses
Problem in der germ. Sprachgeschichte keine Rolle spielt, bleibt
es gleichfalls von der Erörterung ausgeschlossen.

5. Über die idg. Scheidung von (silbischem und unsilbischem)
r und *l* geben uns die europäischen Sprachen Auskunft. Im
Indo-Iranischen existierte nur einheitliches *ṛ r*, das im spätern
Indischen durch dialektisches *l̥, l* vertreten werden kann. Vgl.
Chr. Bartholomae, IF. III. 157 ff. Edw. V. Arnold, *l* in
the Rigveda (Festgruß an Roth, Stuttgart 1893, S. 145 ff.).

6. Die silbischen Vokale *i u* können auch in unsilbischer
Funktion als *i̯ u̯* auftreten. Das ist z. B. in den Diphthongen
der Fall. Neben den silbischen *l̥ ṛ' m̥ n̥* stehn natürlich auch unsilbische *l r m n*.

Beispiele.

40. Die Auswahl beschränkt sich auf das Altindische, das Griechische und das Lateinische. Andere

Sprachen werden jetzt wie später nur gelegentlich zur Erläuterung herangezogen werden.

I. Vollstufe.

A. **Einfache Kürzen**: idg. *á*, ai. *ákšas* 'Achse', gr. ἄξων,
lat. *axis*.

idg. *é*, ai. *bhárati*, 'trägt', gr. φέρει, lat. *fert*.

idg. *ó*, ai. *pátiš* 'Herr', gr. πόσις 'Gatte', lat. *potis*
'mächtig'. — ai. *jajána* 'genuit', gr. γέγονε; ai.
dadárśa, 'er hat gesehn', gr. δέδορκε. Vgl. Verf.
IF. III. 360 ff.

Anmerkung. Das lat. Endungs-*o* wird zu *u*.

B. **Kurzdiphthonge**: idg. *ái*, ai. *édhas* N. 'Brennholz', gr.
αἴθω 'funkle', lat. *aedes* urspr. 'Feuerstätte'.

idg. *éi*, ai. *éti* 'geht', gr. εἶσι, lat. *it* (aus *it).

idg. *ói*, ai. *énam* 'es', gr. οἰνή 'die Eins beim Würfel-
spiel', lat. *ūnus* (alat. *oinos, oenos*).

Anmerkung. In den nach der uritalischen Betonung
unakzentuierten Silben ist idg. *ói* zu -*ī* geworden. Vgl. *equī* 'die
Pferde' = gr. ἵπποι.

idg. *áu*, ai. *ójas* N. 'Kraft', gr. αὔξω 'vermehre', lat.
augus-tus 'erhaben'.

Anmerkung. In den nach der uritalischen Betonung unakzentuierten Silben ist idg. lat. *au* zu *ū* geworden. Vgl. *dē-frūdō*
'betrüge' neben *fraudo*.

idg. *éu*, ai. *yógas* N. (nur bei Grammatikern) 'Verbindung', gr. ζεῦγος N. 'Joch', lat. *iūger-* N. 'Juchert'.

idg. *óu*. ai. *sūnóš*, 'des Sohnes', osk. *castrovs* 'fundi',
lat. *senatūs* 'des Senats', gr. εἰλήλουθε 3. Pers. Sing.
Perf. Ind. 'er ist gekommen'.

Anmerkung. Idg. *ou* gr. ου ist im 5. Jahrh. v. Chr. auf
ion.-att. Sprachgebiet zu *ū* geworden. Die alte Schreibung blieb
jedoch bestehn.

41. C. **Einfache Längen**: idg. *á*, ai. *bhrátar-*
'Bruder', gr. φράτωρ, lat. *fräter*.

Anmerkung. Im Ionischen ist jedes idg. *ā* zu η geworden,
im Att. erscheint *ā* nach ρ ε ι υ. Vgl. dor. μάτηρ, ion.-att. μήτηρ.
lesb. ἀμέρα, ion. ἡμέρη, att. ἡμέρα 'Tag'.

idg. $\acute{e}$, ai. *syás* 2. Pers. Sing. Opt. 'du seiest', gr.
εἴης (aus **ési̯ēs* für **si̯ēs*), altlat. *siēs*.

idg. $\acute{o}$, ai. *dánam* 'Gabe', gr. δῶρον, lat. *dōnum*.

D. **Langdiphthonge:** idg. $\acute{a}i̯$, ai. *áśvāy-āi* Dat. Sg. F. 'der
Stute', gr. χώρᾳ d. i. χώρ-āι, lat. *equae*.

idg. $\acute{e}i̯$, ai. *ánāiṣam* 1. Pers. Sg. Aor. Ind. Akt. 'ich
führte'. Vgl. wegen der Vokalquantität die Aoristformen ai. *ádhāsam* 'ich setzte' = abg. *dēchŭ*, lat.
vēxī 'ich fuhr', = abg. *vēsŭ*.

idg. $\acute{o}i̯$, ai. *áśvāy-a* Dat. Sg. M. 'dem Pferde', gr. ἵππῳ
d. i. ἵππωι, altlat. *populoi Rōmānoi* 'dem römischen
Volke'.

idg. $\acute{a}u̯$, ai. *náuṣ* 'Schiff', gr. ναῦς (aus ναυς), lat. *nāuis*.

idg. $\acute{e}u̯$, ai. *dyáuṣ* 'Himmel', gr. Zεύς (aus Zηυς), lat.
diūs 'Tag' in *nūdiūstertius* u. dgl. (Solmsen, Studien
zur lat. Lautgeschichte. Straßburg 1894 S. 73 f.)

idg. $\acute{o}u̯$, ai. *gáuṣ* 'Rind', gr. βοῦς (aus βωυς).

Anmerkung 1. Schon in idg. Urzeit konnte vor gewissen
Konsonanten, z. B. vor -*m* — nicht aber vor -*s* —, der zweite
Komponent gestoßner Langdiphthonge schwinden.

idg. $\bar{e}$ aus $\bar{e}i̯$ in ai. ved. *rām* Akk. Sing. 'den Reichtum',
lat. *rēm*, Stamm *rēi̯*. — Der Nom. nachved. *rās*, lat. *rēs*
ist Nachbildung nach dem Akkusativ.

idg. $\bar{o}$ aus $\bar{o}i̯$ in ai. *sákhā* 'Freund' aus idg. **sokᵛ(h)ōi̯*.

idg. $\bar{e}$ aus $\bar{e}u̯$ in ai. *dyām* Akk. Sing. 'den Himmel', gr. hom.
Zῆν, lat. *diēm* (aus **diēm*). Der Nom. lautet gesetz-
mäßig idg. **di̯ēu̯s*, ai. *dyáuṣ*, gr. Zεύς mit erhaltnem *u̯*.

idg. $\bar{o}$ aus $\bar{o}u̯$ in ai. *gām*, gr. hom. βῶν, Akk. Sing. 'das
Rind' vom dehnstufigen Stamm idg. *gᵛōu̯-*, der im Nom.
Sing. **gᵛōu̯s*, ai. *gáuṣ*, gr. βοῦς lautgesetzlich erhalten ist.

Anmerkung 2. In allen europäischen Sprachen ist der
erste Komponent der erhaltnen Langdiphthonge in Sonderleben
der Einzelsprachen gekürzt worden. Daher gr. ναῦς Zεύς βοῦς aus
idg. **nāu̯s *di̯éu̯s *gᵛóu̯s*.

II. Schwundstufe.

42. A. **Kürzen:** idg. ə, ai. *pitár-*, gr. πατήρ, lat.
pater.

Anmerkung. Idg. əi̯ und əu̯ fallen in allen idg. Sprachen
mit *ai̯* und *au̯* zusammen.

idg. *i*, ai. *cid* 'was?' gr. τί (aus *τιδ), lat. *quid.*

idg. *u,* ai. *yugám* 'Joch', gr. ζυγόν, lat. *iugum.* ·

idg. *l̥,* ai. *pr̥thús̀* 'breit', gr. πλατύς, air. *lethan.* —
ai. *mr̥s̀t́as* 'berührt', lat. *molta multa* 'Strafe' (aus
*molc-ta).

idg. *r̥,* ai. *r̥kṣas* 'Bär', gr. ἄρκτος, lat. *ursus* (aus
*orcsos).

idg. *m̥,* ai. *dáśa* 'zehn', gr. δέκα, lat. *decem.*

idg. *n̥,* ai. *matás* 'gedacht', gr. αὐτό-ματος 'aus eignem
Antrieb', lat. *com-mentus* 'ersonnen'.

43. B. Längen: idg. *ī*, ai. *abhi-śrīṇāti* 'führt herbei', gr. κλίνη 'Lager', lat. *in-clīnō.*

idg. *ū,* ai. *mūṣ* 'Maus', gr. μῦς, lat. *mūs.*

Tabellen.

Idg.	Ai.	Gr.	Lat.
a		κ	*a*
e	*a*	ε	*e*
o	*a, ā*	ο	*o*

Idg.	Ai.	Gr.	Lat.
ā		*ā,* η̣	*ā*
ē	*ā*	η̣	*ē*
ō		ω	*ō*

Idg.	Ai.	Gr.	Lat.
ai̯		αι	*ae*
ei̯	*ē*	ει	*ī*
oi̯		οι	*ū*

Idg.	Ai.	Gr.	Lat.
au̯		αυ	*eu*
eu̯	*ō*	ευ	*ū*
ou̯		ου	

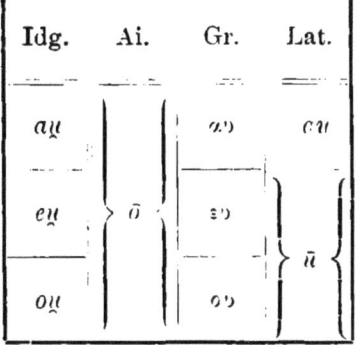

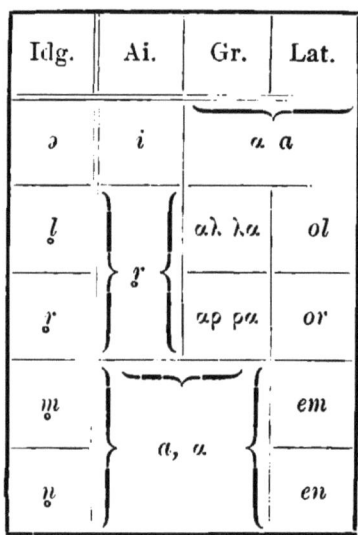

Das Verhältnis der idg. Vokale zu einander.

A. Qualitativer Ablaut.

44. Der qualitative Ablaut findet sich nur in vollstufigen Silben. Er besteht darin, daß die Vokale *é* und
á mit *ó* abwechseln. Das gleiche gilt von den entsprechenden Längen *ē* und *ā*, die mit *ō* tauschen können. Da
das *ŏ* erst aus ursprünglichem *ĕ* und *ă* entstanden ist, so
bezeichnet man diese beiden Vokale als normalstufige.
Die Ursache des Wechsels ist uns unbekannt. Bald sucht
man sie in einem Wechsel der musikalischen Höhe, vgl.
Kretschmer, KZ. XXXI. 366 ff., bald vermutet man
Einfluß der folgenden Konsonanten, vgl. Fr. Arnold,
Das Alter des *o*-Lautes in den idg. Sprachen. Würzburg
1890; J. Baudouin de Courtenay, IF. IV. 45 ff.

Normalstufe.	o-Stufe.
Λ. βρέμω 'rausche'.	βρόμος 'Geräusch'.
δέμω 'baue'.	δόμος 'Haus'.
λέγω 'spreche'.	λόγος 'Rede'.
φέβομαι 'fliehe'.	φόβος 'Furcht', φοβέω Kausat. 'scheuche'.
φέρω 'trage'.	φόρος 'Tribut', φορέω Kaus.

Normalstufe.	o-Stufe.
τρέπω 'wende'.	τρόπος 'Wendung', τροπέω Kaus.
Ϝείδομαι 'scheine'.	Ϝοῖδε 'er weiß' Perf.
πείθω 'überrede'.	πέποιθε Perf.
λείπω 'lasse'.	λέλοιπε Perf.
ἐλεύσομαι 'werde kommen'.	εἰλήλουθε Perf.
κέλευθος 'Weg'.	ἀ-κόλουθος 'Gefährte'.
σπεύδω 'eile'.	σπουδή 'Eile'.
B. ἄγω 'treibe'.	ὄγμος 'Furche'.
lavo 'wasche'.	λο(Ϝ)έω.
scabo 'kratze'.	scobis 'Sägespäne'.
Κάστωρ 'der prangende'.	κόσμος 'Schmuck'.
caveo 'hüte'.	κο(Ϝ)έω.
ancus 'Haken'.	ὄγκος, uncus.
σάφα 'offenbar'.	σοφός 'weise'.
ἄρχω 'herrsche'.	ὄρχαμος 'Anführer'.
acuo 'schärfe', ἄκρις 'Spitze'.	ocris ὀκρίς 'spitzig'.
C. ῥήγνῡμι 'breche'.	ἔρρωγε Perf.
ἀρήγω 'helfe'.	ἀρωγός 'Helfer'.
ἀφ-ίημι 'werfe fort'.	ἀφ-έωκε Perf.
Ἥρη 'Göttin der Jahreszeit'.	ὥρα 'Jahreszeit'.
τίθημι 'lege'.	θωμός 'Haufe'.
ζήσομαι 'werde leben'.	ζωρός 'belebend'.
χῆρος 'beraubt'.	χωρίς 'abgesondert'.
D. dor. ἔπτᾱν 'flog'.	πέπτωκε 'ist gefallen'.
dor. ἔβᾱν 'ging'.	βωμός 'Altar'.
dor. φᾱμί 'rede'.	φωνή 'Stimme'.

B. Quantitativer Ablaut (Abstufung).

45. Wie schon der Name besagt, besteht der quantitative Ablaut in einer Veränderung der Vokalquantität. Diese Veränderung kann entweder eine Steigerung oder eine Verminderung sein. Im ersten Fall bezeichnet man das Ergebnis als Dehnstufe, im zweiten als Schwundstufe. Die Ausbildung beider Stufen ist urindogermanisch.

Sie setzt die Existenz eines vorwiegend exspiratorischen Akzents voraus.

I. Die idg. Dehnstufe.

Der betonte Vokal einer kurzen Silbe wird im Indogermanischen verlängert, wenn eine Silbe dahinter geschwunden ist. Daher kommt es, daß vielfach konsonantisch auslautende 'Wurzelstämme' mit langem Vokal neben zweisilbigen *e/o*-Stämmen mit kurzem Wurzelvokal stehn. Vgl. Verf. IF. III. 305 ff. Ein kurzes Résumé findet man in den Transactions of the American Philological Association. Vol. XXIV. 1893. S. 29 ff.

Normalstufe.	Dehnstufe.
*φορός 'tragend'.	φώρ 'Dieb'.
ferus 'wild'.	θήρ 'Tier'.
ai. *padám* 'Fuß'.	gr. dor. πώς lat. *pēs.*
ai. *vácas* N. 'Wort', gr. Ϝέπος.	lat. *vōx.*
rĕgo 'lenke'.	*rēx* 'König'.
βλέπω 'sehe'.	-βλώψ 'blickend'.
κλέπτω 'stehle', κλοπός 'Dieb'.	κλώψ 'Dieb'.
σκέπτομαι 'spähe', σκοπός 'Späher'.	σκώψ 'Kauz'.
λέπω 'schäle' λέπος N. 'Rinde'.	-λώψ.
vĕho 'fahre'.	*vēxī* abg. *vēsŭ*, *s*-Aor.
lĕgo 'sammle'.	-*lēxī*, *s*-Aor.
tĕgo 'bedecke'.	*tēxī*, *s*-Aor.
plĕcto 'flechte'.	*plēxī*, *s*-Aor.

Die gleiche Erscheinung begegnet in Suffixen:

πατέρ-α Akk. 'den Vater'.	πατήρ Nom.
ῥήτορα Akk. 'den Redner'.	ῥήτωρ Nom.
εὐγενέ(σ)α Akk. 'den wohlgebornen'.	εὐγενής Nom.
ἠόα Akk. 'die Morgenröte'.	ἠώς Nom.
ποιμένα Akk. 'den Hirten'.	ποιμήν Nom.
ἡγεμόνα Akk. 'den Führer'.	ἡγεμών Nom.

II. Die idg. Schwundstufe.

46. Bewegt sich die Dehnstufe von der Normalstufe als Ausgangspunkt in aufsteigender Richtung, so bewegt

sich die Schwundstufe in absteigender. Nichthaupttonige
Silben — mögen sie vor oder nach der Haupttonsilbe stehn,
vgl. Kretschmer, KZ. XXXI. 325 ff. — werden in der idg.
Urzeit reduziert. Und zwar beträgt der normale Quantitäts-
verlust eine More. Ein kurzer Vollstufenvokal wird daher bei Unbetontheit völlig schwinden, ein langer in den
Murmelvokal idg. Schwa (*ə*) übergehn. Doch ist zu beachten, daß bei den langen Vollstufenvokalen nicht selten
auch eine Reduktion um zwei Moren stattfindet, sodaß
der Vollstufenvokal gänzlich schwindet. Vgl. J. Schmidt,
KZ. XXV. 10. Umgekehrt erscheint auch bei kurzem
Vollstufenvokal mitunter ein *ə* in der Schwundstufe.
Häufiger kommt es nur im Wurzelauslaut, sehr selten im
Wurzelinlaut vor. Vgl. Chr. Bartholomae, BB. XVII. 91 ff.,
besonders 112 ff.

Selbstverständlich ist, daß die ursprüngliche Regelmäßigkeit der Abstufungsverhältnisse durch Ausgleich und
Neubildung vielfache Störungen erfahren hat.

Das ursprüngliche Schema des Abstufungssystems ist
etwa dies:

$$\begin{array}{cc} \text{Vollstufe.} & \text{Schwundstufe.} \\ \left.\begin{array}{c} \acute{e} - \acute{o} \\ \acute{a} - \acute{o} \end{array}\right\} & - \text{Null.} \\ \left.\begin{array}{c} \acute{\bar{e}} - \acute{\bar{o}} \\ \acute{\bar{a}} - \acute{\bar{o}} \end{array}\right\} & - \; ə \; - \; \text{Null.} \end{array}$$

47. Ist der Vollstufenvokal von tautosyllabischem
i̯ u̯, l r, m n begleitet, d. h. von unsilbischen Lauten, die
ihrer Natur nach gegebnen Falls leicht silbisch werden
können, so müssen diese ursprünglich unsilbischen Laute
nach Verlust des Vollstufenvokals silbisch werden. Und
zwar erscheint bei ursprünglicher **Kürze** des Vollstufenvokals in der Regel der **kurze** Schwundstufenvokal, bei
ursprünglicher **Länge** des Vollstufenvokals dagegen der
lange Schwundstufenvokal. Dieser entspricht dem Schwa
bei einfacher Vollstufenlänge. Der Nullstufe der einfachen
Längen ist der kurze Schwundstufenvokal der Langdiphthonge parallel. Vgl. J. Schmidt, KZ. XXIV. 303,
XXVI. 382 f. Pluralbildungen 204 ff. W. Schulze, KZ.

XXVII. 420ff. — Über lange Schwundstufenvokale in leichten Vokalreihn vgl. P. Kretschmer, KZ. XXXI. 379ff. Verf. Lit. Centralbl. 1892 Sp. 529 f.

Folgt dagegen heterosyllabisches $i̯$ $u̯$, l r, m n auf den Vollstufenvokal, so bleibt es auf der Schwundstufe entweder unverändert, oder es entsteht $i̯i$ $u̯u$, $ǝl$ $ǝr$, $ǝm$ $ǝn$.

Vollstufe.	Schwundstufe.	
	Vor Konsonant.	Vor Vokal.
$éi̯ — ói̯$ $i̯é — i̯ó$ }	i	$i̯$ $(i̯i)$.
$ér — ór$ $ré — ró$ }	$r̥$	r $(ǝr)$.
$én — ón$ $né — nó$ }	$n̥$	n $(ǝn)$.

Dagegen:

$éi̯ — ói̯$ $i̯é — i̯ó$ }	$ī$	$i̯i̯$ $(ī̯i̯)$.
$éu̯ — óu̯$ $u̯é — u̯ó$ }	$ū$	$u̯u̯$ $(ū̯u̯)$.

Beispiele.

48. A. πέτεσθαι 'fliegen'.   πτέσθαι Aor.

ἔχειν (aus *σεχειν) 'halten'.   σχεῖν Aor.

ἕπεσθαι(aus*σεπεσθαι)'folgen'.   ἑσπέσθαι Aor.

Ϝείδεσθαι 'scheinen'.   Ϝιδεῖν Aor.

πείθεσθαι 'gehorchen'.   πιθέσθαι Aor.

λείπειν 'lassen'.   λιπεῖν Aor.

στείχειν 'einherschreiten'.   στιχεῖν Aor.

φεύγειν 'fliehn'.   φυγεῖν Aor.

δέρκεσθαι 'sehn'.   δρακεῖν Aor.

τρέπειν 'wenden'.   τραπέσθαι Aor.

δέρειν 'schinden'.   1) δαρτός δρατός Part. Perf. Pass.

     2) δαρῆναι Aor. Pass.

κλέπτειν 'stehlen'.   κλαπῆναι Aor. Pass.

στέλλειν 'senden'.   1) ἔσταλμαι Perf. Med.

     2) σταλῆναι Aor. Pass.

μένος 'Mut'.   μέμαμεν Perf. Akt.

μένειν 'bleiben'.   2) μίμνειν.

ἐγένετο 'ward'.

1) γέγαμεν Perf. Akt.

2) γίγνεσθαι.

τείνειν 'spannen'.

τέτάται Perf. Med., τατός
Part. Perf. Pass.

τέμνειν 'schneiden'.

2) ἔτετμε Plusq. ταμεῖν Aor.

Anmerkung. ə in der e-Reihe findet sich im lat. *saxum* 'Fels' neben *secare* 'schneiden', *quattuor* 'vier' neben gr. τέσσαρες, gr. πατάνη 'Schüssel', lat. *patulus* 'offen ausgebreitet' neben gr. πετάννυμι 'breite aus', gr. Fάστυ 'Stadt' neben ἑστία 'Herd' lat. *Vesta* u. a. Im Wurzelauslaut erscheint es in ai. *áni-ti* 'atmet' neben ἄνε-μος 'Wind', ai. *jani-tár*- 'Erzeuger' neben gr. γενέ-τωρ, ai. *bharí-tram* 'Arm' neben φέρε-τρον 'Bahre', *vámi-ti* 'erbricht' neben ἔμε-τος 'Erbrechen' usw.

B. λήγειν 'ablassen'.

λαγαρός *laxus* 'schlaff'.

ῥήγνῡμι 'zerreiße'.

ῥαγῆναι Aor. ῥαγάς F. 'Riß'.

ai. *dádhāti* 'setzt' gr. τίθησι.

a) ai. *hitás* Part. Perf. Pass.

b) *dadhmási* 1. Plur. Präs. Akt.

ai. *mátrā* 'Maß' lat. *mētior* 'messe'.

ai. *mitás* Part. Perf. Pass.

ἵησι (aus *σισητι) 'wirft'.

lat. *sătus* 'gesät'.

ai. *ātmán*- 'Hauch' ahd. *ātum* (aus *ēdmo-).

a) gr. ἀτμός b) ai. *tmán*-.

alat. *siēs* 2. Sing. Opt.

sīmus 1. Plur. Opt.

lat. *pēior* 'schlechter'.

ai. *píyati* 'schmäht'.

ai. *sphāyatē* abg. *spějetŭ* 'hat Erfolg'.

ai. *sphītás* Part. Perf. Pass.

ai. *dháyas*- 'nährend'.

ai. *dhītás* Part. Perf. Pass.

Dieselben Erscheinungen treten bei der *ā*-Reihe auf:

A. ἄγω 'führe'.

ai. *jmán*- 'Bahn'.

αἴθω 'funkle'.

ἰθαρός 'heiter'.

ἅγιος (aus *ἰαgios) 'heilig', ai. *yájati* 'opfert'.

ai. *iṣṭás* Part. Perf. Pass.

αὔω (aus *saụsō) 'trockne'. lit. *saũsas* 'trocken'.

lit. *sūsti*.

augeo 'vermehre'.

ai. *ugrás* 'stark'.

B. dor. ἵστᾱμι 'stehe' lat. *stāre*.

στατός lat. *stătus* ai. *sthitás* Part. Perf. Pass.

dor. φᾱμί ʿsageʾ lat. *fārī.*   φᾰμέν 1. Plur. Präs.
dor. δάμνᾱμι ʿbändigeʾ.   δάμνᾰμεν 1. Plur. Präs.
πρᾱΰς (aus *πρᾱjυς) ʿzahmʾ.   ai. *prīṇáti* ʿliebtʾ.

Die Ablautstufen der wichtigsten Formkategorien.

49.   1. Die Normalstufe erscheint: a) im Präsens
der wurzelbetonten *e/o*-Verba, z. B. φέρω;

b) im Präs. Sg. der athematischen Verba, z. B. εἶμι;

c) wahrscheinlich ursprünglich in der 1. Pers. Sing.
Perf. Aktiv, z. B. ai. *cakára;*

d) bei den nominalen *s*-Stämmen, z. B. γένος.

2. Die *o*-Stufe erscheint: a) im Sing. Perf. Akt.
(wohl mit ursprünglicher Ausnahme der 1. Pers.), z. B.
[οἶδα] οἶσθα, οἶδε;

b) im Kausativstamm, z. B. φορέω;

c) in zahlreichen *e/o*-Stämmen, z. B. λόγος.

3. Die Dehnstufe erscheint: a) im *s*-Aorist, z. B. *vēxī;*

b) im sog. athematischen Aorist, z. B. ai. *rā́ṣṭi* ʿes
glänztʾ;

c) im Nom. Sing. der Wurzelstämme, z. B. πώς, und
der athematischen Suffixalstämme, z. B. πατήρ;

d) im Lokativ Sing. der *i-, u-, n*-Stämme, z. B. ai.
sūnáu;

e) in einigen Akkusativen Sing., z. B. ai. *dyā́m* aus
*di̯ḗm;

f) im Instr. Sg. der *e/o*-Stämme, z. B. lit. *dërù* (aus
*dei̯u̯ōm) ʿdurch den Gottʾ;

g) im Nom. Du. M., z. B. ai. *dvā́u* ʿzweiʾ;

h) in sekundären Nominalbildungen, z. B. ai. *saptám*
ʿSiebenheitʾ.

4. Die Schwundstufe der Wurzel erscheint: a) im
Präsens der suffixbetonten *e/o*-Verba, z. B. ai. *sr̥játi* ʿläßt losʾ.

b) im Präsens in der Wurzelsilbe der mit Suffixen
erweiterten athematischen Verba, z. B. ai. *kr̥ṇóti* ʿmachtʾ,
punáti ʿreinigtʾ;

c) im Dual und Plur. Ind. Akt. und im ganzen Medium
der reduplikationslosen und reduplizierten ʿWurzelʾpräsen-

tien sowie des Perfekts, z. B. *imás* 'wir gehn', *juhumás* 'wir opfern', *vidmá* Perf. 'wir wissen';

d) im Medium des *s*-Aorists, z. B. *ádr̥kṣata* 'er sah';

e) in den endbetonten Nominalstämmen, z. B. *tatás* 'gespannt', *bhr̥tíṣ* 'das Tragen', *r̥bhúṣ* 'geschickt'.

f) In der athematischen Deklination erscheint die Wurzelsilbe bezw. das stammbildende Suffix auf der Schwundstufe in den sog. schwachen Kasus (Gen. Dat. Instr. Sing. Du. Plur., Lok. Du. Plur., [Akk. Plur.]).

Fünftes Kapitel.

Die idg. Vokale im Germanischen.

Idg. *a o ə*.

A. In haupttoniger Silbe.

50. Idg. *a o ə* sind in haupttoniger Silbe zu germ. *a* geworden.

1. Idg. *a*, germ. *a*. lat. *aqua* 'Wasser', got. *ahva*, aisl. *ǫ* 'Fluß', ae. *éa*, as. ahd. *aha*. — lat. *habēre* 'haben', got. *haban*, aisl. *hafa*, ae. *habban* (as. *hebbian*), ahd. *habēn*. — gr. ἀγρός 'Acker', lat. *ager*, got. *akrs*, aisl. *akr*, ae. *œcer*, as. *akkar*, ahd. *ahhar, acchar ackar*. — ai. *ániti* 'er atmet', gr. ἄνεμος 'Wind', lat. *animus* 'Geist', got. *us-anan* 'aushauchen'. — gr. ἄγχω 'schnüre zu', lat. *ango, angustus* 'enge', got. *aggwus*, aisl. *ǫngr*, ahd. *angi engi*. — gr. ἅλς 'Salz', lat. *sāl, sālis*, got. aisl. as. *salt*, ae. *sealt*, ahd. *salz*.

Idg. *ai̯*, germ. *ai*, got. *ái*. aisl. *ei*, ae. *ā*, as. *ē*, ahd. *ei*, bezw. *ē* vor germ. *h r w*. — lat. *caedo* 'haue', got. *skáidan* 'scheiden', ae. *scádan*, as. *skēdan*, ahd. *sceidan*. — lat. *aes* 'Erz', got. *aiz*, aisl. *eir*, ae. *ár*, ahd. *ēr*. — gr. ῥαιβός 'krumm', got. *wraiqs*.

Idg. *au̯*, germ. *au*, got. *áu*, aisl. *au*, ae. *éa*, as. *ō*, ahd. *ou*, bezw. *ō* vor germ. *h* und Dentalen. — lat. *augeo* 'vermehre', got. *aukan*, aisl. *auka*, ae. *éacen* Part. Perf. 'groß',

as. *ōcan* Part. Perf. ʽgeschwängert’, (ahd. *ouhhōn*). — gr.
αὖος ʽdürr trocken’, lit. *saũsas*, ae. *séar*, nd. *sōr*. — gr.
αὔω ʽschöpfe’, lat. *h-aurio*, aisl. *ausa*.

51. 2. Idg. *o*, germ. *a*. — lat. *hostis* ʽFeind’, got. *gasts*
ʽFremdling, Gast’, aisl. *gestr*, ae. ʒ*iest*, as. ahd. *gast*. —
gr. πόσις ʽGemahl’, lat. *potis* ʽmächtig’, got. *brūþ-faþs*
ʽBräutigam’, *hunda-faþs* ʽcenturio’. — gr. πρό ʽvor’, got. *fra-*
Präfix. — lat. *rota* ʽRad’, ahd. *rad*. — gr. τό (aus *τοδ)
ʽdas’, got. *þat-a*, aisl. *þat*, ae. *ðæt*, as. *that*, ahd. *daz*. —
gr. ὀκτώ ʽacht’, lat. *octo*, got. *ahtáu*, aisl. *átta*, ae. *eahta*,
as. ahd. *ahto*.

Idg. *oi̯*, germ. *ai* usw. — gr. *ϝοῖδε* ʽer weiß’, got.
wáit, aisl. *veit*, ae. *wát*, as. *wēt*, ahd. *weiz*. — gr. πέποιθε
ʽer vertraut’, got. *báiþ* ʽer wartete’, aisl. *beið*, ae. *bád*, as.
bēd, ahd. *beit*. — gr. λέλοιπε (aus idg. **leloi̯kᵛe*) ʽer hat
gelassen’, got. *láik*, ae. *láh*, ahd. *lēh*. — altlat. *oinos* ʽeins’,
got. *áins*, aisl. *einn*, ae. *án*, as. *ēn*, ahd. *ein*.

Idg. *ou̯*, germ. *au* usw. — ai. *bubōdha* ʽer hat be-
schenkt’, got. *faúr-báuþ* ʽer verbot’, aisl. *baud*, ae. *béad*,
as. *bōd*, ahd. *bōt*. — ai. *bubhōja* (Grammatiker) ʽer hat ge-
bogen’, got. *báug*, ae. *béaʒ*, ahd. *bōg*.

52. 3. Idg. *ə*, germ. *a*. — ai. *pitár-* ʽVater’ gr.
πατήρ, got. *fadar*, aisl. *fader*, ae. *fœder*, as. *fader*, ahd.
fater. — ai. *sthítiṣ* ʽdas Stehn, der Stand’, gr. στάσις,
got. *staþs*[1]). — ai. *sthitás* ʽgestellt’, gr. στατός, aisl. *stadr*
ʽstetig’. Vgl. auch aisl. *stadenn* Part. Perf. von *standa*
ʽstehn’. — lat. *ratio*, got. *raþjō*, mit *rə-* als Schwundstufe
von Wz. *rē-* in lat. *rēri* ʽglauben’. — aisl. *blad* ʽBlatt’, ae.
blæd, ahd. *blat*, mit *bhlə-* als Schwundstufe von Wz. *bhlō-*
ʽblühn’, vgl. die Vollstufenformen air. *bláth* ʽBlüte’, ahd.
bluot. — got. *mahts* ʽMacht’, aisl. *máttr* M., ae. *meaht* F.,
as. ahd. *maht; məgh-*, Schwundstufenform der Wz. *māgh-* in
gr. dor. μᾱχανά, vgl. H. Osthoff, PBrB. XV. 211 ff. —

---

[1] Ae. *styde*, dessen *u* E. Sievers PBrB. XVI. 235 ff. auf idg. *ə*
zurückführen will, hat idg *u*, vgl. P. Persson, Wurzelerweiterung
S. 142, 179.

got. *ganah* 'es genügt', ahd. *ginah*. Die Vollstufenform findet sich in got. *ganōhs* 'genug', ae. ȝenóh, as. *ginōg*, ahd. *ginuog*. — ae. *seax* 'Messer', ahd. *sahs*, Schwundstufenbildung zu lat. *sĕcare* 'schneiden'.

Idg. *ǝi̯*, germ. *ai* usw. — aisl. *flestr* (aus urgerm. *flaistoz*), Grundform *plǝi̯sto-* zum Komparativ ai. *prāyas* 'meist', aus idg. *plēi̯es-*. — ai. *dháyati* 'er saugt', got. *daddjan* (aus urgerm. *dajjonon*) 'säugen' von Wz. *dhēi̯-*, vgl. ai. *dhāyús* 'durstig' und, mit Verlust des *i̯* vor Konsonanten, gr. θηλή 'Mutterbrust'.

Idg. *ǝu̯*, germ. *au* usw. — lat. *auris* (aus *ausis*) 'Ohr', lit. *ausìs*, got. *áusō*, aisl. *eyra* (mit z-Umlaut), ae. *éare*, as. ahd. *ōra*. Idg. *ǝu̯s-* ist Schwundstufenform zu *ō(u̯)s-* 'Öffnung, Mund'. Vgl. R. Meringer, Beiträge zur Geschichte der idg. Deklination. Wien 1891. S. 11 f.

Chronologisches.

53. Die Datierung des Übergangs von idg. *o* zu germ. *a* in haupttoniger Silbe ergiebt sich aus folgenden Thatsachen:

a) Die alten keltischen Lehnwörter verwandeln ihr *o* in *a*, sind also vor der Zeit des Wandels von idg. *o* zu germ. *a* aufgenommen. Vgl. gall. *Moguntiacum* 'Mainz', ahd. *Maginza*, gall. *Vosegus* 'Vogesen', ahd. *Wascono walt*, gall. *Volcae*, ahd. *Walha* 'die Welschen'.

b) Die später aufgenommnen lat. Lehnwörter erhalten im Germanischen ihr *o* unverändert. Vgl. *coquere*, ahd. *kochōn*. *porta* und *portus*, ae. *port*. *postis*, ae. *post*, ahd. *pfost*. *porticus* ae. *portic*, ahd. *pforzih*. ἀπόστολος *apostolus*, got. *apaústaúlus*. Dagegen halte man *carcer*, got. *karkara*. *Caesar*, got. *Káisar*. *caupo*, got. *káupōn* 'Handel treiben'. *planta*, ahd. *pflanza*. *sapa* 'Mostsaft', ahd. *saf* 'Saft'.

c) *a* aus idg. *o* haben die ins Finnisch-Lappische gedrungnen germanischen Lehnwörter. Vgl. finn. *kampa* 'pecten' zu ahd. *kamb*, gr. γόμφος 'Backzahn'; finn. *napa* 'umbilicus' zu aisl. *nǫf* 'Nabe', ae. *nafu*, ahd. *naba* aus idg. *nobhā*, vgl. ai. *ā* in *nābh-*; finn. *sama* 'idem', got. *sama*, aisl. *samr*, as. ahd. *sam*, gr. ὁμός 'vereinigt'.

d) Vor germ. *a* = idg. *o* verlieren die labialisierten
Velare die Labialisierung, behalten sie dagegen vor *a* = idg. *a*.
Vgl. H. Möller, PBrB. VII. 483. aisl. *hals* 'Hals, Dreher'
neben aisl. *huel* 'Rad' zu abg. *kolo* 'Rad', gr. πόλος 'Dreh-
achse'. — ahd. *kara* 'Klage' neben *queran* 'klagen'. —
Dagegen aisl. *kuefia* 'untertauchen', gr. βαφῆναι 'eingetaucht
werden'.

B. In nichthaupttoniger Silbe.

54. 1. Idg. *a* und *o* erscheinen in nichthaupttoniger
Silbe als gemeingerm. *a.* Nur vor labialem Nasal hat
sich im Nord- und Westgermanischen *o* als solches erhalten. gr. dor. φέροντι 'sie tragen', got. *bairand* 3. Plur.
Präs., aisl. *bera*, ae. as. *berad*, ahd. *berant*. — idg. **édonom* ·
'das Essen', ai. *ádanam*, got. *itan* 'essen', aisl. *eta*, ae. as.
etan, ahd. *ezzan*. — idg. **bhéronts* Part. Präs. Akt.
ai. *bháran* (vgl. gr. ὀδούς aus **ὀδοντς* 'Zahn'), got. *bairands*,
aisl. *berands*, ae. *berende*, as. *berandi*, ahd. *beranti*.

Dagegen: gr. φέρομεν 'wir tragen', aisl. *follom* 'wir
fallen' gegenüber got. *fallam*; idg. **dhogho-mis*, aisl. *dogom*
'den Tagen'. ae. *dazum*, as. *dagum*, ahd. *tagum* gegenüber
got. *dagam*. Vgl. Verf., PBrB. XIV. 218.

Anmerkung. In ahd. *beramēs* steht *a*, weil das *m* der
folgenden Silbe angehört.

Chronologisches.

55. a) In der ältesten Schicht germanischer Wörter,
nämlich den durch die klassischen Schriftsteller überlieferten Eigennamen, findet sich *o* überall in nicht haupttoniger Silbe. Vgl. *Ario-uistus* (*ario-* zu ai. *aryá-* 'gütig'),
Χαριο-γαισος, Χαριο-μηρος. *Chario-ualdus* (germ. *kario-* zu air.
cuire aus *korio-* 'Schar', gr. κοίρανος aus **κορjανος* 'Kriegsherr,
Heerführer', vgl. H. Osthoff, IF. V. 275 ff.), *Lango-bardi*
(*lango-* zu lat. *longus* 'lang') u. a. Hier erscheint haupttoniges
o als *a*, nichthaupttoniges dagegen als *o*. Das beweist, daß
dieses länger erhalten geblieben ist als jenes. In dem *o*
der Mittelsilben keltischen Einfluß zu vermuten, da die
germanischen Eigennamen den Römern durch Vermittlung

der Gallier zugekommen seien, liegt kaum ein ausreichender Grund vor. Denn erstlich läßt sich doch auch in haupttonigen Silben die Existenz des idg. *o* noch nachweisen; zweitens begreift man nicht, warum die Wurzelsilben den Übergang von *o* zu *a* auch in keltischem Munde bewahrt, die Mittelsilben ihn rückgängig gemacht haben sollen.

b) Die germanischen Lehnwörter im Finnisch-Lappischen kennen nur *a*. Vgl. finn. *ansas* 'Balken' (got. *ans*). finn. *kuningas* 'König' (ahd. *kuning*). finn. *rengas* 'Ring' (aisl. *hringr*). finn. *armas* 'lieb' (got. *arms*).

c) Auch die ältesten nordischen Runeninschriften haben ausnahmslos *a*. Vgl. *þewaʀ* (Valsfjord), got. *þius* 'Knecht' = *haʒu-staldaʀ* (ebd.), aisl. *-staldr*, ahd. *hagu-stalt* 'Hagestolz'. *stainaʀ* (Krogstad), got. *stains* 'Stein'. — *daʒaʀ* (Einang), got. *dags* 'Tag'.

56. 2. Idg. *ə* wird in nichthaupttoniger Silbe zu germ. *u*. Vgl. Verf. IF. Anz. II. 48. got. *tigjus*, N. Plur. 'Zehner': aisl *tu-ttugu* 'zwanzig', ahd. *zweinzug*, Ablaut *e*: *ə*. Derselbe findet sich in ahd. *ěnit* 'Ente': ahd. *anut*, got. *háubiþ* 'Haupt': aisl. *haufod*, got. *aqizi* 'Axt': ahd. *ackus*, got. *sigis* 'Sieg': ae. *siʒor*, ahd. *sigu*, lat. *iugera*: got *jukuzi* 'Joch', ahd. *kranih* 'Kranich': *kranuh*, ae. *hěfiʒ*, 'schwer': aisl. *hǫfogr*. Hiermit vergleiche man den Mittelvokal von ai. *sēdimá* 1. Plur. Perf. Akt. 'wir haben gesessen', got. *sētum*.

Idg. ō und ā.

A. In haupttoniger Silbe.

57. Idg. *ō* und *ā* erscheinen im Germanischen als *ā*: got. aisl. ae. as. *ō*, ahd. älter *ō*, später *ao — ua — uo*.

1. Idg. *ō*. — gr. πλωτός 'schwimmend', got. *flōdus* 'Flut', aisl. *flód*, ae. *flód*, as. *flōd*. ahd. *fluot*. — lat. *ōs* 'Mund', *ōstium* 'Mündung', aisl. *óss* 'Flußmündung'. — gr. ἀφ-έωκε (aus *σεσω-κε) 'er hat entsandt', got. *saísō* 'säte'. — lat. *flōs* 'Blume', *flōrēre* (aus *flōsēsi) 'blühn', ae. *blóstm blóstma* 'Blüte', mndl. *blōsen* 'blühn'. — gr. γνωτός 'bekannt', got. *knōþs* 'Geschlecht', ahd. *chnōt chnuat*. — gr. πρω-ΐ 'früh',

ahd. *frō fruo.* — ai. *gām* Akk. Sg. ʽdas Rindʼ, gr. hom. βῶν, as. *cō*, ahd. *chō chuo*.

58. 2. Idg. *ā.* — gr. dor. μᾱ́τηρ ʽMutterʼ, aisl. *mōđer*, ae. *mōdor*, as. *mōdor*, ahd. *muoter.* — gr. ϕρᾱ́τωρ ʽBruderʼ, got. *brōþar*, aisl. *brōđer*, ae. *brōđor*, as. *brōther*, ahd. *bruoder.* — gr. dor. ϕᾱγός ʽEicheʼ, lat. *fāgus* ʽBucheʼ, aisl. *bók* ʽBucheʼ, ae. *bóc-treow*, ahd. *buohha.* — gr. dor. πᾶχυς ʽEllenbogen, Unterarmʼ, aisl. *bógr* ʽBugʼ, ae. *bóh*, ahd. *buog.* — ai. *sā́* F. ʽdieʼ, dor. ἁ̄́ (aus *σᾱ́), lat. *ip-sa*, got. *sō* ʽsieʼ, aisl. *sú.* — ai. *svādúṣ* ʽsüßʼ, gr. dor. ἁ̄δύς (aus *σϝᾱδυς), lat. *suāuis* (aus *suādu̯is*), aisl. *sǿtr*, ae. *swéte* (beide mit *i*-Umlaut durch Übertritt in die *ja*-Dekl.), as. *swōti*, ahd. *swuozi suozi.* — dor. gr. στᾱ́λᾱ ʽSäuleʼ, got. *stōls* ʽThronʼ, aisl. *stóll* ʽStuhlʼ, ae. *stól*, as. *stōl*, ahd. *stuol*.

Chronologisches.

59. a) Idg. *ō* und *ā* sind zur Zeit Caesars im Germanischen noch geschieden gewesen. Vgl. *silva Bācenis*, ahd. *Buochunna* (zu ϕᾱγός s. o.).

b) Die kelt. Lehnwörter mit ursprünglichem *ā* erscheinen im Germanischen mit *ō*. Vgl. gall. *brāca* ʽHoseʼ, aisl. *brók*, ae. *bróc*, mnd. *brōk*, ahd. *bruoh*[1]). — *Dānuuius* ʽDonauʼ, got. *Dōnawi*, ahd. *Tuonouwa.* — Ebenso ist vorgerm. *ā* zu germ. *ō* geworden in nichthaupttoniger Silbe bei got. *Rūmōneis* ʽRömerʼ aus lat. *Rōmānī*. Es mag Lautsubstitution von *å* für kelt. röm. *ā* vorliegen.

c) Interessant ist die Wiedergabe von lat. *Rōma* durch got. as. ahd. *Rūma*, aisl. *Rúma-borg*, von *Rōmānī* durch got. *Rūmōneis*. Das *ū* der germ. Formen beweist, daß das germ. *å* nicht geeignet war, das enge lat. *ō* (vgl. E. Seelmann, Die Aussprache des Latein, Heilbronn 1885, S. 209) wiederzugeben. Vgl. H. Möller, KZ. XXIV. 508. Ähnliches gilt von ahd. *lūrra* ʽmustacca, Lauer, d. i. Wein aus Tresternʼ, aus lat. *lōrea*, ahd. *mūr-boum* ʽMaulbeer-

---

¹) Nach Fr. Kluge, Etym. Wörterbuch ⁵ unter ʽBruchʼ wird das germ. Wort wegen ae. *bréc* ʽSteißʼ als autochthon und keltisch *braca* als entlehnt angesehn.

baum', ae. *mūr-bĕrie* 'Maulbeere', ahd. *mūr-bĕri* aus lat. *mōrus* 'Maulbeerbaum', *mōrum* 'Maulbeere', mittelniederrhein. *ūr* 'Stunde' aus *hōra*.   Auch in nichthaupttoniger Silbe findet der Übergang von lat. *ō* in germ. *ū* statt, vgl. ahd. *winzuril* (mit langem und gekürztem *i u*) 'Winzer' aus *uīnitórem*.

d) Die finn. Lehnwörter geben germ. *å̄* durch *uo*: finn. *huotra* 'Scheide' (got. *fōdr*), *nuora* 'Schnur' (ahd. *snuor*), *tuomari* 'Richter' (aisl. *dómare*) usw.

e) Die aus dem Ostgermanischen, dessen *ō* eng ist, entlehnten slav. Wörter *Dūnāvǐ* 'Donau', *būky* 'Buche', *plūgǔ* 'Pflug' (aisl. *plógr*) sind wie germ. *Rōma* zu beurteilen. Vgl. H. Möller, PBrB. VII. 487 Fußnote.

f) Die jüngern, aus nachchristlicher Zeit stammenden lat. Lehnwörter bewahren *ā*. Vgl. aschwed. *strāta* 'Straße', ndl. *straat*, ahd. *strázza* aus [*via*] *strāta*. — ae. *pál* 'Pfahl', ndl. *paal*, ahd. *pfāl* aus *pālus*. — ahd. *rātīh* 'Wurzel' aus *rádīcem*.

g) Vor germ. *å̄* = idg. *ō* verlieren die idg. labialisierten Velare die Labialisierung, behalten sie dagegen vor germ. *å̄* = idg. *ā*. Vgl. H. Möller, PBrB. VII. 483. idg. *ᵏʳōm̃*, ai. *gām*, gr. βῶν, Akk. Sg. 'die Kuh', as. *kō* ahd. *kuo*. — Dagegen ae. *hwósta* 'Husten', ahd. *hwuosto* jünger *huosto* von Wz. *kᵛās·*. — Vgl. auch die Erhaltung des idg. *u̯* in as. *swōti* 'süß', ahd. *swuozi* jünger *suozi* (ai. *svādúṣ*, gr. dor. ἀδύς).

B. In nichthaupttoniger Silbe.

60.   In nichthaupttoniger Silbe ist die Vertretung die gleiche:

1. Idg. *ō*. — ai. *tásām* Gen. Plur. F. 'dieser', gr. τᾱων (aus *τᾰσων), got. *þizō*. — lat. *ratiō* 'Rechnung', got. *raþjō* 'Zahl', vgl. *Idisia-wisō* (Tacitus).

61.   2. Idg. *ā*. — urnord. *tawidō* (Gallehus) 'machte', *worahtō* (Tune) 'wirkte', *faihidō* (Einang) 'ritzte' (der Ausgang war wahrscheinlich idg. *dhām* d. h. eine Injunktivform der Wurzel *dhē-* 'thun', vgl. Fr. Lorentz, Über das

schwache Präteritum des Germanischen. Leipzig 1894.
S. 17). — lat. *clināre* 'biegen', as. *hlinōn* 'lehnen'. — lat.
forāre 'durchbohren', ahd. *borōn*. — lat. *gustāre* 'kosten',
as. ahd. *kostōn*. — lat. *novāre* 'erneuern', ahd. *niuwōn*. —
lat. *ex-trād* 'von außen', got. *ka-þrō* 'πόθεν?', *uta-þrō* 'ἔξωθεν',
inna-þrō 'ἔσωθεν' usw.

Idg. *e*.
A. In haupttoniger Silbe.

62. Idg. *e* erscheint im Germanischen als *e* in betonter Silbe, soweit nicht kombinatorischer Lautwandel
oder einzeldialektische Gesetze (wie im Gotischen, wo idg. *e*
außer vor *h* und *r* als *i* erscheint) den Übergang in *i* bewirken.

1. Idg. *e* = germ. *e*. — lat. *edo* 'esse' (got. *itan*)[1], aisl.
eta, ae. as. *etan*, ahd. *ezzan*. — lat. *fero* 'trage' (got. *bairan*),
aisl. *bera*, ae. as. ahd. *beran*. — lat. *sex* 'sechs' (got. *saihs*),
aisl. *sex* (ae. *siex*), as. ahd. *sehs*. — gr. ὀρεκτός 'gestreckt',
(got. *raihts*), aisl. *réttr* (ae. *rieht*), as. ahd. *reht*. — lat. *equos*
'Pferd', as. *ehu-skalk* 'Pferdeknecht'. — gr. ἑκυρός, aus
*σϝεκυρος, 'Schwiegervater' (got. *swaihra*), ae. *suehor*, später
swéor, ahd. *swehur*. — air. *ben*, aus idg. *g^venā* 'Frau',
(got. *qinō*), as. ahd. *quena*. — lat. *pecu* 'Vieh' (got *faihu*),
aisl. *fé*, ae. *feoh* 'pecunia', as. *fehu*, ahd. *fehu (fihu)*.
— gr. νέμω 'teile zu' (got. ae. as. *niman* 'nehmen') aisl.
nema, ahd. *neman*. — lat. *decem* 'zehn' (got. *taihun*), (aisl.
tío), (ae. *týn*), as. *tehan*, ahd. *zehan*. — gr. ἔννεπε, aus *ἔνσεπε,
'sprich', lat. *in-seque* (got. *saihan* 'sehn'), (aisl. *siá*), (*séon* 'vi-
dere'), as. ahd. *sehan*. Vgl. O. Wiedemann, IF. I. 257 f.
— lat. *sequor* 'folge', ahd. *bein-segga* 'pedisequa'.

Anmerkung. Wie die angeführten Beispiele zeigen, ist
im Gotischen jedes idg. *e* zu *i* geworden. Dieses einzelsprachliche *i* des Gotischen ist zugleich mit dem aus idg. Urzeit ererbten *i* vor *h* und *r* zu *ai* (kurzem weitem *e*) geworden. Daher

---

[1] In runden Klammern stehn alle Formen, bei denen einzelsprachliche Lautgesetze die Vertretung des idg. *e* geregelt haben.

heißt es got. *niman*, ahd. *neman;* .aber *saikran*, ahd. *sehan; bairan*, ahd. *beran*.

Im Ahd. ist *e* vor folgendem *u* zu *i* geworden. Daher *nimu* 'ich nehme' zu *neman, gibu* 'ich gebe' zu *geban* usw.

Auch in der Verbindung *eu* ist *e* im Urgermanischen unverändert geblieben. Vgl. die Eigennamen *Greuthungi, Reudigni, silva Teutoburgiensis, Teutomērus*, ferner finn. *keula* 'Steven' (aisl. *kióll*), finn. *teudnar* 'servus' (aisl. *þiónare*), urnord. run. *-leubar* (Skärkind) 'lieb', *-leuʒar* (Skåång), 'lügenhaft', kontinentalrunisch *leub, leub-wini*, ae. *treu-lēsnis* 'perfidia' (Epinaler Glossen), *steup-faeder* 'uitricius' (Epinaler Glossen), as. *treu-lōs treu-haft*.

In einzeldialektischer Zeit hat das urgerm. *eu* in allen Dialekten Umbildung erfahren: got. *iu*, aisl. *ió* (und *iú* vor *f p g k* und im Auslaut), ae. *éo*, as. *eo io* (*iu* vor einem *i* der folg. Silbe s. u.), ahd. *eo io* (*iu* wie im As., sowie obd. vor Labialen und *k*-Lauten, vgl. Aisl.).

63. 2. Idg. *e = germ. i:* a) Wenn *i̯* oder *i* (sowohl ererbtes wie auch im Urgermanischen erst entstandnes *i*) folgen. Daher erscheint der Diphthong idg. *ei̯* im Germ. nur als *ī*. gr. στείχω 'schreite einher', got. *steigan* (d. i. *stīgan*) 'steigen', aisl. *stíga*, ae. *stíʒan*, as. ahd. *stīgan*. — gr. δείϰνῡμι 'zeige', lat. *dīcō* (aus *deicō*) 'sage', got. *ga-teihan* 'ansagen', aisl. *tiá* 'zeigen', ae. *tíhð* 'er zeiht' *téon* 'zeihn', as. *af-tíhan* 'versagen', ahd. *zíhan* 'zeihn'. — lat. *scribo* 'schreibe' (aus *screibō*), aisl. *hrífa* 'kratzen, ritzen, eingreifen in etwas' (*sc : h* = gr. σϰύτος 'Haut': ahd. *hūt*). Wegen der Bedeutung vgl. aisl. *ríta*, ae. *writan* 'schreiben', as. *writan* 'zerreißen', ahd. *rízan*. — gr. ἕʒομαι (aus *σεδi̯ομαι) 'setze mich', aisl. *sitia*, ae. *sittan;* as. *sittian*, ahd. *sizzen*. — lat. *medius* 'der mittlere', got. *midjis*, aisl. *miðr*, ae. *midd*, as. *middi*, ahd. *mitti*. — ai. *návyas* 'neu', got. *niujis*, aisl. *nýr*, ae. *niowe ntwe*, as. ahd. *niuwi*. — gr. ἐστί, got. *ist*, ae. *is*, as. *ist is*, ahd. *ist*. — lat. *uelīs* 2. Pers. Opt. von *uelle* 'wollen', got. *wileis*, nord. run. *wilir* (Vi), aisl. *vill*, ae. *wile* (Opt.), as. ahd. *wili*. Man vergleiche ferner urnord. *swestar* (Opedal), ae. *swester, sweostor*, as. *swester*, ahd. *swester* aus idg. *$s\underset{\sim}{u}es\bar{o}r$ (vgl. ai. *svásar-*, gr. ἕορες aus *ჂꝼჂჂopეς) neben mhd. *geswister*, ahd. *irdīn* 'irden' neben *erda* 'Erde', ahd. *rihtī* 'grade Richtung' neben *reht, gibirgi* 'Gebirge' neben *berg* usw.

Der Wandel des haupttonigen *e* zu *i* findet vor jungem, spezifisch german. *i* statt in ae. *bires* (Psalm.) 2. Sg. Präs. as. *biris*, ahd. *biris*, vgl. russ. kirchenslav. *bereši* 'du trägst', ai. *bhárasi;* ae. *biređ* 3. Sg. Präs., as. *biriđ*, ahd. *birit*, vgl. russ. kirchenslav. *beretĭ* 'er trägt', ai. *bhárati*. Dagegen halte man ae. as. *berađ* 3. Plur. Präs., ahd. *berant*.

b) Wenn Nasal + Konsonanz folgt. lat. *of-fendimentum* 'Kinnband', aisl. *binda* 'binden', got. ae. as. *bindan*, ahd. *bintan*. — lit. *treňkti* 'stoßen', got. *þreihan* aus urgerm. *$þri\eta han$* 'drängen', aisl. *þryngua*, ae. *đringan*, as. *thringan*, ahd. *đringan*. — lit. *gentìs* 'Verwandter', as. ahd. *kind*. — lit. *lentà* 'Brett', aisl. ae. *lind* 'Linde', ahd. *linta*. — lit. *blendžiú-s* 'verfinstere mich', aisl. *blindr* 'blind', ae. as. *blind*, ahd. *blint*. — lat. *sentīre* 'fühlen', air. *sét* (aus *séntos*, vgl. akorn. *hent*) 'Weg', got. *sinþs* 'Gang', aisl. *sinn* ae. *sīđ* (aus *sinþ-*) 'Reise', as. *sīđ*, ahd. *sind*. — ai. *páñca*, gr. πέντε (aus idg. *$pénk^ue$*), aisl. *fimm*, ae. *fīf* (aus *finf*), as. *fīf*, ahd. *finf*.

Chronologisches.

64. a) Idg. *e$\underset{\sim}{i}$* will man in *Alateivia* noch erhalten sehn. Doch ist dies recht unsicher. Sicher ist dagegen altes *e* vor *i j* noch in finn. *teljo* 'asser interior nauigii e. c. transtrum' (aisl. *þilia*, ahd. *dilla*).

b) Vor *n* + *k*-Laut ist der Wandel von idg. *e* zu germ. *i* früher vollzogen als vor andern *n*-Verbindungen. Nur finn. *rengas* 'Ring' (aisl. *hringr*, ae. as. ahd. *hring*) zeigt noch altes *e* auch hier erhalten. Dagegen hat schon Tacitus *i: Inguaeones*. Damit vergleiche man *Fenni* 'Finnen' (Tacitus) gegenüber Φίννοι (Ptolomaios), sowie *Semnones* (Tac.), deren *e* noch erhalten ist.

c) Die ältern lat. Lehnwörter mit *n* + Kons. haben den Übergang von *e* zu *i* mitgemacht. Vgl. ae. *minte*, ahd. *minze* aus lat. *mentha menta* 'Minze', ae. ჳimm, ahd.

gimma aus lat. *gemma* 'Juwel', ae. *pinsian* aus lat. *pensāre* 'abwägen', ahd. *zins* aus lat. *census* 'Abschätzung, Steuer', as. *te pincoston*, mhd. *pfingsten* aus πεντεκοστή, mhd. *pfinztac* 'Donnerstag' aus gr. πέμπτη 'der fünfte Tag der Woche'.

d) Für die relative Chronologie des Übergangs von *e* zu *i* vor *i j* kommt in Betracht, daß ein Verbum mit wurzelhaftem idg. *i*, das demnach der *ei*-Reihe angehört, in die reine *e*-Reihe übergetreten ist: got. *bidjan* — *baþ* 'bitten', aisl. *biđia* — *bađ*, ae. *biddan* — *bæd*, as. *biddian biddean* — *bad*, ahd. *bitten* — *bat* gehört zu πείθειν πιθήσω 'bittend gewinnen, überreden', geht also auf die Grundform idg. **bhidhi̯onom* zurück, flektiert jedoch wie aisl. *sitia* usw. aus idg. **sedi̯onom.*

e) Analog ist der Übertritt des got. *þeihan* usw., eines Verbums, das mit lit. *tenkù tèkti* urverwandt ist, also der reinen *e*-Reihe zugehört, in die *ei*-Reihe: got. *þeiha — þáih*, ahd. *dīhu — dēh* usw. Vgl. das alte Kausativ as. *a-théngean* (mit Umlaut *é* aus *a*, Grundform **þangjan*) 'vollenden' und das Part. Perf. ae. *ʒeđungen*. Gleiches gilt von got. *þreihan — þráih* 'drängen'. Vgl. das Kausativ mhd. *drengen* (aus **þrangjan*). Urverwandt ist lit. *treñkti* 'stoßen'. Hier ist allerdings beim Verbum der Reihnwechsel aufs Gotische beschränkt, in der Nominalbildung findet er sich jedoch auch auf westgerm. Sprachgebiet, vgl. mhd. *drīhe* 'Stricknadel' mit got. *þreihsl* 'Bedrängnis'.

B. In nichthaupttoniger Silbe.

65. 1. Vor Konsonanz ist das idg. *e* fast durchweg zu *i* geworden.

a) idg. *e = i*. — ahd. *mihhil* 'groß', gr. Stamm μεγαλο-. — ahd. *elina* 'Elle', gr. ὠλένη. — *Sigis-mundus* (Ammianus Marcellinus), *sigis- =* ai. *sáhas*; ahd. *sigi-nomo* 'Sieger', vgl. Verf. PBrB. XV. 504 f. — ahd. *Irmin-sūl; irmin-* aus **ermen-*. — aisl. *þýfđ* 'Diebstahl', ae. *đýfđ*, Ableitung von aisl. *þiófr* 'Dieb', ai. *đéof;* ahd. *hōhida* 'Höhe' von got. *háuhs* 'hoch', ahd. *hōh* usw., beides Bildungen mit dem Suffix *-éđā-*, vgl. K. Brugmann, Grundriß I, § 80, S. 226 f.

— ahd. *ëgisôn* 'erschrecken' zu got. *agis* N. 'Furcht', also zu einem *es*-Stamm gehörig. Das Suffix des Nominativ Plur. konsonantischer Stämme ist idg. -*es* germ. -*iz,* meist nur noch am *i*-Umlaut des vorausgehnden Vokals erkennbar. Vgl. gr. hom. θύγατρες 'die Töchter', urnord. *dohtriʀ* (Tune), aisl. *dótr.* gr. πόδες 'die Füße', urgerm. **fôtiz,* aisl. *fótr,* ae. *fét.* gr. θύρες 'die Thürflügel', ahd. *turi* Nom. Sing. 'die Thüre'. — Genitive auf idg. -*es* von konsonantischen Stämmen (nach Art des lat. Gen. Sg. *patris*) sind, wie der *i*-Umlaut der Wurzelsilbe lehrt, aisl. *nátr* 'der Nacht', *merkr* 'der Mark', *bókr* 'der Buche, des Buches', ae. *béc* 'des Buches', *byrʒ* 'der Burg'; *fyrh* 'der Furche', *dryh* 'des Korbes'.

Nichthaupttonigkeit und folgendes *i* vereinigen sich, um das idg. *e* der Mittelsilbe zu germ. *i* zu wandeln bei as. *biris birid* usw. aus idg. *bhéresi *bhéreti und bei obd. Gen. Dat. Sing. *hênin* 'des Hahnes, dem Hahne', *nëmin* 'des Namens, dem Namen', aus idg. *kanen-es **kanen-i,* *nomen-es **nomen-i.*

b) Idg. *e* = germ. *e* vor idg. *r,* vgl. Fr. Kluge, Pauls Grundriß I. 354. Akk. Sing. ae. *fæder,* ahd. *fater* aus idg. **pɔtérm̥* (vgl. gr. πατέρα). — urnord. *after* 'nach', ae. *æfter,* ahd. *after.* — gr. πότερος 'wer von beiden', ae. *hwæder.* — gr. ὑπέρ 'über', ahd. *uber.*

Anmerkung. Wenn bei den, auf idg. *es*-Stämmen beruhnden Pluralen wie *këlbir* 'die Kälber' idg. *e* vor *r* als *i* erscheint, so ist zu beachten, daß dies *r* auf urgerm. *z* beruht.

c) Je nach der Satzbetonung können einsilbige Wörter orthotoniert oder unbetont sein. Infolgedessen entstehn Doppelformen mit *e* oder *i*: urnord. *ek* (Gallehus, Tune Kragehul u. ö.) 'ich' ist ursprünglich die orthotonierte, urnord. *ik* (Reidstad, Åsum) dagegen die unbetonte Form von idg. **eʒ.* Ebenso unterscheiden sich anorweg. *mek* 'mich' und aisl. *mik.* Die gemeinsame Grundform entspricht dem gr. ἐμέγε.

Anmerkung. Auffallend ist das durchgehnde *e* im Gen. Sing. der *e͝o*-Stämme (ahd. *tages* usw.). Vielleicht beruht hier

die Erhaltung auf dem Einfluß des ursprünglich folgenden *o*
(Grundform *dhogheso*). Auch die as. fränk. Formen des Gen. Dat.
Sing. der *en*-Stämme mit ihrem seltsamen *e hanen namen)* können
vielleicht so erklärt werden, daß das *e* lautgesetzlich nur in einem
Genitiv mit *-os*, *kanen-os* (vgl. gr. ποδ-ός), berechtigt war. Wegen
des Ausgangs *-os* neben *-es* vgl. alat. *patrus* neben *patris*. Anders
O. Bremer, ZZ. XXII. 249 f.

2. Im absoluten Auslaut scheint idg. *-e* den
Übergang zu *i* nicht mitgemacht zu haben, vielmehr
schon in urgerman. Zeit geschwunden zu sein. Vgl.
M. H. Jellinek, Beiträge, S. 42 ff.; anders W. van Helten,
PBrP. XVII. 567 ff. Wäre idg. *e* im absoluten Auslaut
zu *-i* geworden, so hätte dieses im Westgermanischen nach
kurzer Wurzelsilbe erhalten bleiben müssen, vgl. ae. *mere*
'Meer', as. ahd. *meri* = lat. *mare* (aus idg. **mori*). Aber
weder in der 2. Sing. Imperat. noch in der 3. Sing. Perf.
findet sich davon eine Spur. Der *i*-Umlaut in ahd. *sih*
'sieh', *wis* 'sei' ist die Folge einer Assoziation an den
Sing. des Präs. Man beachte z. B. aisl. *gef* 'gieb', ae.
et 'iß', as. *seh* 'sieh', *wes* 'sei'. Vgl. ferner anorweg. *mek*,
ae. *mec* aus **meke* (vgl. gr. ἐμέγε), dessen *e* bei urgermanischem Übergang des auslautenden *-e* zu *-i* unerklärt
bliebe.

Chronologisches.

66. Der Übergang des unbetonten *e* zu *i* ist älter
als der urgermanische *i*-Umlaut des betonten *e*. Nur in
ältester Zeit sind beide noch als *e* erhalten, vgl. *Segestes*
(Tacitus), *Venedi* (Tac.) = ahd. *Winida*, *Veleda* (Tac.). Daneben hat die Mittelsilbe *i* aus *e* (namentlich wenn ein
Nasal folgt), die Wurzelsilbe jedoch noch *e;* vgl. die Ta-
citeischen Namen *Segimērus*, *Segimundus* (dagegen bei Amm.
Marc. *Sigismundus*), *Erminones* (ahd. *Irmin-sūl*), *Gepides* (ae.
Gifedas) u. dgl. m.

Idg. *i*.

67. Idg. *i* erscheint im Germanischen als *i*, soweit
nicht kombinatorischer Lautwandel seinen Übergang in *e*
veranlaßt.

A. In haupttoniger Silbe.

1. Idg. *i* = germ. *i*. — lat. *uidua* 'Witwe', got. *widuwō*,
ae. *widewe*, as. *widowa*, ahd. *wituwa*. — lat. *piscis* 'Fisch',
got. *fisks*, aisl. *fiskr*, as. *fisc*, ae. ahd. *fisk*. — ai. *bibhémi*
'fürchte', aisl. *bifa* 'beben', ae. *beofian* (aus *bibōjan), as.
bibōn, ahd. *bibēn*. — gr. hom. Ϝίδμεν 'wir wissen', got.
witum, aisl. *vitom*, as. *witon*, as. *witun*, ahd. *wizzum*.

B. In nichthaupttoniger Silbe.

Lat. *mare* (aus *mari, vgl. *maria* Nom. Akk. Pl.)
'Meer', got. *mari-sáiws*, ae. alt *méri*, später *mére*, as. ahd.
méri. — ai. *vasu-váni̥š* 'Reichtum begehrend', ae. alt *uini*,
später *wine* 'Freund', as. ahd. *wini*. — ai. *máṇi̥š* M. 'Perle',
ae. alt *méni-scillinȝas* 'lunulas', später *méne* M. 'Halsschmuck',
as. *hals-méni* N., ahd. *ménni*. N. — lat. *hostis*, urnord.
-ȝastiʀ (Gallehus, Berga), got. *gastim*, Dat. Pl. ahd. *gestim*. —
urnord. *māriʀ* (Thorsbjærg) 'berühmt'. — urnord. *hari-wulfs*
(Räfsal) Gen. Sg. eines Kompositums wie lat. *meri-dies medi-
terraneus* d. h. *hari-* aus idg. *kori-* zeigt die Schwundstufe
des *i̯o*-Suffixes, das in idg. *kori̯o-*, germ. *harja-* vorliegt.
Ebenso sind zu beurteilen früh ae. *Cyni-balþ, Cyni-berct,
cyni-dóm* 'Königreich' usw., as. *kuni-burd* 'Herkunft, ahd.
Kuni- Chuni-. Vgl. Verf., PBrB. XIV. 165 ff.

68. 2. Idg. *i* = germ. *e*. — Vor *ă ŏ œ̆* der folgenden
Silbe wird *i* im Urgerm. zu *e* (*a*-Umlaut), falls es nicht
durch *j* oder Nasal + Konsonanz davon getrennt ist.
Dieses ursprüngliche, lautgesetzliche Verhältnis ist durch
zahlreiche analogische Neubildungen stark verwischt worden.
Vgl. H. Osthoff, PBrB. XIII. 417 f.

Lat. *nīdus* aus idg. *nizdos 'Nest', ae. mnd. ahd. *nest*,
Grundform urgerm. *nestoz. — ai. *kikíš* 'Häher', aisl. *hegre
hére* (aus *hehre) 'Reiher', mnd. *heger*, ahd. *hehara* 'Häher'.
(ae. *hiȝora* verdankt sein *i* einem Ausgleich). — lett. *stiga*
'Pfad' (verwandt mit gr. στείχω), aisl. *stege* M. 'Leiter',
ahd. *stega* F., ahd. *steg* M. 'Steg' *stegōn* 'scandere' (ausgeglichen aisl. *stige stigr*). — Zu got. *bidjan* usw., urverwandt mit gr. πείθω, gehören aisl. *beden* Part. Perf.,

as. *beda* 'Bitte', ahd. *beta*, ahd. *bet* N. 'Gebet', as. *bedōn* 'beten', ahd. *betōn* (ausgeglichen ahd. *bita*). — ai. *nitarám*, aisl. *neð(ar)re* 'niedere', mengl. *neðer*, aisl. *neðan* 'von unten' (ausgeglichen aisl. *niðre*, aschwed. *nipan*). — lat. *uir* aus idg. **uiros* 'Mann', aisl. *verr*, ae. as. ahd. *wer*; Grundform urgerm. **weroz*.

Anmerkung 1. Vor *i* und vor Nasal + Konsonanz bleibt auch vor folgendem *ă ŏ ē* ausnahmslos *i* erhalten: aisl. *biðia*, ae. *biddan*, as. *biddian biddean*, ahd. *bitten*. — ae. *swindan* 'schwinden', ahd. *swintan* sind verwandt mit aisl. *suina* 'nachlassen', ahd. *swīnan* 'abnehmen'. — ae. *windan* 'winden', as. *windan* 'sich wenden', ahd. *wintan* sind urverwandt mit lat. *uī-men* 'Flechtwerk', *uī-tis* 'Rebe', vgl. H. Osthoff, IF. Anz. I. 82.

Anmerkung 2. Da im Gotischen auch idg. *i* vor *h r* als *ai* erscheint, z. B. *wair* 'Mann', *laíkum* 1. Plur. Perf., *laíhans* Part. Perf. von *leihan* 'leihn', so hat man, wie schon § 62 Anm. hervorgehoben worden ist, daraus zu schließen, daß auch das unter denselben Bedingungen auftretende *ai* = idg. *e* auf älterm got. *i* beruhe, also das Ergebnis einer Rückverwandlung, nicht die unmittelbare Fortsetzung des idg. *e* sei.

Idg. *u*.

69. Die Behandlung des idg. *u* im Germanischen entspricht genau der des idg. *i*.

A. In haupttoniger Silbe.

1. Idg. *u* = germ. *u*. — ai. *bubudhimá* 'wir erwachten, merkten', got. *ana-budum* 'wir entboten', aisl. *buðom*, ae. *budon*, as. *budun*, ahd. *butum*. — idg. **sunús* 'Sohn', got. *sunus*, ae. as. ahd. *sunu*. — ai. *upári* 'über', got. *ufar*, aisl. *yfer*, ahd. *uber ubar*.

Anmerkung. Wie im Gotischen jedes *i* vor *h r* zu *ai*, so ist auch jedes *u* vor den gleichen Lauten zu *aú 'á* geworden. Vgl. *budum* 1. Plur. Perf. 'wir boten', *budans* Part. Perf., aber *taúhum* 'wir zogen', *taúhans*. — lit. *duktē̃* 'Tochter', got. *daúhtar*. — ai. *ukšán-* 'Stier', got. *aúhsa*. — gr. πρό-θυρον 'Vorderthür', got. *daúr* 'Thor'. — gr. Σύρος, got. *Saúr*. — gr. πορφύρα 'Purpur', *paúrpaúra*.

B. In nichthaupttoniger Silbe.

Gr. πολύ N. 'viel', got. *filu*, ae. *feolu*, as. ahd. *filu*. — lat. *pecu* 'Vieh', got. *faíhu*, as. *fehu*, ahd. *fehu, fihu*. — lat. *quercus* (aus idg. **pérkʷus*) 'Eiche', kelt. *(H)ercynia silua*. *Ercynia*

aus *percunia, lit. *Perkúnas* 'Donner, eigentl. Eichengott',
preuß. *percunis* 'Donner', got. *fairguni* 'Berg, Waldgebirg',
aisl. *Fjǫrgyn* 'eine Göttin', mlat. *Fergunna Virgunna*, vgl.
H. Hirt, IF. I. 480 f.

Schwundstufe des Suffixes des Part. Perf. Akt. -*us*-,
vgl. ai. *vid-uš-í* 'die wissende', gr. εἰδυῖα (aus *ϝειδ-υσ-ια),
got. *bēr-us-jōs* 'die Eltern', eig. 'die getragen habenden',
Part. Perf. Akt. zu *baíran;* got. *jukuzi* 'Joch', eig. 'was
zusammengefügt hat', Part. Perf. Akt. zum Präs. lat. *iungo*
usw., vgl. A. Noreen, IF. IV. 324 ff. — gr. ἑκυρός
'Schwiegervater', ahd. *swehur.* — ai. *vásu* N. 'gut', gr. ἐΰ
(aus *ϝεσυ), kelt. *vesu*-, germ. *wisu*- in *Wisu-gart Wisu-rīh
Wisu-mār* usw.

70. 2. Idg. *u* = germ. *o* vor *ă ŏ ē* (*a*-Umlaut).
Zahlreiche Ausgleichungen haben stattgefunden. gr. θυγάτηρ
'Tochter', lit. *duktě,* ae. *dohtor,* as. *dohter,* ahd. *tohter.* —
ai. *ukšán*- 'Stier', aisl. *oxe,* ae. *oxa,* as. ahd. *ohso.* — gr.
πυθμήν 'Boden', aisl. *botn,* ae. *botm,* ahd. *bodam.* — gr.
πρό-θυρον 'Vorderthür', ae. as. *dor,* ahd. *tor.* — lat. *iugum*
'Joch', aisl. *ok,* ae. ჳeoc, ahd. *joh.* — Regelmäßig tritt *o*
statt *u* im Part. Perf. der *u*-Reihe (2. Ablautreihe) auf,
vgl. das Verhältnis, in der die 1. Plur. Perf. zum Part.
Perf. steht: aisl. *flutom* 'wir flossen' — *flotenn* 'geflossen,
ae. *fluton* — *floten,* as. *flutun* — *gi-flotan,* ahd. *fluzzum* —
gi-flozzan. — Vgl. ferner ahd. *got* 'Gott' neben *gutin* 'Göttin',
ahd. *hogēn* 'denken' neben *huggen,* ahd. *corōn* 'prüfen'
neben *ni curi* 'noli', *churi* 'Prüfung' usw.

Wechsel zwischen *o* und *u* infolge analogischer Umbildungen, z. B. in aisl. *bokkr* 'Bock', ahd. *boc* neben aisl.
bukkr, ae. *bucca.* — ahd. *fogal* 'Vogel' neben ae. *fuჳol,* as.
fugal, ahd. *fugal.* — aisl. *hogr* 'Sinn' neben *hugr.* — aisl.
lokenn Part. Perf. 'geschlossen' neben *lukenn* ἅπ. λεγ. — ahd.
soht 'Krankheit' neben *suht* usw.

Chronologisches.

71. Daß der *a*-Umlaut des *u* und somit auch der
des *i* gemeingermanisch, wahrscheinlich urgermanisch ist

trotz des durchgehnden *u* (*i*) des wulfilanischen Gotisch, daß also auch das ältere Gotisch ihn gekannt hat, lehrt der Gotenname selbst. Tacitus schreibt *Gotones Gothones,* Trebellius Pollio *Gothi* (einmal *Austrogoti*), ebenso Flavius Vopiscus und Ammianus Marcellinus, Claudius Claudianus, Idatius und Apollinaris Sidonius; Zosimos und Malchos haben Ἰότθοι. Man sieht, die Schreibung des Tacitus, die den *a*-Umlaut des *u* aufweist, ist offenbar traditionell geworden, daher *o* zu einer Zeit, wo got. nur noch *u* bestanden hat. Auf dieses deuten die *Gutones* des Plinius, *Gutþiuda* des got. Kalenders und *Gutanio* des Goldrings von Pietroassa; vgl. auch Γούτωνες (Strabon), Γύθωνες (Ptolomaios). Im Anord. lautet die Form des Nom. Plur. regelrecht *Gotar*.

Idg. *i* und *u* in unsilbischer Funktion.

72. 1. Idg. *i̯* = germ. *i̯* (*j*). lat. *iuuenta* 'Jugend', got. *junda*. — abg. *jarŭ* 'Frühling', got. *jēr* 'Jahr', aisl. *ár*, ae. ȝéar, as. ahd. *jār*. — lit. *jūs* 'ihr', got. *jus*.

Im Anlaut nach Konsonanten ist unsilbisches *i̯* schon früh geschwunden, vgl. H. Osthoff, PBrB. XVIII. 243 ff., für seine einstige Existenz spricht aisl. *tyggia* 'kauen' gegenüber ae. *céowan*, ahd. *kiuwan*, Grundform **ki̯euwonon*. Im Nord. ist *ki̯* zu *k'* und weiterhin zu palatalisiertem *t'* geworden, vgl. Verf., IF. I. 514. Silbisch ist *i̯* geworden in got. *siujan* 'nähen', vgl. abg. *šijǫ* (aus **sjūjām*) u. ä., sowie im Auslaut durch Verlust des folgenden Vokals, so wahrscheinlich bei got. *kuni* 'Geschlecht' (aus **kunjon*) usw.

Got. Akk. Sg. F. *ija* 'sie', lat. *eam* (aus idg. **ei̯ām*). lat. *medius* 'mittlerer', got. *midjis*, ae. *midd*, ahd. *mitti*. gr. ἕζομαι (aus **σεδι̯ομαι) 'setze mich, sitze', aisl. *sitia*, ae. *sittan*, as. *sittian*, ahd. *sizzen*.

Anmerkung. Neben idg. *i̯* hat ein stimmhafter palataler Spirant idg. *j* existiert. Er ist fast überall mit *i̯* zusammengefallen. Nur das Griechische scheidet ihn aufs deutlichste: im Anlaut ergiebt *i̯* Spiritus asper, *j* dagegen ζ. Vgl. ai. *yás* 'welcher', gr. ὅς, aber ai. *yugám* 'Joch', gr. ζυγόν.

Spuren dieser Verschiedenheit hat E. Sievers, PBrB. XVIII.
407 f. auch im Germanischen nachzuweisen versucht. Er macht
auf die verschiedne Behandlung des anlautenden *j* im Obd. aufmerksam: es fällt ab z. B. bei *ener* (Notker) aus *jener*, bleibt
dagegen stets bei *jesan jehan jetan*. *jesan* 'gähren' hängt mit
gr. ζέω zusammen, hat also sicher idg. *j*; die Etymologie der
beiden andern Verba ist dunkel. Vielleicht darf man auch mit
H. Hirt daran erinnern, daß sich idg. *i̯* in ahd. Dat. Pl. *iu*, Akk.
Pl. *iuwih* usw. mit dem flg. *u* zu einem Diphthong verbindet,
während idg. *j* in ahd. *joh* keine diphthongische Verbindung
eingeht.

73. 2. Idg. *u̯* = germ. *u̯ (w v)*. Schon früh hat sich
in manchen Dialekten spirantische Affektion eingestellt:
got. *w* ist kein reiner unsilbischer Vokal mehr, vgl.
M. H. Jellinek, HZ. XXXVI. 266 ff.; W. van Helten,
ebd. XXXVII. 121 ff. Über den Lautwert des aisl. *v* vgl.
W. Braune, PBrB. XII. 218 ff.; H. Gering, ebd. XIII.
202 ff. ai. *vĕda* 'weiß', gr. *Fοῖδα*, got. *wait*, aisl. *veit*, ae.
wát, as. *wēt*, ahd. *weiz*. — abg. *voda* 'Wasser', got. *watō*,
aisl. *vatn*, ae. *wæter*, as. *watar*, ahd. *wazzar*. — ae. *wrítan*
'reißen, schreiben, eig. einkratzen', as. *writan* 'reißen' [aisl.
ríta, ahd. *rîzzan*]. — got. *wlits* 'Angesicht', as. *wliti*. —
got. *awcipi* N. 'Schafherde', ahd. *ewit* zu lat. *ouis* 'Schaf'.
— abg. Gen. Plur. *synovŭ* (aus **sūneu̯ōm*) 'der Söhne' =
got. *suniwē*. — ai. *vidhávā*, got. *widuwō* 'Witwe', ae. *wuduwe*,
as. *widowa*, ahd. *wituwa*. — ai. *catvári* N. 'vier', got. *fidwōr*.
— ai. *svásar-* 'Schwester', got. *swistar*, aisl. *syster*, ae.
swester, *sweostor*, as. *swester*, ahd. *swester*.

Vor germ. *u* schwindet *u̯*: got. *hunsl* 'Opfer', aisl. *húsl*,
ae. *húsel*, Grundform idg. **k̑u̯nt-slom*, vgl. abg. *svętŭ* 'heilig'.
— Part. Perf. ahd. *gi-dungan* zu *dwingan* 'drücken'.

u̯ wird silbisch, wenn der ursprünglich darauf folgende
Vokal schwindet. Vgl. z. B. got. *skadus* 'Schatten', as.
scado, ahd. *scato*, Grundform **skadu̯oz*.

Anmerkung. Neben dem unsilbischen Vokal *u̯* scheint
im Idg. der labiale Spirant *v* gestanden zu haben. Doch sind
seine Spuren sehr unsicher.

74. 3. Intervokalische *i̯ u̯* werden nach kurzem, im
Germanischen haupttonigen (Wurzel-)Vokal gedehnt zu *jj*

ww, vgl. Verf., PBrB. XIV. 179 f. Zur germ. Sprachgesch.
S. 102. Aus *jj* entwickelte sich im Nord- und Ostgermanischen *g'g'j* (vgl. Joh. Schmidt, KZ. XXIII. 294;
W. Braune, PBrB. IX. 545 ff.), das im Nordischen zu
ggj, im Gotischen zu *ddj* führte; im Westgermanischen
verbindet sich das erste *j* mit dem vorausgehnden Vokal
zum Diphthong. Aus *ww* entsteht im Nord- und Ostgermanischen *ggw* (aisl. *ggv* geschrieben), im Westgermanischen verbindet sich das erste *w* mit dem vorausgehnden
Vokal zum Diphthong. Reiche Beispielsammlung aus
dem Westgermanischen bei R. Kögel, PBrB. IX. 523 ff.

a) urgerm. -*jj*-. urgerm. **ajjon* 'Ei', krimgot. *ada*
(got. **addja-*), aisl. *ėgg* (Gen. Pl. *ėggja*): ae. *ǽȝ* (d. i. **aij-*),
as. ahd. *ei* (während das in den Auslaut tretende -*ai̯* im
Ahd. als -*ē* erscheint, bleibt das auf *jj* zurückgehnde erhalten). — ai. *dváyōs* Gen. Du 'zwei', got. *twaddjē*, aisl.
tuėggia: as. *tweio*, ahd. *zweio* (Isidor. *zweiio*). — got. *waddjus*
'Wand', aisl. *véggr*: ae. *wáȝ*. — ai. *dháyati* 'saugt', got.
daddjan 'säugen', aschwed. *dæggia*. — ai. *áyāt* 'er ging',
got. *iddja*: ae. *éode* — ai. *priyá* 'Gattin', aisl. *Frigg*: ae.
Friȝ, as. *frī* 'Weib', ahd. *Frīa*.

b) urgerm. -*ww*-. got. *glaggwuba* 'genau', aisl. *glǫggr*
'hell, klar': ae. *gléaw*, as. *glau*, ahd. *glauwēr*, *glouwēr*. —
got. *blaggw* 'schlug': mhd. *blou* (dagegen alem. *zwō* F. aus
*zwou, idg. **du̯ōu*). — aisl. *hnǫggr* 'karg, geizig': ae. *hnéaw*.
— got. *triggws* 'treu', aisl. *tryggr*: ae. *tréowe*, as. ahd.
triuwi. — got. *bliggwan* 'schlagen': ahd. *bliuwan*. — got.
skuggwa 'Spiegel', aisl. *skugg-siá*, aisl. *skugge* 'Schatten',
ae. *scúwa*, ahd. *scúwo*.

Anmerkung. Vielfache Ausgleiche scheinen stattgefunden
zu haben. Charakteristisch sind got. *triu* 'Stock', aisl. *tré*, ae.
tréo, as. *trio*, Stamm **trewa-* neben der Vollstufenform gr. δόρυ
'Holzstange, Speer', lit. *dervà* 'Kienholz', abg. *drēvo* 'Holz' (aus
*dervo); -*ew*- ist vollstufiges Suffix, hat also ursprünglich nicht
den germ. Hauptton getragen. Daß auch die Germanen die
Wurzelvollstufe gekannt haben, beweist der Eigenname *Teruingi*.
Ähnlich verhält es sich mit got. *kniu* 'Knie', aisl. *kné*, ae. *cnéo*,
as. *cnio cneo*, ahd. *chniu kneo* neben gr. γόνυ.

Wechsel zwischen unsilbischem und silbischem i.

75. Nach E. Sievers, PBrB. V. 129 ff. folgt auf eine kurze Silbe idg. $i̯$, auf eine lange idg. i $(ii̯)$. Das Gesetz hat schon in idg. Urzeit mannigfache, noch nicht genügend aufgeklärte Ausnahmen gehabt (vgl. u. a. H. Osthoff, Perfekt S. 421 ff.). Auch im Germanischen sind starke Störungen eingetreten, indem j nicht nur nach kurzer, sondern auch nach langer Silbe erscheint. Vgl. got. *sunjis* 'wahr', *sunja* 'Wahrheit' aus **sundja *sundjē* zu aind. *satyá-* (idg. *sn̥ti̯ó-*) u. ä. Dennoch muß Sievers' Gesetz innerhalb gewisser Grenzen im Urgerman. existiert haben, wie die langstämmigen $i̯e/i̯o$-Bildungen beweisen.

a) Wenn im Nominativ Sg. got. *hairdeis* 'Hirt' usw., wie Sievers annimmt, das i durch germ. Kontraktion entstanden ist, so setzt das die Existenz von silbischem, nicht unsilbischem i voraus. (Vgl. E. Sievers, Berichte der kgl. sächs. Gesellsch. der Wissensch. 1994. S. 129 ff.)

b) Die Doppelheit im got. Genitiv Sing. *harjis*: *hairdeis* erklärt sich am einfachsten aus den Grundformen **χarjeso: *χirdieso*. Das nach der langen Wurzelsilbe erscheinende i verbindet sich mit dem in i übergehnden e der Endung zu $ī$.

c) Im Nordischen beruht die zweifache Gestaltung der Pluralformen der $i̯e/i̯o$-Stämme auf Sievers' Gesetz. Sie giebt den stärksten Beweis dafür ab. Kurz- und langstämmige Nomina stehn sich im Aisl. folgendermaßen gegenüber:

Nom.	*nið̄iar*	*hirdar*
Akk.	*nið̄ia*	*hirda*
Gen.	*nið̄ia*	*hirda*
Dat.	*nið̄iom*	*hirdom.*

Die Frage ist, warum ist dort j erhalten, hier geschwunden? Wenn man das von Sievers, Pauls Grundriß I. S. 414, § 8 über die nordische Silbentrennung ermittelte beachtet, so erhält man *nið̄-jar nið̄-ja nið̄-jom*, aber **hir-ði-ar *hir-ði-a *hir-ði-om*. Das in nichthaupttoniger

Silbe vor Vokal stehnde *i* muß schon früh unsilbisch werden. Dadurch entstehn die Formen **hir-djar *hir-dja *hir-djom*. Im Silbenanlaut wird jedoch Konsonant + *j* nicht geduldet, daher schwindet *j*. So kommt man zu den überlieferten Formen *hirdar* usw. Vgl. Verf. IF. Anz. II. 47.

Idg. *ē*.

A. In haupttoniger Silbe.

76. Idg. *ē*, das weit gewesen ist, erscheint im Urgermanischen als weites *ē* (*ǣ*). Die Vertretung des urgerm. *ǣ* in den einzelnen Dialekten ist die folgende: got. enges *ē*, nordgerm. *ā*; westgerm. *ā* (im Ae. weiter entwickelt zu *ǣ*). Die Entwicklung ist also nach divergierenden Richtungen vor sich gegangen: Im Ostgermanischen hat eine Verengerung, im Nord- und Westgermanischen eine zur völligen Entpalatalisierung führende Erweiterung des urgerm. *ǣ* stattgefunden; doch hat sich im Ae. wieder eine rückläufige Tendenz geltend gemacht, die zum Ausgangspunkt, *ǣ*, zurückkehrt (vgl. über ae. *ǽ* A. Pogatscher, QF. LXIV. 119 ff., E. Sievers, PBrB. XVI. 238 f.).

Lat. *sē-men* 'Samen', got. *mana-sēps* 'Menschheit d. i. Männersaat', aisl. *sáđ* N. 'Saat', ae. *sǽđ* M. N., as. *sād*, ahd. *sāt*. — gr. τί-θη-μι 'lege', lit. *dėmi*, got. *ga-dēps* 'That', aisl. *dóđ*, ae. *dǽd*, as. *dād*, ahd. *tāt*. — lat. *rē-rī* 'meinen', got. *rēdan* 'raten', aisl. *ráđa*, ae. *rǽdan*, as. *rādan*, ahd. *rātan*. — lit. *mėnŭ* 'Mond', got. *mēna*, ae. *móna* (mit *ó* wegen des flg. *n*), as. ahd. *māno*. — ai. *ātmán-* 'Atem, Hauch', ae. *ǽđm*, as. *āđom*, ahd. *ātum*. — lat. *ēdimus* 'wir aßen', got. *ētum*, aisl. mit *u*-Umlaut *ǫtom*, ae. *ǽton*, as. **ātun*, ahd. *āz-um*. — abg. **mērŭ* (nur in Eigennamen erhalten, z. B. *Vladi-mērŭ* 'Waldemar'), got. *-mērs* (in *waila-mērs*) 'bekannt, berühmt', urnord. *mārir* (Thorsbjærg), ae. *mǽre*, as. ahd. *māri*.

Chronologisches.

77. 1. Die ältesten german. Eigennamen zeigen ausschließlich *ē*. Vgl. *Suēbi* (Caesar), Σουηβοι. Im Nord-

germanischen ist von den ältesten Zeiten der Überlieferung
ausschließlich *ā* belegt. Im Westgermanischen ist *ā* aus
ǣ zuerst im Baierischen um 170 nachweisbar (die Überlieferung stammt jedoch erst aus dem 4. Jahrh.), das
Schwäbische kennt es seit dem 4. Jahrh., das Fränkische
seit dem Beginn des 6. Jahrh. Im Niederdeutschen beginnt es ums 8. Jahrh. Vgl. O. Bremer, PBrB. XI. 1 ff.

Daß das got. *ē* dem *ī* nahestand, zeigen häufige
Schreibungen mit *i ei* statt *ē*, namentlich im Cod. Ambr. B.
Bei got. Eigennamen schwanken die röm. Schriftsteller seit
dem 4. Jahrh. zwischen *ē* und *ī*. Das Krimgotische hat
ī, vgl. *mine* 'Mond', got. *mēna, schliepen* 'schlafen', got.
slēpan, criten 'weinen', got. *grētan*.

2. Im Finnischen erscheint *ie* bei Lehnwörtern, die
dem Ostgermanischen entstammen, *ā* bei solchen aus dem
Nordgermanischen. Vgl. finn. *maanan-* 'Mond' in *maanan-tai*
'Montag', (aisl. *mâne*), *paanu* 'Schindel' (aisl. *spânn*), *vaaka*
'Wagschale' (aisl. *vâg*). — Dagegen finn. *miekka* 'Schwert'
(got. *mēki* Akk.), *niekla* 'Nadel' (got. *nēpla*).

3. Das *ē* der lat. Lehnwörter erscheint auch im Nord-
und Ostgermanischen niemals als *ā*.

B. In nichthaupttoniger Silbe.

78. In nichthaupttoniger Silbe erscheint urgerm.
ǣ, abgesehn von den Kompositis, die dem Einfluß des
Simplex ausgesetzt sind, in allen germanischen Dialekten
als *ē*. Vgl. gr. ἐλύ-θης 2. Sing. Aor. Pass. 'du wurdest
gelöst', got. *nasi-dēs* 'du rettetest', ae. *neredes* (mit später
gekürztem *e*), aisl. *suafðer* (mit *e* aus *ē*). — got. *fahēps*
(Stamm *fahēdi-*) 'Freude', vgl. gr. οἴκησις (Stamm οἰκη-
τι-) 'Wohnung'. — got. *uz-ēta* 'Krippe d. i. woraus ge-
fressen wird'. — got. *hidrē* 'hierher', *ƕadrē* 'wohin' usw.
Vgl. die ae. Adverbien alt -*æ*: *framlicae* 'strenue', *horsclicae*
'naviter', jünger -*e*: *sóðlice* 'wahrheitsgemäß', *heardlice* 'hart'.
— lat. *habēre*, ahd. *habēn*. — Ae. *Ælfrēd*, -*red* zu got.
rēdan usw. mit später gekürztem *e*.

Anhang.

Enges germanisches ê.

79. Neben dem weiten, auf idg. *ē* zurückgehnden *ǣ* kennt das Germanische noch ein zweites engeres *ê,* das nicht aus der Urzeit ererbt ist. Es ist im Gotischen mit urgerm. *ǣ* zusammengefallen, im Nord- und West-germanischen erscheint es als *ē,* woraus im Ahd. *ea — ia — ie* hervorgeht. Der Ursprung ist z. T. noch dunkel. Vgl. O. Schrader, BB. XV. 131 ff; M. H. Jellinek, PBrB. XV. 297 ff.; E. Sievers, PBrB. XVI. 238 ff., XVIII. 409 ff., F. Holthausen, AfdA. XVII. 185 ff.

Die Wörter mit urgerm. *ê* zerfallen in flg. Klassen:

1. *ê* scheint auf eine Ablautform der *ei̯*-Reihe zurück-zugehn und die Dehnstufe -*ē(i̯)*- zu repräsentieren. Vgl. got. aisl. ae. as. *hēr* 'hier', ahd. *hear hiar,* Stamm *hi-* (belegt in got. *hita* 'das', as. *hīr*). — ahd. *skēro skiaro skiero* 'schnell' (wohl mit got. *skeirs* 'klar, deutlich', aisl. *skírr,* ae. *scír,* as. *skīr skīri* zusammenhängend). — ae. *cén* 'Kiefer, Fichte', ahd. *kēn chien* 'Fichte, Kienspan' (zu ae. *cínan* 'sich spalten' gehörig). — aisl. *vér* 'wir', ahd. *wēr wier* (got. *weis,* as. *wī*). — got. *fēra* 'Seite', ahd. *fēra feara fiara.*

2. Auf 'Ersatzdehnung', die durch den Verlust eines *z* veranlaßt ist, scheint *ê* in ae. *méd* 'Lohn, Bezahlung', as. *mēda,* ahd. *mēta meata miata mieta* zurückzugehn. Die got. Form lautet *mizdō,* der das ae. ἅπ. λεγ. *meord* genau entspricht. Urverwandt sind gr. μισθός, abg. *mīzda.* Anders E. Sievers, PBrB. XVIII. 409.

3. Germ. *ê* haben die nord- und westgerman. 'redu-plizierenden' Präterita: aisl. ae. *hét* 'hieß', as. **hēt hiet,* ahd. *hēz heaz hiaz hiez* gegenüber got. *haíháit* usw. Hier soll *ê* durch Kontraktion des Reduplikations-*e* mit vokalisch anlautender Wurzelsilbe entstanden sein.

4. Die lat. Lehnwörter mit *ē* in der Wurzelsilbe zeigen im Germanischen *ê.* Diese Vertretung ist durch den Umstand begründet, daß lat. *ē,* wie inschriftliche Belege und die Entwicklung der meisten romanischen

Sprachen lehren, eng gewesen ist, vgl. E. Seelmann,
Die Aussprache des Latein. Heilbronn 1885. S. 182 ff.,
W. Meyer-Lübke, Grammatik der roman. Sprachen. I.
Leipzig 1890. S. 52, 81 ff. Die Behauptung H. Möllers,
Zur ahd. Allitterationspoesie. Kiel u. Leipzig 1888. S. 67 f.,
daß ahd. *ê,* das zu *ea — ia — ie* wird, ursprünglich weit
gewesen sei, ist daher schwerlich haltbar. Vgl. lat. *rēmus*
'Ruder', ahd. *riemo* 'Riemen d. h. Ruder', vulgärlat. *mēsa*
'Tisch', got. *mēs,* ahd. *meas mias,* lat. *thēca* 'Hülle, Futteral',
ahd. *ziahha,* lat. *tēgula* 'Ziegel', ahd. *ziagal,* lat. *bēta* 'ein
Gartengewächs', ae. *bête,* ahd. *bieza.*

Anmerkung. In nichthaupttoniger Silbe erscheint lat. *ē*
meist als germ. *i.* Vgl. lat. *acētum* 'Essig', got. *akeit,* ae. *éced,*
as. *ecid,* daneben mit Vertauschung von *c* und *t* aschwed. *vin-*
ætikia, mnd. *ettik,* ahd. *ezzīh.* — lat. *monēta* 'Geld', ae. *mynet*
(mit *i*-Umlaut der Wurzelsilbe), ahd. *muniz munizza* F.

5. Höchst auffallend ist die german. Vertretung von
gr. Γραικός, lat. *Graecus* durch got. *Krēks,* ahd. *Chrēh Chreah*
Kriach Chrieh. E. Sievers, PBrB. XVIII. 410 nimmt an,
daß zur Zeit der Entlehnung gr. αι wie *äi* (Vorstufe für
späteres *ä*) gesprochen worden sei, und daß folgende Entwicklung im Germ. stattgefunden habe: **krǣikaz — *krêikaz*
— *krêkaz.

Idg. *ī* und *ū.*

80. Idg. *ī* und *ū* sind im Germanischen unverändert geblieben.

1. lat. *suīnus* 'vom Schwein stammend', got. *swein*
'Schwein', aisl. *svín,* ae. *swín,* as. ahd. *swīn.* — got. *wein*
N. 'Wein', ae. *wín* N., as. *wín* M. N., ahd. *wīn* M., entlehnt aus lat. *uīnum* bezw. vulgärlat. *uīnus.* — lat. *uelīmus*
1. Plur. Opt. 'wir wollen', got. *wileima.*

2. lit. *súras* 'salzig', aisl. *súrr* 'sauer', ae. *súr,* ahd. *sūr.*
— air. *rūn* 'Geheimnis', got. *rūna* 'Geheimnis, geheimer
Beschluß', aisl. *rún* 'Geheimnis, Rune', ae. *rún* 'geheime
Beratung, Geheimnis', as. ahd. *rūna* (der Bedeutung wegen
vielleicht aus dem Keltischen entlehnt; man beachte ae.
rúnian, as. *rūnōn rūnian,* ahd. *rūnēn* 'raunen, flüstern').

Die silbischen Liquiden und Nasale.

81. Die silbischen Liquiden und Nasale werden im Germanischen überall in gleicher Weise behandelt: aus ihrem Stimmton entwickelt sich ein Vokal dunkler Färbung, der als *u* erscheint; die Liquida und der Nasal werden unsilbisch. In der überwiegenden Mehrzahl aller Fälle geht das *u* voraus, in einigen Fällen nur folgt es nach. Vgl. über diesen Wechsel die Andeutungen Osthoffs, MU. V. Vorwort.

Das aus den silbischen Liquiden und Nasalen entwickelte *u* wird genau wie idg. *u* behandelt. Es unterliegt daher auch gleich diesem dem *a*-Umlaut.

1. Idg. *l̥* = a) germ. *ul* bezw. *ol*. A. Vor Konsonanten: ai. *vŕ̥kas* 'Wolf', got. *wulfs*, aisl. *ulfr* (und *-olfr*), ae. as. *wulf*, ahd. *wolf*. — ai. *ma-mr̥jimá*, 'wir haben gewischt', ae. *mulcon* 'wir molken', ahd. *mulkum*. — ai. *pr̥thiví* 'Erde', aisl. *fold*, ae. *folde*, as. *folda*. — got. *hulþs* 'gnädig', aisl. *hollr*, ae. as. ahd. *hold*. Schwundstufenform neben der Vollstufenform, aisl. *Hlóðyn* aus *Hlōþa-wini, lat. *clē-mens* 'gütig' (Fr. Kauffmann, PBrB. XVIII. 143 f.).

B. Vor Vokalen: got. *hulundi* 'Höhle d. i. die verhehlende' Part. Präs. Akt. zu dem Verbum air. *celim* 'hehle', ae. ahd. *helan*. — Part. Perf. got. *stulans*, aisl. *stolenn*, ae. *stolen*, as. ahd. *gi-stolan* zum Verbum got. *stilan* 'stehlen', aisl. *stela*, ae. as. ahd. *stelan*. — got. *fula* 'Fohlen', aisl. *fole*, ae. *fola*, ahd. *folo*, Schwundstufenbildung neben der Vollstufenform gr. πῶλος.

b) germ. *lu*: ahd. *fluhtum* 1. Plur. Perf., *gi-flohtun* Part. Perf. zu dem Verbum lat. *plecto* 'flechte', ahd. *flehtan*.

82. 2. Idg. *r̥* = a) germ. *ur* bezw. *or*. A. Vor Konsonanten: ai. *tŕ̥ṇam* 'Grashalm', got. *þaúrnus* 'Dorn', aisl. *þorn*, ae. *dorn*, as. *thorn*, ahd. *dorn*. — ai. *tr̥ṣúṣ* 'lechzend', got. *þaúrsus* 'trocken'. aisl. *þurr*, ae. *dyrre*, as. *thurri*, ahd. *durri*. — ai. *va-vr̥timá* 1. Plur. Perf. 'wir haben gerollt', got. *waúrþum* 'wir wurden', aisl. urspr. *urdom* später *vurdom*, ae. *wurdon*, as. *wurdun (wurthun)*, ahd. *wurtum* — ai. *pr̥chǎti* 'er

fragt', ahd. *forskōn* 'forschen'. — aisl. *skorpenn* 'einge-
schrumpft' urspr. Part. Perf. zu *skreppa* 'gleiten'.

B. Vor Vokalen: got. *baúrans* Part. Perf. 'getragen',
aisl. *borenn,* ae. *boren,* as. ahd. *gi-boran* zu dem Verbum
got. *baíran* usw. — gr. πάρ-ος 'früher, vorher', got. *faúra,*
as. ahd. *fora;* as. ahd. *furisto* 'Fürst d. i. Vorderster'. —
gr. φαρόω 'pflüge', lat. *forāre* 'bohren', ahd. *borōn.*

b) = germ. *ru.* got. *fruma* 'der erste', Superlativ
frumist Adv. zu *faúra* 'vor'. — aisl. *strodenn* (aus **srodenn,*
daneben nach a) *sordenn*) Part. Perf. zu *serda* 'Unzucht
treiben'.

Anmerkung. Doppelformen wie *strodenn* — *sordenn* finden
sich häufiger: got. *fruma* 'der erste': as. *formo,* aisl. *hross* 'Pferd',
as. *hros,* ahd. *ros:* aisl. *hors,* got. *and-hruskan* 'erforschen':
aisl. *horskr* 'klug'. — In nichthaupttoniger Silbe erscheint *ru* bei
ai. *pitŕ-šu* Lok. Pl. 'bei den Vätern', gr. πατρά-σι, got. *fadrum*
Dat. Pl. aisl. *fedrom,* ae. *fædrum,* as. *gibrōthrun* 'den Brüdern'.

83. 3. Idg. *m̥* = a) germ. *um.* A. Vor Konsonanten:
idg. *k̂m̥tóm* 'hundert', gr. ἑ-χατόν, lat. *centum,* lit. *szim̃tas,*
got. *twa hunda* 'zweihundert'; aisl. *hund-rad;* ae. *tú hund,*
hund-red; as. *hunderod;* ahd. *zwei hunt, hundert.* — ai. *gátiš*
'Gang', lat. *in-uentio* 'Erfindung' (Verbalsubstantiv zu *gámati* 'geht', got. *qimiþ* 'kommt'), got. *ga-qumþs* 'Zusammen-
kunft', ahd. *kumft, kunft.*

B. Vor Vokalen: ai. *sama-* 'irgend einer', gr. ἁμό-,
germ. *suma-,* Schwundstufe zur gedehnten Vollstufe εἷς
aus *σεμς, idg. *sēms* 'einer'. — ai. *gaméma* 1. Plur. Opt.
aisl. *koma* 'kommen', ae. as. *cuman.* — alat. *hemo* 'Mensch',
got. *guma* 'Mann', aisl. *gume,* ae. *ʒuma,* as. *gumo,* ahd.
gomo. — got. *numans* Part. Perf. 'genommen', aisl. *nomenn,*
ae. *numen,* as. ahd. *gi-noman.*

b) germ. *mu.* ae. *modde* 'Motte', mhd. *motte,* Schwundstufenbildung zur Vollstufenform mhd. *matte.*

84. 4. Idg. *n̥* = a) germ. *un.* A. Vor Konsonanten:
idg. **d̥nt-* 'Zahn', ai. *dat-ás* Gen. Sing., lat. *dent-is* Gen.
Sing., got. *tunþus,* Schwundstufenbildung zur Vollstufenform gr. ὀδόντ-α Akk. Sing. aisl. *(Hildi)-tannr,* ae. *tód* (aus

*tanþ), as. *tand*, ahd. *zand zan*. — ai. *matás* ʽgedachtʼ, lat.
com-mentus ʽausgesonnenʼ, got. *ga-munds* ʽAndenken, Gedächtnisʼ, ahd. *gi-munt*. — ai. *a-* Negativpräfix, gr. ὰ-, lat.
in- (aus *en-*), germ. *un-*, Schwundstufenbildung zur vollstufigen Negation *nĕ*. — got. *bundans*, aisl. *bundenn*, ae.
bunden, as. *gi-bundan*, ahd. *gi-buntan*. — idg. *k̑léumn̥tom*, ai.
śrómatam ʽErhörungʼ, ahd. *hliumunt liumunt* ʽLeumundʼ.

B. Vor Vokalen: ai. *vanéma* 1. Plur. Opt. zum Indik.
vánati ʽer begehrtʼ, got. *un-wunands* ʽbetrübt, unfrohʼ. —
abg. *mĭnēti* (abg. *ĭn* = *n̥*) ʽmeinenʼ, got. *munan* ʽgedenken
wollenʼ, aisl. *muna*, ae. *munan*, as. *far-munan* ʽnicht denken
anʼ. — boiot. βανά ʽFrauʼ, aisl. *kona*, Schwundstufenbildung zu vollstufigem got. *qinō*, ae. *cwene*, as. ahd. *quena*.

b) germ. *nu* vor Konsonanten. ae. *nosu* ʽNaseʼ,
Schwundstufenbildung zu vollstufigem ae. *nasu*. — ahd.
nusta ʽVerknüpfungʼ neben aisl. *nist niste* ʽHeftnadelʼ. —
gr. ἄδρος ʽreifʼ, got. *snutrs* ʽklugʼ, aisl. *snotr*.

Anmerkung. Da die für die Vertretung der silbischen
Nasale und Liquiden des ldg. gegebenen Beispiele im Germanischen zugleich als Belege für die Vertretung des unsilbischen *l*
r m n dienen, wird von der Anführung weiterer Beispiele abgesehn.

Die idg. Langdiphthonge.
Vokalkürzung im Germanischen.

85. 1. Die idg. Langdiphthonge mit gestoßnem (einfach
abschwellend-fallendem) Akzent haben schon in indogermanischer Urzeit vor gewissen Konsonanten (jedoch nicht vor -*s*)
den zweiten Komponenten eingebüßt. Die einfachen Längen
des Germanischen, die auf ursprünglichen Langdiphthongen
beruhn, sind daher Erbstücke aus vorgermanischer Zeit.
Beispiele: got. *flōdus* ʽFlutʼ usw. gr. πλωτός, vgl. gr. πλέ(F)ω
ʽfließeʼ. — aisl. *ból* ʽWohnstätteʼ, vgl. ai. *bhávati* ʽistʼ, gr.
φύω ʽwachseʼ. — aisl. ae. *tól* ʽWerkzeugʼ, vgl. got. *táujan*
ʽthun, machenʼ. — ae. *snód* ʽBindeʼ = air. *snáth* ʽFadenʼ;
got. *snōrjō* ʽKorb, Flechtwerkʼ, aisl. *snóre* ʽgeflochtner Strickʼ;
ahd. *snuor* ʽSchnurʼ, vgl. ai. *snávan-* ʽBandʼ, avest. *snāvarə*
u. dgl. m.

2. Diejenigen Langdiphthonge, die schleifenden (zweigipfligen) Akzent haben, bewahren immer, die mit gestoßnem wenigstens vor *s*, den zweiten Komponenten. Solche
idg. Langdiphthonge werden im Germanischen, wie in allen
europäischen Sprachen, durch die Kürzung des ersten
Komponenten reduziert. Das gleiche gilt von den sekundären, erst durch einzelsprachliche Entwicklung entstandnen Langdiphthongen.

A. In haupttoniger Silbe.

86. 1. germ. *ō* wird *a*. ai. *nāu-ṣ* 'Schiff', lat. *nāuis*,
gr. ναῦς (aus *ναῦς), aisl. *naust* (aus *nāu* + *stᴊ* d. i. Wz.
stā- 'stehn') 'Schiffsschuppen'. — ai. *dvāu* Nom. Du. M.
'zwei', aisl. *tuau* Nom. Du. (Plur.) Neutr. (Verf.. Zur germ.
Sprachgeschichte, S. 98 ff.). — ai. *tāu* Nom. Du. M. 'diese
beiden', aisl. *þau* Nom. Du. (Plur.) Neutr. — ai. Komparativstamm *prāyas-* 'mehr', alat. *ploirumē* (aus *plōisumoi),
aisl. *fleire*. — lat. *māior* 'größer', air. *máo*, beide mit Komparativsuffix *-i̯ōs-*, daneben mit Schwundstufe *-is-*, got.
maiza aus *mōizōn. — gr. ὦμος (aus *ōmsos) 'Schulter', got.
amsans Akk. Plur. — idg. *sāld* (dehnstufiger Nominativ)
'Salz', got. aisl. as. *salt*, ae. *sealt*, ahd. *salz*.

2. germ. *ǣ* wird *e*. ai. *vátas* 'Wind', lat. *uentus*, got.
winds, aisl. *vind-auga* 'Fenster d. i. Windauge', ae. as.
wind, ahd. *wint;* eine Ableitung mittelst *-nto-* von der
starren Wurzel *vē-* 'wehn'. — gr. κῆρ (aus *κήρδ, einem
dehnstufigen Nom.) 'Herz', got. *hairtō*, aisl. *hiarta*, ae. *heorte*,
as. *herta*, ahd. *herza*. — ai. *pā́rṣṇiṣ* 'Ferse'; gr. πτέρνα
'Ferse, Schinken', lat. *perna* 'Hinterkeule': ae. *fyrsn*, ist
i-Stamm, dagegen sind got. *fairzna*, ahd. *fersana* *ā*-Stämme.

3. germ. *ī* wird *i*. got. ae. as. *windan* 'winden', aisl.
vinda, ahd. *wintan* neben lat. *uī-men* 'Flechtwerk', *uī-tis*
'Rebe', Wurzel *u̯ī-*. — ae. *swindan* 'schwinden', ahd. *swintan*
neben aisl. *svina* 'nachlassen', ahd. *swīnan* 'abnehmen',
Wurzel *su̯ī-*. Vgl. Osthoff, IF. Anz. I. 82.

4. germ. *ū* wird *u*. got. *junda* 'Jugend' aus *jūndō
älter *ju̯u̯undō = lat. *iuuenta*, got. *juggs* 'jung', ae. ӡeonӡ,

as. ahd. *jung* aus **jūngoz* älter **juu̯unʒoz* = lat. *iuuencus.*
ai. *pāvakás* 'Feuer' (aus idg. **pāu̯n̥kós*), daneben mnd.
funke, ahd. *funcho* aus **fuu̯un̥kō* **fūnkō,* idg. **puu̯n̥gós.*

Anmerkung 1. Ph. Fortunatov(Archiv f. slav. Phil. IV. 586)
hat entdeckt, daß sich kurze und lange silbische Liquidae im Litauischen durch die Akzentqualität unterscheiden. Vgl. lit. *vil̃kas*
'Wolf' = ai. *vŕ̥kas,* lit. *pìlnas* 'voll' = ai. *pūrṇás.* Ferner haben
A. Bezzenberger (BB. XVII. 221 ff.) und Verf. (IF. III. 315 ff.,
401 ff.) gezeigt, daß im Lit. gestoßner Diphthong erscheint, wo
in idg. Urzeit durch den Verlust einer folgenden Silbe ein kurzer
Vokal gedehnt worden ist. Vgl. lit. *vémti* 'Erbrechen haben'
gegenüber ai. *vámi-ti* 3. Sing. Präs., *béržas* 'Birke' gegenüber ahd.
birihha usw. Endlich hat F. de Saussure (Mém. Soc. Ling. VIII.
440 ff.) dargethan, daß alle idg. Kurzdiphthonge im Lit. regelmäßig
schleifend betont sind. Vgl. lit. *dañti̯* Akk. Sing. 'den Zahn', gr.
ὀδόντα, lit. *par̃szas* 'Schwein', gr. πόρκος, lit. *eĩti* 'er geht', gr. εἶσι, ai.
éti, lit. *szlaũnys* N. Plur. 'die Hinterbacken', ai. *śróṇiš* u. dgl. m.
Aus diesen Thatsachen folgt notwendigerweise, daß wir auf
nichtlitauischem Sprachgebiet überall da einen Kurzdiphthong
durch Reduktion des ersten Komponenten aus einem ursprünglichen Langdiphthong herleiten müssen, wo er im Litauischen
den stoßenden Akzent trägt. Es leuchtet ein, daß dadurch die
Zahl der Fälle, in denen auch auf germanischem Sprachgebiet
der überlieferte Kurzdiphthong auf ältern Langdiphthong zurückgeführt werden muß, sehr beträchtlich zugenommen hat. Vgl.
z. B. ae. *melce* 'melke', ahd. *milchu,* lit. *mélžu.* — gr. πέρδω 'pedo',
ahd. *firzu,* lit. *pérdžiu.* — aisl. *bjǫrk* 'Birke', ae. *beorc,* lit. *béržas.*
— got. *arjan* 'pflügen', ahd. *erren,* lit. *árti.* — lit. *bérnas* 'Knabe,
Knecht', ae. *beorn* 'Held', ahd. *-bern.* — got. *áukan* 'zunehmen',
aisl. *auka* 'zufügen', lit. *áugu áugti* 'wachsen', vgl. gr. ἀέξω (aus
*ἀϝεξω) 'vermehre'.
Über die ganze Frage vgl. H. Hirt, Der idg. Akzent, S. 55 ff.
Anmerkung 2. Nach E. Sievers, PBrB. XVIII. 409 ff.
ist idg. *ēi* zu germ. *āi,* weiterhin *ôi* — *ê* geworden. Ist diese
Vermutung, die viel Ansprechendes hat, richtig, so hätte in
diesem Fall eine Kürzung deshalb nicht stattgefunden, weil
der dem ersten Komponenten sehr nahestehnde zweite Komponent schon vor der Wirksamkeit des Kürzungsgesetzes geschwunden wäre.

B. In nichthaupttoniger Silbe.
I. Im Inlaut.

87. 1. germ. *ō* wird *a.* Die got. *nan*-Verba hatten
nach Ausweis der übrigen germanischen Dialekte sowie

des got. Präteritalsuffixes ursprünglich das Suffix *-nō-* =
idg. *-nā-*, vgl. Fr. Kluge, Pauls Grundriß I. 381, Nr. 2.
Folglich sind got. *waknand* 3. Plur. Präs. 'sie werden wach',
waknands Part. Präs. aus **wak-nō-nđi *wak-nō-nđ-* zu erklären;
vielleicht auch der Optativ *waknais waknai* usw. aus
*wak-nō-i̯-s *wak-nō-i̯-đ. Vgl. Verf., Zur germ. Sprachgesch.
S. 104 ff.

    Anmerkung. Der Einwand H. Möllers, AfdA. XX. 139,
der das *a* der angeführten Formen mit H. Pedersen, IF. II.
303 ff. als idg. *ə* fassen will, berücksichtigt nicht, daß wir für
nichthaupttoniges Schwa germ. *u* erwarten müßten, vgl. ai. *sēdimá*
= got. *sētum*, abgesehn davon, daß uns nichts berechtigt, fürs
Urgermanische noch den regulären Wechsel zwischen Vollstufe
-nā- und Schwundstufe *-nə-* anzusetzen.

    2. germ. *ǣ* wird *a*. In scharfem Gegensatz zum
Kürzungsprodukt des haupttonigen *ǣ* steht, wie H. Osthoff, PBrB. XIII. 444 zuerst erkannt hat, das des nichthaupttonigen *ǣ* in Mittelsilben. Vgl. got. *haband* 3. Plur.
Präs. aus **χabē-nđi, habands* Part. Präs. aus *χabē-nđ-*; Stamm
idg. *khabhē-*, vgl. lat. *habē-re*. Daß diese Kürzung gemeingermanisch ist, lehrt die Übereinstimmung von got. *fijands*
'Feind' mit as. *fīand*, ahd. *fīant*. Vokalkürzung findet
sich ferner im ganzen Optativ: got. *habáis habái* usw. aus
*χabē-i̯-s *χabē-i̯-þ. Vgl. Verf., Zur germ. Sprachgesch. S. 73 ff.
Den got. Optativformen *habáis habái* usw. entsprechen aisl.
hafer hafe, ae. *hœbbe*, ahd. *habēs habe*.

II. Im Auslaut.

    88. 1. germ. *ō* wird überall *a:* a) *-ōr* im Nom. Sing.
gewisser Verwandtschaftsnamen, z. B. gr. φράτωρ 'Bruder',
lat. *sŏrŏr* 'Schwester' (aus **su̯esōr*); got. *brōþar(?)*, urnord.
swestar (Opedal).

    b) *-ōi* im Dativ Sing. der *e/o*-Stämme, idg. *-ōi*, z. B.
gr. ἵππῳ 'dem Pferde'; urnord. *Woduriđē* (Tune), *Hitē*
(Järsbärg), *wllhakurnē* (Tjurkö) u. a., früh ae. *dómae* 'dem Urteil', as. *dōme* 'dem Zustand', ahd. *tuome*;

    im Dativ Sing. der *ā*-Stämme, idg. *-āi*, z. B. gr. χώρᾳ
'dem Lande', lat. *mensae;* got. *gibai* 'der Gabe' = ae. ʒiefe,
aisl. *þeir(r)e* 'dieser' = got. *þizai, spakre* 'der klugen'.

c) -ōu im Nom. Dualis Mask., z. B. ai. *aṣṭáu* 'acht', got. *ahtáu,* aisl. *átta,* ae. *eahta,* as. ahd. *ahto.*

2) germ. *ǣ* wird im Gotischen *a,* im Nord- und West-germanischen dagegen *e:* a) -*ēr* im Nom. Sing. gewisser Verwandtschaftsnamen, z. B. gr. πατήρ 'Vater', got. *fadar:* aisl. *faðer,* ae. *fœder,* as. *fader,* ahd. *fater.*

b) -*ēi* im Lokativ Sing. der *ei*-Stämme, got. *anstai* (Dativ Sing.) 'der Gunst': ahd. *ensti.*

c) -*ēu* im Lokativ Sing. der *eu*-Stämme, z. B. ai. *sūnáu* 'dem Sohne', got. *sunáu* (Dat. Sing.): urnord. *kuni-mu[n]diu* (Tjurkö), früh ahd. *suniu.*

Anhang.

Idg. -*ēu̯*- -*āu̯*- -*ōu̯*- und -*ēi̯*- vor Vokal.

89. 1. Langer Vokal + *u̯* + Vokal bleibt im Ur-germanischen unverändert. Vgl. ahd. *rāwa* 'Ruhe'. — Ferner gr. ἐρω(*F*)ή 'Ruhe', ae. *rów,* ahd. *ruowa.* — lit. *stóva* 'Stätte', ae. *stów;* dazu abg. *staviti* 'statuere, impedire, repellere', ahd. *stuowan* urspr. 'zum Stillstand bringen, hemmen, anklagen'. — ae. *snówan* 'eilen', vgl. got. *sniu-mundō* 'eilends', aisl. *snúa* 'wenden'. — ae. *rówan* 'rudern', aisl. *róa,* vgl. gr. ἐρω(*F*)ή 'hastige Bewegung, Trieb, Schwung', ῥώομαι 'sich kräftig bewegen'. — Auch in finnisch-lappi-schen Lehnwörtern spiegelt sich deutlich das urgerm. -*ōw*-, vgl. lapp. *guovva* (aisl. *góe* 'Februar- März'), lapp. *loavva* 'Dreschtenne' (vgl. gr. ἀλω(*F*)ή), lapp. *luövvē* 'untiefer, sumpfiger See' (anorw. *flói*), lapp. *kloavva* 'Tauschleife' (anorw. *kló*). — Durch spezifisch germanische Lautgesetze sind die Verbindungen -*ēw*- -*ōw*- entstanden in got. *tēwa* (aus *tēʒwā) 'Ordnung' und in lapp. *skuövva skuova* 'Schuh' (urgerm. *skōwoz* aus *skōʒwoz).

Anmerkung. Im Nordgermanischen ist, wie aisl. *róa* = ae. *rówan, nóa-* (aus idg. *nāu̯ōm) in *Nóa-tún* 'Burg der Schiffe' u. a. beweisen, *w* nach *ō* vor Vokal weggefallen. Verf., Zur germ. Sprachgesch. S. 50. H. Möller, AfdA. XX. 118 vermutet das gleiche Lautgesetz auch fürs Gotische. Es ist nicht unwahrschein-lich, daß er im Recht ist, wenn auch das von ihm gewählte Bei-spiel *stōjan* nicht hierhergehört, da man notwendigerweise in der

2. 3. Sing. Präs. *staúeis *staúeiþ, nicht stōjis stōjiþ erwarten
müßte. Ist Möllers Hypothese richtig, so könnte für got. baúan
auch folgende Entwicklungsreihe angenommen werden: *bōwan
— bōan — bŭan (d. i. baúan). Doch macht es das durchgehnde
ū der übrigen german. Dialekte wahrscheinlicher, daß auch
im Gotischen Schwundstufe vorgelegen, also in diesem Fall Übergang von ū in ŭ stattgefunden habe.

90. 2. Bei Wörtern, die zur Zeit der idg. Ursprache
in bestimmten Formen zweifellos -ōu̯- gehabt haben, erscheinen im Germanischen Formen, die vor Vokal gotisch
au ostnordisch (schwedisch und dänisch) ō, westnordisch
(norwegisch und isländisch) ū, westgermanisch ū aufweisen.
Vgl. z. B. got. baúan 'wohnen'; ostnord. bōa, westnord. búa;
ae. búan, as. ahd. būan. Die ursprünglichen Verhältnisse
sind durch Ausgleichungen mannigfacher Art vielfach verschoben worden, doch dürfte folgendes am besten der
Überlieferung gerecht werden:

a) Das westgermanische und westnordische antevokalische ū ist ursprünglich und repräsentiert die idg. Schwundstufe ŭ; das ū in búan ist also gleich dem ŭ in ai. ábhūt,
gr. ἔφῡ. Diese Schwundstufe ist von Haus aus nur vor
Konsonanz berechtigt gewesen. Dadurch jedoch, daß die
athematischen Verba dieser Art auf germanischem Sprachboden in die thematische Flexion übergetreten sind, ist
sie auch vor Vokal zu stehn gekommen, wie das z. B.
auch in gr. φύω der Fall ist. Vgl. Verf., Zur germ.
Sprachgesch. S. 101. Die Stellung des ū vor Vokal hatte
in den einzelnen Sprachen lautgesetzliche Veränderungen
im Gefolge.

b) Im Gotischen erscheint vor Vokal (sicher jedenfalls vor a ē i) ursprüngliches ō als aú d. h. langes oder
gekürztes å. Vgl. Traúada aus Τρωάς, Naúēl aus Νωέ,
Laúidja aus Λωΐς, während die gewöhnliche Transskription
von ω im Gotischen ō ist, z. B. Ainōk gr. Ἐνώχ, Ainōs
gr. Ἐνώς, Lōd gr. Λώτ usw.[1] Von got. Wörtern gehört

---

[1] Die von J. Schmidt, KZ. XXVI. 3. gegen diese Auffassung des got. au ins Treffen geführten Schreibungen mit ō:

wohl hierher *taúi* 'That' Gen. *tōjis*, sowie Prät. *staúida* zu
Präs. *stōja* 'richte'.

Ferner steht fest, daß das got. *ō* einen engen, dem
ū sehr nahe stehnden Laut bezeichnet. Das beweisen
Schreibungen wie *gakrōtūda* für *gakrōtōda*, *ūhtēdun* für
ōhtēdun und umgekehrt *ōhteigō* für *ūhteigō*, sowie die oben
besprochne Wiedergabe des engen lat. *ō* durch *ū* in *Rūma*
(aus lat. *Rōma*). Man darf daher mit Fug annehmen,
daß auch *ū* vor Vokal (oder doch vor bestimmten Vokalen,
speziell vor *a*) ebenfalls zum weiten (langen oder gekürzten)
Laut *aú* geworden sei, daß also got. *baúan* direkt dem
westgerm. *būan* entspreche.

c) Was das Verhältnis westnord. *ū* : ostnord. *ō* anlangt, so ist Axel Kock, IF. II. 332 ff. zweifellos im Recht,
wenn er *ū* als den urnordischen Laut ansieht, der im
Ostnordischen unmittelbar vor Vokal (bezw. vor *a*) in *ō*
übergeht. Urnord. *būan* bleibt im Westnordischen *būa*,
wird im Ostnordischen dagegen *bōa*. Das beweist u. a.
namentlich ostnord. *sō* 'Sau' gegenüber westnord. *sýr*, da
hier idg. *ū* einzig und allein ursprünglich sein kann, vgl.
ai. *sū-karás* gr. ὖς, lat. *sūs*, westgerm. *sū*.

Anmerkung. O. Bremer in Solmsens Studien zur lat.
Lautgeschichte (Straßburg 1894) S. 156 f. nimmt umgekehrt an, daß
aus urnord. *ō* im Westnordischen vor Vokal *u* hervorgegangen sei.
Dagegen spricht jedoch erstlich das westgerm. *ū* sowie ferner der
Umstand, daß im Westnordischen *ō* und *ū* vor Vokal nebenein-
anderstehn. Vgl. aisl. *róa* 'rudern', *snúa* 'wenden', *Nóa-tún* 'Schiffsburg', *brand-nói* (Cod. Fris., geschrieben *brandvni*, vgl. G. Morgenstern in des Verfassers Schrift: Zur germ. Sprachgesch. S. 50.
A. Noreens Lesung *brandnúi* in seiner Urgerm. Lautlehre S. 35
widerstreitet, wie mir Hr. Dr. Morgenstern mitteilt, durchaus dem
Schreibcharakter des Frisianus).

d) Die westnordischen *ō* vor Konsonanten sind vorgermanisch. Es besteht also die Gleichung ostnord. west-

---

waiwōun, lailōun, ailōē (ἐλωΐ), *Iōanan, Silōamis* erklären sich leicht
als etymologische, nicht phonetische Schreibungen. Bei den
beiden ersten Worten wird zudem das auf *ō* folgende *u* gewirkt
haben, sodaß *a* gar nicht entstehn konnte.

nord. *bōl* 'Wohnort': westnord. *búan* = lit. *szlúti* 'fegen'[1]):
got. *hlūtrs* 'rein'.

91. 3. Dem Ablaut *-ō(u)-* : *-ū-* entsprechend scheint
auch in einigen Fällen ein Ablaut *-ē(i)-* : *-ī-* vorzuliegen.
Vgl. ai. *vi-hāyas* M. N. 'das Offne, der freie Luftraum':
ahd. *gīēn* 'gähnen'. — ai. *dhāyas* N. 'das Saugen': aschwed.
dīa 'saugen'. — lat. *pēior* Kompar. 'schlechter': aschwed.
fīande 'Feind', ahd. *fīant* (doch vgl. auch W. van Helten,
PBrB. XV. 467 ff.).

92. 4. Wie in der Verbindung *-ōw-* + Vokal auf
gotischem Sprachgebiet wahrscheinlich wie im Nordischen
das *w* verloren geht, so schwindet auch im Gotischen *j*
in der Verbindung *ēj* + Vokal, worauf das *ē* in (langes
oder gekürztes) *ai* übergeht, entsprechend dem Übergang
von antevokalischem *ō* in *aú*. Unter diesen Umständen
läßt sich nicht mit voller Sicherheit sagen, ob Verba wie
got. *waían* 'wehn', *saían* 'säen' direkt durch den Übertritt
aus der athematischen Flexion (vgl. ai. *vāmi* 'wehe', gr.
ἄημι aus *ἀ-ϝημι, gr. ἵημι aus *σι-σημι 'werfe, entsende')
in die thematische ihre überlieferte Form erhalten haben,
oder ob sie einst *-ēj-* besessen haben, infolge eines Über-
tritts in die *ie/io*-Klasse, wie bei abg. *sēją*, lit. *sėju*, abg.
vēją (vgl. lit. *vėjas* 'Wind'). In beiden Fällen mußte
das Endergebnis *wæan sæan* sein. Doch spricht vielleicht
lapp. *sājet* für das letztere.

Man beachte, daß dem got. *waían*, *saían*, aisl. *sá*, ae.
wáwan sáwan, as. *sāian*, ahd. *wāen sāen* gegenüberstehn,
d. h. Vollstufenbildungen, während dem got. *baúan* überall
Schwundstufenformen entsprechen.

Vokaldehnung.

93. In der Verbindung Vokal + *n* + *h* entsteht Nasalvokal + *h*, schließlich, unter Verlust der Nasalierung,
Langvokal + *h*. Der Vorgang ist gemeingermanisch, jedoch der Verlust der Nasalierung ist einzeldialektisch, wie
ae. *ō* aus *ą* lehrt.

---

[1]) Vgl. lat. *cloaca* aus *clōuācā.

1. *a* wird *ā*: ae. *ō*: got. *fāhan* 'fangen', aisl. *fá,* ae. *fón,*
as. ahd. *fāhan* neben dem Prät. aisl. *fekk* (aus **fīng*) Plur.
fīngom, ae. *fenჳ,* as. *feng,* ahd. *fīeng.* — got. *hāhan* 'hängen',
ae. *hón,* ahd. *hāhan* neben dem Prät. ae. *henჳ,* ahd. *hieng*
und dem Kausativ ahd. *héngen* (aus **hangjan*) 'hängen
lassen'. — got. *þāhta* 'dachte', aisl. *þátta* 'ward gewahr',
ae. *ðóhte,* as. *thāhta,* ahd. *dāhta,* Prät. zum Präs. got.
þagkjan, aisl. *þékkia,* ae. *ðéncean,* as. *thénkian,* ahd. *dénchen,*
urverwandt mit lat. *tongēre* 'nosse'. — got. *brāhta* 'brachte',
ae. *bróhte,* as. ahd. *brāhta* neben dem Präs. got. *briggan,*
ae. *brinჳan,* ahd. *bringan.*

2. *i* wird *ī*: aisl. *sía* 'seihen', as. *séon* (aus **síhan*),
ahd. *síhan* (urverwandt mit ai. *siñcáti* 'gießt aus'). — got.
weihan 'kämpfen', ahd. *wīhan* (in *wīhanto*), urverwandt mit
lat. *uincere* 'siegen'. — Auch germ. *i* aus vorgerm. *e* erfährt die gleiche Dehnung: got. *þreihan* 'drängen' neben
aisl. *þryngua,* ae. *ðrinჳan* 'drücken', as. *thringan* 'dringen',
ahd. *dringan* (urverwandt mit lit. *treñkti* 'schütteln, stoßen').
— got. *ga-þeihan* 'gedeihn', ae. *ჳe-ðéon* (aus **ჳe-ðíhan*), ahd.
gi-dīhan neben dem Part. Perf. ae. *ჳe-ðunჳen* 'vollkommen',
as. *ge-thungan* 'tüchtig' (urverwandt mit lit. *tenkù tékti*
'genug haben').

3. *u* wird *ū*: got. Komparativ *jūhiza* 'jünger' neben
juggs 'jung'. — got. *bi-ūhts* 'gewohnt', urverwandt mit lit.
jùnktas. — Auch germ. *u,* das aus einem silbischen Nasal
der Ursprache hervorgegangen ist, wird gleicherweise behandelt: got. *þūhta* 'dünkte', aisl. *þótta* (aus **þōhta* mit *ō*
aus *ū* vor *h*), ae. *ðūhte,* as. *thūhta,* ahd. *dūhta* neben dem
Präs. got. *þugkjan,* aisl. *þykkia,* ae. *ðyncean,* as. *thunkian,*
ahd. *dunchan* (Schwundstufenbildung neben der Vollstufenform *þagkjan,* lat. *tongēre*).

Einwirkung der Vokale aufeinander.

(Umlaut.)

94. 1. Idg. *i* und *u* werden durch folgendes *ă ŏ ē̆*
zu *e* und *o* umgelautet (*a*-Umlaut). Beispiele siehe
§ 68 und 70.

2. Idg. *e* wird durch folgendes *i* und *j* zu *i* umgelautet (*i*-Umlaut). Beispiele siehe § 63.

3. Im Germanischen wird ein haupttoniger Vokal durch
folgendes *i* und *j* palatalisiert (*i*-Umlaut). Am frühesten
ist der Wandel von *a* zu engem *e* (*ẹ*) erfolgt. Dieser
Prozeß scheint gemeingermanisch zu sein, vollzieht sich
jedoch erst im Sonderleben der einzelnen Dialekte. Die
Übereinstimmung in der Wandlung läßt vermuten, daß
wenigstens der Keim der Bewegung noch in die urgermanische Zeit zurückreiche.

a) Im Gotischen scheinen die westgotischen Eigennamen der Konzilienakten wie *Ega Egica Egila Emila*
usw. auf *i*-Umlaut hinzudeuten, wenn sie, was das wahrscheinlichste ist, aus *Agja Agica Agila Amila* usw. herzuleiten sind.

b) Im Nordgermanischen haben wir zwei Perioden
des *i*-Umlauts zu unterscheiden: A. eine ältere, in der
ein Vokal in langer Silbe durch den Wegfall des folgenden *i* umgelautet wird, z. B. aisl. Prät. *brénda* (aus
*brannida) 'brannte', Superlativ *léngstr* (aus *langistaz) 'der
längste', *belgr* (aus *balgiz) 'Balg' usw.

B. eine jüngere, in der ein Vokal durch vor-
handnes *i* oder *j* umgelautet wird. Vgl. z. B aisl. *engell*
(got. *aggilus*) 'Engel', *ketell* (got. *katils*) 'Kessel', *télia* (aus
*taljan, Denominativ von *tal*) 'zählen' u. a.

C. Zwischen beiden Perioden liegt der Schwund von
i nach kurzer Wurzelsilbe. Wo dieser eingetreten ist,
entbehrt die Wurzelsilbe daher des Umlauts. Vgl. Prät.
talda (aus *talida) 'erzählte' mit *brénda* (aus *brénnida), Superlativ *baztr* (aus *batistaz) 'bester' mit *léngstr* (aus *léngistaz),
halr (aus *haliz) 'Mann' mit *belgr* (aus *bélgiz). Vgl.
A. Kock, PBrB. XIV. 57 ff. Litteratur S. IF. Anz. V.
77 Fußn. etc.

c) Im Westgermanischen wirkt der *i*-Umlaut auf
englischem Boden nach A. Pogatscher, PBrB. XVIII.
465 ff. im 6.—7. Jahrh. (anders Fr. Kluge, Pauls
Grundriß I. 870). In Deutschland breitet sich der Um-

laut von der Nordseeküste aus, vgl. O. Bremer, IF. IV. 31.
Er ist seit dem 8. Jahrh. nachweisbar.

Die Palatalisierung eines haupttonigen Vokals durch
folgendes *i* und *j* wird durch die dazwischenstehnden
Konsonanten vermittelt. Diese werden zuerst palatalisiert
und beeinflussen dann ihrerseits den vorausgehnden Vokal.
Diese Beeinflussung kann noch wirksam sein, nachdem
das ursprünglich folgende *i* oder *j* selbst schon verschwunden
ist. Dem fortdauernden Einfluß der palatalisierten Konsonanten ist es zuzuschreiben, wenn das aus *a* entstandne
Umlauts-*e̬* enger ist als das idg. urgerm. *e*. Vgl. E. Sievers, Phonetik[4] S. 257. § 714. 715.

Der idg. Ablaut im Germanischen.

95. Der idg. Ablaut hat sich im Germanischen
ungemein treu erhalten, ja er ist im Verbum sogar zum
Träger des ganzen Flexionssystems erhoben worden. Das
Verbum wird daher in der folgenden Übersicht die erste
Stelle einnehmen. Der qualitative und der quantitative
Ablaut werden zusammen behandelt.

A. *e*-Reihe.

I. Vollstufe: *e/o*. — II. Dehnstufe: *ē/ō*. — III. Schwundstufe: *ə*—Null.

1. *e* vor Verschlußlaut oder Spirans.
(Fünfte Ablautreihe.)

I. Inf. Präs. got. *giban* 'geben', aisl. *gefa*, ae. *ȝiefan*,
as. *geban*, ahd. *geban*: Perf. Sing. got. aisl. *gaf*, ae. *ȝeaf*,
as. *gaf*, ahd. *gab*. — got. *sitan* 'sitzen', aisl. *sitia*, ae. *sittan*,
as. *sittian*, ahd. *sizzen*: Kausativ got. *satjan* 'setzen', aisl.
setia, ae. *settan*, as. *settian*, ahd. *sezzen*. — got. *ga-nisan*
'errettet werden', ae. *ȝe-nesan*, as. ahd. *gi-nesan*: Kausativ
got. *nasjan* 'erretten', ae. *nėriȝan*, as. *nėrian*, ahd. *nėrian*
nėren. — Nomina: got. *giba* 'Gabe', aisl. *giǫf* (aus **gefu*),
ae. *ȝiefu*, as. *geba*, ahd. *geba*: got. *gábigs gábeigs* 'reich',
aisl. *gǫfogr* 'vornehm', ae. *ȝafol* 'Tribut'.

II. Die *ē*-Stufe ist schwierig zu beurteilen, aus Gründen,
die weiter unten zur Sprache kommen. Wahrscheinlich

gehören jedoch hierher: lit. *véžē* 'Wagengleise', got. *wēgs*
'Woge', aisl. *vágr*, ae. *wǽʒ*, as. ahd. *wāg*. — ai. *ūrṇa-vábhiṣ*
'Spinne, d. i. Wollweberin', aisl. *kǫngor-váfa* zu aisl. *vefa*
'weben'. — got. *fr-ēt* 'fraß', aisl. *át*, ae. *ǽt*, ahd. *āz*, vgl.
lit. *édmi ésti* 'essen', lat. *ēst* 'er ißt', zu gr. ἔδομαι 'werde
essen', lat. *ĕdo*, got. *ita* usw.

    ō-Stufe: ahd. *luog* 'Wildlager' zu got. *ligan* usw. —
ae. *sót* 'Ruß, d. i. was sich ansetzt' zu got. *sitan* usw.
— got. *fōtus* 'Fuß', aisl. *fótr*, ae. *fōt*, as. *fōt*, ahd. *fuoz*,
vgl. lat. Akk. Sing. *pĕdem*, gr. πόδα. — ahd. *suohha* 'Schneide,
Furche', vgl. ahd. *seh* 'Pflugschar', lat. *sĕcāre*.

    III. *ǝ* ist in Wurzelsilben fast regelmäßig durch den
Vollstufenvokal *e* ersetzt, vgl. got. Part. Perf. *gibans* 'gegeben', aisl. *gefenn*, ae. *ʒiefen*, as. *gi-geban*, ahd. *gi-geban*.
— Vielleicht hat es sich gehalten in aisl. *sax* 'kurzes
Schwert', ae. *seax*, ahd. *sahs*, vgl. lat. *saxum* 'Fels', *sacēna*
'Axt', zu *sĕcare* 'schneiden'. — In nichthaupttoniger Wurzelsilbe erscheint es in aisl. *tottogo* 'zwanzig d. i. zwei Zehner'
neben got. Nom. Pl. *tigjus* 'Zehner'. Ziemlich häufig ist
dagegen *ǝ* in suffixalen Silben: ahd. *anut* 'Ente' neben
ēnit. — got. *jukuzi* F. 'Joch' neben ae. *ʒycer*, vgl. lat. *iugera*.
— ahd. *acchus* 'Axt' neben got. *aqizi*. — ae. *siʒor* 'Sieg'
neben got. *sigis*, ai. *sáhas* N. — ae. *hefuʒ* 'schwer' neben *hĕfiʒ*.

    Nullstufe: Im Germanischen nur noch in ganz
spärlichen, unverstandnen Resten vorhanden. Vgl. 3. Plur.
Präs. got. ae. as. *sind*, ahd. *sint*, aus idg. **s-enti*, neben
der Vollstufenform got. *ist* usw. aus idg. **és-ti*. — ae. ahd.
nest aus idg. **nizdos*, älter **ni-sdos* 'Nest d. i. Nieder-
sitzung'; *-zd-* (aus *-sd-*) ist die Schwundstufe der Wurzel
sed- 'sitzen', *ni-* die schwache Form der Präposition **éni*.

    Häufiger findet sie sich in suffixalen Silben: aisl.
liós 'Licht', ae. *liexan* 'leuchten', ahd. *liehsen* (vgl. ai. *rukṣás*
'hell') neben der Schwaform ai. *rōcíṣ* N. 'Glanz'. — got.
ahs N. 'Ähre', aisl. *ax* neben ahd. *ahir ĕhir*, vgl. lat. *acus*
Gen. *aceris* 'Getreidestachel'. — aisl. *ǫx* 'Axt' (vgl. gr. ἀξίνη) neben der Vollstufenform got. *aqizi* F., ae. *ǣx* (aus **æcces*).
— aisl. *ǫnd* 'Ente' (? oder vielmehr = **anud*) neben der

Vollform ahd. *ênit,* der Schwaform ahd. *anut* (vgl. lat. *anas*
Gen. *anatis*). — ae. *léoht,* 'Licht', as. ahd. *lioht* neben got.
liuhaþ. — ae. *weard* 'Ufer' neben ahd. *werid* 'Insel'. —
ae. *birce* 'Birke', ahd. *bircha* (vgl. lit. *béržas*) neben ahd.
birihha.

Anhang.

96. In dieser wie in der folgenden Klasse (also in
der fünften und in der vierten germanischen Ablautreihe)
erscheint im Plural des Perfekts, sowie in Nominalbildungen,
die Schwundstufenvokalismus verlangen, der lange Vokal
idg. *ē* germ. *ǣ.* Wenn auch die weite Ausdehnung, die
diese eigentümliche Schwundstufenform gewonnen hat,
spezifisch germanisch ist, so darf doch nicht daran ge-
zweifelt werden, daß die Entstehung der *ē*-Formen in die
idg. Urzeit zurückreicht. Vgl. K. Brugmann, Grundriß
II, § 848, S. 1214. Von den zahlreichen Erklärungs-
versuchen liefert uns der von V. Michels, IF. IV. 64 ff.
den Schlüssel zum Verständnis. Folgende Punkte sind
bei einer Deutung der *ē*-Formen zu berücksichtigen.

1. Der Ursprung des 'schwundstufigen' *ē* ist im
schwachen Perfektstamm (Perf. Plur. Akt. usw.) zu suchen.
Alle Erklärungsversuche, die ihn nicht zum Ausgangspunkt wählen, müssen *a priori* aus methodischen Gründen
als verfehlt betrachtet werden. Denn es kann kein Zufall
sein, daß nur der Plural des Perfekts, nicht der vollstufige
Singular (aber auch nicht das schwundstufige Partizip Perf.)
den Vokal *ē* kennt.

2. Man hat zweifellos mit Michels an die vedischen
Formen mit langem Reduplikationsvokal (ai. *ā* = idg. *ē*)
anzuknüpfen.

3. Die Länge des Reduplikationsvokals hat zur Voraussetzung, daß eine Silbe dahinter geschwunden ist, sowie daß die Reduplikationssilbe in bestimmten Formen
uridg. den Wortton getragen hat.

Die erste Voraussetzung trifft bei der Schwundstufe
aller Verba zu, deren Wurzel auf einen Konsonanten
(Verschlußlaut, Spirans, Nasal, Liquida) ausgeht, d. h. bei

den Verben der germanischen vierten und fünften Ablautreihe. Es ist daher kein Zufall, daß nur diese den
'Schwundstufenvokal' $\bar{e}$ kennen.

Die zweite Voraussetzung ist dadurch gerechtfertigt,
daß die Pluralendungen des aktiven Perfekts zum Teil
schwundstufig sind, also ursprünglich nicht den Wortton
getragen haben können. Vgl. 3. Pers. Pl. auf -ṇt in germ.
-un, gr. -ᾱσι; auch ai. -ur geht auf die idg. Schwundstufe
-ər zurück. Auch das ai. -ma der 1. Pers. Pl. läßt sich aus
-mṇ herleiten und als Schwundstufe zu gr. -μεν betrachten.

4. Die vorausgegangnen Erwägungen berechtigen dazu,
von der Wurzel ghebh- 'geben' die Urform der 1. Plur.
Perf. als *ghé-ghebh-mem [1]), die der 3. Plur. als *ghé-ghebh-ent
anzusetzen. Nach dem Schwund- und Dehnstufengesetz
mußte daraus mit Notwendigkeit *ghéghbh(ə)mṇ *ghéghbhṇt
hervorgehn.

5. Die einzige Schwierigkeit, die bei dieser Erklärung
übrig bleibt, ist die Art und Weise, wie *ghéghbh(ə)mṇ
*ghéghbhṇt ihren wurzelanlautenden Konsonanten verloren
haben und zu den durch das überlieferte got. gēbum gēbun
usw. vorausgesetzten Grundformen *ghēbh(ə)mṇ *ghēbhṇt
geworden sein können. Die Schwierigkeit beruht jedoch nur
darin, daß wir keine direkt überlieferten Parallelen für die
uridg. Behandlung so singulärer Lautgruppen besitzen, wie
sie in den beiden genannten Formen oder in *tḗtn(ə)mṇ tḗtnṇt
(von Wz. ten- 'dehnen'), *dḗdr(ə)mṇ *dḗdrṇt (von Wz. der-
'reiße', vgl. gr. δέρω 'schinde', got. ga-taíra), *lḗlgh(ə)mṇ
*lḗlghṇt (von Wz. legh- 'liegen', vgl. gr. λέχος 'Lager', got.
ligan 'liegen' usw.) u. dgl. m. vorkommen. Jedenfalls ist
die Annahme durchaus gerechtfertigt, daß sie auf ein
oder die andre Weise durch Beseitigung des wurzelanlautenden Konsonanten vereinfacht worden sind, wobei die Assoziation an die im verbalen Paradigma häufigen Vollstufenformen wie ghebh- ten- der- legh- das Zustandekommen der

---

[1]) Über die Vokalfärbung soll hier nichts weiter ausgesagt
werden. Daher ist die Normalstufe überall angesetzt.

Parallelformen *ghēbh- tēn- dēr- lēgh-* erleichtert haben mag.
Die Folge einer solchen Vereinfachung sind die idg. Grundformen **ghēbh(ə)m̥, *ghēbhn̥t, *tēn(ə)m̥ *tēnn̥t, *dēr(ə)m̥*
*dērn̥t, *lēgh(ə)m̥ *lēghn̥t.

6. Die auf die eben geschilderte Art im Plural des
Perfekts entstandne neue 'Schwundstufe' ist alsdann, vorab
im Germanischen, auch in das Nomen eingedrungen.

Beispiele. 1. Plur. Perf. got. *gēbum* 'wir gaben', aisl.
gǫfom (*ǫ* aus *á* durch *u*-Umlaut, vgl. anorw. *gáfom*), ae.
ȝēafon, as. *gābun*, ahd. *gābum*. Diesen Formen steht das
Part. Perf. schroff gegenüber, vgl. got. *gibans* usw. Nominalbildungen: aisl. *gǽfr* 'heilsam', mhd. *gœbe* 'annehmbar,
gut' zu got. *giban* usw. (sogen. Participium necessitatis.
Vgl. die parallelen Schwundstufenformen got. *un-nuts* 'unnütz' zu *niutan* 'genießen', aisl. *fyndr* 'findbar' zu aisl.
finna, got. *finþan* usw.). — aisl. *já-kuǽđr* 'ja sagend' zu
aisl. *kueđa* 'sagen', got. *qiþan* usw. — aisl. *eld-sǽtr* 'der
gern am Feuer sitzt' zu *sitia*. — aisl. *gras-lǽgr* 'im Gras
liegend' zu *liggia*. — aschwed. *gáfa* 'Glück', mhd. *gābe*
'Gabe' zu got. *giban* usw. — aisl. *kuǽđe* 'Lied' zu *kueđa*.
— got. *ga-fēhaba* 'passend' zu as. ahd. *gi-fehōn* 'passend
machen, schmücken'.' — as. ahd. *spāhi* 'klug' zu ahd.
spehōn 'spähn' (vgl. lat. *spĕculum* 'Spiegel'). —

2. e vor einfachem Nasal oder einfacher Liquida.

(Vierte Ablautreihe.)

97. I. Infinitiv Präs. got. *niman* 'nehmen', aisl.
nema, ae. as. *niman*, ahd. *neman*: 1. Perf. Sg. got. aisl. as.
ahd. *nam*. — got. *stilan* 'stehlen', aisl. *stela*, ae. as. ahd.
stelan: got. aisl. as. ahd. *stal*, ae. *stœl*. — got. *bairan*
'tragen', aisl. *bera*, ae. as. ahd. *beran*: got. aisl. as. ahd.
bar, ae. *bær*. — gr. τείνω (aus **τενϳω*) 'dehne': Kausativ
got. *uf-þanjan* 'ausdehnen', aisl. *þenia*, ae. *đennan*, as. *thenian*,
ahd. *đennen* (ai. *ā-tānayati*). — got. *ga-timan* 'geziemen', as.
teman, ahd. *zeman*: Kausativ got. *ga-tamjan* 'zähmen', aisl.
temia, ahd. *zemmen*. — ae. *cwelan* 'sterben', ahd. *quelan* 'sich
quälen': Kausativ ae. *cwellan*, as. *quellian*, ahd. *quellen*. —

gr. ἑλεῖν (aus *σελετν) 'nehmen': Kausativ got. *saljan* 'als
Opfer bringen', aisl. *sélia* 'übergeben', ae. *sellan*, as. *sellian*. —
got. *tairan* 'zerreißen' usw.: Kausativ as. *far-térian* 'zerreißen
machen', ahd. *zérren* (ai. *táráyati*). — Nomina: got. *filu*
'viel' usw.: ae. *feolu* (vgl. gr. πολύ). — as. Akk. Sg. M.
thena 'den', ahd. *den*: got. *þana*, aisl. *þann*, ae. *đone* (vgl.
gr. τόν). — aisl. *sem* 'gleichwie': got. *sama* 'derselbe', aisl.
same, ahd. *samo*; ae. *some* Adv. 'ebenso', as. *samo* Adv.
— Zu got. *ga-timan* usw. gehört aisl. *tamr* 'zahm', ae. *tom*,
ahd. *zam*. — Zu lat. *férire* 'schlagen' gehört mhd. *bér* F.
(aus *bariz) 'Schlag' (vgl. aisl. *bériask* 'kämpfen', ahd.
bérien 'schlagen', abg. 1. Sing. Präs. *borją* 'kämpfe'). Dazu gehört wohl auch mittellat. (ahd.) *baro* 'Mann', mhd.
bar. — Zu gr. θείνω (aus *θενjω, idg. *gʷhénjọ) 'töte' gehört
aisl. *bane* 'Tod, Töter', ae. *bona*, as. ahd. *bano*. — In
Suffixen aisl. *gefenn*, ae. *ʒiefen*: got. *gibans*, as. *gi-geban*,
ahd. *gi-geban*. — got. Dativ Sing. *gumin* 'dem Mann': Akk.
Sing. *guman*.

II. got. *qēns* 'Frau', aisl. *kuén*: ae. *cwén*, vgl. ai.
jániš 'Weib' neben got. *qinō* 'Frau', as. ahd. *quena*, abg.
žena. — as. *drān* 'Drohne', vgl. gr. τεν-θρήνη 'Wespe
oder Hummel', neben ahd. *treno*. — mhd. *schuor* 'Schur'
zu ahd. *sceran* usw. 'scheren'. — aisl. *suéla* 'Rauch': ae.
swól 'schwül' zu ae. *swelan* 'langsam verbrennen'. — ae.
cól 'kühl', ahd. *kuoli* zu lat. *gelu* 'Frost'. — aisl. *kónn*
'weise, erfahren', ae. *céne* (é aus ó durch *i*-Umlaut) 'kühn',
ahd. *kuoni* zur Wz. idg. *ĝene-* 'erkennen'.

III. Idg. -*ṇn*- (oder -*ṣn*-) usw.: Part. Perf. got. *numans*
'genommen', aisl. *numenn*, *nomenn*, ae. *numen*, as. *gi-noman*,
bi-numan, ahd. *gi-noman*. — got. *stulans* 'gestohlen', aisl. *stolenn*, ae. *stolen*, as. ahd. *gi-stolan*. — got. *bairans*, aisl. *borenn*,
ae. *boren*, as. ahd. *gi-boran*. — got. *munan* 'meinen', aisl.
muna 'gedenken', ae. as. *munan*, vgl. abg. *mĭnēti* (*ĭn* = *ṇn*)
'meinen', daneben Vollstufe gr. μένος 'Sinn, Mut', μέμονα
'trachte'. — aisl. *koma* 'kommen', ae. *cuman*, as. *kuman* neben
vollstufigem got. *qiman*, ahd. *queman*, vgl. ai. *gámati* 'er geht'.
— Nomina: got. *arbi-numja* 'Erbe d. i. Erbnehmer', ahd.

érbi-nomo. — got. *faúra* 'vor', ae. *for*, as. ahd. *fora*, vgl. ai. *purá*,
gr. παρά; daneben Vollstufe gr. πέρι, got. *faír-*, ahd. *fir-*.
— got. *hulundi* 'Höhle' zu vollstufigem ae. *helan* 'hehlen'
usw. — got. *kuni* 'Geschlecht', aisl. *kyn*, ae. *cyn*, as. *kunni*,
ahd. *kunni*, vollstufig gr. γένος 'Geschlecht'. — ae. *cyme*
'Ankunft' as. *kumi*, ahd. *chumi* neben dem Verbum got.
qiman usw. 'kommen'. — got. *sums* 'irgend einer', as. ahd.
sum, vgl. gr. ἁμό-θεν 'irgend woher'.
·*ṇn-* (-*ən-*) usw. in Suffixen: ahd. Akk. Sing. *hanun*
'den Hahn'. — got. Akk. Plur. *aúhsnuns* (R. Kögel, PBrB.
VIII. 115) von *aúhsa* 'Ochse'. — aisl. *iǫtonn* 'Riese': ae.
eoten, as. *etan*. — ae. *bedul* 'pochend': aisl. *bidell* 'Freier'.

Silbenverlust: got. *kniu* 'Knie', ae. *cnéo*, ahd. *chniu*,
vgl. *abhi-jñu-* 'bis ans Knie', gr. γνύ-πετος 'auf die Knie
sinkend', gegenüber lat. *genu*, gr. γόνυ. — got. *triu* 'Baum',
ae. *tréo*, as. *trio*, vgl. gr. δρῦς 'Baum, Eiche', gegenüber
lit. *dervà* 'Kienholz, gr. δόρυ 'Holz, Speer'. — got. *fra-*
'ver-', vgl. gr. πρό, gegenüber got. *faír-*, ahd. *fir-*, gr. πέρι. —
Vokalverlust in suffixalen Silben: got. Gen. Plur.
abnē 'der Männer', zu Nom. *aba* (Stamm: got. *aban-*),
aúhsnē, aisl. *yxna* 'der Ochsen', zu Nom. *aúhsa* (Stamm
aúhsan-); Nom. Akk. Pl. N. *namna* 'die Namen' zu Nom.
namō (Stamm *naman-*), germ. Stamm *mann-*, Schwundstufe
zu **man-an-*. — got. *namn-jan* 'nennen', ae. *némnan*, as.
némnian, ahd. *némmen némnen* (mit Assimilation), Denominativ von got. *namō* usw. — finn. *karilas* 'alter Mann', ae.
ceorl 'Unfreier'. — aisl. *timbr* 'Bauholz', as. *timbar* 'Stube',
ahd. *zimbar*, Grundform idg. *demro-* zu δέμω 'baue', δόμος
'Haus'. — ahd. *demar* 'Dämmerung', vgl. ai. *tamrá-s* 'dunkel'
neben *támas* N. 'Dunkelheit'. — got. Dat. Sing. *fadr*, aisl.
feðr aus **faðri* 'dem Vater' neben Nom. Sing. *fadar* usw.
Nom. Pl. aisl. *feðr* (aus **faðr-iz*), urnord. *dohtriz* (Tune)
'die Töchter' zu Nom. Sing. *fader dóttor*.

Anhang.

98. Wie in der vorigen Klasse (der fünften germanischen Ablautreihe) tritt auch in dieser (der vierten)

idg. *ē*, germ. *ǣ* als 'Schwundstufenvokal' auf. Bedingungen
und Art der Entstehung sind genau dieselben. Beispiele: 1. Plur. Perf. got. *nēmum* 'wir nahmen', aisl.
nọ́mom (anorw. *námom*), ae. *nómon* (ó wegen des flg. Nasals),
as. *nāmun,* ahd. *nāmum.* — got. *bērum* 'wir trugen', aisl.
bọ́rom, (anorw. *bárom*) ae. *bǽron,* as. *bārun,* ahd. *bārum.* —
Participia necessitatis: aisl. *barn-bǽrr* 'im Stande Kinder
zu gebären', ae. *léoht-bǽre* 'lucifer', ahd. *bāri.* —*fram-kuǽmr*
'guten Fortgang habend' zu got. *qiman* usw. — *nǽmr* 'lehr-
willig' zu got. *niman* usw. — *hrǽ-skǽrr* 'Leichen schneidend'
zu aisl. *skera* usw.

3. *e* vor Nasal oder Liquida + Konsonanz.[1]
(Dritte Ablautreihe.)

99. I. Inf. Präs. got. *bindan* 'binden', aisl. *binda,*
ae. as. *bindan,* ahd. *bintan*: 1. Sing. Perf. got. *band,* aisl.
batt, ae. *bond,* as. *band,* ahd. *bant.* — got. *wairþan* 'werden',
air. *verða,* ae. *weorðan,* as. *werthan,* ahd. *werdan*: got. *warþ,*
aisl. *vard,* ae. *weard,* as. *warth,* ahd. *ward.* — germ. **sinþan* 'gehn': Kausativ got. *sandjan* 'senden d. i. gehn
machen', aisl. *senda,* ae. *sendan,* as. *sendian,* ahd. *senten.*
— got. *drigkan* 'trinken', aisl. *drekka,* ae. *drincan,* as.
drinkan, ahd. *trinkan*: Kausativ got. *dragkjan* 'tränken',
as. *drenkian,* ahd. *trenchen.* — got. *fra-wairþan* 'zu nichte
werden', as. *far-werdan,* ahd. *far-werdan*: Kausativ got. *fra-
wardjan* 'zu nichte machen', ahd. *far-werten* (ai. *vartayati*). —
got. *ga-þairsan* 'trocken werden': Kausativ aisl. *þerra* 'trocken
machen', ahd. *derren* (ai. *taršáyati*). — Nomina: zu got.
finþan 'finden' usw. (air. *étaim* 'komme') gehört ae. *féda* (aus
*fanþjō) 'Fußgänger', ahd. *fendo.* — Zu got. *siggwan* 'singen'
usw. gehört ahd. *sang* (gr. ὀμφή 'Stimme' aus **songʷhā*).
— ae. *rind* 'Rinde', ahd. *rinta*: ae. *rond* 'Schildrand', ahd.
rant 'Schildbuckel'. — schwed. dial. *linda* 'Brachfeld' (vgl.
abg. *lẹdina* 'Heideland'): got. *land* 'Gegend', aisl. ae. as.

---

[1] Wurzeln mit Liquida + Konsonanz werden im Germ. z. T.
zur vierten Ablautreihe gerechnet, vgl. aisl. *troda* 'treten',
z. T. zur fünften, vgl. ahd. *tretan.*

land 'Land', ahd. *lant* (vgl. air. *land lann* 'freier Platz'). —
aisl. *tindr* 'Zacken, Spitze', mhd. *zint*: ae. *tóđ* 'Zahn' (aus
*tanþ), as. *tand*, ahd. *zant* (vgl. gr. ὀδόντ-).

II. Da im Germanischen jeder lange Vokal vor i, u,
Nasal, Liquida + Konsonanz gekürzt wird, ist die
Dehnstufe nicht mehr direkt zu erkennen. Nur die Vergleichung des Litauisch-Slavischen giebt Anhaltspunkte
zur Bestimmung der Quantität. Vgl. z. B. ae. *meolcan*
'melken' mit lit. *mélžu* u. dgl. m.

III. 1. Plur. Perf. got. *bundum* 'wir banden' aisl. *bun-
dom*, ae. *bundon*, as. *bundun*, ahd. *buntum*. Part. Perf. got.
bundans, aisl. *bundenn*, ae. *bunden*, as. *gi-bundan*, ahd. *gi-buntan*.
— Neben got. *trudan* 'treten', aisl. *trođa* steht die Vollstufenform ae. as. *tređan*, ahd. *tretan*. — aisl. *horfa* 'sich
wenden' neben der Vollstufenform got. *hvairban* 'wandeln', as.
hwerban 'hin und her gehn', ahd. *hwerfan hwerban*. — aisl.
sporna 'anstoßen', ae. as. ahd. *spurnan* 'treten' neben vollstufigem aschwed. *spiœrna*, ahd. *fir-spirnan* bei Otfrid, ae.
speornan (Neubildungen). — Nomina: got. *gabaúrþs* 'Geburt',
aisl. *burdr*, ae. *ʒebyrd*, as. *giburd*, ahd. *giburt*, vgl. ai. *bhr̥tíš*
'das Tragen' zu got. *bairan* usw. (nach der vierten Ablautreihe). got. *haúrn*, aisl. ae. ahd. *horn* 'Horn' (lat. *cornu*)
neben κέρας, aisl. *hiarne* 'Gehirn', ahd. *hirni* (beide aus
**herzni-*). — got. *qina-kunds* 'weiblichen Geschlechts', aisl.
kundr 'Sohn', as. *god-kund* 'göttlich' neben vollstufigem as. *kind*,
ahd. *chint* (dazu lit. *gentìs* 'Verwandter'?) — ahd. *tunchal tunchar*
'dunkel' neben aisl. *døkkr* (aus *denkwoz). — ahd. *unst*
'Gunst' neben got. *ansts*, ae. *ést* (aus **ansti-*), ahd. *anst*.

4. $e + i$.
(Erste Ablautreihe.)

100. I. Inf. Präs. got. *beitan* 'beißen', aisl. *bíta*, ae.
bítan, as. *bítan*, ahd. *bīzzan*: 1. Sing. Perf. got. *báit*, aisl.
beit, ae. *bát*, as. *bēt*, ahd. *beiz*. — got. *bi-leiban* 'übrig
bleiben': Kausativ *bi-láibjan* 'übrig lassen'. — got. *beitan*
'beißen', usw.: Kausativ aisl. *beita* urspr. 'beißen machen',
ae. *bátan*, ahd. *beizzen* (ai. *bhēdayati*). — got. *in-weitan*

'verehrungsvoll ansehn', ae. *witan* 'nachsehn', as. *witan* 'verweisen', ahd. *wīzan*: Kausativ ahd. *weizen* 'wissen machen, beweisen' (ai. *vēdáyati*). — got. *leiþan* 'gehn', ae. *lídan*, ahd. *līdan*: Kausativ aisl. *leiđa* 'gehn machen, leiten', ae. *lǽdan*, as. *lēdian*, ahd. *leiten*. Nomina: got. *hráins* 'rein' ursprünglich 'gesiebt', aisl. *hreinn*, as. *hrēni*, ahd. *hreini*, zu χρίνειν 'sichten' gehörig. — got. *ga-ráids* 'festgesetzt', ae. *ʒe-rǽde* 'bereit, fertig', ahd. *bi-reiti* zu aisl. *ríđa* 'reiten, reisen', ae. *rídan*, ahd. *rītan*. — got. *báitrs* 'bitter', zu got. *beitan*.

II. Beispiele fehlen, wenn nicht die oben § 79 aufgezählten Fälle von *ê* hierhergehören.

III. 1. Plur. Perf. got. *bitum* 'wir bissen', aisl. *bitom*, ae. *biton*, as. *bitun*, ahd. *bizzum*. Part. Perf. *bitans*, aisl. *bitenn*, ae. *biten*, as. *gi-bitan*, ahd. *gi-bizzan*. — Nomina. ahd. *grif* 'Griff' zu *grīfan* 'greifen'. — aisl. *klif* 'Klippe', ae. *clif*, as. *klif* neben aisl. *kleif* 'Bergrücken'. — aisl. *stigr* 'Pfad', ahd. *steg* (mit *a*-Umlaut von *i*) zu got. *steigan* 'steigen' usw. — aisl. *hite* 'Hitze', as. *hittia*, ahd. *hizza* zu aisl. *heitr* 'heiß', ae. *hát*, ahd. *heiz*. — In suffixalen Silben: Dativ Plur. got. *anstim* 'den Gunsterweisen' neben Gen. Sing. *anstáis* (mit idg. -*ois*), ahd. *enstim*. — got. *mari-sáius* 'Meer', aisl. *marr* (aus **mariz*), ae. *mére*, as. ahd. *méri* (lat. *mare* aus **mari*).

5. e + u̯.

(Zweite Ablautreihe.)

101. I. Inf. Präs. got. *faúr-biudan* 'verbieten', aisl. *bióđa* 'bieten', ae. *béodan*, as. *biodan*, ahd. *biotan* (vgl. gr. πεύθομαι): 1. Sing. Perf. got. *báuþ*, aisl. *baud*, ae. *béad*, as. *bōd*, ahd. *bōt*. — Kausativ got. *ga-láubjan* 'glauben', as. *gi-lōbian*, ahd. *gi-louben* (ai. *lōbháyati* 'er lockt an'), vgl. got. *liubs* 'lieb'. — got. *kiusan* 'wählen' usw.: Kausativ got. *káusjan* 'schmecken, prüfen' (ai. *jōṣáyatē* 'hat gern'). got. *driusan* 'herabfallen', as. *driosan*: Kausativ got. *ga-dráusjan*, ahd. *trören*. — Nomina: got. *ga-riuds* 'ehrbar d. i. der errötet' (vgl. gr. ἐρεύθω 'erröte'): got. *ráuþs* 'rot', aisl.

raudr, ae. *réad,* as. *rōd,* ahd. *rōt.* — aisl. *hlióta* 'erlosen, erlangen', ae. *hléotan,* as. *hliotan,* ahd. *liozan:* got. *hláuts* 'Los', aisl. *hlaut,* ahd. *lōz.* — got. *hiuhma* 'Haufen': got. *háuhs* 'hoch', ae. *héah,* as. ahd. *hōh.* — In suffixalen Silben: got. Nom. Plur. *sunjus* 'die Söhne', Grundform idg. **sunéµes*: Gen. Sing. *sunáus,* Grundform idg. **sunoûs.*

II. Im Germanischen nicht direkt zu konstatieren.

III. 1. Plur. Perf. got. *budum* 'wir boten', aisl. *budom,* ae. *budon,* as. *budun,* ahd. *butum.* Part. Perf. got. *budans,* aisl. *bodenn,* ae. *boden,* as. *gi-bodan,* ahd. *gi-botan.* — Nomina: aisl. *bode* 'Bote', ae. *boda,* as. *bodo,* ahd. *boto* zu got. *biudan* usw. — got. *un-nuts* 'unnütz', ahd. *nuzzi* zu got. *niutan* 'genießen' usw. —- aisl. *hlutr* 'Los', ae. *hlot* neben got. *hláuts* usw. — ae. *rudu* 'Röte' neben *réad* 'rot' usw. — In suffixalen Silben: got. Nom. Sing. *sunus* gegenüber Gen. Sing. *sunáus.*

Hierher gehören auch Fälle wie aisl. *sofa* 'schlafen' (vgl. abg. *sŭpati* 'schlafen') neben der Vollstufenform ae. *swefan.* Aber wie der folgende Abschnitt zeigen wird, ist das vollstufige Präsens auf germ. Boden in eine andere Ablautreihe übergetreten. Auch das Aisl. hat 1. Plur. Perf. *suófom* (nach der vierten bezw. der fünften Ablautreihe), jedoch noch das alte Part. Perf. *sofenn* (vgl. ai. *suptás* 'geschlafen habend, schlafend'). — Part. Perf. aisl. *ofenn* (aus **ufenaz*) 'gewebt' (vgl. gr. ὕφος N. 'Gewebe') neben dem vollstufigen Präsens aisl. *vefa* 'weben' usw., das ebenfalls die Ablautreihe gewechselt hat. — aisl. *symia* 'schwimmen' neben ae. as. ahd. *swimman* (dritte Ablautreihe).

Anmerkung. Bei Reduktion einer zweisilbigen Vollstufe ergiebt sich normalerweise langer Schwundstufenvokal. Auf diese Art erklären sich verschiedne germ. *ū* in der Schwundstufe trotz kurzvokalischer Vollstufe. Vgl. z. B. got. *þūsundi* 'tausend', aisl. *þúsund þús-hund,* ae. *dúsend,* as. *thūsundig,* ahd. *dūsunt tūsunt* (vgl. abg. *tysęsta* aus **tūskm̥tiē*), ein Kompositum von *hund* 'hundert' und *þūs-,* der Schwundstufe zur Vollstufe ai. *távas-* 'Kraft'; dieselbe Form findet sich in dem Eigennamen Θουσνελδα, vgl. Verf. PBrB. XV. 506. (R. Much, HZ. XXXV. 367 f. liest ΘΟΥΣΝΕΛΔΑ statt

des überlieferten ΘΟΥΣΝΕΛΛΑ 'die kraftschnelle'). — Neben ai.
sthávira 'breit, dick' steht schwundstufiges *sthūrás*, dem aschwed.
stūr 'groß' entspricht.

Wieweit die Verba vom Typus got. *lūkan* 'schließen', aisl.
lūka, ae. *lūcan*, as. *lūkan*, ahd. *lūchan* (zweite Ablautreihe) —
sofern sie nicht als Analogiebildungen betrachtet werden müssen
— hierher oder in eine der schweren Ablautreihn gehören, ist
unsicher.

Durch Doppelkürzung kommt neben den langen Schwundstufenvokal auch die Kürze zu stehn: dem zweisilbigen gr.
κλέϜος N. 'Ruhm' entspricht die Schwundstufenform ae. *hlúd*,
ahd. *hlūt lūt;* daneben mit *ŭ* gr. κλυτός, ae. *Hlod-wiʒ* d. *Ludwig.*

B. *a* - R e i h e.

(Sechste Ablautreihe z. T.)

I. Vollstufe: *a*/*o*. — II. Dehnstufe: *ā*/*ō*. — III. Schwundstufe: *ə* — Null.

102. I. Da im Germanischen idg. *a* und *o* als *a*
erscheinen, ist von einem Vokalwechsel nichts mehr wahr-
zunehmen. Von Verben der 6. Ablautreihe gehören hierher aisl. *aka* 'treiben', vgl. gr. ἄγω, lat. *ago*. — got. *alan*
'aufwachsen', aisl. *ala* 'hervorbringen', vgl. lat. *alo* 'ernähre',
air. *alim*. — got. *skaban* 'scheren', aisl. *skafa* 'kratzen,
schaben', ae. *sceafan*, ahd. *scaban*, vgl. gr. σκάπτω 'grabe',
lat. *scabo*. — got. *us-anan* 'aushauchen', vgl. gr. ἄνεμος
'Wind', lat. *animus*.

Von reduplizierenden Verben: got. *skáidan* usw., vgl.
lat. *caedo*. — got. *us-alþan* 'alt werden'. — got. *saltan*
'salzen', ahd. *salzan*, vgl. gr. ἅλς, lit. *saldùs* (Wurzelsilbe
von geschleifter Akzentqualität) 'süß'. — Die sichere Zu-
weisung zu dieser Reihe ist dadurch sehr erschwert, daß
idg. *ə* in den europäischen Sprachen als *a* (germ. *a* in
Wurzelsilben) erscheint, so daß man häufig im Zweifel
bleibt, ob die neben *a* auftretende Länge germ. *ā* als
Vollstufe oder als Dehnstufe zu betrachten ist. Dies hat
zur Folge, daß man auch für *a* zwischen zwei Werten
schwankt, zwischen Schwundstufe und Vollstufe.

II. Neben got. *hana* 'Hahn', aisl. *hane*, ae. *hona*, as. ahd.
hano (vgl. lat. *căno* 'singe') steht as. *hōn* 'Huhn', ahd.

huon wie neben got. *qinō*, got. *qēns*. — aisl. *oxl* 'Achsel', ae. *eaxl*, as. *ahsla*, ahd. *ahsala* (vgl. lat. *axilla*, das wohl mit lat. *axis* 'Achse' identisch ist): ae. *óxn*, ahd. *uohsana*. — got. *aukan* 'sich vermehren', aisl. *auka* 'vermehren', vgl. gr. αὔξω, lat. *augeo*, lit. *áugu* (dessen gestoßner Akzent für *ā* spricht; die Dehnung beruht auf Silbenverlust, vgl. gr. ἀέξω).

Das *ō*, das im ganzen Perfekt der sechsten Ablaut-reihe auftritt (vgl. got. *ōl ōlum* usw.), gehört von Haus aus nicht der *a*-Klasse an, sondern der *ē*- und *ā*-Reihe. Da viele der zu diesen schweren Reihen gehörigen Verba infolge schwundstufiger Präsensbildung in die *a*-Klasse übergetreten sind, hat diese den langen Vokal im Perfekt gleichfalls übernommen. Vgl. z. B. aisl. *taka* 'nehmen', Perf. *tók tókom* neben got. *tēkan* 'berühren', Perf. *taitōk*. Ähnlich steht es mit aisl. *vada* 'waten' (Perf. *óð óðom*), ae. *wadan* (Perf. *wód wódon*), ahd. *watan* (Perf. *wuot wuotum*), das, wie lat. *uādō* 'schreite' lehrt, der *ā*-Reihe zugehört.

C. *ē*-Reihe.
(Reduplizierend-ablautende Verba des Gotischen.)

I. Vollstufe: *ē*/*ō*. [— II. Dehnstufe: *ē̄*/*ō̄*.] — III. Schwund-stufe: *ə*—Null.

103.   I. Inf. Präs. got. *tēkan*: Perf. Sing. *taitōk*, Pl. *taitōkum*. — got. *grētan* 'weinen', aisl. *gráta*: got. *gaigrōt*. — got. *saian* 'säen': *saisō*, vgl. gr. ἵημι (aus *σι-ση-μι) 'entsende': ἕωκα (aus *σε-σω-κα). — got. *ga-dēds* 'That', aisl. *dǿð*, ae. *dǽd*, as. *dād*, ahd. *tāt* (vgl. gr. τίθημι 'setze, thue'): aisl. *dómr* 'Urteil, Gericht', ae. *dóm*, as. *dōm*, ahd. *tuom* 'Satzung, Urteil', vgl. ae. *dóm* 'ich thue', as. *dōn*, ahd. *tōm*, *tuam*, *tuon* (Injunktiv idg. *dhām*). — got. *mērs* 'berühmt' usw.: gr. ἐγχεσί-μωρος 'speerberühmt'. — ae. *blǽd* 'Blüte': got. *blōma* 'Blume', aisl. *blóme*, as. *blōmo*, ahd. *bluomo*, vgl. lat. *flōs*. — ahd. *rāwa* 'Ruhe': *ruowa* (vgl. gr. ἐρω(ϝ)ή).

II. Im Germanischen nicht nachzuweisen.

III. aisl. *taka* 'nehmen' neben dem vollstufigen got. *tēkan*. — got. *hafjan* 'heben', aisl. *hefia*, ae. *hebban*,

ahd. *heffen* (vgl. lat. *capio* 'nehme'); die *ē*-Stufe zeigt lat.
cēpī, das mit *fēcī* = gr. ἔθηκα auf einer Linie steht, und
aisl. *háfr* 'Fischhamen', während gr. κώπη 'Griff', got.
Perf. *hōf* usw. die *ō*-Stufe zeigen. — got. *skaþjan* 'schaden',
ae. *sceððan* zu vollstufigem gr. ἀσκηθής 'unversehrt' (η
= idg. *ē*). — got. *raþjō* 'Rechenschaft', as. *rethia*, ahd.
redia (vgl. lat. *ratio*) neben vollstufigem lat. *rērī* 'glauben'.
— got. *lats* 'träge', aisl. *latr*, ae. *læt*, mnd. *lat*, ahd. *laz*
zu vollstufigem got. *lētan* 'lassen', aisl. *láta*, ae. *lǽtan*, as.
lātan, ahd. *lāzzan*.

D. *ā*-Reihe.

I. Vollstufe: *ā/ō*. [— II. Dehnstufe: *ā̂/ō̂*.] — III. Schwundstufe: *ə* — Null.

104. I. *ā*- und *ō*-Stufe im Germanischen nicht
mehr zu scheiden. Es gehören hierher: aisl. *stóðr* (aus
*stōðiz) 'feststehend', 1. Sing. Perf. got. *stōþ* 'stand', aisl.
stóð, ae. *stód*, as. *stōd*, ahd. *gi-stuat ar-stuat*, vgl. gr. dor.
ἵστᾱμι (aus *σι-στᾱ-μι) 'stehe', lat. *stāre*. — got. *sōkjan*
'suchen', aisl. *sókia*, ae. *sécan* (*é* durch *i*-Umlaut aus *ó*),
as. *sōkian*, ahd. *suohhen* zu lat. *sāgīre* 'aufspüren'. — got.
wōds 'besessen, geisteskrank', ae. *wód* 'wütend, rasend',
ahd. *wuot*, daneben aisl. *óðr* 'Poesie, Gesang', ae. *wóð*
'Stimme, Gesang' zu lat. *uātes* 'gottbegeisterter Sänger'.

II. Im Germanischen nicht nachzuweisen.

III. aisl. Part. Perf. *staðenn* 'gestanden', aisl. *staðr*
'stetig', vgl. ai. *sthitás* 'gestellt', gr. στατός, lat. *status*; got.
staþs 'Stätte', aisl. *staðr*, ahd. *stat*, vgl. ai. *sthítiš*, gr.
στάσις: Vollstufe Wz. *stā* 'stehn'. — got. Sing. *mag* 'ich
vermag', 1. Plur. *magum*, Umbildung eines Präsens nach
Art von abg. *mogą* 'kann', zu dem vollstufigen gr. μῆχος
'Hilfsmittel', dor. μᾱχανά 'Werkzeug, List' gehörig.

Reihenwechsel.

105. Der Umstand, daß sich auf dem Ablaut ein
großer Teil des germanischen Verbalsystems aufbaut, hat

zu einer starken Schematisierung geführt: wo die Präsens-
form überhaupt nicht in eine der anerkannten Reihn
hineinpassen wollte, ist das Verbum in die schwache
Konjugation hinausgedrängt worden. Fiel jedoch eine
Form nur aus dem Rahmen einer einzelnen Klasse der
starken Verba heraus, bot aber Anknüpfungspunkte,
die Einordnung in eine andre Ablautreihe gestatteten,
so hat ein Übertritt in diese, ein Reihenwechsel, stattgefunden. Belege dafür sind in den vorausgehnden Paragraphen schon mehrfach begegnet; weitere Fälle folgen:

1. Übertritt in die erste Ablautreihe: got. *ga-þeihan*
'gedeihn', ae. *ʒe-ðéon*, ahd. *gi-dīhan* sind nach § 93 aus
*þīhan älter *þenhan (3. Reihe) hervorgegangen, wie das
ae. Part. Perf. *ʒeðunʒen* und das Kausativ as. *thengian*
'vollenden' lehren. Vgl. lit. *tenkù tèkti* 'genug haben'.
Der Nasal gehört, wie das lit. Verbum zeigt, nicht einmal zur Wurzel, sondern ist Präsensinfix. — got. *þreihan*
'drängen' aus *þrīhan älter *þrenhan gegenüber aisl. *þryngua*
'drücken', ae. *ðrinʒan*, as. *thringan*, ahd. *dringan* (3. Reihe),
vgl. lit. *trenkiù treñkti* 'stoßen'. — got. *speiwan* 'speien',
ae. *spīwan*, as. ahd. *spīwan* gegenüber aisl. *spýia*, ndl.
spuwen (2. Reihe), vgl. lat. *spuo*, gr. πτύω, lit. *spjáuju* (lit.
á deutet auf Dehnungslänge).

2. Übertritt in die zweite Reihe: ahd. *sliozan* 'schließen'
gegenüber lat. *claudō*, das der *ā*-Reihe angehört (vgl. *clāuis*
'Schlüssel'). Als regelrechte Schwundstufenbildung hierzu
kann afries. *slūta*, mndl. mnd. *slūten* gelten.

3. Übertritt in die dritte Reihe: got. *af-linnan* 'fortgehn'
[aisl. *linna* 'aufhören' schw. V.], ae. *linnan*, 'aufhören' ahd.
bi-linnan 'weichen, ablassen' gegenüber mhd. *līn* 'lau, matt',
vgl. ai. *līnas* 'aufgelöst' (1. Reihe). — got. ae. as. *windan*
'winden', aisl. *vinda*, ahd. *wintan* gegenüber aisl. *vīðer*
'Weide', ae. *wíðiʒ*, ahd. *wīda*, dazu gr. ἰτέα (aus *FιτεϜα),
lat. *uītis* 'Rebe, Ranke', *uīmen* 'Rute, Weide', abg. *viti*
(*i* = idg. *i*) 'drehn', lit. *výti* (*y* = idg. *i*) (1. Reihe). —
ae. *swindan* 'schwinden', ahd. *swintan* gegenüber aisl. *swina*
und *swia*, ahd. *swīnan* (1. Reihe). — got. *siggan* 'sinken',

ae. *sincan,* as. ahd. *sinkan* gegenüber aisl. *sía* 'seihen', ahd.
sihan und aisl. *síga* 'tropfend fallen', ahd. *sīgan,* vgl. ai.
siñcáti 'gießt aus', abg. Inf. *sīcati* 'harnen' (1. Reihe). —
schwed. *slinka* 'schleichen', ae. *slincan* gegenüber ahd.
slīhhan (1. Reihe). — got. *fra-slindan* 'verschlingen', ahd.
slintan gegenüber ae. *slīdan* 'gleiten' (1. Reihe). Aber
wie gr. λαιμός 'Kehle, Schlund', λαῖτμα 'die wogende See',
lehren, ist auch die *e̜i*-Reihe nicht als ursprünglich anzusehn, sondern die *a̯i*-Klasse. — ae. *đindan* 'schwellen' gegenüber gr. ταῦς 'groß', gr. τύλος 'Schwiele', lat. *tumeo* 'schwelle',
abg. *tyjǫ* 'werde fett' (*a̯u*-Reihe). — aisl. *hrinda* 'stoßen',
ae. *hrindan* gegenüber gr. κρούω 'stoße', κροαίνω (aus *κρο-
Ϝαυjω) 'stampfe' (*o̯u*-Reihe?) — got. *stiggan* 'stoßen' gegenüber ai. *tuñjáti* 'stößt'; nach dem Plur. Perf. **stungum,*
Part. Perf. **stungans* sind Perf. Sing. und Präs. neugebildet
worden (2. Reihe).

4. Übertritt in die vierte Ablautreihe. got. *brikan*
'brechen', ae. *brecan,* as. *brekan,* ahd. *brehhan.* 1. Plur.
Perf. lautet got. *brēkum* usw., obwohl für die Schwundstufe
die Wurzeln mit *i̯e u̯e re le ne me* + Konsonanz auf einer
Linie mit denen auf *ei̯ eu̯ er el en em* + Konsonanz stehn;
denn bei beiden Klassen erscheint in der Schwundstufe
gleicherweise *i u r̥ l̥ n̥ m̥* + Konsonanz. Die Bedingung
für die lautgesetzliche Entstehung des *ē* im Perf. Plur.
ist also gar nicht gegeben. Die ursprüngliche Ablautreihe
des Verbums, das zu lat. *frango frēgi* gehört, ist wohl die
ē-Reihe. — got. *trudan* 'treten', aisl. *trođa* (3. Reihe). —
aisl. *sofa* 'schlafen', ae. *swefan,* vgl. ai. *svápati* 'schläft',
Part. Perf. *suptás* (2. Reihe). — as. *stekan* 'stechen', ahd.
stehhan gegenüber ai. *tigmás* 'spitz', gr. στίζω (aus *στιγjω)
'steche', lat. *instīgo* 'stachle an' (1. Reihe). Die Veranlassung zum Übertritt in die 4. Reihe bot das Reim-
wort *brekan.*

5. Übertritt in die fünfte Ablautreihe. got. *bidjan*
'bitten', aisl. *biđia,* ae. *biddan,* as. *biddean,* ahd. *bitten* gegenüber gr. πείθω — πέποιθα 'überrede' (1. Reihe). — aisl.
vega 'töten' gegenüber got. *weihan* 'kämpfen', ae. *wīgan,*

ahd. *wīhan* und *wigan*, vgl. lat. *uinco uīcī* (1. Reihe). —
ahd. *swedan* (vgl. Otfr. V. 23, 149 *suidit*; wegen ahd. *swadem*
'Schwaden', ae. *swaðul* 'Rauchdampf' mit Fr. Kluge,
Wb.[5] 339 unter 'Schwaden' so anzusetzen) gegenüber
aisl. *suíða* 'sengen'; vgl. abg. *svītěti* 'leuchten' (1. Reihe).
— got. *fra-wisan* 'verbrauchen, verschwenden', mhd.
ver-wesen, ahd. *wesanēn* 'trocknen' gegenüber aisl. Part.
Perf. *visenn* 'verwelkt'; man vergleicht ai. *višám* 'Gift',
gr. ἰός, lat. *uīrus*. — got. *sniwan* 'eilen' neben *sniumundō*
'eilends', ae. *snéowan*, aisl. *snúa* 'drehn' (zur 2. Reihe,
doch ursprünglich wohl einer der schweren Ablautreihen —
wahrscheinlich der *ā*-Reihe — zugehörig wegen ae. *snówan*
'eilen': aisl. *snúa*). — got. *diwan* 'sterben' gegenüber aisl.
deyia, vgl. abg. *daviti* 'ἄγχειν, πνίγειν' (ursprünglich wohl *ā*-
Reihe).

6. **Übertritt in die sechste Ablautreihe.** aisl. *taka*
'nehmen' gegenüber got. *tēkan* 'berühren' (*ē*-Reihe). — ae.
bacan 'backen', ahd. *bahhan* und *bacchan* (aus *bakkan* älter
baknónon) gegenüber gr. φώγω 'röste' (*ō*-Reihe). — got.
ae. as. *standan* 'stehn', aisl. *standa*, ahd. *stantan* gegenüber
gr. dor. ἵσταμι, lat. *stāre* (*ā*-Reihe). — got. ae. as. ahd. *faran*
'fahren', aisl. *fara* gegenüber gr. περάω 'dringe durch'
(*e*-Reihe). — got. as. ahd. *malan* 'mahlen', aisl. *mala*
gegenüber air. *melim*, abg. *meljǫ* (*e*-Reihe). — got. *graban*
'graben', aisl. *grafa*, ae. *ʒrafan*, as. *graban*, ahd. *graban*
gegenüber abg. *grebǫ* 'grabe, rudere' (*e*-Reihe). — ahd.
gi-wahannen 'erwähnen' gegenüber gr. Ϝέπος 'Wort' (*e*-Reihe).
— got. *slahan* 'schlagen', aisl. *slá*, ae. *sléan* (aus *sleahan*),
as. ahd. *slahan* gegenüber air. *sligim* (*e*-Reihe).

Die germanischen Vokale der Haupttonsilben.

(Übersicht.)

A. Kürzen.

106.   1. Germ. *a* = idg. *a* § 50.
            = idg. *o* § 51.
            = idg. *ə* § 52.

2. Germ. e = idg. e § 62.

                = idg. i § 68.

3. Germ. i = idg. i § 67.

                = idg. e § 63.

4. Germ. o = idg. u § 70.

                = dem aus idg. r l, n m ent-
wickelten Vokal § 81—84.

5. Germ. u = idg. u § 69.

                = dem aus idg. r l, n m ent-
wickelten Vokal § 81—84.

B. Längen.

1. Germ. $\bar{a}$ = q, entstanden aus urgerm. a
+ Nasal + h § 93, 1.

2. Germ. $\bar{æ}$ = idg. $\bar{e}$ ($\bar{æ}$) § 76.

3. Germ. $\hat{e}$ = idg. $\ddot{e}(i)$? § 79, 1.

                = urgerm. e + Vokal § 79, 3.

4. Germ. $\bar{i}$ = idg. $\bar{i}$ § 80.

                = idg. ei § 63.

                = j, entstanden aus urgerm. i
+ Nasal + h § 93, 2.

5. Germ. $\bar{o}$ = idg. $\bar{o}$ § 57.

                = idg. $\bar{a}$ § 58.

6. Germ. $\bar{u}$ = idg. $\bar{u}$ § 80.

                = u, entstanden aus urgerm. u
+ Nasal + h § 93, 3.

B. Konsonantismus.

Sechstes Kapitel.

Das indogermanische Konsonantensystem.

107.

Artikulations-stelle.	Tenuis.	Ten. asp.	Media.	Med. asp.	stimm-lose Spir.	stimm-hafte Spir.	Nasal.
Labiale.	p	ph	b	bh	—	v	m
Dentale.	t	th	d	dh	s	z	n
Palatale.	$\hat{k}$	$\hat{k}h$	$\hat{g}$	$\hat{g}h$	—	j	$\hat{n}$
reine Velare.	k	kh	g	gh	—	—	$ŋ$
labialisierte Velare.	k^v	k^vh	g^v	g^vh	—	—	—

Anmerkungen.

1. Die Tenues aspiratae spielen im Idg. nur eine geringe Rolle. Im Indo-Iranischen sind sie häufiger als in den europäischen Sprachen, ohne daß die Gründe dieser einzelsprachlichen Aspirierung festgestellt wären. Als idg. hat die Aspirierung nur dann zu gelten, wenn sie auch auf europäischem Gebiet nachweisbar ist.

2. Eine desto größere Rolle spielen die Mediae aspiratae. Im Griechischen sind sie zu Tenues aspiratae, im Italischen zu Spiranten geworden, die sich in bestimmten Stellungen zu Verschlußlauten weiterentwickelten. Griech. $\varphi = ph$, $\vartheta = th$, $\chi = kh$.

3. Für das Verständnis zahlreicher Lauterscheinungen auch auf germanischem Sprachgebiet ist das Hauchdissimilations-

gesetz Graßmanns (KZ. XII. 81—110, 110—138) von großer Wichtigkeit. Es lautet: Beginnen im Indischen und im Griechischen zwei aufeinanderfolgende Silben mit einer Aspirata, so verliert der Anlaut der ersten Silbe die Aspiration. Idg. *bhéu̯dheti, ai. bódhati 'erwacht', gr. πεύθεται 'forscht'. Da im Griechischen jede Media aspirata zur Tenuis aspirata geworden ist, so muß nach der Wirkung des Dissimilationsgesetzes im Anlaut der ersten Silbe eine Tenuis statt einer Media erscheinen. — Idg. *dhidhēti, ai. dádhāti 'setzt', gr. τίθηςι. — *gvhegvhóne ai. jaghána 'hat erschlagen', gr. ἔπεφνον 'tötete'.

4. Idg. z ist von s etymologisch nicht verschieden. Es ist vielmehr in der Verbindung mit einem stimmhaften Konsonanten aus dem stimmlosen s entstanden.

5. Ebenso sind n̂ und ụ keine selbständig auftretenden Laute. Sie erscheinen nur vor palatalen bezw. velaren Konsonanten und sind infolgedessen als Assimilationsprodukte von ursprünglichem n aufzufassen. Vgl. § 84.

6. Über die Spiranten j und v vgl. § 72 Anm. 73 Anm.

7. Die drei verschiednen k-Reihen sind erst durch H. Osthoff, MU. V. 63 Fußnote und A. Bezzenberger, BB. XVI. 234 ff. endgültig geschieden worden. Zu beachten ist, daß Bezzenberger a. a. O. fälschlich im Griechischen die reinen Velare durch τ- und π-Laute vertreten sein läßt. Vgl. dagegen C. D. Buck, IF. IV. 152 ff. Die Laute der labialisierten Velarreihe umschreib ich mit R. Thurneysen, IF. IV. 82 Fußnote. H. Hirt, IF. VI. Heft 3 macht den sehr beachtenswerten Versuch, die idg. Palatalreihe durch die Einwirkung folgender palatalen Vokale aus der reinen Velarreihe herzuleiten, so daß sich folgendes Schema ergäbe:

idg. k̂   idg. kᵛ

k̂   k

Beispiele.

1. Die Labialen.

108. Idg. p: ai. pitár- 'Vater', gr. πατήρ, lat. pater. — ai. saptá 'sieben', gr. ἑπτά, lat. septem.

Idg. b: ai. buk-kāras (Gramm.) 'Gebrüll', gr. βύκτης 'heulend', lat. būcīna 'Horn'.

Idg. bh: ai. bhrátar- 'Bruder', gr. φράτωρ, lat. fráter. — ai. nábhas N. 'Nebel', gr. νέφος, lat. nebula.

2. Die Dentalen.

109. Idg. t: ai. tráyas 'drei', gr. τρεῖς, lat. trēs. — ai. pátāmi 'fliege', gr. πέτομαι, lat. peto 'erstrebe'.

Idg. *d*: ai. *duvá dvá* ꞌzweiꞌ, gr. δύω ꞌzweiꞌ, δώ-δεκα ꞌzwölfꞌ, lat. *duo*. — ai. *véda* ꞌweißꞌ, gr. ϝοῖδα, lat. *vīdī* (idg. *Ꞌꞈoidai*) ꞌhabe gesehnꞌ.

Idg. *dh*: ai. *dháma* N. ꞌGesetzꞌ, gr. ἀνά-θημα ꞌAufstellungꞌ. — ai. *mádhu* N. ꞌSüßigkeit, Honigꞌ, gr. μέθυ ꞌWeinꞌ. — Im Latein. erscheint urspr. *ᵽ*, das im Anlaut zu *f*, im Inlaut zu *ꞋꞈꞋ* wird, das nach *m r u*, vor *l r* als *b*, sonst als *d* erscheint: ai. *dhūmás* ꞌRauchꞌ, gr. θῡμός ꞌErregungꞌ, lat. *fūmus*. — ai. *rudhirás* ꞌrotꞌ, gr. ἐρυθρός, lat. *ruber*. — ai. *vidhávā* ꞌWitweꞌ, lat. *uidua*.

Idg. *s*: Es erscheint im Griech. im Anlaut vor Vokalen als Spiritus asper; im Inlaut zwischen Vokalen schwindet es im Griech., wird zu *r* im Latein.: ai *sphurámi* ꞌstoße wegꞌ, gr. σπαίρω ꞌzuckeꞌ, lat. *sperno* ꞌverachteꞌ. — ai. *sthítiṣ* ꞌdas Stehnꞌ, gr. στάσις, lat. *statio*. — ai. *ásti* ꞌer istꞌ, gr. ἐστί, lat. *est*. — ai. *saptá* ꞌsiebenꞌ, gr. ἑπτά. — lat. *sūs* ꞌSauꞌ, gr. ὗς. — ai. *jánas-as* Gen. Sing. ꞌdes Geschlechtesꞌ, gr. γένεος, lat. *generis*, zum Nom. Sing. ai. *jánas* N. gr. γένος, lat. *genus*.

Anmerkung. Viele idg. Wörter erscheinen bald mit, bald ohne *s* im Anlaut. Vgl. ai. *sthagati* ꞌverhülltꞌ, gr. στέγος ꞌDachꞌ, lit. *steꞌgti* ꞌdeckenꞌ gegenüber gr. τέγος, lat. *tego* ꞌdeckeꞌ, air. *teg* ꞌHausꞌ. Die Ursache des Wechsels ist noch nicht mit Sicherheit erkannt.

Idg. *z*: idg. *ni-zd-os* (aus Präp. *ni-* ꞌniederꞌ und Wurzel *sed-* ꞌsitzenꞌ) ꞌNestꞌ, ai. *nīḍás*, armen. *nist*, lat. *nīdus*. — idg. *ozdos* ꞌAstꞌ, armen. *ost*, gr. ὄζος (d. i. *ozdos*). — idg. *si-zdō*, ai. *sídāmi* (für *sídāmi*) ꞌsitze, setze michꞌ, gr. ἵζω (d. i. *hizdō*) zu lat. *sedēre*.

3. Die Palatalen.

110. Sie erscheinen in den *satem*-Sprachen als Spiranten, in den *centum*-Sprachen als Verschlußlaute. In den *centum*-Sprachen sind sie daher mit den reinen, nichtlabialisierten Velaren völlig zusammengefallen.

Idg. *k̑*: idg. *k̑ṃtóm* ꞌhundertꞌ = ai. *śatám* + gr. ἑ-κατόν, lat. *centum*. — idg. *k̑lutós* ꞌgehört, berühmtꞌ = ai. *śrutás* + gr. κλυτός, lat. *in-clutus*. — idg. *dék̑ṃ* ꞌzehnꞌ = ai.

7*

dáśa + gr. δέκα, lat. *decem*. — idg. *oῖtó(u̯)* = ai. *aṣṭá(u)* + gr. ὀκτώ, lat. *octō*.

Idg. *ĝ:* ai. *j* (aus *ž̑, vgl. avest. *z ž*, abg. *z*). Da ai. *j* auch vor idg. palatalen Vokalen Vertreter der velaren Media ist, so sind in dieser Stellung die Medien beider Reihen auf ind. Sprachgebiet zusammengefallen. idg. *ĝnōtér* = ai. *jñātár-* 'Kenner, Bekannter' (avest. *žnātar-*) + gr. γνωστήρ 'Zeuge für die Richtigkeit einer Angabe', lat. *nōtor*. — idg. *ĝónu* 'Knie' = ai. *jánu* (avest. *zanva* Nom. Akk. Plur. N.) + gr. γόνυ, lat. *genu*. — idg. *ĝómbhos* 'Zahn' = ai. *jámbhas* (vgl. abg. *zǫbŭ*) + gr. γόμφος 'Pflock, Zahn'. — idg. *arĝ-* 'weiß, hell' = ai. *árjunas* + gr. ἀργής 'hell', ἄργυρος 'Silber', lat. *argentum*.

Idg. *ĝh:* ai. *h* (aus *ž̑h, vgl. avest. *z*, abg. *z*). Vor palatalen Vokalen im Indischen nicht von der velaren Media aspirata zu unterscheiden. idg. *ĝhanso-* 'Gans' = ai. *haṃsás* + gr. χήν, lat. *anser* (aus *hanser). — idg. *ĝhei̯mo-* *ĝhimo-* 'Winter' = ai. *himás* 'Frost' (vgl. avest. *zima-*) + gr. χεῖμα χειμών, lat. *hiems*. — idg. *véĝhō* 'fahre' = ai. *váhāmi* (vgl. abg. *vezǫ*) + gr. ὄχος (aus *Ϝοχος) 'Wagen', lat. *ueho*. — idg. *anĝh-* = ai. *aṃhas-* N. 'Bedrängnis' (vgl. avest. *ązah-* 'Not') + gr. ἄγχω 'schnüre', lat. *ango* (mit *g* statt *h* wegen des vorausgehnden *n*).

4. Die reinen Velare.

111. Die reinen Velare werden im Indischen vor palatalen Vokalen zu Palatalen.

Idg. *k:* ai. *kákṣas* 'Achselgrube' + lat. *coxa*. — ai. *kúpas* 'Grube' + gr. κύπη 'Höhle', lat. *cūpa*. — ai. *skándāmi* 'steige' + lat. *scando*. — ai. *aṅkás* 'Haken' + gr. ἀγκών 'Bug', lat. *ancus*.

Vgl. *rōkás* 'Licht', gr. λευκός 'weiß' mit *rōciṣ* N. *rócate* = lat. *lucet;* ferner ai. Perf. *ca-skánda* aus idg. *(s)ke-skónde*.

Idg. *g:* ai. *grasāmi* 'verschlinge' + gr. γράω 'nage'. — ai. *yugám* 'Joch' + gr. ζυγόν, lat. *iugum*.

Idg. *gh:* abg. *gostĭ* 'Gast' + lat. *hostis* 'Feind'. —
ai. *dīrghás* 'lang', + gr. δολιχός. — ai. *stighnutē* 'springt auf'
+ gr. στείχω 'schreite'.

Vgl. ai. *dróghas* 'arglistig schädigend' mit *druhyant-*
'arglistig schädigend'.

5. Die labialisierten Velare.

112. Die labialisierten Velare haben in den *satem*-
Sprachen ihre Labialisierung verloren und sind mit den
reinen Velaren zusammengefallen. Gleich diesen werden
sie im Indischen vor palatalen Vokalen palatalisiert. Im
Griechischen erscheinen sie vor palatalen Vokalen als
Dentale, dagegen vor *o*-Lauten, silbischen und unsilbischen
Nasalen und Liquiden, sowie vor Dentalen als Labiale,
als reine *k*-Laute in der Nachbarschaft von υ. Im Lateinischen geht die Labialisierung vor Konsonanten und *u*
verloren.

Idg. *kᵛ*: ai. *kás* 'wer?' + gr. πόθεν 'woher?' lat. *quod*
'was?' — ai. *káti* 'wieviel?', lat. *quot*. — avest. *kaena*
'Strafe' + gr. ποινή.

Dagegen ai. *ca* 'und' + gr. τέ, lat. *que*. — ai. *cíd*
'was?' + gr. τί, lat. *quid*. — ai. *ápa-citiṣ* 'Vergeltung' +
gr. τίσις 'Buße', beide wurzelverwandt mit avest. *kaena*,
gr. ποινή. — ai. *páñca* 'fünf' + gr. πέντε, lat. *quinque*
(aus *penque*).

Lat. *coctus* gegenüber *coquo* 'koche', *in-sexit* 'dixerit'
gegenüber *in-seque*, *secūtus* gegenüber *sequor* 'folge'.

Idg. *gᵛ*: Im Lateinischen geht im Anlaut und zwischen
Vokalen *g* verloren, nach *n* erscheint unversehrtes *gu*. ai.
gáchāmi 'gehe' + gr. βάσκω; gr. βαίνω (aus *gᵛm̥ i̯ō*), lat.
uenio 'komme'. — ai. *gáuṣ* 'Rind' + gr. βοῦς (lat. *bōs*
ist ein Lehnwort aus einem oskisch-umbrischen Dialekt). — ai. *galati* 'träufelt herab' + gr. βαλεῖν 'werfen',
lat. *uolare*.

Dagegen ai. *jīvás* 'lebendig' + lat. *uīuos*. — ai. *añjiṣ*
'Salbe' + lat. *unguo* 'salbe'. — boiot. δέλλω 'werfe' gegen-

über ion.-att. βάλλω. — ai. *ja-gáma* 3. Sing. Perf. (aus idg. *$g^u e$-$g^u óme$*).

Lat. *āgnus* 'Lamm' neben *auilla, glans* 'Eichel' gegenüber gr. βάλανος, *unctus* neben *unguo* 'salbe'.

Idg. $g^u h$: Im Lateinischen erscheint $g^u h$ als *f* im Anlaut und vor *r*, als *gu* nach Nasal und als *v* zwischen Vokalen. ai. *gharmás* 'Glut' + lat. *formus*. — lit. *sněgą̊* Akk. Sing. 'den Schnee' + gr. νίφα, lat. *niuem*, dazu lat. *ninguit* 'es schneit'. — ai. *ghanás* 'erschlagend' + gr. *φονός (in βου-φόνος 'rindertötend'). — ai. *arghás* 'Wert' + gr. ἀλφάνω 'verdiene'.

Dagegen ai. *háras* N. 'Glut', gr. θέρος· 'Sommer', θερμός 'warm' neben ai. *gharmás*, lat. *formus* 'warm'. — ai. *hánmi* 'töte' + gr. θείνω (aus *$g^u hen\underset{.}{i}\bar{o}$) neben *ghanás* -φονος.

Anmerkung. Wie man sieht, fallen in den *centum*-Sprachen Palatale und reine Velare, dagegen in den *satem*-Sprachen reine und labialisierte Velare zusammen, während dort die labialisierten Velare, hier die Palatalen sich scharf abheben. Um alle drei Reihen auseinander zu halten, muß daher stets eine *centum*-Sprache mit einer *satem*-Sprache verglichen werden.

Tabellen.

113. Die Palatalen.   Die reinen Velare.

Idg.	Ai.	Avest.	Lit.	Slav.	Griech.	Lat.
$\hat{k}$	*ś*	*s*	*sz*	*s*	χ	*c*
$\hat{g}$	*j*	*z*	*ž*	*z*	γ	*g*
$\hat{g}h$	*h*				χ	*h(g)*

Idg.	Ai.	Lit.	Slav.	Griech.	Lat.
k	*k, c*	*k*	*k, č*[1]	χ	*c*
g	*g, j*	*g*	*g, (d)ž*	γ	*g*
gh	*gh, h*			χ	*h(g)*

¹) Im Slavischen stehn *k — g* vor nichtpalatalen, *č — (d)ž* vor palatalen Vokalen.

Die labialisierten Velare.

Idg.	Ai.	Lit.	Slav.	Griech.	Lat.
kv	k, c	k	$k, č$	π, τ	qu
g^v	g, j			β, δ	gu, v
g^vh	gh, h	g	$g, (d)ž$	φ, ϑ	f, b, gu, v

Siebentes Kapitel.

Die idg. Konsonanten im Germanischen.

Lautverschiebung und grammatischer Wechsel.

Geschichtliches.

114. Die Erscheinungen, die man unter dem Namen
der germanischen Lautverschiebung zusammenfaßt, bilden
kein einheitliches Ganze, sondern bestehn in einer ganzen
Reihe von einzelnen, selbständigen Verschiebungen der
Artikulationsart. Diese Verschiebungen sind es in erster
Linie, die der germ. Sprache ihr charakteristisches Ge-
präge verliehn haben.

Der eigentliche Entdecker der Lautverschiebung ist
Jacob Grimm; denn er hat die alle Einzelerscheinungen
zusammenfassende Formel gefunden. Am 25. Nov. 1820
gab Grimm in einem Brief an Lachmann die ersten Andeutungen über das Verschiebungsgesetz; am 1. April 1821
legte er ihm die ganze Entdeckung vor. Veröffentlicht
ward sie im Jahr 1822, in der zweiten Auflage des ersten
Bandes der deutschen Grammatik. Der Entdeckung vor-
gearbeitet hat der berühmte dänische Sprachforscher
Rasmus Kristian Rask (1787—1832), dessen Haupt-

verdienst in der kritischen Sichtung des von frühern
Forschern, vorab von dem Schweden Johannes von Ihre
(1707—1780), überkommenen Materials beruht.

Da Jacob Grimm die Lautverschiebung als ein in sich
abgeschloßnes Ganze auffaßte, so ergab sich ihm folgendes,
einen Kreislauf darstellendes Schema des Prozesses:

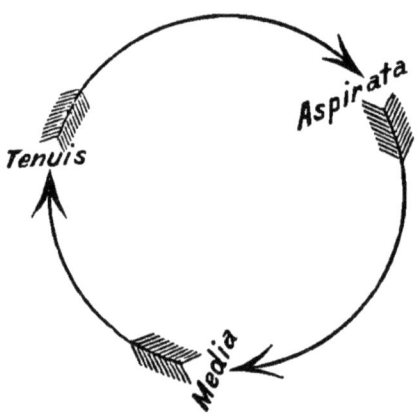

Diese Darstellung leidet an dem Mangel, daß unter
dem Namen 'Aspirata' zwei ganz verschiedne Lautklassen
zusammengefaßt werden, nämlich 1) die idg. Aspiraten, d. h.
Verbindungen von Verschlußlauten mit *h* und 2) die
germanischen stimmlosen Spiranten. Ebenso werden unter
'Medien' nicht nur die idg. stimmhaften Verschlußlaute,
sondern auch die germ. stimmhaften Spiranten verstanden,
weil diese in der Schrift gewöhnlich durch die Zeichen
der lat. Medien wiedergegeben werden. Um die genauere
Scheidung der einzelnen Lautkategorien sowie um die Er-
mittelung des Lautwertes der Schriftzeichen und damit
um die sprachphysiologische Betrachtung der Verschiebungs-
prozesse haben sich besonders verdient gemacht Rud.
von Raumer (Die Aspiration und die Lautverschiebung.
Leipzig 1837, abgedruckt in den Gesammelten sprach-
wissenschaftlichen Schriften. Frankfurt und Erlangen
1863, S. 1—404), Wilh. Scherer (Zur Gesch. d. deutschen
Spr. 1. Aufl. Berlin 1868 und Zeitschr. f. d. österr. Gym-
nasien, XXI. [1870], S. 632—660, abgedruckt in den Kleinen

Schriften. Berlin 1893. Bd. I. S. 238—268) und Herm.
Paul (PBrB. I. [1874], S. 147—201).

Die Ausnahmen der Lautverschiebung hat C. Lottner (KZ. XI. [1862], S. 161—205) zusammengestellt. Die
eine Hälfte, die Vertretung derjenigen anlautenden aind.
Mediae, denen im Griechischen Tenues entsprechen, durch
germ. stimmhafte Spiranten, wird durch das schon erwähnte Hauchdissimilationsgesetz von Herm. Graßmann
(KZ. XII. [1863], S. 81—138) beseitigt. Die andre Gruppe
von Ausnahmen, die durch die Doppelvertretung der in-
lautenden idg. Tenues entsteht, die im Germanischen
bald als stimmlose, bald als stimmhafte Spiranten erscheinen, ist durch den berühmten Aufsatz: Eine Ausnahme der ersten Lautverschiebung (KZ. XXIII. [1877],
S. 97—130) von Karl Verner erklärt worden.

Erster Verschiebungsakt.

115. Die idg. Tenues werden zu Tenues aspiratae
und fallen dadurch mit den ursprünglichen Tenues aspiratae zusammen. Vgl. Fr. Kluge, Pauls Grundriß I. 325.

Zweiter Verschiebungsakt.

116. Die neuentstandnen wie die alten stimmlosen
Aspiraten (Tenues aspiratae) werden zu stimmlosen Spiranten.

A. Die auf idg. Tenues zurückgehnden Aspiraten.

117. Idg. p t k (palatales und reinvelares k) k^v erscheinen im Germanischen als f $þ$ h (d. i. ursprüngliche
Spirans χ) hv (d. i. ursprüngliche Spirans χ^v).

1. Idg. p = germ. f.

Lit. *palvas* 'blaßgelb', aisl. *fǫlr* 'bleich, blaß', ae. *fealo*,
'fahl', as. *falu*, ahd. *falo*. — ai. *parṇám* 'Fittich, Feder,
Blatt', ae. *fearn* 'Farnkraut', ahd. *varn*. — lat. *pecto* 'raufe,
kämme', ae. *feohtan* 'fechten', ahd. *fehtan*. — ai. *patarás*
Adj. 'fliegend', aisl. *fiǫdr* 'Feder', ae. *feðer*, as. *fethara*, ahd.
fedara. — ai. *páśu* N. 'Vieh', lat. *pecu* N., got. *faihu*, aisl.
fé (mit gedehntem *e*, weil dies durch den Schwund des *h*
in den Auslaut zu stehn kam), ae. *feoh*, as. *fehu*, ahd.

fehu fihu (mit *i* aus *e* wegen des folgenden *u*). — ai. *purú* N.
'viel', gr. πολύ, got. *filu*, aisl. *fiǫl-* (nur in Zusammensetzungen), ae. *feolu*, as. ahd. *filu*. — ai. *purá* 'früher,
zuvor', got. *faúra*, as. ahd. *fora*. — ai. *pári* 'rings, um,
wegen', gr. πέρι, got. *faír-* (nur in Zusammensetzungen)
'ver-', ahd. *fir-*. — gr. πέλλα 'Haut, Leder', lat. *pellis*, got.
-fill (in *þrúts-fill* 'Aussatz'), aisl. *-fiall* (in *ber-fiall* 'Bärenfell'),
ae. *fell*, ahd. *fel*. — lat. *porcus* 'Schwein', lit. *par̃szas*, ae.
fearh M., ahd. *farh farah* N., Dim. *farhelī(n)* 'Ferkel'. —
ai. *pár̥ṣṇiṣ* 'Ferse', ae. *fyrsn* (Stamm *fersni-*); lat. *perna*
(aus **persna*) 'Hinterkeule', got. *faírzna*, aniederfränk. *fersna*,
ahd. *fersana*. — gr. πλωτός 'schwimmend, schiffbar', got.
flōdus 'Flut', aisl. *flóð*, ae *flód*, as. *flōd*, ahd. *fluot*. — gr.
πῶλος 'junges Tier, j. Pferd', got. *fula* 'Fohlen' (des Esels),
aisl. *fole*, ae. *fola*, ahd. *folo*. — lat. *quercus* (aus **querqus*,
vgl. *querquetum* 'Eichenwald', durch Assimilation aus **per-
qus* entstanden, vgl. *coquo* 'koche' aus **quequō*, assimiliert
aus **pequō*) 'Eiche', aisl. *fura* 'Föhre', ae. *furh*, ahd. *forha*,
vgl. inbetreff der Bedeutung langobard. *fereha* 'aesculus'.
Dazu gehören lit. *Perkúnas*, aisl. *Fiǫrgynn*, zwei Götter-
namen, die auf einem Epitheton 'Eichengott' des idg.
Himmelsgottes beruhn; ferner ist abgeleitet kelt. *Hercynia*
(*silua*) 'Eichenwald' (*Hercynia* nach lat. Schreibgebrauch
für *ercynia*, der kelt. Form für **perkunia*), got. *faírguni*
'Berg', mhd. *Virgunnia* Name des Böhmen umschließenden
Gebirges. Vgl. jedoch auch Fr. Kauffmann, PBr.B. XVIII.
140 Fußn. 2. — ai. *pūrviyás* 'der erste', got. *fráuja* (aus
prouien-) 'Herr, eig. der Vordere', eine Komparativbildung;
dazu gehört als Superlativ as. ahd. *furisto* (aus idg. **poristos*)
'Fürst'. — ai. *priyás* 'lieb', got. *freis* 'frei', ae. *fréo*, as.
ahd. *frī* — lat. *porca* 'Ackerbeet, Erhöhung zwischen
zwei Furchen', aisl. *for* F. 'Rinne', ae. *furh* 'Furche',
ahd. *furuh*. — ai. *pád* 'Fuß', dor. πώς, got. *fōtus*, aisl.
fótr, ae. *fót*, as. *fōt*, ahd. *fuoz* (*z* aus *t* nach der hochdeutschen Lautverschiebung). — ai. *pátram* 'Gefäß, Behälter', got. *fōdr* 'Schwertscheide', ahd. *fuotar* 'Scheide',
vgl. nhd. *Futteral*. — gr. κλέπτω 'stehle', lat. *clepo*, got.

hlifan. — ai. *nápāt-* 'Abkömmling', lat. *nepōs* 'Enkel, Neffe, Nachkomme', aisl. *nefe* 'Verwandter, Neffe', ae. *nefa,* ahd. *nefo.* — ai. *svápnas* 'Schlaf', lat. *somnus* (aus **suepnos *suebnos*), aisl. *suefn.* — gr. κάπρος 'Eber', lat. *caper* 'Bock', aisl. *hafr* 'Bock', ae. *hœfer,* vgl. nhd. *Habergeiß,* ein Name der Heerschnepfe, der ihr wegen ihrer meckernden Stimme gegeben ist. — gr. κλέπτης 'Dieb', got. *hliftus.* — lat. *captus* 'gefangen', got. *hafts* 'gefesselt', ae. *hœft,* as. ahd. *haft.*

2. Idg. *t* = germ. *þ.*

Die stimmlose postdentale Spirans wird im Got. und Nord. durch *þ,* im Ae. meist durch *đ* (manchmal auch durch *þ*), im As. durch *th, đ,* im Ahd. durch *th, dh* wiedergegeben. Zu beachten ist, daß sich auf niederdeutschem und hochdeutschem Gebiet das urgerm. *þ* in den stimmhaften Verschlußlaut *d* verwandelt. Die Voraussetzung für dieses *d* ist die vorherige Erweichung des stimmlosen Spiranten (*þ*) zum stimmhaften (*đ*). Der Prozeß beginnt in Oberdeutschland, wo er im 8. Jahrh. durchgeführt wird, er vollzieht sich im 10. und 11. Jahrh. im Mittelfränkischen, dem sich endlich auch das Niederfränkische und Sächsische anschließt.

Lat. *tongēre* 'kennen', got. *þagkjan* 'nachdenken', aisl. *þekkia* 'gewahr werden', ae. *đencan* 'denken', as. *thenkian,* ahd. *đenchen.* — lat. *tacēre* 'schweigen', got. *þahan,* aisl. *þegia,* as. *thagian* und *thagōn,* ahd. *dagēn.* — ai. *tṛ́ṣyati* 'dürstet', gr. τέρσομαι 'werde trocken', got. *ga-þaírsan* 'verdorren'; dazu lat. *torrēre* (mit *rr* aus *rs*) 'trocknen', as. *thorrōn,* ahd. *dorrēn,* mit andrer Ableitung auch got. *ga-þaúrsnan,* aisl. *þorna;* hierher gehört das Adj. ai. *tṛ́ṣúṣ* 'lechzend', got. *þaúrsus,* ae. *đyrre,* as. *thurri,* ahd. *durri.* — osk. *touto* 'Volk', lit. *tautà* 'Land', got. *þiuda* 'Volk', ae. *đeod,* as. *thiod* und *thioda,* ahd. *diot diota.* — lit. *tilė* 'Bodenbrett im Nachen', abg. *tilo* 'Boden', aisl. *þilja* 'Ruderbank', ae. *đel* 'Brett', ahd. *dili* M. und *dilla* F. — ai. *tṛ́ṇam* 'Grashalm', got. *þaúrnus* 'Dorn', aisl. *þorn,* ae. *đorn,* as. *thorn,* ahd. *dorn.* — lat. *tulī* 'trug', *tolerāre* 'ertragen', got. *þulan* 'dulden, ertragen', aisl. *þola,* ae. *dolian,* as. *tholōn* und *tholoian,* ahd. *dolēn dolōn.* — ai. *tanúṣ* 'schmal', lat. *tenuis,* aisl. *þunnr* 'dünn', ae. *dynne,* ahd. *dunni.* — lit. *tę̃sti* 'durch Ziehn dehnen', got. *at-þinsan* 'herziehn', as. *thinsan,* ahd. *dinsan,* dazu nhd. Part. *gedunsen.*

　　　ai. *bhrā́tar-* 'Bruder', got. *brōþar,* ae. *brōdor,* as. *brōther,* ahd. *bruoder.* — air. *ētaim* (aus **pentō*) 'komme', got. *finþan,* aisl. *finna* (*nn* aus *nþ*), as. *fīdan* (aus **finthan*), *findan,* ahd. *findan.* — gall. *Catu-rīges* 'Kampfkönige', ein Volksname, aisl. *Hǫdr,* ae. *headu-,* ahd. *hadu-* (in Zusammensetzungen). — lat. *mentum* (*en* = idg. *ṇ*) 'Kinn', got. *munþs* 'Mund', aisl. *munnr mudr,* ae. *mū́d,* as. *mūd,* ahd. *mund.* — ai. *vártatē* 'dreht sich', lat. *uerto,* got. *wairþan* 'werden', ae. *weordan,* as. *werthan,* ahd. *werdan.* — gr. πότερος 'wer von beiden?' got. *haþar.* — ai. *tátra* 'dort', got. *þaþrō* 'von dort', ein alter Ablativ. — lat. *rota* 'Rad', lit. *rãtas,* ahd. *rad.*

3. Vorgerm. *k*

(worin, wie in allen *centum*-Sprachen, idg. *k̂* und *k* zusammengefallen sind) = germ. *h.*

1. Idg. *k̂* = germ. *h.*

Ai. *śḗvas* 'lieb, freundlich', got. *heiwa-frauja* 'Hausherr', ae. *hīwan* N. Pl. 'familiares', ahd. *hīwo* 'Gatte'. — ai. *śáruṣ* 'Geschoß', got. *hairus* 'Schwert', aisl. *hjǫrr,* ae. *heoru,* as. *heru-* in Zusammensetzungen. — abg. *sramŭ* (aus **sormŭ*) 'Scham, Schande', aisl. *harmr* 'Schmerz, Trauer', ae. *hearm,* as. ahd. *harm.* — ai. *śvā́* 'Hund' Gen. *śúnas,* lit. *szũ* Gen. *szuñs,* gr. κύων κυνός, got. *hunds,* aisl. *hundr,* ae. as. *hund,* ahd. *hunt.* — ai. *śaphás* 'Huf', aisl. *hófr,* ae. *hóf,* as. *hōf,* ahd. *huof.* — ai. *śrutás* 'gehört', ahd. *Hlud-wīg* usw. dazu ai. *śrómatam* 'Erhörung', ahd. *hliumunt* 'Leumund', vgl. got. *hliuma* 'Gehör'. — ai. *śróṇiṣ* 'Hinterbacken', lit. *szlaunìs* 'Hüfte, Oberschenkel', aisl. *hlaun* Nom. Pl. 'nates' — ai. *śvētás* 'weiß', got. *hweits,* aisl. *hwítr,* ae. *hwít,* as. *hwīt,* ahd.

hwīz. — ai. *śárdhas* N. 'Schar', got. *haírda* 'Herde', aisl. *hiǫrđ*, ae. *heord*, ahd. *herta*. — ai. *śatám* 'hundert', got. ae. *hund*, ahd. *hunt*.

ai. *dáśa* 'zehn', gr. δέκα, lat. *decem*, got. *taíhun*, aisl. *tío*, ae. *tien tȳn*, as. *tehan*, ahd. *zehan*. — ai. *páśu* N. 'Vieh', got. *faíhu*, aisl. *fé*, ae. *feoh*, as. *fehu*, ahd. *fehu fihu*. — ai. *áśvas* 'Pferd', as. *ehu-skalkōs* Nom. Pl. 'Pferdeknechte'. — ai *áśru* N. (aus **daśru*) 'Thräne' (vgl. E. W. Hopkins, Am. Or. Soc. Proceedings 1892. S. CLXXV ff.), gr. δάκρυ, alat. *dacru-ma*, aisl. *tár* (aus **tahr*), ae. *téar* (aus **teahor*), ahd. *zahar* 'Zähre'. — ai. *páśyati* 'späht', lat. *con-spicio* 'erblicke', ahd. *spehōn* 'spähn'. — ai. *śváśuras* (aus **sva-śuras*) 'Schwiegervater', lit. *szészuras*, got. *swaíhra*, ae. *swéor* (aus **sweohor*), ahd. *swehur*. — ai. *puru-péśas* 'vielgestaltig', got. *filu-faíhs* 'sehr mannigfach', ae. *fáh* 'bunt', as. ahd. *fēh*.

II. Idg. *k* = germ. *h*.

Ai. *kapálam* 'Schale, Schädel', ae. *heafola* 'Kopf', vgl. lat. *caput*. — lit. *kerpù kiȓpti* 'scheren', lat. *carpo* 'pflücke', dazu ae. *hærfest* 'Herbst', mnd. *hervest*, ahd. *herbest*. — ai. *kákṣas* 'Achselgrube', lat. *coxa* 'Hüfte', ahd. *hahsa* 'Kniebug des Hinterbeins'. — ai. *kakhati* 'lacht', dazu lat. *cachinnus* 'Gelächter', ahd. *huoh* 'Hohn, Spott'. — ai. *kraviṣ* N. 'rohes Fleisch', gr. κρέας, aisl. *hrár* (aus **hravan*) 'roh, ungekocht', ae. *hréa(w)*, as. *hrā*, ahd. *rō* (flektiert *rāwēr*). — alban. *kap* 'fasse', lat. *capio*, got. *hafjan* 'heben', aisl. *hefia*, ae. *hebban*, as. *hebbian*, ahd. *heffen*. — lit. *kañklai* Nom. Pl. 'Harfe', dazu lat. *cano* 'singe', got. *hana* 'Hahn', eigentl. 'Sänger', aisl. *hane*, ae. *hona* (mit *o* aus *a* vor Nasal), as. in *hano-krād* 'Hahnenschrei', ahd. *hano*. — lett. *kārs* 'lüstern', lat. *cārus* 'lieb', got. *hōrs* 'Ehebrecher', aisl. *hóra* F. 'Hure', ae. *hóre*, ahd. *huorra huora*. — abg. *cēlŭ* 'heil', air. *cēl* 'augurium', got. *háils* 'heil', aisl. *heill*, ae. *hál*, as. *hēl*, ahd. *heil*. — preuß. *au-klipts* 'verstohlen, verborgen', lat. *clepo* 'stehle', got. *hlifan*.

lat. *seco* 'schneide', dazu ahd. *seh* 'Pflugmesser', lat. *saxum* 'scharfer Fels', ahd. *sahs* 'Messer' (ursprüngl. 'Stein-

messer'), vgl. lat. *sĕcūris* 'Beil', abg. *sekyra*. — lit. *ap-veikiù*
'bezwinge', lat. *uīcī* 'habe gesiegt', got. *weihan* 'kämpfen',
ahd. *wīhan*. — preuß. *po-paikā* 'er betrügt', got. *fáih* N.
'Betrug', ahd. *gi-fēh* 'feindselig'.

4. Idg. kᵛ.

1) = germ. *ƕ* vor palatalen Vokalen und idg. *a* und *ā*.
Das urgerm. *ƕ* d. h. die labialisierte velare Spirans erscheint im Anlaut got. als *ƕ*, nordgerm. als *hv*, westgerm.
als *hw*, woraus sich im Nieder- und Hochdeutschen *w*
entwickelt. Zwischen Vokalen wird *ƕ* im Nord- und Westgermanischen zu *h*.

Ai. *carúṣ* 'Kessel', aisl. *huerr*, ae. *hwer*. — ai. *katarás*
'wer von beiden', gr. πότερος, as. *hweđar*, ahd. *hwedar*. —
russ. *koróbit'* 'krümmen', got. *ƕairban* 'περιπατεῖν', aisl.
huerfa 's. wenden', ae. *hweorfan*, as. *hwerban*, ahd. *hwerban*.
— ai. *karakas* 'Wasserkrug', *karaṇkas* 'Schädel', got. *ƕair-*
nei 'Schädel', aisl. *huerna* 'Topf, Schale'. — abg. *kolo* 'Rad',
gr. πόλος 'Achse', τέλος 'Wendepunkt', aisl. *huel* 'Rad'.
— ai. *cakrám* 'Rad', ae. *hweogul hwéol*. — lat. *quis* 'wer?',
ahd. *hwer* (vgl. *er* = lat. *is*. Wenn sich im Isidor *hwer*
und *ir* gegenüberstehn, so beruht dies auf einem Unterschied in der Betonung). — ai. *kásatē* 'hustet', ae. *hwósta*
'Husten', ahd. *hwuosto huosto*.

Lat. *in-seque* 'sag an' eigentlich 'laß sehn', got. *saiƕan*
'sehn', aisl. *siá*, ae. *séon* (aus *seohan), as. ahd. *sehan*. —
lit. *lëkù* 'lasse', gr. λείπω, lat. *linquo*, got. *leiƕan*, aisl. *liá*,
ae. *léon*, ahd. *līhan*. — lat. *arqui-tenens* 'Bogenschütze', got.
arƕazna 'Pfeil'. — lat. *aqua* 'Wasser', got. *aƕa*, aisl. *ǫ́*
'Fluß', ae. *éa* (aus *eahu), ahd. *aha* (nicht ganz sicher,
ob *kᵛ* oder *k̑u̯* zu grunde liegt, vgl. IF. Anz. III. 66. 106).
— abg. *tǫča* (aus *tonkja) 'Gewitterregen', got. *þeiƕō*
'Donner'.

2) = germ. *h* vor idg. *o* und *ō*. germ. *u* und *ū*, sowie vor Konsonanten und im Auslaut.

Ae. *hú* 'wie' gegenüber got. *ƕē*. — mhd. *hall* 'Schall'
gegenüber aisl. *huellr* 'hell tönend'. — lat. *collum* (aus

*qolsom) 'Hals, eigentlich Dreher', got. aisl. ahd. *hals,* ae. *heals*
neben τέλος N. 'Wende', aisl. *huel* 'Rad' (vgl. A. Noreen,
IF. IV. 320 ff.). — as. *gi-siht,* ahd. *siht* 'Sehn' zu got. *saiƕan.*
— got. *leihts* (aus *liƕta- liwhta- lewhta-*) 'leicht', aisl. *léttr,*
ae. *leoht,* ahd. *līht* neben lit. *leñgvas, lengvùs* 'leicht',
gr. ἐλαχύς. — germ. **funhtaz *fuhtaz* 'der fünfte' (vgl.
schwäbisch *fuchzē* 'fünfzehn' usw., Fr. Kauffmann, PBrB.
XII. 512 Fußnote) neben gr. πέντε, lat. *quīnque;* **fimftaz*
(vgl. got. *fimfta-taihunda* 'der fünfzehnte' usw.) verdankt
sein zweites *f* dem Einfluß der Kardinalzahl. — Zu lat.
sequi 'folgen' gehört *socius* (aus **sokᵛi̯os*) 'Gefährte', ae. *secʒ*
(Stamm **saʒja-*) 'Mann'. — lat. *neque,* got. *nih* lehrt, daß
Formen wie *salƕ ƕaiƕ* ihr *ƕ* dem Einfluß der Bildungen
mit inlautendem *ƕ* verdanken.

Anmerkung. Der lautgesetzliche Wechsel zwischen urgerm. *ƕ* und *h* ist durch Ausgleichungen vielfach gestört. Daher
steht got. *ƕas* 'wer?' = lit. *kàs* neben dem Gen. *ƕis; saiƕa* 'ich
sehe' neben *saiƕis saiƕiþ, fimfta* 'der fünfte' neben *fimf, saƕt saƕ*
neben *sēƕeis sēƕi* usw.

3) = germ. *f.* Vgl. H. Webster, Zur Gutturalfrage
im Gotischen. Boston 1889. Vgl. die Resultate AfdA.
XVII. 256 ff. Die Bedingungen für den Eintritt dieser
Verschiebung der Artikulationsstelle sind bis jetzt noch
nicht ermittelt. Doch ist Chr. Bartholomae, Studien
zur idg. Sprachgesch. II. 13 Fußnote sicher im Unrecht,
wenn er den Übergang der labialisierten Velarlaute in
Labiale fürs Germanische ganz leugnet. Bei der Tenuis
wenigstens läßt er sich unmöglich in Abrede stellen. Vgl.
ai. *vŕkas* 'Wolf', got. *wulfs,* aisl. *ulfr,* ae. as. *wulf,* ahd. *wolf.*
Daß kein idg. Labial, wie Bartholomae meint, sondern
ein labialisierter Velarlaut dem germ. *f* zu Grunde liegt,
beweist das movierte Femininum aisl. *ylgr,* dessen *g* aus
idg. *kᵛ* vor folgendem unsilbischen *i̯* entstanden ist; denn
der Stamm lautete **u̯lkᵛi̯ē-.* — aisl. *ofn* 'Ofen', ae. *ofen,*
ahd. *ovan* neben got. *aúhns,* anorweg. *ogn,* aschwed.
ugn, gr. ἰπνός (aus **ukᵛnós*). — ai. *páñca* 'fünf', gr.
πέντε, lat. *quīnque,* got. *fimf,* ae. *fif,* as. *fīf,* ahd. *fimf*
finf neben schwäb. *fuchzē* 'der fünfte'. — as. *havoro*

haboro 'Hafer', ahd. *habaro* neben finn. *kakra*, agutn. *hagri*.

Anmerkung. Idg. $\hat{k}\underbar{u}$ und $k\underbar{u}$ fallen im Germanischen mit idg. *kv* zusammen.

1) $\hat{k}\underbar{u}$ findet sich in ai. *svasiti* 'bläst, schnauft', ae. **hwásan* 'keuchen' (Sievers, Ags. Gramm. ² § 396). — ai. *svētás* 'weiß', got. *hveits* usw. — ai. *ásvas* 'Pferd', got. *aiƕa-tundi* 'Dornstrauch', eigentlich 'Pferdezahn', as. *ehu-skalkōs* 'Pferdeknechte'.

2) *ku* liegt vor in abg. *kvasiti* 'fermentare', aisl. *huása* 'zischen'. — lit. *kvėpiù* 'atme', *kvāpas* 'Hauch', got. *af-hapjan* 'ersticken'.

Vor germ. *u* verlieren auch idg. $\hat{k}\underbar{u}$ $k\underbar{u}$ ihr *u*: ai. *sván-* 'Hund', got. *hunds*, aisl. *hundr*, ae. as. *hund*, ahd. *hunt*.

Wenn man lat. *uermis* 'Wurm', got. *waúrms* usw. zu ai. *kŕmiš*, lit. *kirmélē* gestellt hat, so ist dies unrichtig. Denn wie das germanische *w* lehrt, kann kein idg. *kv*, wie das lit. *k* zeigt, kein *ku* im Anlaut gestanden haben. Vielmehr gehört das lat. und germ. Wort, wie J. Zubatý erkannt hat, zu altruss. *vermie*.

B. Die idg. Tenues aspiratae.

118. Idg. *ph th kh* (*kᵛh*) erscheinen im Germanischen als *f þ h* (*hv*), sind also vollständig mit den idg. un- aspirierten Tenues zusammengefallen.

1. Idg. *ph* = germ. *f*.

Ai. *sphal-* 'aufschlagen', gr. σφάλλω 'mache straucheln', Med. 'strauchle', lat. *fallo* 'täusche', aisl. *falla* 'fallen', ae. *feallan*, as. ahd. *fallan*. — gr. φράζω 'zeige an', got. *us- fratwjan* 'klug machen' (doch vgl. auch H. Osthoff, IF. IV. 275).

2. Idg. *th* = germ. *þ*.

Ai *kvathati* 'siedet', got. *hvaþō* 'Schaum'. — gr. ἀσκηθής 'schadlos', got. *skaþjan* 'schaden', ae. *sceððan*, ahd. *skadōn*. — ai. *vyáthatē* 'schwankt', *vithurás* 'wankend', got. *wiþōn* 'schütteln'.

3. Idg. *kh* = germ. *h*.

Alban. *kam* (aus **khabhmi*) 'habe', lat. *habeo*, got. *haban*, aisl. *hafa*, ae. *habban*, as. *hebbian*, ahd. *habēn*. — gr. τρέχω (aus idg. **threkhō*, vgl. Fut. θρέξομαι) 'laufe', aisl. *þræll* (aus **þrāhilan*) 'Diener'.

4. Idg. k^vh = germ. lv.

Sichere Beispiele fehlen.

Ausnahmen.

119. 1) Nach einer stimmlosen Spirans erscheinen die idg. Tenues und die idg. Tenues aspiratae im Germanischen als stimmlose Verschlußlaute. Die Spirans ist entweder alt (idg. s) oder sie ist vor t aus ursprünglichem Verschlußlaut entstanden (f h aus frühern p k). Man vergleiche analoge Vorgänge im Iranischen (Brugmann, Grundriß I, § 473), im Umbrisch-Samnitischen (a. a. O. § 502) und im Keltischen (a. a. O. §§ 339. 515. 517), die wahrscheinlich machen, daß in den idg. Verbindungen pt kt k^vt schon in sehr früher Zeit, unabhängig von der eigentlichen 'Lautverschiebung', die erste Tenuis zur Spirans geworden ist.

a) Idg. sp: lat. *specio* 'sehe nach etwas', ahd. *spehōn* 'spähn'. — lit. *spénȳs* 'Zitze', ahd. *spunni* 'Brust', dazu mhd. *spen-varch* 'saugendes Ferkel, Spanferkel'. — gr. σπάθη 'Schwert', ae. *spada* 'Spaten', as. *spado*, ahd. *spato*. — lat. *spuo* 'speie', got. *speiwan*, aisl. *spýia*, ae. *spīwan*, as. ahd. *spīwan*.

Idg. st: gr. στάσις 'Standort', got. *staps* 'Stätte', as. *stad*, ahd. *stat*. — gr. στεῖρος (aus *στερjος) 'unfruchtbar', lat. *sterilis*, got. *stairō* F. 'unfruchtbar', ahd. *stero* 'Widder'. — gr. στίζω (aus *στιγjω) 'steche', lat. *in-stīgō*, as. *stekan*, ahd. *stehhan*. — gr. ἀ-στήρ 'Stern', lat. *stella* (aus *sterla), got. *stairnō*, aisl. *stiarna* F., ahd. *sterno* M. — ai. *ásti* 'ist', gr. ἔστι, lat. *est*, got. *ist* usw. — Superlativsuffix idg. -*isto*- in got. *minnists* 'der geringste', *batists* 'der beste' usw.

Idg. $s\hat{k}$: lit. *száuju* 'schieße', abg. *suja* 'entsende', aisl. *skióta* 'schießen', ae. *scéotan*, as. *skiotan*, ahd. *sciozan*. — lit. *maiszýti* 'mischen', abg. *mēsiti*, lat. *miscēre*, ae. *miscian*, ahd. *miskan*.

Idg. sk: russ. *šćiryj* 'lauter, rein, aufrichtig', got. *skeirs*, aisl. *skírr*, ae. *scír*, as. *skīr*. — abg. *stēnĭ* (aus *scēnĭ) 'Schatten', gr. σκιά, dazu aisl. *skina* 'scheinen', ae. *scínan*,

as. *skīnan,* ahd. *scīnan.* — lit. *jëszkóti* 'suchen', abg. *iskati,*
ae. *áscian,* ahd. *eiscōn* 'heischen'.

Idg. *skᵛ:* got. *ga-wrisqan* 'Frucht bringen'; die Wurzel
erscheint wieder in ai. *vṛdh-* 'wachsen', 3. Präs. *várdhati;*
die Grundform für das got. Verbum ist **u̯érdh-skᵛō.*

Für idg. *s* + Tenuis aspirata existieren nur spärliche
Beispiele:

idg. *sph,* gr. σφυρόν 'Knöchel', ahd. *spuri-halz* 'hinkend,
lahm', eigentlich 'knöchellahm'. — gr. σφήν 'Keil', aisl.
spónn 'Span', ae. *spón,* ahd. *spān.*

Idg. *sth:* gr. σθένος 'Kraft', aisl. *stinnr* 'stark, fest',
ae. *stíđ.* — ai. *ási-tha·*'du warst', gr. ῆσ-θα, mit demselben
Suffix ist gebildet got. *last* 'du lasest'.

Idg. *skh:* lit. *skėdžiu* 'trenne', gr. σχίζω 'spalte', lat.
scindo, dazu (mit idg. Tenuis statt Media im Wurzelauslaut),
got. *skáidan* 'scheiden', ae. *scéadan,* as. *skēđan,* ahd. *sceidan.*

b) Idg. *pt* = germ. *ft:* gr. κλέπτης 'Dieb', got. *hliftus.*
— lat. *captus* 'gefangen', ae. *hæft,* as. ahd. *haft.* — ai.
naptí 'Tochter, Enkelin', lat. *neptis,* ae. ahd. *nift* 'Nichte'.
— gr. dor. σκᾶπτον 'Stab', ae. *sceaft* 'Schaft', as. *skaft,*
ahd. *scaft.*

Idg. *k̑t* = germ. *ht:* ai. *aṣṭáu, aṣṭá* 'acht', gr. ὀκτώ,
lat. *octo,* got. *ahtáu,* aisl. *átta,* ae. *eahta,* as. ahd. *ahto.* —
at. *pecto* 'raufe, kämme', ahd. *fehtan* 'fechten', falls es
dieselbe Wurzel enthält wie ai. *páśu,* lat. *pecu,* got. *faihu,*
die das Kleinvieh bezeichnen, dessen Wolle ausge-
rauft wird.

Idg. *kt* = germ. *ht:* ai. *náktiṣ* 'Nacht', lit. *naktìs,*
got. *nahts,* aisl. *nótt,* ae. *neaht,* as. ahd. *naht.* — abg.
moštĭ 'Macht' (zu *mogǫ* 'ich kann'), got. *mahts* aisl. *móttr,*
ae. *meaht,* as. ahd. *maht.*

Idg. *kᵛt* = germ. *ht:* Zu lat. *in-seque* 'sag an, laß
sehn', got. *saíhvan* gehört as. ahd. *gi-siht* 'visio'.

Nach *f* und *h* erscheint auch idg. *th* als germ. *t.*
Vgl. die 2. Pers. Sing. Perf. Akk., deren Endung idg. *-tha* ist:
got. *hlaft* 'du stahlst' zu Präs. *hlifa* und *slōht* 'du schlugst'
zu Präs. *slaha.*

Anmerkung. IIZ. XXXVIII. 53 f. stellt Richard M. Meyer die Regel auf: «Urgerm. stehn nie zwei Spiranten nebeneinander». Aber da er selbst zugeben muß, daß s, abgesehn von der Gemination, nach h f auftritt, vgl. z. B. got. *taihswa* 'die Rechte', und da ferner zd eine ganz gebräuchliche Verbindung ist, so entspricht die oben gegebne Fassung besser dem Thatbestand, daß nämlich die Verschiebung der Tenues und der Tenues aspiratae nach einem Spiranten nie eingetreten, bezw. wieder rückgängig gemacht worden ist.

120. 2) Idg. *tt* scheint schon voreinzelsprachlich zu *t^st* geworden zu sein. Hieraus ist im Italischen, Keltischen und Germanischen *ss* hervorgegangen, das nach langer Silbe vereinfacht wird. Vgl. ai. *sattás* 'gesetzt', lat. *ob-sessus*, air. *fiss* 'wissen' aus *uid* + *tu-*, ai. *vrttás* 'uersus', lat. *uorsus* (aus *uorssus). — Vgl. W. Braune, IF. IV. 341 ff.

Ai. *sattás* 'gesetzt', aisl. ae. as. *sess* 'Sitz', Partizipium Perf. zu ai. *sídati* 'sitzt', gr. ἵζω 'setze', lat. *sīdō* (alle drei aus idg. *sizdō), got. *sitan*, abg. *sēdēti*. — air. *fiss*, got. **un-wissa-* (ἅπ. λεγ. 1. Kor. IX, 26, wo *unwisis* für *unwissis Schreibfehler ist) 'ungewiß', ahd. *giwisso* Adv. 'gewiß', Partizipium zu ai. *véda* 'ich weiß', gr. ϝοῖδα, lat. *uīdī*, abg. *vēdē*, got. *wáit*; got. *wissa* 'wußte', aisl. *vissa*, ae. *wisse*, as. *wissa*, ahd. *wissa*, *wessa* schwaches Präteritum zu *wáit* usw. — got. *us-wiss* 'ungebunden', Part. Perf. zu got. *ga-widan* 'verbinden'. — lat. *missus* 'weggelassen', got. *missa-* 'verfehlt' (z. B. *missa-dēds*), ahd. *missa- missi-*, dazu ferner das Verbum aisl. *missa* 'verfehlen, vermissen', ae. *missan*, ahd. *missen;* beide gehören zu lat. *mitto* (aus *mītō) 'lasse gehn', ae. *mīdan* 'unterlassen, verbergen', as. *mīdan*, ahd. *mīdan*. — Nach langem Vokal erscheint dagegen *s*: lat. *uīsus* 'gesehn', got. *un-weis* 'unweise', aisl. *viss* (das zweite *s* ist Nominativzeichen), ae. *wīs*, as. ahd. *wīs*. — ahd. *muosa* 'mußte' schwaches Präteritum zu got. *ga-mōtan* 'statthaben', as. *mōtan* 'müssen, sollen', ahd. *muozan*. — lat. *ēsum* N., ae. *ās* 'Aas', as. ahd. *ās*, Partizipium Perf. zu lat. *edere* 'essen', got. *itan*, aisl. *eta*, ae. as. *etan*, ahd. *ezzan*.

Vor *r* ward *ss* stets vereinfacht und es entwickelte sich zwischen *s* und *r* der Übergangslaut *t* (s. u.). Vgl. got. *-blōstreis* 'Opferer', ahd. *bluostar* 'Opfer' zu got. *blōtan* 'durch Opfer verehren'. — aisl. *fóstr* 'Nahrung', ae. *fóstor* zu got. *fōdjan* 'ernähren'.

Dritter (und vierter) Verschiebungsakt.

121. Die idg. Mediae aspiratae (die stimmhaften aspirierten Verschlußlaute) werden im Germanischen zu stimmhaften Spiranten.

Wahrscheinlich zur gleichen Zeit werden die aus indogermanischen Tenues aspiratae und Tenues (stimmlosen aspirierten und unaspirierten Verschlußlauten) entstandnen urgermanischen stimmlosen Spiranten, sowie der aus dem Indogermanischen ererbte stimmlose dentale Spirant *s* des Inlauts stimmhaft, falls der indogermanische Wortakzent nicht auf dem unmittelbar vorausgehnden Vokale ruht. Man bezeichnet diese Regel nach dem Entdecker als Verners Gesetz.

A. Die idg. Mediae aspiratae.

122. Idg. *bh dh ǵh gh gᵘh* werden zu urgerm. *ƀ đ ʒ ʒʷ*.

Die stimmhaften Spiranten des Urgermanischen, *ƀ đ ʒ (ʒʷ)*, werden noch in voreinzeldialektischer Zeit zu den stimmhaften Verschlußlauten *b d g (gw)*, falls sie a) nach den homorganen Nasalen (*m n ŋ*), b) in der Gemination stehn.

In einzeldialektischer Zeit, jedoch in ziemlich weitem Umfang vollzogen, ist der Übergang von anlautendem *ƀ đ* zu *b d*, während anlautendes *ʒ* im Westgermanischen noch häufiger als Spirans überliefert ist. Einzeldialektisch ist auch der Übergang von *lđ* und *zđ* zu *ld* und *zd*.

Vor stimmlosen Lauten werden die urgerman. stimmhaften Spiranten stimmlos.

1. Idg. *bh* = urgerm. *ƀ*.

a) Im Gotischen erscheint sowohl das urgerm. *ƀ* als auch das aus ihm in urgermanischer oder erst einzeldialek-

tischer Zeit entstandne *b* in der Schrift als *b*. Wo dieses *b*
einen Spiranten bezeichnet, wechselt es mit *f*, wenn es durch
Vokalausfall in einzeldialektischer Zeit in den absoluten Auslaut oder vor stimmlose Laute zu stehn kommt. Beispiele:
urgerm. **beronon* 'tragen', got. *bairan*, urgerm. **hlaibōs*
'Brote', got. *hlaibōs*, urgerm. **dumbēn* 'der Stumme', got.
dumba. — got. *hlaibōs*, aber Nom. Sg. *hlaifs* (der daneben
auftretende Nom. *hlaibs* ist eine Analogiebildung nach den
obliquen Kasus), *giban*, aber 1. Perf. Sg. *gaf;* dagegen
Nom. Sg. *dumbs* 'stumm', *lamb* 'das Lamm'.

b) Im Altisländischen erscheint das in *b* über-
gegangene *b* als *b*, z. B. *kambr* 'Kamm'; *bera* 'tragen',
das erhalten gebliebene *b* erscheint als *f* (d. i. stimmhafter labiodentaler Spirant): z. B. urgerm. **grabonon*
'graben', aisl. *grafa*.

c) Im Altenglischen wird *b* aus *b* durch das
Zeichen *b* gegeben, z. B. *lomb* 'Lamm', *habban* 'haben',
beran 'tragen', erhaltenes *b* dagegen als *f* (d. i. stimmhafter
labiodentaler Spirant) z. B. *giefan* 'geben'.

d) Im Altsächsischen tritt für *b* aus *b* stets das
Zeichen *b* auf, z. B. *lamb, beran, sibbia,* für erhaltnes *b*
dagegen abwechselnd *b u v* (und *b*): *obana, ouer, gilōvian.*
Im Auslaut erscheint *f,* also stimmlose Spirans: *geban*
— *gaf.*

e) Auf althochdeutschem Sprachgebiet zeigt das
Mittelfränkische auch in der Orthographie den Wechsel
zwischen anlautendem Verschlußlaut und inlautender Spirans, z. B. *beran,* aber *gevan — gaf;* in den übrigen fränkischen Dialekten wird *b* geschrieben.

Ai. *bhárati* 'trägt', gr. φέρω, lat. *fero,* got. *bairan,*
aisl. *bera,* ae. as. ahd. *beran.* — ai. *bhṛtíṣ* und *bhṛtíṣ* 'das
Tragen', got. *ga-baúrþs* 'Geburt', aisl. *burdr,* ae. *ge-byrd,*
as. *gi-burd,* ahd. *gi-burt.* — ai. *bhrátar-* 'Bruder', gr. φράτωρ,
lat. *frater,* got. *brōþar,* aisl. *brōder,* ae. *brōdor,* as. *brōther,*
ahd. *bruoder.* — ai. *bhrúṣ* 'Braue', gr. ὀφρῦς, ae. *brú.* —
ai. *ábhūt* 'war', gr. ἔφῡ 'wuchs', got. *baúan* (aus **būan*)
'wohnen', aisl. *búa,* ae. *búan,* as. ahd. *būan.* — ai. *bhédati*

'spaltet', lat. *findo,* got. *beitan* 'beißen', aisl. *bíta,* ae. *bítan,*
as. *bītan* ahd. *bīzzan.*

Nach Graßmanns Gesetz von der arisch-griechischen
Hauchdissimilation erklären sich: ai. *bāhúṣ* 'Arm', gr. dor.
πᾶχυς 'Unterarm, Ellenbogen' (idg. *bhāghus), aisl. *bógr*
'Gelenk des Oberarms, Achsel', ae. *bóჳ,* ahd. *buog.* — ai.
bándhanam (aus idg. *bhendhonom) 'das Binden', lat. *of-
fendimentum* 'Tau, Band', got. ae. as. *bindan* 'binden', aisl.
binda, ahd. *bintan.* — ai. *bṛhatí* (aus idg. *bhṛǵhṇtí) F.
'die große, erhabne', air. *Brigit,* Eigenname, dazu germ.
Burgundiones. — ai. *budhnás* (aus idg. *bhudhnós) 'Boden', gr.
πυθμήν (aus idg. *bhudhmén), ae. *botm* (mit unaufgeklärtem *t*),
as. *bodom,* ahd. *bodam.* — ai. *bódhati* 'erwacht', gr.
πεύθεται, 'merkt' (aus idg. **bhéu̯dheti,* **bhéu̯dhetai*), got. *anabiudan* 'entbieten', aisl. *bióđa,* ae. *béodan,* as. *biodan,* ahd.
biotan. — ai. *babhrúṣ* (aus idg. *bhebhrús) 'braun', lat. *fiber*
(aus idg. *bhibhros) 'Biber', vgl. gall. *Bibracte,* lit. *bēbrus,*
aisl. *biórr,* ae. *beofor,* ahd. *bibar* (aus **bebu̯roz*).

Ai. *abhí* (aus idg. **m̥bhí*) 'herbei', gr. ἀμφί 'um', lat.
amb-, ae. *ymb,* as. ahd. *umbi.* — ai. *jámbhas* 'Zahn', gr.
γόμφος 'Backzahn', aisl. *kambr* 'Kamm', ae. *comb,* ahd.
kamb. — ai. *sabhá* 'Versammlung, Stammgenossenschaft',
sábhya- 'zu einer Sippe gehörig', got. *sibja* 'Sippe', ae.
sib(b), as. *sibbia,* ahd. *sibba.*

Ai. *nábhas* N. 'Wolke, Nebel', gr. νέφος νεφέλη, lat.
*nebula,*aisl. *nifl-heimr* (aus **nibil-*) 'Nebelwelt', *niól* (aus *nebul)
'Nacht', ae. *nifol* 'dunkel', as. *nebal* 'Nebel', ahd. *nebul.* — ai.
nábhiṣ 'Nabel, Nabe', aisl. *nǫf* 'Nabe', ae. *nafu,* ahd. *naba,*
vgl. aisl. *nafle* 'Nabel', ae. *nafela,* ahd. *nabalo.* — ai. *ūrṇa-
vábhiṣ* 'Spinne, d. i. Wollweberin', aisl. *vefa* 'weben', ae.
wefan, ahd. *weban.* — ai. *lúbhyati* 'verlangt', got. *liubs*
(Gen. *liubis*) 'lieb', aisl. *liúfr,* ae. *léof,* as. *liof* (Gen. *liobes*),
ahd. *liob.*

2. Idg. *dh* = urgerm. *đ.*

a) In der gotischen Schrift erscheint urgerm. *đ* als
d. Wo dieses *d* einen Spiranten bezeichnet, wechselt es

mit *þ* unter denselben Bedingungen wie *b* mit *f*. Vgl.
bidjan 'bitten', aber Prät. *baþ*, Gen. *stadis* 'der Stätte', aber
Nom. *staþs*.

b) Im Altisländischen erscheint das zum Verschlußlaut gewordne urgerm. *đ* als *d*, das spirantisch ge-
bliebne als *đ*. *dagr* 'Tag', *binda* 'binden', aber *faðer* 'Vater'.

c) Im Westgermanischen ist die Spirans *đ* zum
Verschlußlaut *d* geworden, der auf ahd. Sprachgebiet im
Mittel- und Rheinfränkischen erhalten, im Ostfränkischen
und Oberdeutschen zur stimmlosen Tenuis verschoben ist.
Ai. *vásu-dhitiṣ* 'Schatzspende, Schatzkammer', gr. θέσις
'Stellung, Lage', dazu got. *ga-dēds* (für *ga-dēþs*) 'That', aisl.
dóđ, ae. *dǽd*, as. *dād*. — *dháyati* 'saugt', got. *daddjan* (aus
*dájjan) 'säugen'. — ai. *dhárṣati* 'ist dreist', got. *ga-dars*
'wage', ae. *dear(r)*, as. *darr*; dazu gehört ai. *dhṛṣṭiṣ* 'Kühn-
heit', ae. ʒe-*dyrst*. — ai. *dhūnóti* 'schüttelt', aisl. *dýia* 'bewegen'. — ai. *dhánvan-* 'Bogen', andl. *dennia* 'Tanne', ahd.
rheinfr. *danne*. — gr. πρό-θυρον 'Vorderthüre, Thorweg',
got. *daúr* 'Thor', ae. as. *dor*; dazu gr. θύραι 'Thürflügel',
vgl. aisl. *dyrr* Plur. tant., ae. *duru*, as. *duri* und *dura*.
Nach Graßmanns Gesetz über die Hauchdissimilation
erklären sich ai. *déhmi* (idg. *dhéiǵhmi) 'verschmiere', *dēhí*
'Aufwurf, Damm, Wall, gr. τεῖχος (idg. *dheiǵhos) N. 'Mauer',
lat. *fingere* 'bilden', got. *digan* (*þamma digandin* Röm. IX. 20)
'kneten'. — ai. *duhitár-* (idg. **dhughǝtér-*) 'Tochter', got.
daúhtar, aisl. *dóttar*, ae. *dohtor*, as. *dohtar*. — ai. *ni-dāghás*
(idg. *ni-dhoghós) 'heiße Zeit, Sommer', got. *dags*, aisl. *dagr*,
ae. *dæʒ*, as. *dag*. — ai. *drúhyati* (idg. *dhrughieti) 'sucht
zu schaden', as. *bi-driogan* 'betrügen', dazu aisl. *draugr*
'Gespenst'.
Ai. *śárdhas* N. 'Herde', got. *hairda*, aisl. *hiorđ*, ae. *heord*.
— ai. *mádhyas* 'mittlerer', got. *midjis*, aisl. *miđr*, ae. *midd*,
as. *middi*. — ai. *údhar* N. 'Euter', gr. οὖθαρ, ae. *úder*, as. *ūder*.
— ai. *vidhávā* 'Witwe', got. *widuwō*, ae. *wuduwe*, as. *widowa*.
— ai. *mádhu* N. 'süßer Trank, Honig', gr. μέθυ 'Wein', aisl.
miǫđr 'Met', ae. *meodo*.

3. Vorgerm. *gh* = germ. ʒ.

a) Im Gotischen wird stets *g* geschrieben, das niemals in Auslaut *h* wird. Es heißt daher *biugan* — *báug*, Gen. *wigis* 'des Weges' — Nom. *wigs*.

b) Im Altisländischen wird stets *g* geschrieben; doch bezeichnet der Buchstabe nur im Anlaut, in der Gemination und nach *n* den stimmhaften Verschlußlaut, dagegen nach Vokalen und *r l* den stimmhaften Spiranten. Daher sind *eiga* 'haben', *dagr* 'Tag' als *eiʒa daʒr* zu sprechen.

c) Im Altenglischen hat das Zeichen ʒ spirantischen Lautwert, außer nach *n* und in der Gemination (geschrieben *cʒ*), wo es den Verschlußlaut bezeichnet. Spirans steht also in *ʒalan* 'singen', *laʒu* 'Meer', *beorʒan* 'bergen', *belʒan* 'zürnen', *dróʒ* 'zog', Verschlußlaut in *bringan, sécʒ(e)an* 'sagen'.

d) Im Altsächsischen liegen die Verhältnisse wie im Ae. Spirans steht also in *galm* 'Schall', *lagu-strōm* 'Meerflut', *belgan gi-bergan, drōg* 'trug', Verschlußlaut in *bringan séggian*.

e) In den drei fränkischen Dialekten des Althochdeutschen wird für urgerm. ʒ stets *g* geschrieben. Als Verschlußlaut ist dies *g* sicher nach *n* und in der Gemination aufzufassen, wahrscheinlich auch im Anlaut, wenigstens in einem Teil der Dialekte.

Anmerkung. M. H. Jellinek, PBrB. XV. 268 ff. und IIZ. XXXVI. 77 ff. sucht nachzuweisen, daß got. *g*, weil es im Auslaut nicht zur stimmlosen Spirans *h* wird, keine stimmhafte Spirans, sondern vielmehr stimmhafte Affrikata (*gʒ*) gewesen sei; ferner, daß die Schreibung *ch*, die sich in bairischen und fränkischen Denkmälern für auslautendes *g* findet, nicht den Lautwert der stimmlosen Spirans, sondern den der stimmlosen Affrikata haben müsse, und kommt zu dem Schlusse, daß vorgerm. *gh* im Urgermanischen zur stimmhaften Affrikata (*gʒ*) verschoben sei, die sich bis in die Zeit des einzeldialektischen Lebens erhalten habe. Vgl. auch Zeitschr. f. d. österr. Gymn. 1893. S. 1087.

I. Idg. *ĝh* = germ. ʒ.

Ai. *hasás* 'Wildgans', gr. χήν 'Gans', lat. *anser* (aus **hanser*), aisl. *gós* (aus **gans*), ae. ʒós (aus **gons* älter **gans*),

ahd. *gans.* — ai. *héšas* N. ʻGeschoßʼ, gr. χαῖος (aus *χαισος)
M. ʻHirtenstabʼ, germ. γαισος (Polybios usw.) ʻGerʼ, got. *Hari-
gáisus,* aisl. *geirr,* ae. ʒár, as. ahd. *gēr.* — lit. *žmũ* ʻMenschʼ,
lat. *hemo homo,* got. *guma* ʻMannʼ, aisl. *gume,* ae. ʒuma,
as. *gumo,* ahd. *gomo.* — ai. *hutá-* ʻgeopfert; der, dem ge-
opfert wirdʼ, got. *guþ* ʻGottʼ, aisl. *guð god,* ae. ʒod, as. *god.*
— lit. *žárna* ʻDarmʼ, aisl. *gǫrn,* ae. *micʒern* ʻarvina, das
in der Mitte der Eingeweide sitzende Fettʼ, ahd. *mittigarni.* — abg. *zijati* ʻgähnenʼ, lit. *žióti* ʻden Mund auf-
sperrenʼ, lat. *hiare,* ahd. *gīen* ʻgähnenʼ.

Nach Graßmanns Gesetz über die Hauchdissimilation
erklärt sich ai. *jánghā* (idg. *ĝhónghā) ʻUnterschenkel, Beinʼ,
got. *gaggs* ʻGasseʼ, aisl. *gangr* ʻdas Gehn, der Gangʼ, ae.
ʒonʒ, as. ahd. *gang.*

Ai. *váhati* ʻfährtʼ, abg. *vezǫ,* lat. *veho,* got. *ga-wigan* ʻbe-
wegenʼ, aisl. *vega,* ae. *weʒan* ʻtragenʼ, ahd. *wegan.* — ai. *rihánti*
ʻsie leckenʼ, lit. *lëžiù,* gr. λείχω, lat. *lingo,* got. *bi-láigōn* ʻbe-
leckenʼ. — ai. *ąhúš* ʻengeʼ, abg. *ązŭ-kŭ,* gr. ἄγχω ʻschnüreʼ,
lat. *angus-tus* ʻengeʼ, got. *aggwus,* aisl. *ǫngr,* ahd. *engi;* vgl.
ai. *ąhas* N. ʻBedrängnisʼ, abg. *ązostĭ* ʻEngheitʼ, lat. *angus-
tiae* ʻEnge, Engherzigkeitʼ, ahd. *angust* ʻAngstʼ. — ai. *sáhas*
N. ʻKraft, Macht, Siegʼ, av. *hazah-* (h aus s), air. *seg* ʻKraftʼ,
got. *sigis* ʻSiegʼ, aisl. *sigr,* ae. *siʒor,* ahd. *sigu sigi,* vgl.
germ. *Seges-tes Segi-mērus.*

II. ldg. *gh* = germ. ʒ.

Abg. *gostĭ* ʻGastʼ, lat. *hostis* ʻFeindʼ, got. *gasts,* aisl.
gestr, ae. ʒiest ʒyst, as. ahd. *gast.* — lit. *geidžiù* ʻbegehreʼ,
dazu ahd. *gīt* ʻBegierigkeit, Habgier, Geizʼ. — lit. *gabenù*
ʻbringeʼ, air. *gabim* ʻgebe, nehme (ursprünglich mediale Bedeutung)ʼ, got. *giban* ʻgebenʼ, aisl. *gefa,* ae. *ʒiefan,* as. *geban,*
ahd. *geban.* — abg. *gadają* ʻerrate, vermuteʼ, dazu lat.
praeda (aus *prae-hĕdā) ʻBeuteʼ, got. *bi-gitan* ʻerlangen,
findenʼ, aisl. *geta* ʻerlangen, erraten, vermutenʼ, ae. *be-ʒietan,*
as. *bi-getan* ʻergreifenʼ. — abg. *gręda* ʻkommeʼ, lat. *gradior*
ʻschreiteʼ, got. *griþs* ʻSchrittʼ.

Abg. *lęgą* ʻlege michʼ, *lože* ʻLagerʼ, gr. λέχος ʻBettʼ,
got. *ligan* ʻliegenʼ, aisl. *liggia,* ae. *licʒ(e)an,* as. *liggian,* ahd.

fränk. *liggen*. — lit. *nāgas* 'Nagel, Klaue' (daneben mit
u̯-Suffix weitergebildet lat. *unguis ungula* und akymr. *eguin*,
air. *ingen*, die beide auf die inselkeltische Grundform
**engu̯īnā* zurückgehn), aisl. *nagl* 'Nagel', ae. *næʒl*, as. ahd.
nagal. — ai. *stighnutē* (Gramm.) 'springt auf, besteigt',
abg. *stignǫ* 'komme wohin', gr. στείχω 'schreite', got.
steigan, 'steigen', aisl. *stíga*, ae. *stíʒan*, as. ahd. *stīgan*. —
ai. *jáṅghā* 'Unterschenkel', lit. *žengiù* 'schreite', got. *gaggan*
'gehn', aisl. *ganga*, ae. *ʒonʒan*, as. ahd. *gangan*.

4. Idg. *gᵘh* = urgerm. *ʒu̯*.

Urgerm. *ʒu̯* ist je nach seiner Stellung verschieden
behandelt worden. Es erscheint:

a) als *gw* nach Nasal vor palatalen Vokalen. Im
Westgermanischen schwindet *w* unabhängig vom folgenden
Vokal lautgesetzlich. gr. ὀμφή (aus *songᵘhā) 'Stimme',
dazu got. *siggwiþ* 'singt', aisl. *syngua* (*v* vor *a* durch Übertragung), ae. *sinʒan*, as. ahd. *singan*.

b) Als *g* im An- und Inlaut vor germ. *a* = idg. *o*,
germ. *ō* = idg. *ō* und germ. *u ū*. ai. *hánmi* (idg. *gᵘhénmi)
'töte', gr. θείνω (idg. *gᵘhénḭō), dazu aisl. *gandr* 'Stock',
aisl. *gunnr* 'Schlacht', ae. *ʒúđ*, as. *gúđ-hamo* 'Kampfgewand',
ahd. *gund-fano* 'Kriegsfahne', vgl. *gūdea* F. (für *gūđea* aus
*gunđia), ai. *-hatyá̄* (aus idg. **gᵘhn̥tḭā*) 'Tötung', lit. *ginczià*
und *giñczas* 'Streit'.

Nach Graßmanns Gesetz über die Hauchdissimilation
erklärt sich gr. πόθος (aus *gᵘhodhos) 'Verlangen' neben
θέσσασθαι (aus *gᵘhedhḭazdhai) 'anflehn', aisl. *geđ* (aus
*gᵘhodhḭom) 'Leidenschaft'.

Da im Westgermanischen *ʒw* zu *ʒ* wird, so sind
Fälle wie ahd. *waganso* 'Pflugschar' neben preuß. *wagnis*,
gr. ὀφνίς; ae. *lunʒor* 'schnell', ahd. *lungar* zu gr. ἐλαφρός
nicht für den urgermanischen Verlust der Labialisierung
vor dunkeln Vokalen beweiskräftig.

c) Als *w* im Inlaut vor palatalen Vokalen und wahrscheinlich auch im Anlaut unter gleicher Bedingung. lit.
snēgas 'Schnee', gr. Akk. νίφα, lat. *nix* Gen. *niuis*, got.

snáiws, aisl. *snár,* ae. *sná(w),* ahd. *snéo;* dazu gr. νείφει
'schneit' (vgl. Joh. Schmidt, Vokalismus I. 134) neben
dem ἅπαξ λεγόμενον Ilias M. 280 νίφε̄μεν, lat. *niuit,* aisl. *snýr,*
ae. *sníweđ,* ahd. *snīwit,* sonst wird das Präsens mit Nasalierung
gebildet, lit. *sníñga,* lat. *ninguit;* vgl. auch Infinitv. lit.
snīkti, Part. Perf. aisl. *snifenn.* — lat. *co-nīueo* 'mit den
Augen winken, nicken', got. *hneiwan* 'sich neigen' und
das dazu gehörige Kausativ *hnáiwjan* 'erniedrigen, beugen'
neben aisl. *hníga,* ae. *hniʒan,* as. ahd. *hnīgan*: das ursprüngliche Paradigma flektierte Prs. **hnīʒō *hnīwiz(i) *hnīwid(i),*
Prät. Plur. Ind. **hniʒume,* Opt. **hniwīmen,* Part. **hniʒonoz* und
*hniwenoz. — gr. νεφροί 'Nieren', praenest. *nefrones,* aisl.
nýra N., ahd. *nioro* M. (Grundform **ne(ʒ)ụren-).* — lat.
agnus 'Lamm', *auilla,* air. *uan,* ae. *éanian* (aus **a(ʒ)ụnōjan*
'lammen').

Anmerkung 1. Wie *gᵘh* wird auch *ghụ* behandelt. Gall.
Magu-rīx, got. *magus* 'Knabe, Diener, Knecht', aisl. *mǫgr,* as. *magu,*
dazu got. *magaþs* (aus **maghụotis*) 'Jungfrau', ae. *mæʒđ,* as. *magath,*
ahd. *magad,* dagegen got. *mawi* (aus **maʒụī,* vorgerm. **maghụī*)
'Mädchen'.

Anmerkung 2. Nach E. Sievers, PBrB. V. 149 soll der
Übergang von urspr. ʒw zu w nur erfolgen, wenn die folgende Silbe
den Wortton trägt. Diese Fassung trifft allerdings für die ʒw
zu, die aus *hv* entstanden sind, weil das Stimmhaftwerden der
stimmlosen Spirans diese Betonung voraussetzt; für ʒw aus
idg. *gᵘh* fehlen dagegen sichere Anhaltspunkte dafür, daß die Betonung irgendwelche Rolle spielt. Vielmehr ist es wegen got.
snáiws usw. = *snēgas,* gr. νίφα Akk. durchaus wahrscheinlich,
daß nur der Charakter des auf ʒw folgenden Vokals seine Entwicklung zu ʒ oder w veranlaßt.

Anmerkung 3. Je nach der Natur des folgenden Vokals
darf man auch im Anlaut ʒ und w erwarten. Für ʒ sind oben
Beispiele gegeben worden, für w dürfte ae. as. ahd. *warm* 'warm'
sprechen, das kaum von ai. *gharmás* 'Glut', avest. *garəmō* 'warm',
arm. *ǰerm,* gr. θερμός, lat. *formus,* preuß. *gorme* 'Hitze' getrennt
werden darf, mit denen allein es in der Suffixbildung genau über-
einstimmt. Da θερμός — *formus* lehren, daß qualitativer Ablaut
in der Wurzelsilbe bestanden hat, so ist es wahrscheinlich, daß
w durch Ausgleich von den *e*-Formen auf die *o*-Formen übergegangen sei.

B. Die idg. Tenues und Tenues aspiratae.

123. Nach § 121 werden die aus idg. Tenues und Tenues aspiratae entstandnen urgermanischen stimmlosen Spiranten im Inlaut stimmhaft, falls der idg. Wortakzent nicht auf dem unmittelbar vorausgehnden Vokale ruht (Verners Gesetz). Die so entstandnen stimmhaften Spiranten werden ebenso behandelt wie die aus idg. Mediae aspiratae verschobnen.

Denselben Übergang macht der idg. stimmlose dentale Spirant *s* mit; er wird also zu stimmhaftem *z*, das nord- und westgermanisch zu *r* wird. In urnordischer Zeit ist ʀ aus urgerm. *z* noch von *r* = idg. urgerm. *r* streng geschieden. Vgl. *đaჳaʀ* (Einang) ʿder Tagʾ gegenüber *swestar* (Opedal) ʿSchwesterʾ.

1. Idg. *p* = germ. *b*.

Ai. *saptá* ʿsiebenʾ, gr. ἑπτά, got. *sibun*, aisl. *siau*, ae. *seofon*, as. *sibun*, ahd. *sibun*. — ai. *limpáti* ʿbeschmiertʾ, lit. *limpù* ʿbleibeʾ, got. *bi-leiban*, ae. *be-lífan*, as. *bi-liban*, ahd. *bi-liban*.

2. Idg. *t* = germ. *d*.

Ai. *pitár-* ʿVaterʾ, gr. πατήρ, got. *fadar*, aisl. *fader*, ae. *fæder*, as. *fader*, ahd. *fater*. — ai. *mātár-* ʿMutterʾ, lit. *mótē*, aisl. *móder*, ae. *módor*, as. *módor*, ahd. *muoter*. — ai. *bhárate* Med. ʿträgtʾ, gr. φέρεται, got. *bairada* ʿwird getragenʾ. — ai. *tr̥tíyas* ʿder drritteʾ, got. *þridja*, aisl. *þriđe*, ae. *đridda*, as. *thriddia*, ahd. *dritto*. — gr. κρατός ʿmächtigʾ, got. *hardus* ʿhartʾ, aisl. *harđr*, ae. *heard*, as. *hard*, ahd. *hart(i)*. — ai. *śatám* ʿhundertʾ, gr. ἑ-κατόν, got. *hund*, aisl. *hund-rađ*, ae. as. *hund*, ahd. *hunt*. — ai. *ātmán-* ʿHauchʾ, ae. *ǽđm* ʿAtemʾ, as. *áđom*, ahd. *átum*.

3. Vorgerm. *k* = germ. *ჳ*.

I. Idg. *k̑* = germ. *ჳ*. ai. *svaśrū́ś* (für **svaśrū́ś*) ʿSchwiegermutterʾ, gr. ἑκυρά, ae. *sweჳer*, ahd. *swigar*. — ai. *vēśás* ʿNachbarʾ, aisl. *þor-veig*, Frauenname.

. II. Idg. *k* = germ. *ȝ*. ai. *aṅkás* 'Nacken', got. *hals-agga* (Mc. IX. 42, Hs. *balsagga*), ahd. *ancha* 'Genick'.

4. Idg. k^v = urgerm. *ȝw.*

Das urgerm. *ȝw* wird nach § 122, 4 je nach den folgenden Lauten zu *ȝ* oder *w*. ai. *vŕkīṣ* 'Wölfin', aisl. *ylgr* (*g* aus *gw* vor *j* entstanden) neben got. *wulfs* usw. — ae. 1. Plur. Perf. Ind. angl. *séȝon* 'sie sahn' Part. Perf. ws. *ȝe-sewen* (s. u.) — ae. *sécȝ* 'Mann' (aus **saȝwj-*), vgl. lat. *socius* 'Gefährte', das zu *sequor* 'folge' gehört.

Anmerkung. Als *ƀ* (entsprechend dem aus idg. *k^v* entstandnen *f* der Tonsilbe) kommt idg. *k^v* in mindestens einem ganz sichern Falle vor, nämlich in mhd. *wülpe* 'Wölfin', dem urgerm. *wulƀ-* zu Grunde liegt und das neben dem oben erwähnten aisl. *ylgr* steht. Das ursprüngliche Paradigma lautete Nom. **wulƀî*, Gen. **wulȝjós*. Durch Ausgleich ist entweder *ƀ* oder *ȝ* in der ganzen Flexion durchgeführt worden.

5. Idg. *s* = germ. *z*.

Ai. *snuṣā́* 'Schwiegertochter', gr. νυός (aus **σνυσος*), aisl. *snor*, ae. *snoru*, ahd. *snura*. — ai. *māṃsám* 'Fleisch', got. *mimz*. — ai. *bhárase* 2. Sing. Präs. Med. gr. φέρεαι (aus **φέρεσαι*), got. *bairaza* 2. Sing. Medio-Passiv.

Anmerkung. Nach Sophus Bugge, PBrB. XII. 399 ff., XIII. 167 ff., 311 ff. soll der gleiche Übergang von stimmloser zu stimmhafter Spirans auch im Wortanlaut stattfinden. Doch die beigebrachten Beispiele sind samt und sonders zu unklar, um ein sicheres Urteil zu gestatten. Nur im Anlaut des zweiten Gliedes nominaler Komposita dürfte die Entwicklung stimmhafter Spiranten aus stimmlosen als lautgesetzlich anzuerkennen sein. Von hier aus mag dann die stimmhafte Spirans mitunter auf das Simplex übertragen sein, wie umgekehrt der stimmlose Spirant des Simplex meist in das Kompositum eingedrungen ist, vgl. Fr. Kluge, KZ. XXVI. 82 ff. Ahd. *mézzi-ras mézzi-rahs* 'Messer' hat als Nebenform *mézzi-sahs*, ist also ein Kompositum aus ahd. *maz* N. 'Speise', ae. *mete*, got. *mats* und ahd. *sahs* 'Streitaxt, Messer', ae. *seax*. Während *mézzi-rahs* die lautgesetzliche Kompositionsform ist, hat *mézzi-sahs*, ae. *mete-seax* sein inlautendes *s* vom Simplex bezogen. Ebenso verhält es sich mit Otfrids *gá-bissa* 'Spreu, Abfall' neben *gá-vissa* in Glossen. Das Simplex ist ahd. *fesa* 'Spreu, quisquiliae'. Ferner mit ahd. *frabali — fravali* 'frevelhaft' u. ä. Dagegen ist im Widerspruch zu Bugge die gleiche Entwicklung für den Anlaut des zweiten Gliedes verbaler Komposita entschieden zu leugnen. got. *du-ginnan* 'beginnen' kann nicht mit abg. *na-č̨ti* urverwandt sein. Denn wie E. Hermann, KZ. XXXIII. 531 richtig hervorhebt, beweist der Umstand, daß die Verbalkomposita den Wortakzent stets auf dem Verbum selbst, nicht auf dem Präfix haben, unzweifelhaft, daß die Akzentverschiebung älter ist als die Existenz von verbalen Zusammensetzungen. Wäre dies nicht der Fall, so müßte notwendigerweise *dúginnan* nicht *dugínnan* betont worden sein, mit andern Worten, es hätte für die Verbalkomposita die gleiche Akzentregel bestehn müssen wie für die Nominalkomposita.

Von idg. Tenues aspiratae, die im Germanischen zu stimmhaften Spiranten geworden sind, verdienen Erwähnung: ai. *mánthā* 'Quirlstock' gegenüber aisl. *mǫndull*. — ai. *mēthíṣ* 'Pfeiler, Pfosten', aisl. *meiðr* 'Balken, Stange'. — ai. *nakhás* (idg. *nokhós*) 'Nagel', gr. ὄνυξ, Gen. ὄνυχος, got. *nagljan* 'nageln', aisl. *nagl* 'Nagel', ae. *nægl*, as. ahd. *nagal*.

Der grammatische Wechsel.

124. Mit dem von Jacob Grimm aufgebrachten Namen des grammatischen Wechsels bezeichnet man in der germanischen Grammatik das häufige Nebeneinander von stimmlosen und stimmhaften Spiranten. Die Doppelvertretung beruht darauf, daß im idg. Paradigma Akzentwechsel geherrscht, der Wortakzent bald auf der Wurzelsilbe, bald auf dem Suffix geruht hat. Besonders wichtig ist der grammatische Wechsel für die Verbalflexion. Denn in idg. Urzeit ruhte der Wortakzent in einer der wichtigsten Präsensklassen (der wurzelbetonten *e/o*-Klasse), sowie im Perfekt Sing. auf der Wurzelsilbe, im Perfekt Plur. und im Partizipium Perf. dagegen auf der Endung. Dieser Akzentunterschied muß sich in der germanischen Entwicklung der Spiranten widerspiegeln.

Perfekt.

ai.		ahd.	
1.	*didéśa*	*zēh*	
2.	*didéśitha*	—	
3.	*didéśa.*	*zēh.*	
1.	*didiśimá*	*zigum*	
2.	*didiśá*	*zigut*	
3.	*didiśúr.*	*zigun*	

Demnach entsprechen sich genau das idg. und das ahd. Paradigma:

1. Sing. Präs. *$déi̯k̑ō$ — 1. Sing. Perf. *$dedói̯k̑a$ — 1. Plur. Perf. *$dedik̑(ə)mé$ — Part. Perf. $dik̑onós$.

1. Sing. Präs. $zīhu$ — 1. Sing. Perf. $zēh$ — 1. Plur. Perf. $zigum$ — Part. Perf. $gi\text{-}zigan$.

Es erklärt sich also der eigentümliche Wechsel zwischen stimmlosen und stimmhaften Konsonanten auf Grund des Vernerschen Gesetzes aus dem uridg. Wechsel des Wortakzents.

1. Der grammatische Wechsel beim Verbum.

A. Beim starken Verbum.

ae. *līdan*	— *lád*	— *lidon*	— *liden* 'gehn'.
as. *līthan*	— *lēth*	— *lidun*	— *gilidan*.
ahd. *līdan*	— *leid*	— *litum*	— *gilitan*.
ae. *snīdan*	— *snád*	— *snidon*	— *sniden* 'schneiden'.
ahd. *snīdan*	— *sneid*	— *snitum*	— *gisnitan*.
ahd. *mīdan*	— *meid*	— *mitum*	— *gimitan* 'meiden'.
ae. *scrīdan*	— *scrád*	— *scridon*	— [*scriden*] 'schreiten'.
ae. *séodan*	— *séad*	— *sudon*	— *soden* 'sieden'.
siodan	— *sōd*	— *sutum*	— *gisotan*.
ae. *cwedan*	— *cwæd*	— *cwádon*	— *cweden* 'sprechen'.
ahd. *quedan*	— *quad*	— *quátum*	— *giquetan*.
aisl. *finna*[1]	— *fann*[2]	— *fundom*	— *fundenn* 'finden'.
as. *fīthan*[3]	— [*fand*]	— *fundun*	— *fundan*.
ahd. *findan*	— *fand*	— *funtum*	— *funtan*.
ae. *weordan*	— *weard*	— *wurdon*	— *worden* 'werden'.
ahd. *werdan*	— *ward*	— *wurtum*	— *wortan*.
ae. *déon*[4]	— *dáh*	— *diȝon*	— *diȝen* 'gedeihn'.
ae. *téon*[4]	— *táh*	— *tiȝon*	— *tiȝen* 'zeihn'.
ahd. *zīhan*	— *zēh*	— *zigum*	— *gizigan*.

---

[1] Aus *finþa.
[2] Aus *fanþ.
[3] Aus *finthan.
[4] Aus *þīhan, *tīhan, *sīh(w)an, *līhw(a)n.

ae. *téon*[1]) — *téah* — *tuʒon* — *toʒen* 'ziehn'.
as. *tiohan* — *tōh* — *tugun* — *gitogan*.
ahd. *ziohan* — *zōh* — *zugum* — *gizogan*.

ae. *fléon*[1]) — *fléah* — *fluʒon* — *floʒen* 'fliehn'.

aisl. *slá*[2]) — *sló* — *slógom* — *slœ́genn* 'schlagen'.
ae. *sléan* — [*slóʒ*] — *slóʒon* — *sléʒen, slaʒen*.
as. *slahan* — [*slōg*] — *slōgum* — *gislagan*.
ahd. *slahan* — *sluoh* — *sluogum* — *gislagan*.

aisl. *þuá*[2]) — *þ(u)ó* — *þ(u)ógom* — *þuégenn* 'waschen'.
ae. *đwéan* — [*đwóʒ*] — *đwóʒon* — *đwéʒen, đwǽʒen*.
as. *thwahan* — [*thuōg*] — *thwōgun* — *githwagan*.
ahd. *dwahan* — *dwōh* — *dwuogum* — *gidwagan*.

aisl. *flá*[2]) — *fló* — *flógom* — *flégenn* 'schinden'.

aisl. *klá*[2]) — *kló* — *klógom* — *klégenn* 'reiben'.

aisl. *hlǽia*[3]) — *hló* — *hlógom* — *hlégenn* 'lachen'.
ae. *hliehhan* — [*hlóʒ*] — *hlóʒon* — —.

ae. *séon*[4]) — *sáh* — — — *āsiwen* 'seihn'.
ahd. *sīhan* — *sēh* — *siwum* — *gisiwan*.

ae. *léon*[4]) — *láh* — — — 'leihn'.
as. *far-līhan* — — — *far-liwun* — *far-liwan*[6]).
ahd. *līhan* — *lēh* — *liwum* — *giliwan*.

ae. *séon*[5]) — *séah* — ⎰ angl. *séʒon* — angl. *ʒeseʒen*
⎱ ws. *sáwon* — ws. *sewen* 'sehn'.
as. *sehan* — *sah* — *sāwun* — *gisewan*.
ahd. *sehan* — *sah* — [*sāhum*] — *gisewan*[6]).

ahd. *rīsan* — *reis* — *rirum* — *giriran* 'fallen'.

---

[1]) Aus *téohan, *fléohan.
[2]) Aus *slahan, *þwahan.
[3]) Aus *hlahja.
[4]) Siehe Fußnote 4 auf voriger Seite.
[5]) Aus *seh(w)an.
[6]) Lautgesetzlich wäre Perf. Plur. ahd. *ligum, *sigum, Part. Perf. *giliwen *gisiwen, aber *giligan *gisigan.

aisl.	*kiósa*	— *kaus*	— *korom*	— *korenn* 'kiesen'.
ae.	*céosan*	— *céas*	— *curon*	— *coren*.
as.	*keosan*	— *kōs*	— *kurun*	— *gikoran*.
ahd.	*kiosan*	— *kōs*	— *kurum*	— *gikoran*.

aisl.	*friósa*	— *fraus*	— *frørom*	— *frørenn* 'frieren'.
ae.	*fréosan*	— *fréas*	— *fruron*	— *froren*.
ahd.	*friosan*	— *frōs*	— *frurum*	— *gifroran*.

ae.	*for-léosan*	— *for-léas*	— *for-luron*	— *for-loren* 'verlieren'.
as.	*far-liosan*	— *far-lōs*	— *far-lurun*	— *far-loran*.
ahd.	*fir-liosan*	— *fir-lōs*	— *fir-lurum*	— *fir-loran*.

ahd.	*lesan*	— *las*	— *lārum*	— *gileran* 'lesen'.

aisl.	*vesa*	— *vas*	— *vǫrom*	— *veret* Neutr. 'sein'.
ae.	*wesan*	— *was*	— *wǽron*	— —.
as.	*wesan*	— *was*	— *wārun*	— —.
ahd.	*wesan*	— *was*	— *wārum*	— —. •

ae.	*dréosan*	— *dréas*	— *druron*	— *droren* 'fallen'.

ae.	*hréosan*	— *hréas*	— *hruron*	— *hroren* 'fallen'.

B. Zwischen starkem Verbum und Kausativ.

Daß das starke Verbum stimmlosen, das zugehörige Kausativ stimmhaften Spiranten zeigt, beruht darauf, daß dieses Suffix-, jenes Wurzelbetonung gehabt hat.

Vgl. ai.	*várati* 'bedeckt'	Kaus.	*vāráyati*
	svápati 'schläft'		*svāpáyati*
	várdhati 'wächst'		*vardháyati*
	várṣati 'regnet'		*varṣáyati*
	rócati 'leuchtet'		*rōcáyati*.

Damit vergleiche man die germanische Doppelheit in got. *hlahjan* 'lachen', aisl. *hlǽia*, ae. *hliehhan*, ahd. *hlahhen*: aisl. *hlógia* 'lachen machen' (got. *hlōhjan* hat analogisches *h*). — got. ahd. *hāhan* 'hangen', ae. *hón*: aisl. *hengia* 'henken', ahd. *henken* (aus **hangjan*). — got. *leiþan* 'gehn', aisl. *liða*, ae. *liðan*, as. *līthan*, ahd. *līdan*: aisl. *leiða* 'gehn machen, führen' (aus **laidjan*), ae. *lédan*, as. *lēdian*,

ahd. *leiten.* — got. *fra-wairþan* 'zu Grunde gehn': *fra-wardjan*
'zu Grunde richten'. — germ. **sinþan* 'gehn' (vgl. got.
sinþs 'Gang'): got. *sandjan* 'senden', aisl. *senda*, ae. *sendan*,
as. *sendian*, ahd. *senten*. — got. *ga-nisan* 'gerettet werden',
ae. ꝫe-*nesan*, as. ahd. *gi-nesan*: ae. *neriꝫan* 'retten', as.
nerian, ahd. *nerien* (got. *nasjan* hat sein *s* statt *z* von
ga-nisan bezogen). — got. *láis* Prät.-Präs. 'weiß': ae.
lǽran 'wissen machen, lehren', ahd. *lēren*. — (got. *láisjan*
hat sein *s* statt *z* von *láis* bezogen). — got. *saíƕan* 'sehn'
usw.: aisl. *sēgia* 'sagen d. i. sehn lassen', ae. *seꝫean*, as.
sēggian, ahd. *sagēn* (wegen der Bedeutungsentwicklung vgl.
lat. *dīco* 'sage': gr. δείχνυμι 'zeige', O. Wiedemann,
IF. I. 257 f.). — got. *leiƕan* 'verleihn', aisl. *liá* usw.: aisl.
leigia 'mieten'. — got. *driusan* 'fallen' usw.: ahd. *trōren*
'fallen machen' (got. *ga dráusjan* hat sein *s* von *driusan* bezogen). ai. *svápati* 'schläft' = ae. *swefan*: ai. Kaus. *svāpáyati* 'schläfert ein' = ahd. *int-swebben*.

2. Der grammatische Wechsel beim Nomen.

Da in der uridg. Deklination innerhalb desselben
Paradigmas häufig der Akzent wechselt, so müßten sich
auf germanischem Sprachgebiet je nach der Stellung des
Worttons in einem Teil der Kasus stimmlose, in einem
andern Teil stimmhafte Spiranten zeigen. Ein solcher
Wechsel ist nicht mehr überliefert. Doch sind durch
Ausgleich mehrfach Doppelparadigmen zustande gekommen,
deren eines die stimmlose, das andere die stimmhafte
Spirans durch alle Kasus durchgeführt hat. Man ver-
gleiche die folgenden Parallelformen:

a) *f : ƀ*. Vgl. as. *haforo* 'Hafer': *haƀoro*, ahd. *haƀaro*.
— ahd. *diufa* 'Diebstahl': *diuba*. — ahd. *hefīg* 'schwer':
heƀīg. — ahd. *grāfio* 'Graf': *grāƀio*. — ahd. *zwelif* (*f* =
idg. *kʷ*) 'zwölf': got. Dat. Plur. *twalibim*.

b) *þ : đ*. Vgl. got. *alþeis* 'alt', ahd. *elthiron* 'Eltern':
got. *alds* Gen. *aldáis* 'Menschenalter', aisl. *aldenn* 'alt', ae.
eald, ahd. *alt*. — got. *dáuþus* 'Tod', ae. *déađ*, as. *dōth*,
got. *dáuþs* Gen. *dáuþis* 'tot': ae. *déad*, as. *dōd*, ahd. *tōt*. —

Das idg. Suffix -*ti-*, Verbalabstrakta bildend, erscheint in ai. *gátiš* ʽGangʼ, gr. βάσις, got. *ga-qumþs* Gen. *ga-qumþáis* ʽZusammenkunft, Versammlungʼ; ai. *bhŕtiš* ʽHerbeiholenʼ, got. *ga-baúrþs* Gen. *ga-baúrþáis* ʽGeburtʼ : ai. *matíš* ʽMeinungʼ, got. *ga-munds* Gen. *ga-mundáis* ʽAndenken, Gedächtnisʼ; ai. *sphātíš* ʽGedeihnʼ, ae. *spéd*, as. *spōd*, ahd. *spuot;* ai. *bhŕtiš*, ae. *ʒe-byrd* ʽGeburtʼ, as. *giburd*, ahd. *giburt*. — Suffix -*tro-* erscheint nach betonter Wurzel in got. *kaþrō* ʽwoherʼ, *jáinþrō* ʽvon dort herʼ u. a.; es ist selbst betont in *hidrē* ʽhierhinʼ. — Suffix -*tu̯ā-* findet sich nachtonig in russ. *bítva* ʽSchlachtʼ, *molítva* ʽGebetʼ, *lovítva* ʽJagenʼ, got. *fijaþwa* ʽFeindschaftʼ, *frijaþwa* ʽLiebeʼ, *saliþwōs* Plur. tant. ʽHerberge, Wohnungʼ (vgl. abg. *selitva* ʽNiederlassung, Wohnungʼ): -*tu̯o-* mit Endbetonung in ai. *pitr̥tvám* ʽVaterschaftʼ, *patitvám* ʽEhestandʼ, got. *þiwadw* ʽDienstbarkeitʼ. — Suffix -*tlo-* mit Wurzelbetonung erscheint in got. *maþl* ʽVersammlungʼ, aisl. *mál* ʽRedeʼ, ae. *mæðl* ʽVersammlungʼ: Suffix -*tlo-* mit Endbetonung in ahd. *Thiotmalli* ʽDetmoldʼ, *Mallo-baudes* Eigenname, latinisiert *mallus* der Lex Salica (vgl. E. Sievers, IF. IV. 335 ff.).

c) *h* : ȝ. Vgl. ai. *śváśuras* ʽSchwiegervaterʼ, got. *swaíhra*, ae. *swéor* (aus *sweohor), ahd. *swehur* : ai. *śvaśrū́* ʽSchwiegermutterʼ, gr. ἑκυρά, ae. *sweʒer*, ahd. *swigar*. — got. *háuhs* ʽhochʼ, ahd. *hōh* : aisl. *haugr* ʽHügelʼ. — lat. *quercus* (aus idg. **perku̯us*) ʽEicheʼ, ae. *furh* ʽFichteʼ, ahd. *forha* ʽFöhreʼ: got. *faírguni* ʽGebirgeʼ ursprünglich ʽEichwaldʼ (H. Hirt, IF. I. 479 ff.). — ai. *dáśa* ʽzehnʼ, gr. δέκα, got. *taíhun*, aisl. *tío*, ae. *tíen*, as. *tehan*, ahd. *zehan* : ai. Instrum. Plur. *daśádbhiš*, got. *tigum* (aus *tigundmiz), Dat. Plur. von Nom. Sing. *tigus, aisl. *tegr*, ae. -*tiȝ*, ahd. -*zug*. — got. Komparativ *jūhiza* (aus *jūwhiza älter *juwunhizēn) ʽjüngerʼ : Positiv ai. *yuvaśás* ʽjungʼ, got. *juggs* (aus *jūŋgaz, *juwunȝoz), aisl. *ungr*, ae. ȝeonȝ, as. ahd. *jung*. Man vergleiche wegen des Akzentunterschiedes zwischen Komparativ und Positiv ai. Komp. *drághīyas-* ʽlängerʼ : Positiv *dīrghás; gárīyas-* ʽschwererʼ : *gurús* ʽschwerʼ; *svádīyas-* ʽsüßerʼ, gr. ἡδί(σ)ον (vgl. R. Thurneysen, KZ. XXXIII. 551 ff.) : ai. *svādúš* ʽsüßʼ, gr. ἡδύς u. a. m.

d) *k* : *ʒw*, das nach § 123, 4 als *w* (*u*) erscheinen muß. Vgl. got. *aƕa* 'Wasser' : german.-lat. *-auia* in *Scadin-auia*, aisl. *ǫ* 'Wasser', ahd. *ouwa* (germ. Grundform Nom. **aʒwí*, vgl. wegen der Akzentuation die Feminina auf *-ī* ai. *br̥hatí* 'die große', moviertes Femininum zum Stamm *br̥hánt-*, *takṣṇí*, mov. Fem. zu *tákṣan-* 'Holzarbeiter', *śuní* 'Hündin' neben *śván-* 'Hund' u. dgl. m.). — got. *saíƕan* : got. *siuns* 'Gesicht' (Grundform **seʒunís*, betont wie ai. *agníṣ* 'Feuer', *prēṇíṣ* 'liebreich', *vr̥ṣṇíṣ* 'Widder' u. dgl. m.). — gr. κύκλος 'Kreis', ae. *hwéol* : ai. *cakrám*, aisl. *hiol*, ae. *hweowol* 'Rad'. — ae. *teohhian* 'anordnen', ahd. *gizehōn* 'anordnen', mhd. *zeche* 'Ordnung' : got. *tēwa* 'Ordnung'. — ahd. *mēh* (Grundform **máiƕi-*) 'Möwe' : ae. *máw* (Grundform *maiʒwi-*). — ahd. *zēha* 'Zehe' : mhd. *zēwe*. — ahd. *fīhala* 'Feile' : *fiola*. — gr. νέκυς 'der Tote', lat. *nequalia* 'Schaden', germ. *Nehalennia* 'Töterin' (Jäkel, ZZ. XXIV. 289 ff.) : got. *náus* Gen. *nawis* 'der Tote', aisl. *nár* 'Leiche'.

e) *s* : *z*. Vgl. ahd. *haso* 'Hase' : ai. *śaśás* (für **śasás*), aisl. *here*, ae. *hara*. — mhd. *verse* 'junge Kuh' : aisl. *farre* 'Farren, Stier', ae. *fearr*, ahd. *farro*. — got. *áuso* 'Ohr' : aisl. *eyra* (*ey* durch Palatalumlaut entstanden durch den Einfluß von *r* aus *z*), ae. *éare*, as. ahd. *ōra*. — got. *asans* F. 'Ernte' : ahd. *aran*. — got. *ráus* Gen. *ráusis* 'Rohr' : ahd. *rōr*. — got. *þaúrsus* 'dürr' : aisl. *þurr*, ae. *ðyrre*, as. *thurri*, ahd. *durri*. — ae. *fyrsn* 'Ferse', anfr. *fersna*, ahd. *fersana* : got. *faírzna*.

Der letzte Verschiebungsakt.

125. Die idg. stimmhaften Verschlußlaute (Mediae) verlieren ihren Stimmton (werden zu Tenues).

1. Idg. *b* = germ. *p*.

Über idg. *b* vgl. Uhlenbeck, PBrB. XVIII. 236 ff. XX. 325 ff. thrak. βαίτη 'Hirtenrock aus Ziegenfellen', got. *páida* 'Rock', ae. *pád*, as. *pēda*, ahd. *pfeit*. — lit. *balà* 'Sumpf', abg. *blato* (aus **bolto*), ae. *pól*, ndl. *poel*, ahd. *pfuol*. — russ. *bryzgat' bryznut'* 'spritzen', mnd. *prūsten*. — lit. *dubùs* 'tief, hohl', got. *diups*, aisl. *diúpr*, ae. *déop*, as. *diop*, ahd.

tiof. — gr. κάνναβις 'Hanf', aisl. *hampr,* ae. *hænep,* ahd. *hanaf.* — abg. *slabŭ* 'schaff', nd. *slap,* ahd. *slaf.* — lat. *lūbricus* 'schlüpfrig', got. *sliupan* 'schlüpfen', ae. *slūpan,* ahd. *sliofan.*

2. Idg. *d* = germ. *t.*

Lat. *domāre,* got. *ga-tamjan* 'zähmen', aisl. *tĕmia,* ae. *tĕmman,* ahd. *zĕmmen.* — gr. ὸδούς Gen. ὸδόντος (Stamm *odont-*) 'Zahn', lat. *dens* Gen. *dentis* (Stamm *dṇt-*), got. *tunþus,* ae. *tóđ* (aus *tanþ-*), as. *tand,* ahd. *zand,* vgl. aisl. *tindr* 'Zacken'. — gr. δάχρυ 'Thräne', got. *tagr* und aisl. *tár* (aus **tahr*), ae. *tĕar* (aus **teahor*). — air. *dún* 'Burg', aisl. ae. *tún* 'eingehegtes Gehöft', as. *tūn* 'Zaun, Garten', ahd. *zūn.* — gr. δυς- 'übel', got. *tuz-* 'zer-', aisl. *tor-.* — gr. δέμω 'baue', got. *timrjan* 'zimmern'. — gr. δύω 'zwei', got. *twái,* aisl. *tueir,* ae. Neutr. *twá,* as. Neutr. *twē,* ahd. Neutr. *zwei.* — lat. *edere* 'essen', got. *itan,* aisl. *eta,* ae. as. *etan,* ahd. *ezzan.* — gr. dor. πώς Gen. ποδός 'Fuß', got. *fōtus,* aisl. *fótr,* ae. *fót,* as. *fōt,* ahd. *fuoz.*

3. Vorgerm. *g* = germ. *k.*

a) Idg. *ĝ*: ai. *juṣáte* 'erfreut sich', gr. γεύω (aus **γεύσω*) 'lasse kosten', got. *kiusan* 'prüfen, versuchen', ae. *cĕosan,* ahd. *kiosan.* — lit. *pa-žíntas* 'bekannt', got. *kunþs,* ae. *cúđ,* as. *kūđ,* ahd. *kund.* — ai. *jánu* 'Knie', avest. Nom. Plur. *zanva,* gr. γόνυ, got. *kniu,* ae. *cnĕo,* as. *knio,* ahd. *chniu.* — abg. *zǫbŭ* 'Zahn', gr. γόμφος 'Backzahn, Pflock', ae. *comb* 'Kamm' (d. i. der gezähnte), ahd. *kamb.* — ai. *ájras* 'Trift', gr. ἀγρός 'Acker', lat. *ager,* got. *akrs,* aisl. *akr,* ae. *æcer,* as. *akkar,* ahd. *ackar.*

b) Idg. *g*: lit. *garnȳs* 'Reiher, Storch', gr. γέρανος, ae. *cran* 'Kranich', as. *crano,* ahd. *chranih.* — abg. *glasŭ* (aus **golsŭ*) 'Stimme', breton. *galu* 'Zuruf', aisl. *kalla,* ahd. *kallōn* 'rufen'. — russ. *golot* 'Eis', lat. *gelāre* 'frieren', dazu aisl. *kala,* ae. *calan.* — lit. *áugu* 'wachse', lat. *augeo* 'vermehre', got. *áukan* 'zunehmen', aisl. *auka,* ae. Part. Perf. *éacen* 'vermehrt, groß', as. Part. Perf. *ōcan* 'schwanger'. — lit. *rúgiu* 'rülpse', lat. *ērūgō,* ahd. *ita-ruchian* 'wiederkäuen'. — lit. *stégiu* 'decke das Dach', lat. *tego* dazu aisl. *þak* 'Dach', ae. *đæc*, ahd. *dah*.

<h4 style="text-align:center">4. Idg. g^v = germ. q.</h4>

a) q vor palatalen Vokalen. ai. *jīvás* 'lebendig', lit. *gývas*, lat. *uīuos*, got. *qius*, ae. *cucu*, as. *quik*, ahd. *quec*. air. *bél* (aus **betlo-*, idg. *g^vetlo-*) 'Mund, Lippe', got. *qiþan* 'sprechen', aisl. *kueđa*, ae. *cweđan*, as. *queđan*, ahd. *quedan*. lit. *nů'gas* 'nackt', lat. *nūdus* (aus **nog^vedos*), got. *naqaþs*, aisl. *nǫkkueđr*. — gr. ῥαιβός 'krumm', got. *wráigs*. — ai. *rájas* N. 'Dunkel', gr. ἔρεβος, got. *riqis*.

b) k vor dunkeln Vokalen: ai. *gámati* 'geht', gr. βαίνω (aus **βανjω*), lat. *uenio* (aus **guenio*) 'komme', aisl. *koma* 'kommen', ae. *cuman*, as. *kuman* : got. *qiman*, ahd. *queman*. — preuß. *genna* 'Frau', abg. *žena* (aus **genā*), gr. boiot. βανά, aisl. *kona* 'Weib', ahd. *chone* : got. *qinō*, ahd. *quena*. — ae. *nacod* 'nackt', ahd. *nackut nahhut* : aisl. *nǫkkueđr*. — aisl. *ǫx* 'Axt', ae. *æx* (vgl. gr. ἀξίνη), as. *accus*, ahd. *acchus* : got. *aqizi*. — ai. *gurúš* 'schwer', gr. βαρύς, got. *kaúrus*. — ai. *gáuš* 'Rind', gr. βοῦς, aisl. *kýr*, ae. *cú*, as. *kō*, ahd. *kuo*.

Anmerkung. Wenn idg. stimmhafte Verschlußlaute, denen *z* vorausgeht, im Germanischen stimmlos werden, so muß natürlich auch das idg. *z* den Stimmton verlieren. Vgl. gr. ὄζος 'Ast' (aus idg. **ózdos*), got. *asts*, ahd. *ast*. — ai. *nīdás* 'Lagerstätte der Tiere', lat. *nīdus* 'Nest' (aus idg. **nizdos*), ae. ahd. *nest*. — ai. *héđas* 'Zorn', ae. *gást* 'Geist', as. *gēst*, ahd. *geist*. — abg. *mēzga* 'Baumsaft', mhd. *meisch*. — lit. *māzgas* 'Knoten', aisl. *mǫskue* 'Masche', ae. *mæsce*, as. ahd. *māsca masca*.

Natürlich bleibt idg. *z* im Germanischen als stimmhafter Laut erhalten, wenn der folgende Konsonant stimmhaft bleibt, mit andern Worten vor den aspirierten Medien. Vgl. gr. μισθός 'Lohn', got. *mizdō*, ae. *meord*. — idg. **ghazdhā* 'Speer', got. *gazds* 'Stachel', aisl. *gaddr*, ahd. *gart*. (Wie Cosijn, Tijdschr. XIII. 19 ff. erkannt hat, haben ae. *gerd*, ahd. *gerta* ursprüngliches *r*, sind also von *gazds* zu trennen und mit C. C. Uhlenbeck, PBrB. XIX. 519 f. zu abg. *žrůdĭ* 'dünne Stange' zu stellen.) — idg. *azghōn-* 'Asche', got. *azgō*. — avest. *mazga-* 'Mark', abg. *mozgŭ*, aisl. *mergr*, ae. *mearg*, as. ahd. *marg* (vgl. nhd. *ausgemergelt*).

Anhang.

Genau ebenso wie die aus idg. Urzeit ererbten werden die nach § 127 auf germanischem Boden durch Assimilation eines betonten *n*-Suffixes an einen vorausgehnden stimmhaften Spiranten neu entstandnen geminierten Medien zu Tenues verschoben. Es heißt daher nicht bloß aisl. *lokkr* 'Locke', ae. *locc*, ahd. *loc* aus idg. **lugnós* (vgl. lit. *lugnas* 'geschmeidig, biegsam', gr. λόγινος 'geflochten'); mhd. *stutzen* neben got. *stáutan* 'stoßen', as. *stōtan*, ahd. *stōzan* (vgl. ai. *tudáti* 'stößt', lat. *tundo*); aschwed. *loppa* 'Floh' neben got. *hláupan* 'laufen', aisl. *hlaupa*, ae. *hléapan*, as. *ahlōpan*, ahd. *hloufan*, sondern auch aisl. *smokkr* 'Unterkleid, Hemd', ae. *smocc*, ahd. *smoccho* aus urgerm. *smoȝn-'* (vgl. lit. *smūkti* 'gleiten', abg. *smykati sę* 'kriechen', aisl. *smiúga* 'kriechen', ae. *smúȝan*), mhd. *snitzen* aus urgerm. **sniđn-'* neben got. *sneiþan* 'schneiden', aisl. *sníđa*, ae. *snídan*, as. *snídan*, ahd. *snídan*; aisl. *hoppa* 'hüpfen', ae. *hoppian* aus urgerm. *hobn-'* neben abg. *kypēti* 'hüpfen'.

Die Entwicklung hat man sich folgendermaßen zu denken:

1) Die aus idg. Tenues, Tenues aspiratae und Mediae aspiratae entstandnen urgermanischen stimmhaften Spiranten assimilieren sich das auf sie folgende vortonige *n*; es entsteht also z. B. urgerm. *smoȝȝ-*.

2) Die so entstandnen geminierten stimmhaften Spiranten werden zu geminierten Medien, z. B. *smogg-*, die dem Verschiebungsgesetz unterliegen und zu Tenues werden: *smokk-*; die Assimilation muß also älter sein als die germ. Media-Verschiebung.

Chronologisches.

126. Die relative Chronologie der Lautverschiebungs-akte entspricht der gegebnen Anordnung des Stoffes. Die ungefähre absolute Chronologie ergiebt sich vielleicht aus der Geschichte einiger Lehnwörter. Vgl. R. Much, PBrB. XVII. 62 f., G. Kossinna, IF. Anz. IV. 49, H. D'Arbois, de Jubainville, Les premiers habitants de l'Europe.

II² 326 ff. und O. Schrader bei Hehn, Kulturpflanzen
und Haustiere, 6. Aufl. S. 188 f. Griech. κάνναβις 'Hanf'
(daraus entlehnt lat. *cannabis*), abg. *konoplja*, lit. *kanãpẽs*,
pers. *kanab* entsprechen aisl. *hampr*, ae. *hœnep*, ahd. *hanaf*.
Die germanischen Wörter können nicht aus dem Griechischen stammen, da vor der Lautverschiebung sonst
kein Lehngut aus dem griechischen in den germanischen
Wortschatz übergegangen ist, vgl. Fr. Kluge, Etym. Wb.
unter 'Hanf'. Vielmehr ist anzunehmen, daß die griechische, baltisch-slavische und germanische Benennung
des Hanfs aus einer gemeinsamen, nichtindogermanischen
Quelle geschöpft ist. Die Pflanze ward den Griechen von
Skythien her im 5. Jahrh. v. Chr. bekannt; Herodot IV. 74
beschreibt ihre Anwendung noch als etwas neues. Wahrscheinlich hat um diese Zeit die Verschiebung der indogermanischen Tenues im Germanischen noch nicht stattgefunden.

Ferner erzählt Caesar von den *Volcae Tectosages*, daß
sie durch die große Keltenwanderung, den Zug des Sigovesus, um 400 v. Chr. nach Germanien und an den er-
kynischen Wald gekommen seien. Der Name der *Volcae*
lautet aber im Germanischen **Walhōz*. Also wird auch
der Einbruch des Sigovesus vor die Durchführung der
germanischen Tenuesverschiebung fallen.

Auf dieselbe Datierung führt vielleicht der aus dem Kel-
tischen entlehnte Eigenname *Vacalus* (Caesar), germ. *Vahalis*
(Tacitus), *Vachalis* (Apollinaris Sidonius), nhd. *Waal*, ein
Flußname; anders, jedoch mich nicht überzeugend, im
Anschluß an J. C. Zeuß-Ebel, Grammatica celtica² S. 46,
Th. von Grienberger, PBrB. XIX. 534. Der Bergname
Finne ist nach K. Müllenhoff, Deutsche Altertumskunde
II. S. 234 aus gall. *penn* 'Kopf' entlehnt, nachdem die Sueben
im 5. Jahrh. v. Chr. über die Elbe vorgedrungen waren.
Man vergleiche ferner aisl. *Harfada* = *Carpathi* und *Fenni*
(Tacitus) *Finni*, deren german. Name auf dem heimischen
Quänen beruht (O. Bremer).

Der Terminus *a quo* für die Tenuesverschiebung dürfte
demnach etwa das Jahr 400 v. Chr. sein.

Wohl zu beachten ist, daß sonst die germanischen Lehnwörter aus dem Keltischen die Tenues unverschoben erhalten haben. Vgl. got. *kēlikn* 'Obergeschoß, Speisesaal, Wohnung, Turm' (gall. *kēliknon*), *sipōneis* 'Jünger' (zu air. *sechem* Inf. 'folgen', gall. *sep*- gehörig), *peika-bagms* 'Palmbaum', dessen erstes Glied nach R. Much seine Lautform einer keltischen Umbildung von lat. *ficus* verdanken soll.

Anmerkung. as. *ambaht-skēpi* 'Dienst', *ambaht-man* 'Diener', ahd. *ambaht ambahti* N. 'Dienst', die dem gall. *ambactus* 'Dienstmann' (Caesar) entstammen, zeigen keine verschobne Tenuis; denn idg. *kt* ist schon urkeltisch zu χt geworden; lat. *ct* beruht daher nur auf einer Lautsubstitution.

Entgegen ältern Ansichten ist aus der Lautgestalt des Eigennamens got. *Krēks* 'Grieche' = lat. *Graecus* kein sicherer Schluß für die Datierung der Mediaeverschiebung zu ziehn. Denn da im Urgermanischen stimmhafte Verschlußlaute im Wortanfang nicht existiert haben, so kann hier Lautsubstitution, Ersatz des stimmhaften durch den stimmlosen Verschlußlaut, vorliegen. Wichtig ist dagegen, daß das ums Jahr 100 v. Chr. aus *Dānuuius* entlehnte **Dōnawi* in den germanischen Dialekten unverändertes *d* aufweist.

Die Mediae keltischer Lehnwörter sind im Germanischen zu Tenues verschoben. Der gall. Nominalstamm *rīg*- 'König' erscheint germ. *rīk*-, vgl. got. *reiks* 'König', *reiki* 'Reich', aisl. *rike*, ae. *rice*, as. *rīki*, ahd. *rīhhi*. — kelt. *liagi*- 'Arzt' liegt wahrscheinlich dem got. *lēkeis leikeis* zu grunde (vgl. R. Thurneysen, Keltoromanisches, Halle 1884, S. 84), aus dem Germanischen ist slav. *lēkŭ* 'Arznei' entlehnt.

Die griechischen und lateinischen Lehnwörter sind erst nach der Beendigung sämtlicher Verschiebungsakte ins Germanische aufgenommen worden.

Das Ergebnis dürfte demnach sein, daß die germanische Lautverschiebung etwa in der Zeit von 400 bis 250 v. Chr. durchgeführt worden ist.

Achtes Kapitel.
Konsonantenverbindungen und Verwandtes.

———

I. Assimilationen.

127. Je nachdem ein Laut sich den folgenden an-
gleicht oder ihm angeglichen wird, unterscheidet man progressive und regressive Assimilationen.

A. Progressive Assimilationen.

1. Idg. *n* ist in urgermanischer Zeit einem vorausgehnden stimmhaften Spiranten oder Verschlußlaut assimiliert worden, falls der idg. Wortakzent nachfolgte.
Urgerm. *-bn-´ -đn-´ -ʒn-´* werden zu *-bb-´ -đđ-´ -ʒʒ-´* und
weiterhin zu *-bb- -dd- -gg-*, so daß sie mit den aus idg. urg.
-bn-´ -dn-´ -gn-´ assimilierten *-bb- -dd- -gg-* zusammenfallen.
Die Geminaten werden zugleich mit den einfachen aus
der Urzeit ererbten idg. stimmhaften Verschlußlauten
stimmlos. So gelangen wir zu den überlieferten geminierten stimmlosen Verschlußlauten des Urgermanischen
-pp- -tt- -kk-. Vgl. A. Bezzenberger, Gött. gel. Anz. 1876,
S. 1374; H. Osthoff, PBrB. VIII. 299 Fußnote; Fr. Kluge,
PBrB. IX. 149 ff.; Fr. Kauffmann, PBrB. XII. 504 ff.
Nach langer Silbe wird schon in urgermanischer Zeit
die Geminata vereinfacht.

a) urgerm. *-bn-´* und *-bn-´* werden zu urgerm. *-pp-*.
ndl. *kloppen* 'klopfen', ahd. *klopfōn* aus urgerm. **klobn-´*
oder **klobn-´*, ablautend zu ae. *clappian* 'klappen, schlagen',
ahd. *chlaphōn*. — ae. *hnæp*, Gen. *hnæppes* 'Napf', ahd.
napf aus urgerm. **hnabn-´* oder **hnabn-´*. — aisl. *toppr*
'Haarbüschel', ae. *top* Gen. *toppes*, as. *topp* 'Ende, Zipfel',
ahd. *zopf* 'Zopf' aus urgerm. **tobn-* oder **tobn-´*. — aisl.
snoppa 'Schnauze' aus urgerm. **snobn-´*, zu nd. *snūven*
'schnauben', md. *snūben* 'schnarchen'. — nhd. *schepp* 'schief'
aus urgerm. **skebn-´* neben aisl. *skeifr*, ae. *scáf*, vgl. lat.
Scīpiō 'der Schiefe'.

Nach langer Silbe ist die Geminata vereinfacht: ae.
héap 'Haufe', as. *hōp*, ahd. *houf* aus urgerm. **haubn-'*,
*haubb-', **haup(p)-*, vgl. abg. *kupŭ*. — ae. *ʒilp*, *ʒealp* 'Lärm,
Übermut', ahd. *gelf* 'Lärm' aus urgerm. **ʒelbn-'*, **ʒelbb-*
gegenüber aisl. *giálfr* 'sonitus'.

b) urgerm. -*dn-'* und -*đn-'* werden zu urgerm. -*tt-*. aisl.
knǫttr 'Ball', ae. *cnotta* 'Knoten' aus urgerm. **knodn-'* neben
ahd. *chnodo chnoto*. — aisl. *hǫttr* 'Hut', ae. *hætt*, dazu
germ. *Chattuarii* 'Hutleute' aus urgerm. **hadn'-* neben ae. *hód*,
ahd. *huot*, vgl. lit. *kū̃das kōdas* 'Schopf, Mütze des Federviehs'.

Nach langer Silbe ist die Geminata vereinfacht. ae.
steort 'Sterz', ahd. *sterz* aus urgerm. **sterdn-'*, vgl. gr.
στόρθη 'Zinke, Zacke'. — schwed. *flinte* 'Stein, urspr.
Feuerstein', dän. *flint*, ae. *flint* 'Kiesel, Feuerstein', aus
urgerm. **flindn-'*, vgl. gr. πλίνθος 'Ziegelstein'. — got.
keits 'weiß', aisl. *huítr*, ae. *hwít*, as. *hwīt*, ahd. *hwīz* aus
urgerm. *kīdn-' kītt-* neben as. *hwitt*, vgl. ai. *śvítnas*.

c) urgerm. -*gn-'* und -*ʒn-'* werden zu urgerm. -*kk-*. aisl.
bokkr bukkr bokke 'Bock', ae. *bucca*, ahd. *boc* Gen. *bockes*
(vgl. airl. *bocc* 'Ziegenbock'. Wh. Stokes IF. II., 167 ff.
bes. 169) aus urgerm. *bogn-'*, idg. **bhugnó-*, vgl. avest. *būza*
'Bock'. — ndl. *bakken* 'backen', as. *bakkeri* 'Bäcker', ahd.
bacchan 'backen' aus urgerm. **bagn-'* neben ae. *bacan*, ahd.
bahhan, vgl. gr. φώγω 'röste'. — ahd. *zocchōn* 'heftig ziehn,
zerren' aus urgerm. **toʒn-'* neben got. *tiuhan* 'ziehn' usw.,
vgl. lat. *dūco* 'führe'. — as. *leccōn* 'lecken', ahd. *lecchōn*
aus urgerm. **leʒn-'* neben got. *bi-láigōn* 'belecken', vgl.
gr. λίχνος 'leckerhaft', lat. *lingo* 'lecke'. — ae. *friccea*
'Herold' aus urgerm. **friʒnj-'* neben got. *fraihnan* 'fragen'
usw., vgl. ai. *praśnín-*.

Nach langer Silbe ist die Geminata vereinfacht. aisl.
flik 'Stück Zeug' aus urgerm. **flīʒn-'* oder **flīgn-'*, *flikk-*
neben aisl. *flekkr* 'Fleck, Lappen', ahd. *flec* Gen. *fleckes*. —
b-éacen 'Zeichen', as. *b-ōkan*, ahd. *b-ouhhan* aus urgerm.
*auʒn-', *aukk-* neben got. *áugjan* 'zeigen', as. *ōgian*, ahd.
ougen. — ae. *lócian* 'sehn', as. *lōkōn* aus urgerm. **lōʒn-'*
oder **lōgn-'*, **lōkk'* neben ahd. *luogēn*.

2. Idg. *ln* wird im Germanischen überall zu *ll*, ganz unabhängig von der Akzentstellung. ai. *pūrṇás* 'voll', lit. *pílnas*, got. *fulls*, ae. as. *full*, ahd. *fol follēr*. — lit. *vilnìs* 'Welle', abg. *vlŭna*, ahd. *wella*. — ai. *ū́rṇā* 'Wolle', lit. *vílna*, abg. *vlŭna*, got. *wulla*, aisl. *ull*, ae. *wull*, ahd. *wolla*. — gr. πέλλα 'Haut, Leder' (aus **pelnā*), lat. *pellis* 'Fell' (aus **pelnis*), got. *þrūts-fill* 'Aussatz', *faúra-filli* 'Vorhaut', aisl. *fiall*, ae. *fell*, ahd. *fel* Gen. *felles*. — ai. *sthū́ṇā* 'Pfosten', ahd. *stollo*.

3. Idg. *nu̯* wird im Germanischen überall zu *nn*, ganz unabhängig von der Akzentstellung. gr. μινύω 'vermindere', lat. *minuo* und *minus* 'weniger', got. *minniza*. — ai. *tanús* 'dünn', gr. τανύ-γλωσσος 'langzungig', lat. *tenuis*, aisl. *þunnr* 'dünn', ae. *đynne*, ahd. *dunni*. — ai. *riṇvati* (Gramm.) 'läßt fließen', got. as. ahd. *rinnan* 'rinnen', ae. *yrnan*, — a. *hánuš* 'Kinnlade', gr. γένυς, lat. *dentes genuīnī* 'Backenzähne', got. *kinnus* (Kontaminationsform: Nom. urspr. **kinus*, Instr. **kinnō* aus **kinu̯ō*), aisl. *kinn* 'Wange', ae. *cin*, ahd. *kinni*. — ai. *dhánvan-* 'Bogen', ahd. *tanna*.

Anmerkung 1. got. *manna* 'Mann, Mensch', aisl. *madr*, ae. *moṇ*, as. ahd. *man*, Gen. *mannes* hängen nicht, wie die herrschende Meinung annimmt, direkt mit ai. *mánuš* 'Mensch' zusammen. Denn ihr -*nn*- geht nicht auf idg. -*nu̯*- zurück, sondern beruht auf idg. -*n-n*-, wobei das erste *n* der Wurzel zugehört, das zweite die verallgemeinerte Schwundstufe des Suffixes -*en*- ist (vgl. gr. ἀρν-, lat. *carn*- u. dgl. m.). Vgl. A. Bezzenberger, Deutsche Litteraturzeitung 1890, Sp. 14, O. Wiedemann, KZ. XXXII. 149, Joh. Schmidt, ebd. 253 Fußnote.

Anmerkung 2. Es ist bis jetzt noch nicht festgestellt worden, worauf der Wechsel zwischen *rr* — *rn*, *mm* — *mn* beruht, der sich in verschiednen Wörtern findet. Vgl. got. *fairra* 'fern', aisl. *fiarre*, ae. *feor*, ahd. *ferro*, as. *fer* neben got. *fairneis* 'alt', as. *fern* 'vorig, verflossen', ahd. *firni*; ae. *steorra* 'Stern', ahd. *sterro* neben got. *stairnō*, aisl. *stiarna*, ahd. *sterno*. Vgl. A. Noreen, Urgerm. Lautlehre, S. 158, Anm. 2. — alem. *némmen*, 'nennen' neben got. *namnjan*, ae. *némnan*, as. *némnian*; aisl. *suimma* 'schwimmen', ae. as. ahd. *swimman* neben aisl. *symia* u. dgl. m.

B. Regressive Assimilation.

1. Urgerm. *đl* wird zu *ll*. Vgl. E. Sievers, IF. IV. 335 ff. germ.-lat. *mallus* 'Gerichtsstätte', *mallare* 'vor Ge-

richt klagen', *gamallus, mallobergus* der Lex Salica, Eigennamen wie *Thiot-malli* 'Detmold', *Leudo-malla, Baudo-malla,
Mallo-baudes, Mallegundis*. Stamm **madlo-* gegenüber got.
maþl 'Versammlungsplatz', *maþljan* 'reden', aisl. *mál* (aus
**mahlo-*), ae. *mœdl mœdlan* 'reden', ahd. *mahal*, im Kom-
positum *madal-*, vgl. *Madalgēr, Madalgart* u. a. — ae.
weallian, ahd. *wallōn* 'umherstreifen' neben ae. *wadol* 'uaga-
bundus', ahd. *wadal* 'Wedel'. — ahd. *gruntsellon* 'fundare'
neben ahd. *sedal*. — aisl. *stallr* 'Stall', ae. *steall*, ahd. *stal*
Gen. *stalles* gegenüber ae. *stadol* 'Stadel', ahd. *stadel*, vgl. ai.
sthātram 'Standort', lat. *stabulum* (aus *stadlom). — ae. *cnoll*
'Knollen', mhd. *knolle* 'Klumpen' gegenüber ahd. *knodo*
'Knoten'. — aisl. *troll* 'Zauberer, Gespenst', zu got. *trudan*,
aisl. *troda* 'treten' gehörig. — ae. as. *bill* 'Beil' gegenüber ahd. *bihal*.

Nach langer Silbe wird *ll* vereinfacht. ae. *ǣlan* 'brennen'
aus *ailjan älter *aidljan, vgl. gr. αἴθω 'funkle'. — ahd.
ila 'Studium', *ilen* 'tendere' aus **īdl-* usw., vgl. aisl. *id*
'Studium' *idenn* 'assiduus'. — ahd. *kīl* 'Spalter, Keil' aus
**kīdl-*, nhd. dial. *keidel* aus *kīþl-*. — mhd. *zīlant* 'Seidel-
bast' aus **tīdl-* neben mhd. *zidelbast* aus **tīþl-*.

2. Urgerm. *zl* wird *ll*. Vgl. F r. K l u g e, PBrB VIII.
524 f. me. *crolle* 'lockig', ndl. *krul* 'Locke', nhd. *kroll*
'lockig', *krolle* 'Locke' aus **krozl-* neben me. *crous* 'kraus',
mndl. *kruis*, mhd. *krūs*. — aisl. *knylla* 'schlagen', ae.
cnyllan 'stoßen' aus *knuzlj-* neben aisl. *knosa* 'schlagen', ae.
cnyssan, ahd. *chnussen* 'stoßen'. — ahd. *ungibillōt* 'impolitus',
duruhbillōt 'terebratus' aus **bizl-*, vgl. got. *beist* 'Sauerteig'.
— aisl. *hrolla* 'zittern, beben' aus **hrozl-* neben *hriósa*
'schaudern', vgl. κρύσ-ταλλος 'Eis', κρύος N. (aus *κρυσος)
'Frost'.

3. Urgerm. *zm* wird zu *mm*, das nach langer oder
unbetonter Silbe vereinfacht wird. Vgl. F r. K l u g e, PBrB.
VIII. 524; Verf., PBr.B. XV. 504 ff. got. Dat. Sing. *þamma*
'dem', *imma* 'ihm', vgl. ai. Dat. *tásmāi asmái* Abl. *tásmād
asmád*. Der pronominale Dativ der Adjektiva z. B. got.
blindamma hat sein *mm* nach unbetonter Silbe von *þamma*

bezogen, vgl. ahd. *blintemu, blintemo;* ahd. *demu demo* sind
die nicht orthotonierten Formen. — germ.-lat. *Segi-mērus
Segi-mundus* (Tacitus) mit *seɜez-* als erstem Kompositionsglied, vgl. *Segestes* (Tacitus); *mm* ist nach unbetonter Silbe
vereinfacht. — ahd. Dat. Pl. *sigim* 'den Siegen' aus
**seɜezmiz.* — Θουμελικος (Strabon) neben Θουϲνελϲα (oder
vielleicht richtiger *Θουϲνελλα, indem ΛΔ für ΛΛ ver-
lesen ist, s. R. Much, HZ. XXXV. 367 f.) geht auf *þuzm-*
zurück. Das erste Kompositionsglied, das mit got. *þūs-*
in *þūsundi* (aus *þūs-hundi 'Krafthundert') '1000' zu vergleichen ist, geht auf idg. *tūs-* d. i. die lautgesetzliche Schwundstufe der in ai. *távas* N. 'Kraft' erscheinenden zweisilbigen
Vollstufe zurück. — Wahrscheinlich geht got. *im* 'ich bin'
usw. auf *imm älter *immi aus *izmi zurück, vgl. ai. *ásmi*,
gr. ἐϲμί, abg. *jesmĭ.*

4. Partielle Assimilation d. h. Angleichung der Arti-
kulationsstellung, aber nicht der Artikulationsart findet bei
m und *n* mehrfach statt. a) Urgerm. -*md*- wird zu -*nd*-.
Vgl. aisl. *sund* N. 'das Schwimmen' neben aisl. *symja*
'schwimmen'. — ahd. *scant* 'beschämt', ursprünglich ein
Part. Perf. zu got. *skaman* 'schämen', ahd. *scamēn.* — ae.
rond 'Schildrand', ahd. *rant* 'Schildbuckel, Schildrand'
neben ae. *rima reoma* 'Rand'. — aisl. *sandr* 'Sand', ae.
sond, as. *sand*, ahd. *sant*, vgl. engl. dial. *samel* 'Sandboden',
gr. ἄμαθος (aus *ϲαμαθος) 'Sand'. — got. as. *hund* 'hundert',
ahd. *hunt* aus idg. *dḱmtóm, einer *te/to*-Ableitung von idg.
**déḱm̥* 'zehn' (lat. *decem*), vgl. lit. *szimtas* 'hundert'.

b) Aus idg. -*nkʷ*- entsteht urgerm. -*mf*-, nicht -*nf*-, weil
urgerm. *f* bilabial ist. Vgl. got. *fimf* 'fünf', aisl. *fimm*
aus idg. *pénkʷe, vgl. ai. *páñca*, gr. πέντε, lat. *quīnque.*
Wenn es im Ahd. neben älterm *fimf* später *finf* heißt, so
beruht der dentale Nasal darauf, daß ahd. *f* nicht mehr
wie das urgermanische bilabial, sondern labiodental ist.

II. Verschiebung der Artikulationsart.

128. 1. Partielle Dissimilation, d. h. eine Verschiebung der Artikulationsart scheint in der Gruppe -*mn*- in

urgermanischer Zeit eingetreten zu sein, indem der nasale Verschlußlaut *m* in den homorganen Spiranten *b* übergegangen zu sein scheint. Mannigfache Ausgleichungen haben die ursprünglichen Verhältnisse stark verschoben. Vgl. u. a. H. Möller, Zur ahd. Allitterationspoesie (Kiel und Leipzig 1888), S. 74 Fußnote; O. Bremer, HZ. XXXVII. 11 f. aisl. *nafn* 'Name': got. *namō*. *b* ist hier in den Kasus lautgesetzlich, wo das *n*-Suffix auf der Schwundstufe stand, *m* und *n* also zusammentrafen, z. B. Gen. Plur. *namnō wird *nabnō. — aisl. Dat. Sg. *hifne* 'dem Himmel', ae. *heofon* (mit durchgeführtem *b*), as. *hevan*: got. *himins*, aisl. *himenn*. — got. *stibna* 'Stimme', ae. *stefn*, afries. *stifne*: ae. *stemn*, as. *stemna*, ahd. *stimna*. Lautgesetzlich ist Nom. *stiminō: *stebnō. Daraus entstand durch Kontamination *stimnō. — Suffix *-umniā* (vgl. z. B. lat. *calumnia* 'Verleumdung') erscheint im Gotischen als *-ubni -ufni* (wohl je nach dem Akzent), z. B. *witubni* 'Wissenschaft': *waldufni* 'Gewalt', vgl. Fr. Kluge, Nominale Stammbildungslehre, § 150, S. 68. Im Westgermanischen *-unnia -innia*: as. *fastunni(a)* 'Fasten': got. *fastubni*.

2. Wahrscheinlich ist auch *m* in der Anlautgruppe *mr* zu *b* geworden, vgl. K. F. Johansson, KZ. XXX. 445 ff.; Osthoff, MU. V. 123 ff. nengl. *brack* 'Salzwasser', ndl. *brack* 'salzig', nnd. *brakig*: lat. *mare* 'Meer', got. *marei*, aisl. *marr*, ae. *mere*, ahd. *meri* (H. Hirt, IF. I. 475). — ahd. *breman* 'brummen' kann zugleich mit gr. βρέμω 'brause' auf idg. *mremō zurückgehn, das mit ai. *marmaras* 'rauschend', gr. μορμύρω 'rausche', lat. *murmurō*, ahd. *murmurōn* verwandt ist.

III. Konsonantenverlust.

129. 1. Dentale, Palatale, Velare schwinden vor *s* + Konsonanz.

a) ahd. *loscēn* 'verborgen sein': aisl. *lúta* 'sich ducken', ae. *lútan*. — got. *and-hruskan* 'erforschen': lat. *scrūtārī*. — mhd. *krīschen* 'schreien': *krīzen*. — got. *ga-wrisqan* 'Frucht bringen': ai. *várdhati* 'wächst'. — aisl. *lyskr* 'weich, schlaff':

got. *lats* 'laß', ae. *lœt*, as. *lat*, ahd. *laz*. — aisl. *beiskr* 'scharf', aisl. *beisl* 'Gebiß' : got. *beitan*, 'beißen', aisl. *bita* usw. — ae. *rúst* 'Rost', as. ahd. *rost* aus *rudhs + to-* vgl. BB. XIX. 271. — got. *ana-búsns* 'Gebot' : *biudan* 'bieten'. — got. *us-beisns* 'Geduld' : *beidan* 'warten'. — ahd. *gan-eista* 'Feuerfunke', vgl. *Aisto-módius* Eigenname, mit lat. *aestas* *aestus* zu ai. *ídhas* N., gr. αἶθος N. gehörig; Grundform **aidhs-tā*. — ahd. *quist* F. 'Verderben', mit lit. *pa-gadas* 'Verderben' verwandt; Grundform **gᵛhedhs-t-*. Näheres über Dental + *s* + *t* bei K. Brugmann, IF. VI. Heft 1.

b) ahd. *leskan* 'erlöschen', eigentlich 'sich legen' : got. *ligan* 'liegen' usw. — ahd. *forscōn* 'forschen' : ai. *pṛcháti* 'fragt'. — got. *waúrstw* 'Arbeit' : *waúrkjan* 'wirken'. — ae. *miscian* 'mischen', ahd. *miskan* : gr. μίγνυμι.

Anmerkung. *h* ist vor *s* + Konsonanz bis in einzelsprachliche Zeit hinein erhalten geblieben, vgl. R. Kögel, PBrB. VII. 193 ff. Vgl. got. *maihstus* 'Mist', ahd. *mist*: aisl. *míga* 'harnen', ae. *mizan*, vgl. lit. *mēžù mēszti* 'harnen'; das Wort ist zu trennen von aisl. *mistr* 'trübes Wetter, neblige Luft', ae. *mist* 'Nebel', mndl. mnd. *mist* 'Staubregen, Nebel', das zu fläm. *mīzelen* 'staubregnen', aofries. *mese* 'Harn' (ai. *mḗṣati* 'besprengt, befeuchtet') gehört; denn ndl. nd. *hs* wird *ss* bezw. *s*, aofries. *mese* kann wegen seines *e* kein *h* eingebüßt haben. Vgl. J. H. Kern, IF. IV. 106 ff. — got. *wahsts* 'Wachstum', ahd. *wast*: got. *wahsjan* 'wachsen', ahd. *wahsan*.

2. *n* schwindet vor *h*, sieh § 93.

3. *u* schwindet vor germ. *u* (vgl. §§ 117, 4 Anm.; 122, 4 Anm. 1.). got. *hunsl* 'Opfer', aisl. *húsl*, ae. *húsel* gehört zu abg. *svętŭ* 'heilig', Grundform **ḱuṇtos* — aisl. *sund* 'das Schwimmen', ae. *sund* aus **suṇtó-*, vgl. *swimman* 'schwimmen'.

4. *i* nach anlautender Konsonanz scheint zu schwinden, vgl. H. Osthoff, PBrB. XVIII. 243 ff.; L. Sütterlin, ebd. 260 f. ae. *fúht* 'feucht', ahd. *fúht* soll auf idg. **pi̯-ūkᵛtus* zurückgehn, worin *pi̯-* Verkürzung der Präposition gr. ἔπι ist, *-ūkᵛtus* mit gr. ὑγρός, lat. *ūuidus* 'naß' zusammenhängt. Wenn diese Deutung richtig ist, so wird der Schwund von *i* nach anlautendem Verschlußlaut jedoch nicht urgermanisch sein, da in aisl. *tyggia* 'kauen' gegen-

über ahd. *kiuwan* das *t* auf palatales *t'*, entstanden aus *k'*, *k'j* zurückgeführt werden muß, vgl. Verf., IF. I. 514. Wahrscheinlicher als die Etymologie Osthoffs ist die Lidéns, der *fūht* mit ai. *paṅkas* 'Schlamm' zusammenbringt.

5. Urgerm. *h* nach Konsonanten schwindet. Es muß daher in dieser Stellung schon früh aus einer Spirans zum bloßen Spiritus asper geworden sein. Vgl. Fr. Kluge, PBrB. XIV. 585 ff. got. *þūsundi* 'tausend', ae. *ðúsend,* as. *thūsundig* ahd. *dūsunt* aus *þūs-,* der regelrechten Schwundstufe zur zweisilbigen Vollstufe ai. *távas* N. 'Kraft, Stärke', und *hundjo-,* vgl. die Neubildungen aisl. *þús-hund* und salfränk. *þūs-chunde.* — germ.-lat. *carrago* 'Wagenburg' aus **carr-hagō,* vgl. ae. *bord-haʒa* 'clypeorum sepimentum'. — aisl. *líkame* 'Leichnam' gegenüber ae. *líc-homa.*

6. Schwund des mittlern Konsonanten einer Gruppe findet sich mehrfach.

a) Palatale und velare Verschlußlaute schwinden zwischen *s* + Konsonant im Wortanfang, vgl. K. F. Johansson, PBrB. XIV. 289 ff. afries. *slūta* 'schließen', ahd. *sliozan* gegenüber lat. *claudo* 'schließe' weist auf eine Grundform mit anlautendem *(s)kl-.* — aschwed. *slind* 'Seite' neben aisl. *hlið,* Anlaut *(s)kl-.* — ndl. *slank* 'dünn', mhd. *slanc* 'schlank, mager' neben ae. *hlanc* 'mager, schmal', Anlaut *(s)kl.* — aisl. *snykr* 'Gestank' neben *hnykr,* Anlaut *(s)kn-.* — nschwed. *snappa* 'schnell greifen, fassen' neben aschwed. *nappa* (aus **hnappa*), Anlaut *(s)kn-.*

b) Idg. Verschlußlaute schwinden zwischen zwei *n:* ahd. *sinnan* 'reisen, gehn' aus **sinþnan,* vgl. got. *sinþs* 'Weg'. — ahd. *hunno* 'centurio' aus **hundnō,* vgl. got. *hund* 'hundert'. — ahd. *wanna* 'Futterschwinge' aus **wanþna,* vgl. got. *-winþjan* 'worfeln'.

c) Idg. dentale Verschlußlaute schwinden zwischen *n* und unsilbischem *i̯.* ai. *satyás* 'wirklich', got. *sunjis* 'wahr'. — ae. *synn* 'Sünde' : as. *sundea,* ahd. *suntea* erklären sich durch den Wechsel von *ī* und *j* im Paradigma, Nom. **sundī,* Gen. **sunjōs.* — ahd. *zinna* 'Zinne, Zacke' aus *tindjōn-* neben mhd. *zint* 'Zinne'.

Anmerkung. Ausnahmen, die namentlich im Präsens der
ie/io-Verba häufig sind, erklären sich dadurch, daß hier vielfach
ursprünglich kein unsilbisches *j* vorhanden war.

d) Idg. μ schwindet zwischen Konsonant $+ j$. Vgl.
got. *hardjata* Nom. Akk. Sing. N. zu M. *hardus* 'hart',
sowie das Denominativum *hardjan*. — ahd. *fatureo* 'Vater-
bruder' gegenüber ai. *pítṛvyas*, lat. *patruus*. — aisl. Nom.
Plur. *léndar* 'die Lenden' aus **landwjōz*, vgl. abg. *lędvija*
'Lende, Niere'. — aisl. *bénda* 'winken' gegenüber got.
bandwjan 'ein Zeichen geben', dessen *w* durch den Einfluß
des Nomens *bandwa* 'Zeichen' erhalten ist. — Vgl. damit
auch die früher erwähnten Nomina aisl. *ylgr* 'Wölfin' aus
*wulʒwj- und ae. *sécʒ* 'Mann' aus **saʒwj-*, vgl. lat. *socius*.

Anmerkung. Der Schwund von μ zwischen Konsonanten
ist jünger als der Wegfall von $\jmath$ in der Verbindung $\jmath\mu + n$:
sonst könnte aus urgerm. **siʒμ-ni-s* nicht got. *siuns* werden.

7. Im Auslaut schwinden a) die dentalen Verschlußlaute nach unbetontem Vokal und nach betonter
Länge. Dieser Verlust fällt in sehr frühe Zeit, da die langen
Vokale, die vor ursprünglich auslautendem dentalen Verschlußlaut stehn, genau ebenso behandelt werden wie die
langen Vokale, die von jeher im absoluten Auslaut gestanden haben. Vgl. Verf., IF. Anz. III. 190. Die ent-
gegengesetzte Ansicht von M. H. Jellinek, Beiträge zur
Erklärung der germ. Flexion, S. 60 ff. und W. van Helten,
PBrB. XVI. 310 ff. sind daher unhaltbar. got. *wili* 3. Sg.
Opt. 'er will' = lat. *uelīt* aus idg. **μelīt*. — got. *baíraí*
3. Sg. Opt. = gr. φέροι, ai. *bhárēt* aus idg. **bhéroit*. —
got. *iddja* 'er ging' = ai. *áyāt*. — got. *bērun* 3. Plur.
Perf. aus idg. **bhērṇt*, vgl. den Ausgang von lat. *amābant*
legēbant. — got. *undarō* 'von oben' = ai. *adharád*. — got.
kaþrō 'woher' ist in der Endung *-þrō* mit lat. *-trād* in
extrād identisch.

Dagegen bleibt nach kurzem betonten Vokal der
Dental erhalten, vgl. Tamm, PBrB. VI. 400 ff.; W. von
Helten, ebd. XV. 173 ff. Vgl. aisl. *þat*, ae. *ðæt*, as.
that, ahd. *daz* = ai. *tád* aus idg. **tód*, gegenüber der
nicht orthotonierten Form got. *þei* aus **þa + ei*, ahd. *theiz*

aus *tha + iz 'daß es', theih aus *tha + ih 'daß ich', theist
aus *tha + ist. Ferner aisl. huat 'was', ae. hwæt, as.
(h)wat, ahd. (h)waz = lat. quod. Die nicht orthotonierte
Form erscheint in got. ƕa, wohl unter dem Einfluß des
Indefinitums, in ahd. weih aus *wa + ih 'was ich', weist
aus *wa + ist 'was ist'.

b) die Nasale, nachdem m zuerst zu n geworden und
dann gemeinsam mit dem ursprünglichen dentalen Nasal
zur bloßen Nasalierung herabgesunken ist. Der Übergang zur
Nasalierung ist älter als die Reduktion der auslautenden
Langdiphthonge, da sonst die Längen nicht vor wort-
schließendem m n unreduziert erhalten sein könnten.

Vgl. für den Übergang von m zu n got. in-a 'ihn',
þan-a 'den' aus urgerm. in, þan + Partikel -ēm, H. Hirt,
PBrB. XVIII. 298 f. Dazu alat. em-em, lat. id-em quid-em.

Wo keine Partikel antrat, muß in unbetonter und
in betonter langer Silbe der Verschlußlaut zur Nasalierung
werden und schließlich ganz schwinden. Vgl. urnord.
Nom. Sing. Neutr. hlaiwa (Bø) 'Grab', Akk. Sing. Neutr.
horna (Gallehus) 'das Horn', Gen. Plur. got. gibō, vgl. den
idg. Genitivausgang -ōm. Akk. Sing. F. got. þō 'die',
Verf., Zur germ. Sprachgesch., S. 60 f. — aisl. Akk. Sing.
kú 'die Kuh', ae. cú, as. kō, ahd. chuo = ai. gấm, gr. βῶν
aus idg. *gᵛōm̃, vgl. G. Mahlow, Lange Vokale, S. 61;
W. van Helten, PBrB. XV. 478 Fußnote 2. Gegen
M. H. Jellineks Einwände HZ. XXXIX. 140 vgl. H. Hirt,
IF. VI. 66 Fußn., der den aisl. Akk. Sing. F. þá gegenüber
dem Akk. kú mit Recht als die nicht orthotonierte Form
(vgl. Akk. Sing. F. spaka) erklärt.

Lautgesetzlich ist dagegen urgerm. n (aus idg. n und
m) nach betontem kurzen Vokal erhalten, vgl. W. van
Helten, PBrB. XV. 473; Verf., Zur germ. Sprachgesch.,
S. 60 f. got. ƕan = lat. cum, got. þan = lat. tum, as.
then than, in 'ihn', ahd. den wen, in.

IV. Einschub von Konsonanten.

130. 1. Zwischen s und r entwickelt sich der Übergangslaut t. air. sruaim (aus *sroumen-) 'Strom', aisl. straumr,

ae. *stréam*, as. ahd. *strōm.* — ai. *usrá* 'Morgenröte', lit.
auszrà, ae. *éastro* Fem. Plur. 'Ostern', vgl. *Austrogoti* (Trebellius Pollio), *Ostrogothae,* deren erstes Glied idg. *áusro-*
die wurzelbetonte Form neben ai. *usrá-* 'hell' ist, vgl.
Verf. IF. IV. 305 ff. — ai. *támisrā* 'Finsternis', ahd. *dinstar*
(Stamm *þinsro-*). — got. *swistar,* urnord. *swestar* (Opedal)
'Schwester', ae. *swester, sweostor,* as. ahd. *swester* gegenüber
ai. *svásar-,* gr. ἔορες, lat. *soror* (aus **suezor*) hat das *t* aus den
schwachen Kasus mit schwundstufigem Suffix bezogen: idg.
suesr-. — aisl. Part. Perf. *stroðenn* neben *sorðenn* zu *serða*
'Unzucht treiben'.

2. Gemeingermanisch, jedoch in einzeldialektische
Zeit fallend, ist die Entwicklung von *b* zwischen inlautendem *mr.* Vgl. got. *timbrjan* 'zimmern' (neben gewöhnlichem
timrjan), aisl. *timbra,* ae. *timbrian,* as. *timbrōn,* ahd. *zimbarōn*
(aus **zimbrōn*), dazu gr. δέμω 'baue'. Anders, doch weniger
überzeugend, H. Osthoff, MU. V. 123 ff.

Die westgermanische Konsonantendehnung.

131.   Vor *j w r l n m* wird ein vorausgehnder
Konsonant im Westgermanischen verdoppelt (gedehnt). Vgl.
H. Paul, PBrB. VII. 105 ff.; Fr. Kauffmann, PBrB.
XII. 520 ff.; E. Sievers, PBrB. XVI. 262 ff. Von einer
Assimilation des zweiten Lautes an den ersten ist keine
Rede; hierdurch hebt sich die westgerm. Konsonanten-
dehnung scharf von der urgerm. Assimilation ab.

Nach Kauffmann beruht die westgerm. Konsonantendehnung auf dem Unterschied, der in der Silbentrennung
zwischen (schematischem) *ta-la* und *tal-ia, na-ka* und *nak-ua,*
a-ka und *ak-ua, la-pa* und *lap-la, na-ba* und *nab-na* bestanden
habe. Dieser soll ausgeglichen worden sein, indem der
Typus *ta-la* auf den Typus *tal-ia* einwirkte und ihn zu
tal-lia umbildete.

Diese Erklärung unterliegt, wie Sievers a. a. O. hervorhebt, schweren Bedenken. Vielmehr ist mit Sievers anzunehmen, daß die Gesamtquantität der Silbe spontan
gesteigert sei. Die Folge dieser Quantitätssteigerung ist die

Verschiebung der Silbengrenze. Die Konsonantendehnung ist nur das Mittel, die Quantitätssteigerung zur Ausführung zu bringen. Da im Urgermanischen die Trennung *ta-lįa* und nicht *tal-įa* bestanden hat, so muß Kauffmanns Ausgangspunkt verworfen werden. Vgl. Pauls Grundriß I. 413 f.

Nach langer Silbe und im absoluten Auslaut wird die gedehnte Konsonanz gekürzt.

Die westgermanische Konsonantendehnung ist jünger als die Synkope des Endungs-*a*. Vgl. Verf. PBrB. XV. 495 f. Nur wenn der Schwund des auslautenden *a* im Nominativ und Akkusativ Sing. von urgerm. **akroz* 'Acker', **aploz* 'Apfel', westgerm. **akra *apla* vor die Periode der Konsonantendehnung fällt, ist begreiflich, wie die Doppelformen ahd. *ahhar: acchar, afful: apful* entstehn konnten. Nom. Akk. **akra* ward **akr̥ *akar* (vgl. ae. *æcer*), Nom. Akk. **apla* ergab **apl̥ *apul*. Hieraus sind ahd. *ahhar afful* regelrecht entstanden. Die obliquen Kasus, denen der intakte Stamm *akra- apla-* zu Grunde lag, mußten dem Gesetz der Konsonantendehnung unterliegen und sich zu *akkra- appla-* entwickeln. Dadurch erklären sich ndl. *akker*, as. *akkar*, ahd. *accher;* ae. *æppel*, nd. *appel*, ahd. *apful*.

1. **Dehnung vor *j*:** ae. *sibb* 'Sippe', as. *sibbia*, ahd. *sippea sippa* gegenüber got. *sibja*. — ae. *hycʒ(e)an* 'denken, gedenken', as. *huggian*, ahd. md. *huggen*, obd. *huckan* gegenüber got. *hugjan*. — ae. *biddan* (aus **biddjan*) 'bitten', as. *biddian biddean*, ahd. *bitten* gegenüber got. *bidjan*, aisl. *biđia*. — ae. *fremman* 'fördern, vollbringen', as. *fremmian*, ahd. *fremmen* gegenüber aisl. *fremia*. — ae. *dennan* 'dehnen', ahd. *dennen* gegenüber got. *þanjan*, aisl. *þenia*. — ae. *hell* 'Hölle', as. *hellia*, ahd. *hella* gegenüber got. *halja*, aisl. *hel* 'infernum'.

Eine Sonderstellung nimmt *r*, gleichviel ob es urgerm. *r* oder *z* ist, ein: es entzieht sich der Verdopplung. Vgl. ae. *neriʒan* 'erretten', as. ahd. *nerian* gegenüber got. *nasjan* (für **nazjan*). — ahd. *ferio fero* 'Schiffer, Fährmann' zu got. *farjan* 'schiffen'.

Nach langer Silbe bewahrt das älteste Obd. noch
Spuren der gedehnten Konsonanz, vgl. obd. *leittan* sonst
leiten, aisl. *leiða*, ae. *láðan*, as. *lēdian*. — In einzelnen Fällen
legt auch noch die hd. Lautverschiebung von der einstigen
Existenz der Gemination Zeugnis ab, vgl. ahd. *wulpa*, mhd.
wülpe 'Wölfin' (aus **wulbj-*) neben *wolf*, mhd. *diupe* 'Diebin'
(aus **diubj-*) neben *dieb*, ahd. *rinka* 'fibula' (aus **ringj-*)
neben ahd. *hring ring*.

2. Dehnung vor *w*. Sie trifft nur die labialisierten
Velare; sonst tritt Vokalentfaltung vor *w* ein. Vgl. ahd.
ackus 'Axt' gegenüber got. *aqizi*; *nackot* 'nackt' gegenüber
got. *naqaþs*, daneben ae. *nacod*, ahd. *nahhot*; ahd. *nicchessa*
'Nixe' wäre got. **niqisi*; ae. *teohhian* 'anordnen' (aus **tehōjan*),
vgl. got. *tēwa* 'Ordnung'.

3. Dehnung vor *r*. Sie trifft nur die germ. Tenues.
ae. *snottor* 'klug', as. ahd. *snottar* gegenüber got. *snutrs*. aisl.
snotr. — ae. *bittor* 'bitter', as. ahd. *bittar* gegenüber got.
báitrs, aisl. *bitr*. — ae. *hlūttor* 'rein, lauter', as. ahd.
hlūttar gegenüber got. *hlūtrs*. — ae. *áttor* 'Gift', ahd. *eittar*
später *eitar* gegenüber aisl. *eitr*. — ahd. *kupfar* 'Kupfer',
aus lat. *cuprum*.

4. Dehnung vor *l*. Auch sie beschränkt sich auf
die germ. Tenues. ahd. *kittilōn* 'kitzeln' gegenüber aisl.
kitla. — ahd. *lepfil: leffil* 'Löffel' = ae. *æppel*, ahd. *apphul*
'Apfel': *afful*. — as. *luttil* 'klein', ahd. *lutzil*.

5. Dehnung vor *n*. Vgl. Fr. Kauffmann, a. a. O.
S. 520 ff. Was die Dehnungserscheinungen vor *n* betrifft,
so unterscheiden sie sich von der urgermanischen Assimilation des *n* an vorausgehende Konsonanten aufs
schärfste dadurch, daß niemals eine flexivische Veränderung
des Wortes eingetreten ist. Die Doppelformen mit gedehnter und kurzer Konsonanz erklären sich dadurch,
daß nur in einem Teil der Kasus das dehnende *n* direkt
auf den Konsonanten folgte. Die Doppelkonsonanz kann
sich natürlich niemals auf nicht westgermanischem Sprachgebiet zeigen.

Das eigentliche Gebiet dieser Dehnung vor *n* ist die schwache Deklination, deren Abstufung daher noch bis tief in die Zeit des Sonderlebens der germ. Dialekte bestanden haben muß.

Der Stamm **knaben-* flektierte ursprünglich: Nom. Sing. **knabō*, Akk. Sg. **knabonun*, Gen. Plur. **knabnōn*, **knabbnō* **knabbnō*, Dat. Plur. **knabnumiz*, **knabbnumiz*, **knabbnum* usw. Der Wechsel zwischen kurzer und gedehnter Konsonanz ward durch Ausgleichung beseitigt: das ursprünglich einheitliche Paradigma spaltete sich in zwei verschiedene, deren eines die kurze, deren andres die gedehnte Konsonanz in allen Formen durchführte.

Beispiele. ahd. *tropfo* ʻTropfenʼ: *troffo*, as. *dropo*, ae. *drope*, aisl. *drope*. — ahd. *rappo* ʻRabeʼ, nhd. ʻschwarzes Pferdʼ: ahd. *rabo*. — ahd. *chnappo* ʻKnabeʼ: ahd. *chnabo*, ae. *cnafa*. — schweizer. *šprotзə* ʻSprosseʼ: ahd. *sprozzo*, ae. *sprota*, aisl. *sprote*. — ahd. *chletta* ʻKletteʼ: ahd. *chleta*, ae. *clide*. — ahd. *scolla* ʻScholleʼ: ae. *scolu*, as. *skola* ʻHaufeʼ. — ahd. *rokko* ʻRoggenʼ: ae. *ryзe*, aisl. *rugr*. — ae. *múcзa* ʻHaufeʼ: *múзa*, aisl. *múge*. — ahd. *traccho* ʻDracheʼ: ahd. *trahho*, ae. *draca* (entlehnt aus lat. *draco*). — ahd. *broccho* ʻBrockenʼ, schweizer. *brokchə* : **brohho* (vgl. schweizer. *brochə*), got. *ga-bruka*.

Die germanischen Konsonanten.

(Übersicht.)

132. Das Urgermanische hat folgende Konsonanten besessen:

I. Verschlußlaute.

A. Stimmlose Verschlußlaute.

1. Urgerm. *p* = idg. *b*. § 125, 1.
   = idg. *p* nach *s*. § 119, 1a.
   = idg. *bh* oder *p*. § 127 A, 1a.
   = idg. *n* (durch Assimilation). § 127 A, 1a.

2. Urgerm. t = idg. d.   § 125, 2.

              = idg. t nach s.   § 119, 1a.

              = idg. dh oder t.   § 127 A, 1b.

              = idg. n (durch Assimilation). § 127 A, 1b.

              = Übergangslaut.   § 130, 1.

3. Urgerm. k = idg. $\hat{g}$ g.   § 125, 3.

              = idg. g^v.   § 125, 4b.

              = idg. $\hat{k}$ k nach s.   § 119, 1a.

              = idg. $\hat{g}h$ gh und $\hat{k}$ k.   § 127 A, 1c.

              = idg. n (durch Assimilation). § 127 A, 1c.

4. Urgerm. q = idg. g^v.   § 125, 4a.

B. Stimmhafte Verschlußlaute.

Urgerm. b d g g^v treten nur nach Nasalen auf und entsprechen idg. aspirierten Medien, § 122, sowie idg. nichtaspirierten und aspirierten Tenues, § 123.

         b = Übergangslaut. § 130, 2.

II. Spiranten.

A. Stimmlose Spiranten.

1. Urgerm. f = idg. p und ph.   § 117, 1. 118, 1.

              = idg. k^v (und k^vh).   § 117, 4, 3.

2. Urgerm. $\flat$ = idg. t und th.   § 117, 2. 118, 2.

3. Urgerm. h = idg. $\hat{k}$ k und $\hat{k}h$ kh.   § 117, 3. 118, 3.

              = idg. k^v k^vh.   § 117, 4, 2.

4. Urgerm. $\hbar$ = idg. k^v (k^vh).   § 117, 4, 1.

              = idg. $\hat{k}\underset{\smile}{u}$ $k\underset{\smile}{u}$.   § 117, 4. Anm. S. 112.

5. Urgerm. s.   = idg. s.

              = idg. z.   § 125, 4 Anm.

              = idg. t in der Verbindung idg. tt. § 120.

B. Stimmhafte Spiranten.

1. Urgerm. δ = idg. bh.   § 122, 1.

              = idg. p ph.   § 123, 1.

              = idg. k^v k^vh.   § 123, 4 Anm.

              = idg. m.   § 128, 1. 2.

2. Urgerm. d = idg. dh.   § 122, 2.

              = idg. t th.   § 123, 2.

3. Urgerm. ʒ = idg. *ǵh gh.* § 122, 3.
               = idg. *gᵛh.* § 122, 4 b.
               = idg. *k̑ k, k̑h kh.* § 123, 3.
               = idg. *kᵛ kᵛh.* § 123, 4.
4. Urgerm. ʒᵛ = idg. *kᵛ kᵛh.* § 123, 4.
5. Urgerm. z = idg. *z.* § 125, 4 Anm.
               = idg. *s.* § 123, 5.

III. Nasale und Liquiden.

1. Urgerm. *m* = idg. *m.*
               = idg. *n̥.* § 127, B. 4 b.
               = idg. *z* (durch Assimilation). § 127, B. 3.
2. Urgerm. *n* = idg. *n.*
               = idg. *m.* § 127, B. 4 a.
               = idg. *u̯* (durch Assimilation). § 127, A. 3.
3. Urgerm. *n̥* = idg. *n̥.*
4. Urgerm. *l* = idg. *l.*
               = idg. *d̑* (durch Assimilation). § 127, B. 1.
               = idg. *n.* § 127, A. 2.
               = urgerm. *z.* § 127, B. 2.
5. Urgerm. *r* = idg. *r.*

C. Akzentlehre. Auslautgesetze.

Neuntes Kapitel.
Der indogermanische Akzent.

I. Der indogermanische Satzakzent.

133. Wie überall stufte sich auch im Indogermanischen die Betonung der einzelnen Wörter innerhalb eines Satzes je nach ihrer Bedeutung im Zusammenhang ab. Normalerweise besaß jedes einzelne Wort einen eignen Wortakzent, es war orthotoniert. Doch konnten unter gewissen Bedingungen auch Wörter ihren eignen Wort-

akzent und damit ihre selbständige Stellung im Satze
aufgeben, indem sie sich an ein vorhergehndes oder an
ein folgendes orthotoniertes Wort anlehnten, d. h. indem sie
enklitisch oder proklitisch wurden. Nach J. Wackernagel, IF. I. 333 ff., nimmt ein Enklitikon, falls es zum
ganzen Satz, nicht bloß zu einem einzelnen Wort gehört,
in idg. Urzeit stets die zweite Stelle im Satz ein. Mit
Vorliebe en- oder proklitisch sind Pronomina, Präpositionen,
Partikeln. Doch können auch Verba und Nomina schwach
betont werden.

A. Das Verbum: Nach J. Wackernagel, KZ.
XXIII. 457 ff. ist die im Altindischen bestehnde Regel
indogermanisch, daß nämlich das Verbum des Hauptsatzes
enklitisch ist, falls es nicht den Satz eröffnet, das des
Nebensatzes dagegen orthotoniert. Gegen diese Übertragung
der ai. Verhältnisse auf die Ursprache haben H. Zimmer,
Festgruß an Roth (Stuttgart 1893), S. 173 ff. und E. Hermann, KZ. XXXIII. 520 ff. triftige Einwände erhoben.
Als wahrscheinlich darf gegenwärtig folgendes gelten:

1. Im Idg. ist das Verbum stark betont, wenn es zu
Beginn eines Satzes steht: *condidit Romulus Romam.*

2. Es scheint auch im Satzinnern starktonig gewesen
zu sein, wenn es auf ein schwach betontes Wort folgt.

3. Es ist dagegen schwach betont, wenn es dem Subjekt folgt: *Romulus condidit Romam.*

4. Geht dem Verbum eine Negation oder ein andres
Adverbium voraus, so ist es schwächer betont als diese.
Näheres bei H. Hirt, Der idg. Akzent, S. 304 ff.

B. Das Nomen:

1. Der Vokativ verliert den Wortton, wenn er nicht
den Satz eröffnet. Man vergleiche nhd. Sätze wie *komm,
Vater!* und *Vater, komm!* Auf der Enklise beruht die
idg. Zurückziehung des Akzents auf die erste Silbe, vgl.
Vokativ ai. *pítar*, gr. πάτερ gegenüber Nominativ ai. *pitā́*,
gr. πατήρ. Die Folge dieser Akzentverschiebung ist, daß
die auslautende Silbe im Vokativ nicht gedehnt wird, vgl.
Verf. IF. III. 357. Näheres über Vokativbetonung bei

P. Kretschmer, KZ. XXXI. 356 ff. und namentlich bei
H. Hirt, Der idg. Akzent, S. 293 ff.

2. Während in der Gruppe Präposition + Nomen
die Präposition meist proklitisch gewesen zu sein scheint,
fehlt es jedoch, wie H. Hirt, IF. III. 357 m. W. zuerst ausgesprochen hat, auch nicht an Belegen dafür, daß unter
gewissen Bedingungen die Präposition stark, das Nomen
schwach betont wird. Vgl. gr. ἔμπεδα ὑπέρμορον, ἐκποδών
(dessen Akut statt Zirkumflex die alte Enklise von ποδῶν
beweist), lat. *denuo* (aus *dé nouo*), *eminus* (zu *manus* ʽHandʼ),
ilico (aus *in loco*), *antea* u. a. Vgl. H. Hirt, a. a. O.
298 ff.

3. Dieselbe Erscheinung kann man bei Zusammensetzungen beobachten: Komposita, deren erstes Glied ein
Adverbium ist, betonen das erste Glied, vgl. *á-gatas* ἄ-βατος,
prá-ttas ʽhingegebenʼ, gr. πρό-δοτος usw.

4. Wenn ein Substantiv von einem andern abhängig
ist, wird es in der Regel stärker betont als dieses, weil es
eine neue Bestimmung hinzufügt. Aus dem gleichen
Grund wird das Adjektiv stärker hervorgehoben als das
folgende Substantiv. Vgl. gr. Διός κοῦροι ʽZeus-Söhneʼ,
Διός δοτος ʽvon Zeus gegebenʼ, Νεά πολις ʽNeustadtʼ, τρί-πους
ʽDreifußʼ. Demnach ist es selbstverständlich, wenn die sog.
mutierten d. h. aus Substantiven zu Adjektiven gewordnen
Komposita das erste Glied betonen. Vgl. βαθύκολπος ursprünglich ʽTiefbauschʼ, dann ʽtiefbauschigʼ, χρυσόθρονος
ursprünglich ʽGoldthronʼ, dann ʽgoldthronigʼ u. a. Näheres
bei H. Hirt, a. a. O. 315 ff., besonders 319 f.

II. Der indogermanische Wortakzent.

134. Das Indogermanische besaß einen frei wechselnden Wortakzent, d. h. der Hauptton des Wortes lag
bald auf der Wurzel, bald auf den suffixalen Silben.
Doch sind schon früh, jedenfalls noch vor Auflösung
der idg. Sprachgemeinschaft, Ausgleichungen durchgeführt worden, indem in bestimmten Stammklassen der
Akzent auf einer Silbe stehn blieb. Den Wortakzent der

idg. nominalen und verbalen Stammklassen hat H. Hirt
in seinem Buch über den idg, Akzent S. 168 ff. ausführlich erörtert.

I. Zum Verständnis der Nominalflexion ist vor allen
Dingen der namentlich in der konsonantischen Deklination
eine große Rolle spielende Unterschied zwischen starken
und schwachen Kasus zu beachten.

1. Stark heißen die Kasus, wo der Wortakzent auf
der Wurzelsilbe oder dem stammbildenden Suffix
ruht, die Endung dagegen unbetont bleibt. Es sind dies
Nominativ Sing. (Du.) Plur., Akkusativ Sing. und
ursprünglich auch Plur., Lokativ Sing., Vokativ. Vgl.
Nom. Sing. ai. *pi-tá*, gr. πα-τήρ, (Du. ai. *pi-tár-āu*, gr. πα-
τέρ-ε), Plur. ai. *pi-tár-as*, gr. πα-τέρ-ες; Akk. Sing. ai.
pi-tár-am, gr. πα-τέρ-α, Plur. gr. πα-τέρ-ας; Lok. Sing. ai.
pi-tár-i, gr. πα-τέρ-ι; Vok. ai. *pí-tar*, gr. πά-τερ.

2. Schwach heißen die Kasus, wo der Wortakzent
auf der Kasusendung ruht, Wurzelsilbe und stamm-
bildende Suffixe dagegen unbetont bleiben. Es sind dies
(Nominativ Du.)[1]), Genitiv Sing. Du. Plur., Dativ Sing.
Du. Plur., Instrumental Sing. Plur., Lokativ Plur.
Vgl. Gen. Sing. [ai. *pitúr*], gr. πα-τρ-ός, ai. *padá-s*, gr.
ποδ-ός, Du. ai. *pi-tr-óś*, Plur. [ai. *pi-tṝ-nám*] *pad-ám*, gr.
πα-τρ-ῶν ποδ-ῶν; Dat. Sing. ai. *pi-tr-é*, *padé*, Du. *pad-bhyám*,
Plur. *pad-bhyás*; Instr. Sing. *pi-tr-á* *pad-á*, Plur. *pad-bhíš*;
Lok. Plur. *pat-sú*, gr. πο-σί (aus *ποδ-σί).

II. Zum Verständnis der Verbalflexion ist zu beachten,
daß alle athematischen Präsentien, d. h. solche, deren
Stamm nicht auf -*e*- -*o*- ausgeht, sowie das Perfekt starke
und schwache Formen unterscheiden.

1. In den starken Formen ruht der Wortakzent
auf der Wurzelsilbe oder dem stammbildenden
Suffix. Es sind dies namentlich Singular Indikativ

---

[1]) In der überlieferten Sprache ist der Nom. Du. wie oben
angegeben ein starker Kasus; doch fehlt es nicht an Spuren, die
ihn als ursprünglich schwachen Kasus erweisen.

Aktiv und Singular Perfekt Aktiv. Vgl. ai. *ás-mi* ʿich binʾ, *ási ás-ti; r̥-n̥ó-mi* ʿgeheʾ, *r̥-n̥ó-ṣi r̥-n̥ó-ti* u. dgl. m.

2. In den schwachen Formen ruht der Wortakzent auf den Personalendungen. Es ist dies u. a. im Dual und Plural Indikativ Aktiv des Präsens und des Perfekts der Fall, ferner im Medium. Vgl. ai. *s-más* ʿwir sindʾ *s-thá s-ánti; r̥-n̥u-más* ʿwir gehnʾ *r̥-n̥u-thá r̥-n̥v-ánti;* Med. von Wz. *ei̯-* ʿgehnʾ, *iy-é i-ṣé i-té, i-máhē i-dhvé iy-áte.*

In der sog. thematischen Konjugation ist der Wortakzent schon vor der Sprachtrennung auf bestimmten Silben fest geworden. Man vergleiche die wurzelbetonte mit der suffixbetonten *e/o*-Präsensklasse: ai. *sárpāmi* ʿkriecheʾ *sárpasi sárpati, sárpāmas sárpatha sárpanti* gegenüber *sr̥jámi* ʿlasse losʾ *sr̥jási sr̥játi, sr̥jámas sr̥játha sr̥jánti.*

Am getreusten hat das Altindische die Stellung des idg. Worttons bewahrt, obwohl es auch bei ihm an Verschiebungen und Ausgleichungen nicht fehlt. In zweiter Linie kommen für die Rekonstruktion des idg. Worttons die baltisch-slavischen Sprachen in Betracht. Doch ist bei ihnen der ursprüngliche Zustand durch einzelsprachliche Lautgesetze vielfach gestört worden.

Mit der Stellung des Akzents hängt die sog. Stammabstufung aufs engste zusammen. Es ist das Verdienst H. Ebels (KZ. I. 289 ff.) zuerst auf sie aufmerksam gemacht, das K. Brugmanns (Curtius' Studien IX. 361 ff.) ihre fundamentale Bedeutung für die gesamte idg. Flexion erwiesen zu haben. Mit dem Namen ʿStammabstufungʾ bezeichnet man den Wechsel von Vollstufe und Schwundstufe innerhalb eines Paradigmas, der von dem Wechsel der Akzentstellung abhängig ist. Betonte Silben sind natürlich unversehrt, sie zeigen Vollstufe; unbetonte Silben sind reduziert, sie zeigen Schwundstufe. So begreift sich der Unterschied in der Vokalstufe des stammbildenden Suffixes bei πα-τέρ-α und πα-τρ-ός, *r̥-n̥ó-mi* und *r̥-n̥u-más;* der Wurzelsilbe bei *ás-mi* und *s-más, sárpā-mi* und *sr̥já-mi* u. dgl. m.

III. Der indogermanische Silbenakzent.

135. Nachdem schon Fr. Kurschat, Litauische Grammatik (Halle 1876) § 226 den gestoßnen und den schleifenden Akzent des Litauischen mit dem Akut und Zirkumflex des Griechischen verglichen hatte, hat A. Bezzenberger, BB. VII. 66 ff. die notwendige Folgerungen aus dieser Übereinstimmung gezogen und die Existenz verschiedner Akzentqualitäten schon für die idg. Urzeit angenommen. Das gleiche hat, unabhängig von Bezzenberger, Fr. Hanssen, KZ. XXVII. 612 ff. gethan, der neben dem Litauischen und Griechischen auch das Germanische herangezogen hat. Nachdem A. Bezzenberger, Göttingische gelehrte Anzeigen 1887, S. 415 Fußnote und E. Sievers in Pischel-Geldners Vedischen Studien I. (Stuttgart 1889) S. 185. 192 f. aus der zweisilbigen Messung langer Vokale, wie sie sich häufig im Rigveda beobachten läßt, die Existenz der schleifenden Akzentqualität auch fürs Altindische nachgewiesen haben, hat H. Hirt, IF. I. 1 ff., 195 ff. die ganze Frage in weitestem Umfang wieder aufgenommen und in wesentlichen Punkten zu einem vorläufigen Abschluß gebracht. Eingehende Auskunft über alle Einzelheiten giebt Hirts Buch über den idg. Akzent.

136. Man erkennt gegenwärtig im Indogermanischen zwei deutlich von einander geschiedne Akzentqualitäten, die man gewöhnlich, dem Sprachgebrauch der litauischen Grammatik folgend, als gestoßne und als schleifende (geschleifte) Akzentqualität bezeichnet. Seltner und weniger gut belegt man auch diese mit dem Namen 'Zirkumflex', jene mit dem Namen 'Akut', indem man sich an die Terminologie der antiken Grammatik anschließt.

1. Der gestoßne Ton ist ein eingipfliger, wahrscheinlich in exspiratorischer Hinsicht abschwellender, in musikalischer sinkender Akzent. Dies läßt sich namentlich aus der Thatsache erschließen, daß gestoßne Lang-

diphthonge durch Verlust des zweiten Komponenten
reduziert werden, vgl. Verf. IF. V. 240 ff. Nicht ganz
unmöglich wäre jedoch auch, daß er ein anschwellend-abschwellender bezw. steigend-sinkender Akzent gewesen sei,
vgl. H. Hirt, Idg. Akzent, S. 112 f.

Gestoßne Akzentqualität haben alle kurzen Silben;
ferner alle Silben, die ursprünglich kurz gewesen sind,
aber durch den Verlust einer folgenden Silbe Dehnung
erfahren haben, schließlich alle ursprünglich langen Silben,
die keine weitere Quantitätssteigerung durch den Verlust
einer nachfolgenden Silbe erfahren haben. Dabei ist es
natürlich für die Qualität einer Silbe völlig gleichgültig,
ob sie den Wortton trägt oder nicht, vgl. § 34.

Die langen gestoßen betonten Silben sind zweimorig,
vgl. H. Hirt, Idg. Akzent, S. 63 f. u. ö.

2. Der schleifende Ton ist in exspiratorischer Beziehung ein zweigipfliger, in musikalischer ein doppel-
toniger Akzent. Vgl. Verf. IF. V. 242 f. Deshalb werden
schleifend betonte Langdiphthonge in idg. Urzeit niemals
durch den Verlust des zweiten Komponenten reduziert,
sondern bleiben bis hinein ins Sonderleben der Einzelsprachen unversehrt erhalten. Vgl. A. Bezzenberger,
BB. XII. 79 Fußnote, H. Hirt, IF. I. 220 ff. Auf der
Zweigipfligkeit und Doppeltonigkeit des indogermanischen
Schleiftons beruht auch die schon vorhin erwähnte Eigen-
tümlichkeit der Metrik der Rigveda, daß nämlich schleifend
betonte Längen zweisilbig gemessen werden können (jedoch nicht gemessen werden müssen). Vgl. R. Olden-
berg, Die Hymnen der Rigveda I. (Berlin 1888), S. 163 ff.

Die schleifende Akzentqualität kommt nur in langen
Silben vor. Sie kann auf folgenden Ursachen beruhen:

a) Zwei Silben werden zu einer einzigen verschmolzen,
indem entweder α) zwei aufeinander stoßende Vokale mit
einander kontrahiert werden, vgl. P. Kretschmer, KZ.
XXXI. 358. 468, H. Hirt, IF. I. 10 f. oder β) hinter
einer von Haus aus langen Silbe eine zweite Silbe durch
die Wirksamkeit des Schwundstufengesetzes verloren ge-

gangen ist, vgl. A. Kock, PBrB. XV, 263 Fußnote,
H. Hirt, IF. I. 11 f. und die notwendige Einschränkung
der Aufstellungen beider Gelehrten durch den Verf. IF. III.
313 u. ö.

b) Ein gestoßner Langdiphthong büßt den zweiten
Komponenten ein. Vgl. P. Kretschmer, KZ. XXXI.
358, V. Michels, IF. I. 22 und in des Verfassers Schrift,
Zur germ. Sprachgesch. S. 43, Verf. IF. I. 270 und
IF. III. 358 f.

Die langen schleifend betonten Silben sind dreimorig, vgl. Chr. Bartholomae, BB. XVII. 106 f.,
H. Hirt, Idg. Akzent, S. 63 u. ö.

Am deutlichsten sind die Unterschiede der Akzentqualitäten in den Endsilben zu beobachten, da im Wort-
innern das Dreimorengesetz des Griechischen die ursprünglichen Zustände völlig umgestaltet und uns damit eines
wertvollen Zeugens beraubt hat.

Beispiele.

A. Gestoßne Endsilben.

137. I. *ā*-Stämme: 1. Nom. Sing. gr. θεά 'Göttin',
lit. *gerà,* zusammengesetzt *geró-ji* 'die gute' [1]). Damit ist
nach Joh. Schmidt, Pluralbildungen der Neutra, der Nom.
Akk. Pl. der neutralen *e/o*-Stämme identisch. Vgl. lit.
keturió-lika 'vierzehn'.

2. Akk. Sing. gr. θεάν.

3. Instr. Sing. lit. *gerà,* zusammengesetzt *gerá-ja;*
Grundform der Endung *-ām,* vgl. abg. *rǫkǫ* und ai. *manī-
šắm* (C. R. Lanman, Noun-Inflection in the Veda,
S. 358).

4. Nom. Du. gr. θεαί (vgl. K. Brugmann, KZ.
XXVII. 199 ff.), lit. *gerì,* zusammengesetzt *geré-ji* (lit -*ė* =
idg. *ai oi*).

---

[1]) Im Litauischen werden lange Endsilben mit gestoßner
Akzentqualität um eine More verkürzt. Kurschat bezeichnet sie
mit dem Gravis, während der Akut nur auf der Länge steht. Es
werden verkürzt: *ō* zu *a, ū̆* zu *u, é* zu *e, y* (d. i. *ī*) zu *i, ē* zu *i*.

5. Akk. Plur. gr. θεάς (aus *θεανς), lit. *geràs*, zusammengesetzt *geràs-jas*.

II. *i̯ē*-Stämme: 1. Nom. Sing. ai. *br̥hatí* 'die große', lit. *vežantì* (*ì* verkürzt aus *-í*) F. 'fahrend'.

2. Instr. Sing. *žemè* 'mit der Erde', Grundform lit. **žemi̯ém*.

III. *e/o*-Stämme: 1. Instr. Sing. lit. *gerù*, zusammengesetzt *gerù-ju*.

2. Nom. Du. gr. θεώ, lit. *gerù*, zusammengesetzt *gerù-judu*.

IV. Der unreduzierte Nom. Sing. der *n- r- s*-Stämme: gr. ποιμήν 'Hirt', ἡγεμών 'Führer', πατήρ, εὐγενής 'edel', εἰδώς Part. Perf. Akt. 'wissend'.

V. Nom. Pl. der pronominalen *e/o*-Stämme: gr. τοί 'diese', οἴκοι 'die Häuser' (der Zirkumflex der Wurzelsilbe zeigt, daß die letzte Silbe als kurz gilt, was nur bei gestoßner Betonung möglich ist), lit. *gerì*, zusammengesetzt *gerë-ji*.

VI. Im Verbum: 1. Die 1. Pers. Sing. Präs. Ind. Akt. gr. φέρω, lit. *sukù* 'drehe', zusammengesetzt *sukù-s* 'drehe mich'.

2. Der Ausgang *-ai* im Medium: ἧμαι 'sitze' ἧσαι ἧσται und φέρομαι φέρεαι φέρεται (die Zurückziehung des Akzents lehrt, daß *-ai* als Kürze empfunden wird).

B. Schleifende Endsilben.

I. Durch Kontraktion.

138. 1. Nom. Pl. der *ā*- und *i̯ē*-, sowie der *e/o*-Stämme: ai. ved. *usrā́s*[1]) (RV. VIII. 96. 24), lit. *mergos*[2]), lit. *kátes* 'die Katzen', ved. *devā́s* 'die Götter'. Die Endungen der drei Formen sind durch Kontraktion der stammauslautenden

---

[1]) Ich bezeichne in diesem Abschnitt die dreimorigen Längen mit ⁀, die zweimorigen mit -.

[2]) Die dreimorigen Endsilben mit Schleifton werden im lit. Auslaut zwar um eine More gekürzt, behalten aber die Qualität im Vokale ganz unverändert bei, im Gegensatz zu den gestoßnen. Wo deshalb eine 'Länge' im lit. Auslaut begegnet, muß sie geschleift sein, auch wenn sie den Wortton nicht trägt.

Vokale -ā -ē -ō mit dem anlautenden Vokal des Kasussuffixes -es entstanden.

2. Gen. Plur. aller Stammklassen: ai. *apâm* 'der Ge-
wässer', gr. θεῶν.

3. Abl. Sing. der *e/o*-Stämme: ai. ved. *antárikṣâd*
lit. *gēro* (als Genitiv gebraucht).

4. Dativ Sing. der *e/o*-Stämme: gr. θεῷ, lit. *paskuī*
'nachher'. Der Ausgang *-ōī* ist durch Kontraktion des
Stammvokals -o mit der Endung -ai entstanden.

5. Dativ Sing. der *ā*- und *i̯ē*-Stämme: gr. θεᾷ, lit.
taī 'dieser' und *žēmei* (aus *žemi̯ēī*); die Endung ist durch
Kontraktion des stammauslautenden Vokals -ā oder -ē mit
der Kasusendung -ai entstanden.

6. Lokativ Sing. der *e/o*-Stämme: gr. οἴκει οἴκοι 'zu
Hause' (vgl. damit den Nom. Pl. οἴκοι; wie der Akut der
Wurzelsilbe im Lok. lehrt, ist der Diphthong der Endsilbe
lang), Ἰσθμοῖ, dor. πεῖ 'wo?', lit. *namē* 'zu Hause'. Die
Endung ist durch Kontraktion von -e, -o mit silbischem *i*
entstanden.

7. Lokativ Sing. der *ā*-Stämme: abg. *rǫcē* (aus *ronkāi)
'in der Hand'; die Endung ist durch Kontraktion von
-ā + *i* entstanden.

8. Die 2. 3. Sing. Opt. Präs. gr. λείποις λείποι (Par-
oxytonon, weil οι lang ist), lit. *te-sukē*. *-ōī-* ist aus Kontraktion des stammauslautenden Vokals -o mit -ī-, der
Schwundstufe des Optativsuffixes -i̯ē-, hervorgegangen.

II. Durch Silbenverlust.

139. 1. Gen. Sing. der *ā*-Stämme: gr. θεᾶς, lit.
mergōs. Ursprünglicher Ausgang *-ā-so,* vergl. Verf. IF.
III. 369 ff.

2. Gen. Sing. der *i*- und *u*-Stämme: lit. *naktēs* 'der
Nacht', *sūnaūs* 'des Sohnes', vgl. Verf. a. a. O.

III. Durch Reduktion von Langdiphthongen.

140. 1. Nom. Sing. der *n*- und *r*-Stämme: lit.
akmū 'Stein' gegenüber gr. ἡγεμών, *motē* 'Weib' gegenüber
gr. πατήρ, *sesū* 'Schwester' gegenüber φώρ 'Dieb'.

2. Akk. Pl. der *ā*-Stämme: ai. *áśvās* 'die Stuten'.

3. ai. *dyā́m* 'den Himmel', gr. Ζῆν gegenüber Nom. *dyā́uš*, gr. Ζεύς, ai. *gā́m* 'das Rind', gr. βῶν gegenüber ai. *gā́uš*.

Zehntes Kapitel.

Der germanische Akzent.

I. Der germanische Satzakzent.

141. Die wichtigsten Fälle der Enklise sind im Germanischen: 1. **Verbum**: Das Verbum finitum ist in der Allitterationspoesie im allgemeinen schwächer betont als das Nomen, kann ihm also ohne Allitteration sowohl vorausgehn als folgen, sowohl in der Hebung als auch in der Senkung stehn. Jedoch trägt das vorausstehnde Verbum finitum im zweiten Halbvers oft allein die Allitteration, wenn auf ihm ein größerer Nachdruck als auf dem Nomen ruht; bei der Folge Subjekt + Verbum kann das Verbum niemals allitterieren. Von zwei in einem Abhängigkeitsverhältnis stehnden Verbis finitis tritt das regierende im Ton hinter dem abhängigen zurück. Adverbialpräpositionen neben dem Verbum ziehn Ton und Allitteration auf sich, wenn sie diesem vorangehn: *siu im áfter*[1] *gèng* Hel. *sō hie ūs tuo suokit* Hel. Vgl. *uuissa, that im ni môhtun* Hel. E. Sievers, Altgerm. Metrik, § 24. 25. S. 44 f.

Wie W. Braune, Forschungen zur deutschen Philologie, Festgabe für Rudolf Hildebrand (Leipzig 1894) S. 34 ff. dargethan hat, ist im Urgermanischen die Stellung des Verbums eine freie gewesen. Häufig ist die Anfangsstellung, die auch im Keltischen traditionell ist,

---

[1] Die fettgedruckten Buchstaben deuten die Allitteration an.

vgl. H. Zimmer, Festgruß an Roth (Stuttgart 1893), S. 175.

Feste Verbindungen zwischen proklitischer Präposition und orthotoniertem Verbum, wie sie wahrscheinlich schon im altindischen Nebensatz bestanden, gab es im Urgermanischen noch nicht: sonst hätte bei der germanischen Akzentverschiebung der Ton wie bei den Nominalkompositis die erste Silbe treffen müssen, vgl. E. Hermann, KZ. XXXIII. 531 f. Man beachte auch die Einschiebung von Partikeln zwischen Präposition und Verb in got. *diz-uh-þan-sat* Prät. zu *dis-sitan* 'überfallen', *ab-uh-standiþ* zu *af-standan* 'abfallen' u. dgl. m.

In solchen Verbindungen ist das Verbum von Haus aus wahrscheinlich so gut wie die vorgeschobnen Partikeln unbetont gewesen und die an der Spitze stehnde Präposition hat den Hauptnachdruck besessen, vgl. ai. *ápa ca tiṣṭhati* mit got. *ab uh standiþ*, Fr. Kluge, KZ. XXVI. 80.

Aus diesen Thatsachen ergiebt sich, daß das Germanische wie das Urindogermanische starke und schwache Betonung des Verbums kannte. Stark betont war es im Satzanfang; im Nebensatz stärker als im Hauptsatz, vgl. ae. *mýnte ðæt hē geđǽlde* (Beowulf), *tho gifragn ik that* im Heliand als Auftakt u. ä. Im Satzinnern war das Verbum schwach betont; besonders deutlich tritt dies zu Tage, wenn es sich an bestimmte Wörter (Adverbien), anlehnt.

Auf Unbetontheit deutet auch vielfach die Lautentwicklung beim Verbum substantivum: got. *im* aus **izmi, sind* aus **sindi;* aisl. Plur. *erom eroð ero* aus **ezumez* usw.

2. Nomen: Nach Zahlwörtern ist das folgende Nomen unbetont, vgl. ne. *twópence, thréepence, twélfmonth,* ahd. *zweinzug, drîzug, fiorzug, finfzug, sehszug* '60' (vgl. got. *twái tigjus, þreis tigjus, fidwôr tigjus, fimf tigjus, saihs tigjus* '2, 3, 4, 5, 6 Dekaden'). Man vergleiche damit auch ai. *dvádaśa,* gr. δώδεκα, τρισκαίδεκα (für **τρίς καὶ δεκα).

In Nominalformeln, d. h. wenn ein Nomen zu einem direkt vorausgehnden in einem grammatischen Abhängigkeitsverhältnis steht, ist im Allitterationsvers das erste Nomen am stärksten betont. Vgl. ae. *béacen ʒódes* 'Gotteszeichen', as. *lándes uuàrd* 'Landesschützer', *ǵrót cràft* 'Allmacht', *uuíses mánnes uuórd* 'des Weisen Wort'. Wahrscheinlich haben wir es bei Abstufungen wie *béacen ʒódes* nicht mit einer ganz natürlichen Betonung zu thun, da noch heute durchweg *Wòrt Góttes, Mànn Góttes* betont wird, sondern mit einer Verallgemeinerung der Betonung, wie sie namentlich bei vorausgehndem Genitiv das regelrechte war. Vgl. nhd. *Sónnenschèin, Hímmelstòchter, Lébensàlter* u. dgl. m.

3. **Pronomen.** Die Personalpronomina sind nur sehr selten allitterationsfähig, sie stehn meist in der Enklise oder Proklise. Das *i* aus *e* in *ik, mik, sik, *miz* ist in diesen Stellungen entstanden, ebenso *ĭ* aus *ī* in ahd. *wĭr* 'wir' gegenüber got. *weis*, *m* aus *mm* in ahd. *imo, demo*. Otfrids Betonung *irò irù imù* ist vielleicht mit K. Lachmann, Kleine Schriften I. 380 aus Enklise zu erklären.

Das Possessivpronomen ist stärker als das Personalpronomen betont.

Auf alte Betonung der Demonstrativa weist ahd. *híutu* 'heute' aus **híu tagu* 'an diesem Tag', *hínaht, hiura* 'heuer' aus **híu jāru* 'in diesem Jahr', sowie der Gegensatz von got. *só* 'diese' zu *sĭ* 'sie'; denn im Idg. war der Stamm **só* stets orthotoniert, vgl. Verf., Zur germ. Sprachgesch. S. 10 f.

4. **Partikeln, Präpositionen, Adverbien.** a) Dem enklitischen gr. γε in ἐμέ γε entspricht germ. *k* in got. *mik* usw. Dem lat. enklitischen -ce in *hī-ce hīc* entspricht germ. -*h* in got. *sáh* 'der da'. Dem idg. enklitischen **kᵛe* (ai. *ca*, gr. τε, lat. *que*) entspricht gleichfalls germ. got. -*h*. — Gleich gr. νυ ist germ. *nu* unbetont: got. *sái-nu*, ahd. *sē-nu;* vgl. den Einschub der Partikel nach der Präposition in got. *us-nu-gibiþ*. — Enklitisch ist die Re-

lativpartikel -*ei* in *saei þatei* u. dgl. sowie das deiktische
-*si* in run. *sa-si þat-si;* es wird als die unbetonte Form
zu got. *sái* gefaßt, vgl. *nú sai.*

b) Die Präpositionen sind im allgemeinen proklitisch.
Über ihre Betontheit, wenn ihnen Partikel + Verbalform folgt, ist vorhin gesprochen worden. Stark betont
sind sie auch vor Personalpronominibus, vgl. gr. πρός με
πρός σε, dem Notkers *án mir, án in* entspricht. Beachte den
Gegensatz in der Betonung bei nhd. Sätzen wie: *komm zú mir!*
komm zum Váter! Stark betont sind auch die Postpositionen,
vgl. ahd. *dar-ána, dar-míte, dara-zúo* u. ä.

c) Einfach steigernde Adverbien wie 'sehr', 'viel'
sind schwächer betont als das zugehörige Adjektiv oder
Adverbium. Sie können daher nie allitterieren. Vgl. ae.
ðǽt mē ist micle léofre Beow. 'das ist mir viel lieber'; as.
suīðo fríod gumo Hel. 'ein sehr kluger Mensch'; E. Sievers, Agerm. Metrik, § 26, S. 45. Dagegen verlangen
vorausstehnde Begriffsadverbia, sowie vorausstehnde
Adverbialpräpositionen Betonung und Allitteration.
as. *bíttro gihúgida* Hel. 'bitter gesinnt', as. *siu im áfter gèng*
Hel. 'sie ging ihm nach'. Die Pronominaladverbien
des Orts und der Zeit, sowie einige begrifflich farblosen
wie 'oft, selten, bald, immer' werden als Enklitika behandelt, E. Sievers, a. a. O.

II. Der germanische Wortakzent.

142. Das Vernersche Gesetz beweist, daß der freie
idg. Akzent noch im Urgermanischen bestanden hat. Auch
das Osthoff-Klugesche Gesetz von der Assimilation eines vor-
tonigen *n* an vorausgehende stimmhafte Spiranten und
Verschlußlaute setzt die Existenz des freien idg. Akzents
voraus. Die früher gegebnen Beispiele genügen, eine
deutliche Vorstellung von der Herrschaft des idg. Akzents
während der Epoche der germanischen Lautverschiebung
zu geben.

143. Wie das Italische und Keltische hat dann auch das Germanische den Wortakzent auf die erste Silbe der Wörter zurückgezogen. Wir haben es bei dieser Akzentrevolution mit einem rein mechanischen Vorgang zu thun, der in der Verstärkung der exspiratorischen Seite des german. Akzents begründet ist. Denn es liegt in der Natur unseres Körpers, «daß der erste Kraftverbrauch immer leichter von statten geht als die folgenden, oder daß wir es bei frischen Kräften vermögen, einen energischern Druck auszuüben als späterhin». E. Seelmann, Aussprache des Latein, S. 20.

A. Der germanische Hauptiktus.

Dieser neue german. Wortakzent trifft die erste Silbe der Nominalkomposita, weil diese als einheitliche Komplexe bereits aus idg. Urzeit ererbt worden sind; er trifft aber nicht die erste Silbe der Verbalkomposita. Vielmehr geht er niemals über die Wurzelsilbe des Verbums hinaus, so daß die Präposition proklitisch bleibt. Diese auffallende Erscheinung ist, wie schon hervorgehoben, darin begründet, daß zur Zeit der Akzentverschiebung Verbalkomposita noch nicht im Germanischen existierten. Noch im Nhd. spiegelt sich die ursprüngliche Betonungsdifferenz deutlich wieder. Man vgl. nhd. *ántwort* mit *entláden*, *úrteil* mit *ertéilen*, *úrlaub* mit *erlaúben*. — mhd. *ántheiz* 'Gelübde' : *enthéizen* 'geloben', *ínbīz* : *enbīzen*, *bíjiht* *bīhte* 'Beichte' : *bejéhen* 'beichten', *bísorge* 'Fürsorge' : *besórgen*. ahd. *fráwāz* 'anathema' : *firwázan*, *fúriburt* 'continentia' : *firbéran* 'ertragen', *zúrwerf* 'repudium' : *ziwérfan*. Im Gotischen kommt nur der Unterschied zwischen nominalem *anda-* und verbalem *and-* in Betracht. Vgl. *ándahait* 'Bekenntnis' : *andháitan* 'bekennen', *ándabeit* 'Tadel' : *andbéitan* 'schelten', *ándanēms* 'angenehm' : *andníman* 'annehmen' u. ä. Der Verlust des auslautenden -*a* von *anda* im Verbalkompositum schreibt sich aus der Zeit her, wo das Präpositionaladverb noch nicht unlöslich mit dem Verbum verbunden war, sondern noch eine selbständige Stellung einnahm.

Got. *gáumjan* aus *ga-áumjan (vgl. Fr. Miklosich,
Etym. Wb. der slav. Spr.) älter *ga-auzmjan (vgl. avest. *uši*
'Verstand'. H. Pedersen, IF. V. 68) gegenüber *gaáukan*
läßt die ursprüngliche Behandlung von vortonigem *ga-*
deutlich erkennen. Für betontes *gá-* in Nominibus giebt es
mehrfache Belege: as. *gáman* 'gesellige Unterhaltung, Freude',
got. *gaman* 'κοινωνία', ae. *gómel* 'alt', aisl. *gamall* aus *gá-mǣl-*
'bezeitet' (nach Fr. Kluge). ahd. *gábissa* 'Spreu' zu *fesa*, ae.
ʒeatwe 'Rüstung' zu got. *tēwa,* ahd. *gáscaft* neben *giscépfen.*
Auch die got. Denominativa *ga-gatilōn* 'zusammenfügen'
von *gatils* 'passend', *gagamainjan* 'gemein machen' von
gamains 'gemein', *gagaleikōn sik* 'sich gleichstellen, sich stellen
wie' von *galeiks* 'ähnlich' sind mit ihrem doppelten *ga-*
nur verständlich, wenn *gátils, gámains, gáleiks* betont ward.

Sonst wird im Westgermanischen bei Kompositis mit
ga- fra- bi- stets die Wurzelsilbe betont. Wie Fr. Kluge,
Pauls Grundriß I. S. 341, § 19, erkannt hat, hat diese
Akzentverschiebung Positionslänge der Anfangssilbe zur
Voraussetzung. Sie wird begünstigt durch Bikomposita:
úngilīh hat einfaches *gilíh* (gegenüber got. *gáleiks*) im
Gefolge.

Die Reduplikationssilbe des Perfekts hat im Urgermanischen bei der Akzentverschiebung ebensowohl den
Ton erhalten wie im Uritalischen. Wie dort *cecīdī* aus
*cécaidai, *pepercī* aus *péparcai hervorgegangen ist, so auch
ae. *hēht* aus *héhait (got. *haíhait*), ae. *reord* aus *rérōd (got.
raírōþ) u. ä. Vgl. auch ahd. *teta* 'that'.

Das idg. Augment scheint in got. *iddja* 'er ging' in
betonter Stellung erhalten zu sein, wenn die Form mit
Kluge dem ai. *áyāt* gleichzusetzen ist.

Neben der Silbe, die der Träger des Hauptiktus
ist, treten alle andern Silben des Wortes zurück. Natürlich stehn jedoch nicht alle nichthaupttonigen Silben
samt und sonders auf einer und derselben Stufe, vielmehr zeigen auch sie verschiedne Stärkegrade in der Betonung. Es ist überhaupt unmöglich, daß zwei benach-
barte Silben völlig gleich stark betont seien, denn dies

widerspricht einem Apperzeptionsgesetz, wie V. Michels, indem er H. Paul, PBrB. VI. 124 ff. gegen M. H. Jellinek, Beiträge S. 29 verteidigt, mit Hinweis auf W. Wundt, Psychologie II.³ 248 ff. mit Recht hervorhebt. Der Abstufungen sind natürlich viele, doch genügt es bei nicht-haupttonigen Silben zwischen Nebeniktus und Iktus-losigkeit zu unterscheiden.

B. Der germanische Nebeniktus.

Die Stellung des germanischen Nebeniktus zu bestimmen, ist mit großen Schwierigkeiten verknüpft, namentlich deshalb, weil sie innerhalb eines Wortes je nach dem Satzzusammenhang wechseln kann. Die beste Auskunft über den Nebeniktus giebt uns die altgermanische Metrik. Im allgemeinen darf wohl folgendes als feststehend angesehn werden:

1. Einen starken Nebenton haben die Wurzelsilben der zweiten Glieder zweisilbiger Nominalkomposita, die noch vom Sprachgefühl deutlich als Komposita empfunden werden. Vgl. ae. *ʒúđ-rìnc, ʒár-hòlt, hrínʒ-nèt,* as. *gód-spèll, sín-lāf, én-fàld.*

2. Ferner alle langen Mittelsilben, die auf eine lange Wurzelsilbe folgen: ae. *ǽrèsta, sémnìnʒa, óđèrra,* aisl. *vérđànde, giárnàsta.*

3. Einen schwächern Nebenton scheinen die Wurzelsilben der zweiten Glieder komponierter zweisilbiger Eigennamen gehabt zu haben, da sie im Ae. häufig als Senkungen fungieren: ae. *Béowulf, Hýʒelāc, Hróđʒār.* Im Nordischen dagegen ist jede positionslange Schlußsilbe zweisilbiger Wörter — der Simplizia wie der Komposita — in der Regel nebentonig: *Húndìngs, ǫflùgr* (aber *ǫflug* ohne Nebenton).

4. Auch die kurzen Mittelsilben, die auf eine lange Wurzelsilbe folgen, haben schwächern Nebenton gehabt. Im Nordischen erscheinen sie zwar regelmäßig in der Hebung, weil sie samt und sonders auf ursprüngliche Länge zurückgehn, im Ae. dagegen auch häufig in der

Senkung. Vgl. aisl. *Gúnnàre, léitàde, érfìde;* ae. *bócère, wísìȝe* neben *héarpera, fúndode* u. ä.

Weiteres findet man in der Altgermanischen Metrik von E. Sievers.

Synkope und Apokope kurzer Vokale.

144. Der Umstand, daß der Akzent im Germanischen einen ausgesprochen exspiratorischen Charakter annahm und sich infolgedessen auf der ersten Wortsilbe fixierte, brachte eine mehr oder minder weitgehende Reduktion der nichthaupttonigen Silben. Am meisten der Schwächung ausgesetzt sind die kurzen Vokale in nicht positionslangen Silben. Am frühsten werden die Kürzen der drittletzten Silbe von der Reduktion betroffen; ferner ist nach langer haupttoniger Silbe die Reduktion energischer als nach kurzer haupttoniger Silbe. Auch zwischen Auslaut und Inlaut muß geschieden werden: Eine kurze Endsilbe, die auf eine lange Tonsilbe folgt, verliert ihren Vokal früher als eine kurze Mittelsilbe nach langer Tonsilbe. Endlich ist zu beachten, daß nicht alle Vokale in gleichem Maße der Schwächung ausgesetzt sind. Am wenigsten widerstandsfähig ist *a*, und zwar deshalb, weil seine Artikulation der Indifferenzlage am nächsten steht. Dann kommt *e*, während *i* und namentlich *u* kräftigern Widerstand leisten.

Bei keiner einzigen Synkope oder Apokope darf es als feststehend betrachtet werden, daß sie noch in die urgermanische Periode fällt. Am ehesten ist noch bei den im absoluten Auslaut stehnden Vokalen dritter Silben urgermanische Apokope anzunehmen. Der Einwand, den K. Brugmann, Grundriß I. § 659 Anm. S. 514 erhebt, daß man bei urgermanischem Verlust von -*i* in **wirpizi, *wirpidi* im Gotischen **wairps* statt *wairpis, *wairpþ* statt *wairpiþ* erwarten müsse, hält nicht Stich, da Beobachtungen moderner Mundarten gelehrt haben, daß eine Silbe niemals spurlos verloren geht, sondern ihre Quantität und ihren Akzent auf die vorhergehnde überträgt. Der Vokal der zweiten Silbe in **wairpiz, *wairpid* wird ohne Zweifel eine Zeit lang von dem in *gastiz, *anstiz in seiner Quantität und in seiner Akzentqualität deutlich geschieden gewesen sein, weil hinter ihm einst noch eine Silbe gestanden hatte; er braucht also nicht demselben Synkopierungsgesetz erlegen zu sein wie jener. Vgl. H. Hirt, IF. VI. 72 ff.

Thatsache ist, daß uns kein Denkmal ein -a, -e oder -i der dritten Silbe überliefert hat, auch keins von denen, die in zweiter Silbe noch keinen Vokalverlust kennen: Vgl. Gen. Sing. urnord. a[n]suʒisalas (Kragehul), ʒodaʒas (Valsfjord), hrawdas (Bø) usw. — 3. Sing. Präs. bariutiþ (Stentofta).

Ebenso fehlt jeder Beleg für absolut auslautendes -a -e der zweiten Silbe. Vgl. urnord. 1. Sing. Perf. un-nam (Reidstad), aih-ek (Maglemose), vgl. gr. οἶδα; 3. Sing. Perf. was (Tanum), aih (Fonnås), wǫrait (Istaby), ʒaf (Stentofta), vgl. gr. οἶδε.

Nasaliertes -a bleibt dagegen länger im Auslaut erhalten als unnasaliertes. Vgl. urnord. Nom. Sing. N. hlaiwa (Bø) 'Grab', Akk. Sing. N. horna 'das Horn'.

145. Ein a- in zweiter Silbe vor einfacher Konsonanz ist in weitem Umfang schon früh geschwunden. Jedoch ist dieser Schwund sicher nicht urgermanisch, denn das a erscheint noch unversehrt bei den germanischen Lehnwörtern des Finnischen und auf den ältesten nordischen Runeninschriften. Vgl. a) finn. ansas 'Balken' (got. ans), kuningas 'König' (aisl. konungr), parmas 'Busen' (aisl. barmr), rengas 'Ring' (aisl. hringr), armas 'lieb' (got. arms), hurskas 'gerecht' (aisl. horskr) usw.

b) urnord. þewaʀ (Thorsbjœrg), vgl. got. þius, wiwaʀ (Tune), daʒaʀ (Einang), vgl. got. dags, stainaʀ (Krogstad), vgl. got. stáins, erilaʀ (Lindholm), vgl. ae. eorl, heldaʀ (Tjurkö), holtinaʀ (Gallehus), haʒustaldaʀ (Valsfjord); haitinaʀ (Tanum), vgl. aisl. heitenn, wilaʒaʀ (Lindholm) usw.

Nasaliertes a (ǫ) wird ebenfalls geschont. Vgl. urnord. Akk. Sing. M. staina (Tune), hahaisla (Möjebro), wraita (Reidstad), Hariwulafǫ (Istaby), Haþuwolafa (Gommor).

Soviel ich sehe, läßt sich bei den Endsilben kein
Moment dafür geltend machen, daß -*ă*- nach langer Tonsilbe früher geschwunden sei als nach kurzer. Dagegen
finden sich Spuren davon, daß dies der Fall war, in
Mittelsilben, d. h. in der Kompositionsfuge. Bei den
reinen *a*-Stämmen herrscht im Gotischen fast durchweg
das *a*; doch ist es gewiß kein Zufall, daß alle Belege für
Synkope des *a* dieses nach langer Wurzelsilbe oder in
dritter Silbe stehn hatten: Vgl. *wein-drugkja* (gegenüber häufigerm *weina-*) 'οἰνοπότης', *áin-falþs* 'ἁπλοῦς',
áin-falþaba Adv. *áin-falþei* 'ἁπλότης', *áin-karjizuh* 'unus-
quisque', *áin-lif* 'elf' (gegenüber *áina-baúr* 'μονογενής'
und *áina-mundiþa* 'ἑνότης', ferner Komposita mit *all-* (neben
alla-) *láus-* (neben *láusa-*) *þiuþ-*; *þiudan- manag- anþar-
mikil- ubil-*.

Besonders wertvoll ist aber das Verhalten der *i̯e/i̯o*-
Stämme im Gotischen: die kurzstämmigen haben durchweg *-ja*, die langstämmigen durchweg *-i-*, vgl. *wadja-bōkōs*
'Pfandbrief', *lubja-leis* 'giftkundig', *midja-sweipáins* 'κατα-
κλυσμός', *alja-leikō* 'ἄλλως' gegenüber *andi-láus* 'endlos',
arbi-numja 'Erbe', *agláiti-waúrdei* 'αἰσχρολογία'. Dieser Gegensatz ist nur dann verständlich, wenn auch im Gotischen
einmal die von E. Sievers, PBrB. XVI. 262 ff. fürs Urgermanische angenommene Silbentrennung bestanden hat,
daß Konsonant + *j* beide zur folgenden Silbe gehören. Nur
bei einer Trennung *lu-bja-, mi-dja-; ar-bja- an-dja* (bezw.
ar-bi-a- an-di-a-) ist die Synkope des *a* in dem einen,
die Erhaltung in dem andern Fall gerechtfertigt. Denn
hätte man *mid-ja- lub-ja-* getrennt, so wäre die Wurzelsilbe lang gewesen, ein Unterschied zwischen beiden
Klassen hätte also gar nicht bestanden.

Wenn Laute dem Endungs-*a* vorausgehn, die silbische
Funktion übernehmen können, so werden sie bei Verlust des *a*
silbisch: urgerm. **ebnoz* 'eben', got. *ibns* (ursprünglich *ibṇs*; ob
das Wort in unsrer Überlieferung noch zweisilbig ist, bleibt
unentschieden), as. ahd. *eban* (mit Vokalentwicklung aus
dem Stimmton des silbischen *ṇ*); urgerm. **maiþmoz* 'Ge-

schenk', got. *máiþms;* urgerm. **fingroz* 'Finger', got. *figgrs,*
ahd. *fingar;* urgerm. **fogloz* 'Vogel', got. *fugls,* as. ahd.
fogal; urgerm. **skadwoz* 'Schatten', got. *skadus,* ahd. *scato;*
urgerm. **hirje* 'komm her', got. *hiri.*

146. Gemeingermanisch ist der Schwund von -*i* nach
langer betonter Silbe, während es nach kurzer betonter
Silbe noch erhalten bleibt. So wenig wie bei -*a* ist der
Verlust urgermanisch, er fällt vielmehr ziemlich tief in
das Sonderleben der Dialekte. Daß er jünger ist als der
des *a,* beweist die Regelmäßigkeit, mit der Schwund
wie Erhaltung in den einzelnen Dialekten, besonders im
Ae. durchgeführt sind.

a) Am wenigsten deutlich läßt sich im Gotischen
die Regel erkennen. Daß sie jedoch auch hier bestanden
haben müsse, folgt einmal aus ihrer Existenz im West-
und Nordgermanischen, dann aber auch aus der Thatsache,
daß sich für *u* trotz zahlreicher Fälle von Ausgleichungen
die Wirksamkeit des Gesetzes aufs klarste nachweisen
läßt. Jedenfalls giebt es keinen isolierten, dem Systemzwang nicht ausgesetzten Beleg für den Schwund eines -*i*
nach betonter Kürze. Man vergleiche ferner got. *agis* N.
'Furcht' = ae. *éʒe,* got. *ga-digis* N. 'Gebilde', got. *hatis* N.
'Haß' = ae. *hete,* as. *héti,* got. *riqis* N. 'Finsternis', got. *rimis* N.
'Ruhe', got. *sigis* N. 'Sieg' = ae. *siʒe,* as. ahd. *sigi,* got.
skapis 'Schaden', **baris* (in *barizeins*) 'Gerste' = ae. *bére.*
Dagegen mit langer Wurzelsilbe *þeihs* 'Zeit', got. *weihs* N. 'Dorf'
= as. *wīk,* ahd. *wīh.* Dadurch, daß die ae. *i*-Stämme *hete siʒe
bére,* die von einem Nominativ auf -*iz* (statt idg. -*os* von den
obliquen Kasus entlehnt) ausgegangen sind, den got. Formen
auf -*is* genau entsprechen, wird es unmöglich gemacht, die
Erhaltung des Nominativ-*i* im Gotischen der Überführung
der *s*-Stämme in die *e/o*-Deklination zuzuschreiben. Denn
bei folgendem Vokal wäre *z* im Ae. nicht geschwunden.
Endlich stehn den kurzstämmigen Komparativadverbien
halis (in *halis-áиw* 'kaum je') *framis* 'weiter' bei den 'un-
regelmäßigen' Komparativen mit langer Wurzelsilbe stets

i-lose Formen gegenüber: *mins* 'weniger' (vgl. *minniza*), *wairs* 'schlechter' (vgl. *wairsiza*), *seiþs* (in *þana-seiþs* 'weiter, noch'), *jáind-waírþs* 'dorthin, dahin'. Das letzte Adverbium beweist, daß *and-waírþis* 'gegenüber' und *fram-waírþis* 'fernerhin' keine lautgesetzlichen Formen sind, daß wir daher schwerlich ein Recht haben, mit K. Brugmann, Grundriß II, § 135, S. 408 in *-is* die Fortsetzung des adverbial gebrauchten Nom.-Akk. Sing. N. idg. *-ịos* zu sehn, um so weniger als der Ausgang *-os* im Nominativ der substantivischen *s*-Stämme schon früh im Germanischen untergegangen zu sein scheint. Näheres bei H. Hirt, IF. I. 216 ff.

Im Kompositum herrscht *-i*. Es fehlt jedoch bei *brūþ-faþs* 'νύμφιος', *þūt-haúrn* 'σάλπιγξ', zwei langstämmigen.

b) Während früher durch die epochemachenden Forschungen von E. Sievers, Zur Akzent- und Lautlehre der germanischen Sprachen, PBrB. IV. 522 ff., V. 63 ff. die Anschauung allgemein verbreitet war, daß im Gegensatz zum Westgermanischen im Nordgermanischen ein *i* nach kurzer Tonsilbe früher geschwunden sein müsse als nach langer, weil es in diesem Fall Umlaut hinterlassen habe, in jenem nicht, hat neuerdings A. Kock (PBrB. XIV. 52 ff. = Arkiv IV. 141 ff.) dargethan, daß grade der Mangel des Umlauts bei kurzer Wurzelsilbe für die längere Erhaltung des folgenden *i* spricht. Die Ergebnisse von Kocks Untersuchungen sind folgende:

1. Nicht nur im West-, sondern auch im Nordgermanischen blieb *i* nach kurzer Wurzelsilbe länger erhalten als nach langer.

2. Man hat im Nordgermanischen zwei Perioden des *i*-Umlauts anzunehmen, zwischen denen der Schwund des *i* nach kurzer Silbe mitten inne liegt. Es ergeben sich demnach folgende Epochen:

A. Die ältere Umlautepoche, in der ein Vokal in langer Silbe durch den Wegfall eines folgenden *i* umgelautet wird. Vgl. aisl. *bélgr* 'Balg' aus **balgiz*, *érmr* 'Ärmel' aus **armiz*, *géstr* 'Gast', urnord. *ʒastiʀ* in *hlewa-*

ʒastiʀ (Gallehus) und *saliʒastiʀ* (Berga), *fengr* 'Fang' aus
*fangiz, bḗkkr 'Bank' aus **bankiz* usw.

Ebenso steht im Präteritum der langstämmigen *i̯e/i̯o*,
Verba regelmäßig Umlaut: *ẹ̄rfða* 'erbte' zu Inf. *ẹ̄rfa*,
kḗmbða 'kämmte' zu Inf. *kḗmba, dọ̄mða* 'urteilte' zu Inf.
*dọ̄ma u. v. a.

Dagegen unterblieb der Umlaut bei den kurzstämmigen
i-Bildungen mit erhaltnem *i*: **buriʀ* 'Sohn' = ae. *byre,*
*saliʀ 'Saal' = ae. *sėle, *hugiʀ* 'Sinn' = ae. *hyʒe, *þuliʀ*
'Sprecher' = ae. *þyle* usw. Desgleichen im Präteritum der
kurzstämmigen *i̯e/i̯o*-Verba: **barida *talida *tamiða*. Ebenso
blieb *i* in der Kompositionsfuge nach langer Silbe: **kvāni-*
fang, *sátti-band, *átti-niðr.

B. Nach Ablauf der ersten Umlautperiode folgte eine
Zeit der Synkope, die *i* nach kurzer Tonsilbe traf. Indem
dieses schwand, blieb der vorausgehnde Vokal für die
Zukunft vor Umlaut geschützt. So entstanden *burr salr*
hugr þulr usw., sowie die schwachen Präterita *barða* 'kämpfte',
talða 'erzählte', *tamða* 'zähmte'. Zu gleicher Zeit erlag
das *i* in der Kompositionsfuge nach langer Silbe: aisl.
kván-fang 'Ehe', gegenüber *kván* 'Frau', *átt-niðr* 'Verwandter'
gegenüber *átt* 'Geschlecht', *sátt-band* gegenüber *sátt* 'Ver-
söhnung'.

C. Eine jüngere Umlautperiode, die aber noch
vor die Zeit fällt, aus der unsre Handschriften stammen,
folgt der Synkopierungsperiode. In ihr wird der Umlaut
durch ein erhaltnes *i j* bewirkt. Daher heißt es *bẹ́ria*
'schlagen', *tẹ́lia* 'erzählen', *tẹ́mia* 'zähmen' gegenüber den
Präteritis *barða talða tamða*.

Mit Kocks Erklärung stimmt aufs beste, daß es auf
dem Stein von Björketorp *barūtʀ* d. i. aisl. *brýtr* 'er bricht'
heißt, während der Rökstein noch *sitiʀ* 'er sitzt' aufweist,
also *i* noch nach kurzer Wurzelsilbe erhalten hat.
Vgl. oben § 94, 3b, S. 78.

c) Auf westgermanischem Boden ist das ursprüngliche Verhältnis am treusten vom Altenglischen ge-
wahrt worden: *-i* nach kurzer Tonsilbe bleibt erhalten, *i*

nach langer schwindet. Und zwar schwindet es im Ae. nicht, ohne zuvor Umlaut bewirkt zu haben (vgl. über die Chronologie des ae. *i*-Umlauts A. Pogatscher, PBrB. XVIII. 465 ff.), während in As. und Ahd. der Umlaut unterbleibt. Vgl. ae. *mete* 'Speise', got. *mati-balgs* 'Speise-tasche', ahd. *mezzi-sahs* 'Speiseschwert d. i. Messer', ae. *hyʒe* 'Sinn', as. *hugi*, ae. *wine* 'Freund', as. ahd. *wini, sele* 'Saal', as. *seli*, ahd. *sali seli*, ae. *cyme* 'Ankunft', as. *cumi*, ae. *mere* 'Meer', as. *meri*, ahd. *mari meri*, vgl. got. *mari-saiws* 'Meer-See'. Dagegen halte man die langstämmigen urg. **wurmiz* 'Wurm', ae. *wyrm*, as. ahd. *wurm*, urnord. *ʒastiʀ* 'Gast', ae. *ʒiest*, as. ahd. *gast*, urgerm. **dǣþiz *dǣđis* 'That', ae. *dǣd*, as. *dād*, ahd. *tāt* u. a.

Im Ahd., wo Ausgleichungen die ursprüngliche Ver-teilung stark verwischt haben, lassen die Komposita noch deutlicher den regulären Zustand erkennen. Vgl. *sali-hūs*, *scriti-māl*, *fluge-ros*, *slegi-fedaṛa*, *trugi-bilidi* gegenüber *brūt-betti*, *nōt-durft*, *gast-geba* usw.

Anmerkung. Wie im Litauischen hat es auch im Germa-nischen abstufende *ie|io*-Stämme gegeben, die im Nominativ und im Akkusativ Sing. Schwundstufe des Suffixes zeigten, also in diesen Kasus von *i*-Stämmen nicht zu unterscheiden waren. Vgl. Verf. PBrB. XIV. 165 ff., M. H. Jellinek, ebd. XV. 287 ff., Verf. ebd. 489 ff., W. van Helten, ebd. XVI. 272 ff., M. H. Jellinek, ebd. 318 ff., H. Hirt, IF. 215 ff., Verf. ebd. 287 Fußnote. Als abstufende *ie|io*-Stämme mit Nominativausgang -*is*, Akkusativausgang -*im* müssen betrachtet werden:

1. Die got. und nord. 'Participia necessitatis', got. *brūks* 'brauchbar' (zu *brūkjan*), *un-and-sōks* 'unwiderleglich' (zu *sakan*), *un-nuts* 'unnütz' (zu *niutan*), ferner aisl. *fyndr* 'zu finden' (zu *finda*), *ǣtr* 'eßbar' (zu *eta*), *gengr* 'gangbar' (zu *ganga*). Außerdem gehört in diese Klasse urnord. *māriʀ* (Thorsbjærg), got. *mērs*. Wäre der Nom. Akk. bei diesen Wörtern je auf germ. -*joz* oder -*ioz* aus-gegangen, so könnte im Gotischen die Endsilbe nicht völlig ge-schwunden sein.

2. Die ae. kurzstämmigen *ie|io*-Bildungen wie *secʒ* M. 'Mann', *cyn(n)* N. 'Geschlecht'. Die Annahme, es liege Analogieschöpfung nach den langstämmigen *i*-Bildungen vor, ist ausgeschlossen. Viel-mehr ist anzunehmen, daß **secʒi *cyni* (vgl. die Komposita) aus urgerm. **saʒiz *kuni* durch Einführung der in den obliquen Kasus lautgesetzlich entstandnen gedehnten Konsonanz zu **secʒi *cynni*

wurden und alsdann gemeinsam mit *wyrmi lautgesetzlich ihr -i
verloren.

Da auch im Gotischen die Bewahrung von i nach kurzer
Tonsilbe anzunehmen ist, können *harjis* (für **haris*) und *kuni* urgerm. -*i*- in der Endsilbe gehabt haben. Diese Hypothese gewinnt durch den Hinblick auf das Ae. sehr an Wahrscheinlichkeit.

3. Got. *reiki*, ae. *rice* sind auf urgerm. **rīkion* zurückzuführen.
Als das -*o*- der dritten Silbe schwand, übertrug es Akzent und
Quantität auf den vorausgehnden Vokal, der infolgedessen
nicht mit dem kurzen i der langstämmigen *i*-Bildungen zusammenfiel, daher auch nicht mit jenem apokopiert werden konnte.

147. Später als der Schwund des *i* hat sich der
des *u* vollzogen. Die Bedingungen sind in allen drei
Dialektgruppen die gleichen gewesen.

a) Seit H. Hirt, IF. I. 216 und W. van Helten,
PBrB. XV 455 ff. darf es als feststehend betrachtet werden,
daß das Gotische *u* nach langer Tonsilbe lautgesetzlich
synkopiert, daß also Formen wie *dáuþus þaúrnus* usw.
Analogiebildungen nach *haírus liþus sunus magus* usw. sind.
Dies beweist got. *tagr* N. 'Zähre' = gr. δάκρυ, wohl auch
got. *sūts* 'süß' = ai. *svādúš*, gr. ἡδύς gegenüber got. *faíhu*
'Vieh' = lat. *pecu*, *filu* 'viel' = gr. πολύ. Akk. Sg. *baúrg*
aus **burʒų* (-*ų* = idg. -*m̥*). Ebenso ist -*u* im Akkusativ
Sing. der mehrsilbigen konsonantischen Stämme geschwunden: *brōþar* aus **brōþarų* = gr. φράτορα, *nasjand*
aus **nasjandų*, vgl. gr. φέροντα u. a. m.

b) Im Nordgermanischen findet sich mehrfach -*u*
nach kurzer Tonsilbe noch erhalten, während es nach
langer schon synkopiert ist. Vgl. Akk. Sg. *sunu* gegenüber *ạsmu[n]t* (Sölvesborg), *sunu: kuþumut* (d. i. *Guðmund*)
auf dem Helnœser Stein; Nom. *karuʀ* (d. i. *garuʀ*, aisl.
gǫrr 'bereit'); Akk. *sunu*. In litterarischer Zeit ist -*u*
auch nach kurzer Tonsilbe der Synkope erlegen.

c) Auf westgermanischem Boden haben wir nur
noch spärliche Überreste von -*u* nach langer Tonsilbe oder
in dritter Silbe: Nom. Sg. *olwfwolþu* auf dem Kreuz von
Bewcastle und Nom. Sg. *flōdu* auf dem Clermonter Runen-
kästchen; dazu kommt *aetʒaeru* (Epin. Gloss. 440), *æʒtẹro*
für *ætʒẹro* (Corp. 839). Schon früh ist das Gesetz: Schwund

des *u* nach langer, Erhaltung nach kurzer Tonsilbe durchgedrungen. Vgl. ae. *hád* 'Person, Rang, Stand, Wesen',
ahd. *heit* = got. *háidus* 'Art, Weise', ae. *đorn* 'Dorn', as.
thorn, ahd. *dorn* = got. *þaúrnus,* ae. *déađ* 'Tod', as. *dôth,*
ahd. *tôd* = got. *dáuþus.* Man beachte ferner die *men*-
Stämme, deren Nom.-Akk. Neutr. idg. -*mn̥,* urgerm. -*mṵ*
war: ae. *film* 'Haut' = gr. πέλμα, ae. as. ahd. *helm* = ai.
śárma N. 'Schirm, Schutzdach' u. ä. Dagegen halte man
ae. as. ahd. *sunu* 'Sohn', ae. *meodu* 'Met', ahd. *mitu meto*
= gr. μέθυ 'Wein', ae. *maʒu* 'Knabe', as. *magu,* ae. *siodu*
'Sitte', as. *sidu,* ahd. *situ,* ae. *wudu* 'Holz', ahd. *witu* u. a.

Von Kompositis vgl. ae. *déađ-dæʒ* 'Todestag', *scild-burʒ*
'Schildburg', *feld-hús* 'Zelt' gegenüber *Fridu-bald, Fridu-
mund, Fridu-wald, liođu-wác* 'flexibilis membris' u. a.

III. Der germanische Silbenakzent.

148. Es ist das Verdienst W. Sche re r s, in seinem
Buch zur Geschichte der deutschen Sprache 1868. S. 120 f.
zuerst auf die Bedeutung hingewiesen zu haben, den die
Unterscheidung zweimoriger und dreimoriger idg. Längen
für die Erkenntnis der germanischen Auslautentwicklung
hat. Seinen Spuren ist dann vor allen Dingen G. M a h -
l o w in seiner an Anregungen und Ergebnissen gleich
reichen Schrift über die langen Vokale gefolgt.

Ein jüngrer Versuch, die Entwicklung der langen
Endsilben im Germanischen auf ursprachliche Differenzen
zurückzuführen, ist scheinbar von einem ganz andern
Punkt ausgegangen, ist aber schließlich dennoch bei Scherer
und Mahlow gemündet, deren Theorie dadurch erst die
notwendige Grundlage erhalten hat. Fr. H a n s s e n, KZ.
XXVII. 612 ff. war der erste, der den Unterschied zwischen
gestoßner und schleifender Akzentqualität im Germanischen
erkannt hat. Er hat darauf hingewiesen, daß im Gotischen ganz ähnlich wie im Litauischen die langen Endsilben verschieden je nach ihrer Akzentqualität behandelt
werden: lange Endsilben mit schleifendem Ton bleiben
erhalten, lange Endsilben mit gestoßnem Ton werden ver-

kürzt. In umfassender Weise hat dann H. Hirt, IF. I.
195 ff. den Gedanken Hanssens bei allen germanischen
Dialekten durchzuführen versucht. Ergänzungen zu seinem
ersten Aufsatz bietet H. Hirt, PBrB. XVIII. 274 ff. 519 ff. IF.
VI. 47 ff. Die Ergebnisse seiner Untersuchungen findet man
am besten und übersichtlichsten in seinem Akzentbuch S. 52 ff.
zusammengestellt. Hier ist er zugleich zu der Erkenntnis
fortgeschritten, daß schleifende (zweigipflige) Betonung und
Dreimorigkeit einer langen Silbe auf der einen Seite, gestoßne Betonung und Zweimorigkeit auf der andern Seite
zwei sich mit Notwendigkeit ergänzende Begriffe sind,
zwei verschiedne Seiten derselben Sache. Wie beim Litauischen geht er daher jetzt auch im Germanischen von
der Dreimorigkeit der schleifenden, der Zweimorigkeit der
gestoßnen idg. Längen aus und formuliert das Auslautgesetz folgendermaßen:

Dreimorige schleifende und zweimorige gestoßne Längen werden im Germanischen (wie im
Litauischen) um eine More gekürzt, so daß an die
Stelle der zweimorigen Längen einmorige Kürzen
treten, an die Stelle der dreimorigen Längen dagegen zweimorige Längen.

Die Annahme, daß im Germanischen gleichwie im
Litauischen auch die dreimorigen schleifenden Längen
nicht ganz unreduziert geblieben seien, ist wegen der westgermanischen Dialekte notwendig, weil es sich anders
nicht begreifen läßt, wie diese an Stelle der gotischen
(schleifenden) Längen im absoluten Auslaut ausgesprochne
Kürzen haben setzen können. Ein Unterschied zwischen
diesen aus den schleifenden Längen neuentstandnen Kürzen
und den ältern auf gestoßne Längen zurückgehnden Kürzen
besteht aber doch: diese werden wie die ursprünglichen
kurzen *i* und *u* behandelt, d. h. sie bleiben nur nach
langer Tonsilbe erhalten, fallen nach kurzer ab; jene dagegen können niemals wegfallen. Natürlich hat der
Systemzwang dies Gesetz vielfach durchbrochen, doch ist
es trotz aller Verschiebungen noch deutlich zu erkennen.

In einem wichtigen Punkt unterscheidet sich jedoch
das Germanische von dem Litauischen. Hier werden gestoßne lange Silben immer und in jedem Fall reduziert,
mögen sie offen oder geschlossen sein. Im Germanischen
dagegen bleibt eine geschloßne Silbe unverkürzt, auch
wenn sie gestoßne Akzentqualität hat. Es heißt daher
nicht nur got. Nom. Plur. *gibōs* (Endung idg. *-ās*), *dagōs*
(Endung idg. *-ōs*), sondern auch got. 2. Sing. Opt. *wileis*
(Endung idg. *-īs*), got. *sniumundōs* Adv. (Endung idg. *-ōs*).
Vgl. über diese Einschränkung Fr. Lorentz, Das schwache
Präteritum (Leipzig 1894), S. 10 ff. und IF. V. 380 ff.
Anders H. Hirt, der die Formen mit erhaltner Länge
des gestoßen betonten Vokals vor *s* einer Analogiebildung
zuschreiben möchte, vgl. PBrB. XVIII. 274 ff. 529 ff.
Akzent 54 f. Doch hat er sich ganz neuerdings der An-
schauung von Lorentz erheblich genähert.

Bei einsilbigen Wörtern sind im Germanischen
auch die gestoßen betonten Längen unversehrt erhalten,
falls sie orthotoniert sind. Vgl. Verf., Zur germ. Sprachgeschichte, S. 9 ff.

Es ist begreiflich, daß es der auf die indogermanischen
Akzentqualitäten basierten Auslauttheorie Hanssens und
Hirts nicht ohne Widerspruch gelingen konnte, sich Bahn
zu brechen. Von den Gegnern ist namentlich zu nennen
der in den eignen positiven Aufstellungen häufig wechselnde
M. H. Jellinek, Zeitschrift für die österreichischen Gym-
nasien 1893, S. 1092 ff., auf dessen Einwände der Verf.
IF. Anz. III. 190 geantwortet hat, ferner Jellinek, HZ.
XXXIX. 125 ff., womit die Entgegnung H. Hirts, IF.
VI. 47 ff. zu vergleichen ist. Auf H. Möllers Angriffe
AfdA. XX. 130 ff. hat der Verf. IF. V. 231 ff. erwidert.

149. Die ältere Auslauttheorie geht in ihrem ersten
Keim auf R. Westphal, KZ. II. 161 ff. zurück. Was
Westphal nur vom Gotischen aussagte, suchte W. Scherer
in der ersten Auflage seines Buches zur Geschichte der
deutschen Sprache (Berlin 1868) auf alle germanischen

Dialekte auszudehnen. Als der eigentliche Vater der Vulgatansicht muß A. Leskien wegen seines auf der Leipziger Philologenversammlung 1872 gehaltnen Vortrags über das gemeingermanische konsonantische Auslautgesetz (vgl. außer den 'Berichten' das kurze Referat W. Braunes, ZZ. IV. 238 f.) betrachtet werden. Auf ihn geht vor allen Dingen die Anschauung zurück, daß die Erhaltung langer Auslautvokale einem ursprünglich folgenden Nasal zuzuschreiben sei, eine Aufstellung, die Jahrzehnte hindurch unbestritten geherrscht hat und von einschneidender Bedeutung für die Auffassung der germanischen Flexion gewesen ist.

Am besten ist die bis vor kurzem allgemein herrschende Auslauttheorie von K. Brugmann, Grundriß I. § 659 ff. S. 514 ff. und von W. Wilmanns, Deutsche Grammatik I. 234 ff. formuliert worden, während Fr. Kluge in Pauls Grundriß I. 358 ff. in mancher Beziehung eigne, vom Herkömmlichen abführende Wege wandelt, vgl. die Kritik H. Hirts, IF. I. 197. Eine bequeme Übersicht über die Entwicklung der ältern Theorie und die verschiedne Beurteilung einzelner Punkte — denn zu vollständiger Übereinstimmung sind die Forscher selbst in wesentlichen Fragen niemals gelangt — ermöglicht das erste Kapitel von M. H. Jellineks Beiträgen zur Erklärung der germ. Flexion.

150. Als Kernpunkt fast aller ältern Auslauttheorien, mögen sie in Einzelheiten auch noch so sehr auseinandergehn, dürfen folgende Sätze betrachtet werden:

1. Jeder lange Vokal, der zu urgermanischer Zeit in absolutem Auslaut stand, gleichviel ob ihm in indogermanischer Urzeit einmal ein Verschlußlaut folgte oder nicht, wird gekürzt.

2. Erhalten bleiben nur die **nasalierten** Längen des Auslauts.

151. Beide Behauptungen stimmen mit den Thatsachen nicht in jeder Beziehung überein. Denn es läßt

sich leicht nachweisen: 1) daß lange Silben, denen niemals ein Nasal folgte, im Germanischen lang geblieben
sind, und 2) daß lange Silben gekürzt worden sind,
obwohl sie nasaliert waren.

1. Im Gotischen existiert noch eine Anzahl von
Adverbien auf -*þrō* mit ganz ausgesprochen ablativischer
Bedeutung: *aljaþrō* 'ἀλλαχόθεν', *allaþrō* 'παντόθεν' *dalaþrō*
'κάτω', *fairraþrō* 'ἀπὸ μακρόθεν', *ƕaþrō* 'πόθεν', *innaþrō*
'ἔσωθεν', *iupaþrō* 'ἄνωθεν, ἄνω', *jáinþrō* 'ἐκεῖθεν', *þaþrō*
'ἐντεῦθεν, ἔπειτα', *ūtaþrō* 'ἔξωθεν'. G. Mahlow, Die langen
Vokale, S. 57 f. 130 ff. hat denn auch, dem Vorgang Bopps
folgend, idg. Ablative darin erkannt. Der idg. Ablativ
endet auf -*ād* oder -*ōd*. Vgl. lat. *extrād,* got. *undarō* =
ai. *adharåd* 'unter'. Um die Erhaltung der Länge zu
rechtfertigen, hat man mehrfach die Hypothese aufgestellt,
-*d* sei erst so spät abgefallen, daß es den vorausgehnden
Vokal vor Verkürzung geschützt habe, vgl. M. H. Jell-
linek, Beiträge zur Erklärung der germ. Flexion, S. 60 ff.;
daß diese Annahme jedoch nicht ausreicht, lehrt aufs
deutlichste die 3. Pers. Sing. Opt. got. *wili* aus idg. **u̯elīt*
neben *wileis* aus idg. **u̯elīs*. Der Grund für die Erhaltung
der Länge muß daher ein andrer sein.

2. Bei den reinen *ā*-Stämmen lauten Nominativ und
Akkusativ Sing. im Gotischen gleicherweise auf -*a* aus:
Nom. *giba,* Akk. *giba*. Die Anhänger der ältern Theorie,
die einem auslautenden Nasal die Erhaltung vorausgehnder Länge zuschreiben, müssen annehmen, daß der
lautgesetzliche Akkusativ durch den Nominativ ersetzt
sei. Dem widerspricht aber aufs schroffste der Gegensatz,
worin Nominativ und Akkusativ Sing. der langstämmigen
i̯ē-(i̯ā)-Bildungen stehn. Nom. *bandi* aber Akk. *bandja*.
Man hat sich allerdings durch die Annahme äußerst verwickelter Neuschöpfungen zu helfen gesucht. Aber es ist
prinzipiell verwerflich, die Differenz *bandi : bandja* nicht als
lautgesetzlich anerkennen zu wollen, wie es verwerflich ist,
die Ursprünglichkeit der Differenz zwischen ai. Nom. *dyáus̆*
Akk. *dyá'm,* gr. Nom. Ζεύς Akk. Ζῆν leugnen zu wollen.

Da es keine Akkusative Sing. ohne Suffix -*m* gegeben hat, so muß das Akkusativ-*a* von *bandja* auf langen Vokal + *m* zurückgeführt werden. Auslautendes -*m* hat also eine vorausgehnde Länge nicht vor Reduktion zu schützen vermocht.

Im besten Einklang stehn diese Thatsachen, nämlich der Erhaltung ungedeckter, die Reduktion gedeckter Länge mit der Akzenttheorie: im Ablativ Sing. der *e/o*-Stämme hat die Endung schleifende Akzentqualität, im Akkusativ Sing. der *ī*-Stämme hat sie dagegen gestoßnen Ton.

152.   Die wichtigsten Fälle auslautender Längen sind folgende:

A. Schleifende Längen.

1. Urgerm. -*ō*: a) Ablativ Sing. der *e/o*-Stämme: got. *undarō* = ai. *adharád*. Vgl. lit. Gen.-Abl. *tō* 'desselben' (ai. *tád*), *szīō* 'dieser', *jō* 'seiner' (ai. *yád*). Ahd. Ablative sind die Kasus auf -*o* wie *demo blintemo* nach M. H. Jellinek, Beiträge S. 62 ff. Ablative sind auch wahrscheinlich die gemeingermanischen Adverbia auf -*ō, -o*, vgl. got. *galeikō*, ahd. *gilīhho*, Verf., Zur germ. Sprachgesch. S. 26.

b) got. *watō* 'Wasser' = lit. *vandů̃*; nach Michels-Kretschmer ist -*ō* aus -*ór* entstanden, vgl. gr. ὕδωρ = ahd. *wazzar*.

c) got. *raþjō* F. 'Zahl, Rechnung' = lat. *ratio;* nach Michels-Kretschmer ist -*ō* aus -*ón* entstanden. Bei maskulinen *n*-Stämmen erscheint es im ae. ʒuma, as. *gumo*, ahd. *gomo* 'Mann' = alat. *hemō* (vgl. lat. *nēmo* 'niemand' aus *né hemo*), alit. *žmů̃*. Bei Neutris: *namō* = ai. ved. *nā́mā*, dazu ahd. *namo*, das der Endung wegen Mask. geworden ist.

2. urgerm. -*ǣ*. Die got. Adverbien auf -*drē* bezeichnen die Richtung 'wohin?'. Vgl. *ƕadrē* 'wohin?', *jáindrē* 'dorthin', *hidrē* 'hierher'. Sie hängen mit denen auf -*þrō* eng zusammen, *þ* und *đ* wechseln nach Verners Gesetz: diese hatten demnach Anfangs-, jene Endbetonung. Sie stimmen, wie H. Hirt, IF. VI. 69 erkannt hat, genau zu den ai.

Richtungsadverbien auf -trá[1]), vgl. ai. *satrá* 'ganz und
gar', *asmatrá* 'bei uns, unter uns', *martiatrá* 'unter Menschen'
usw. Wir haben in ihnen meiner Ansicht nach alte
Instrumentale von *tre/o*-Stämmen zu erblicken, wozu trefflich
die Bedeutung paßt. Vgl. ὧ-δε 'hierhin, hierher gerichtet'
und die lat. Adverbien auf ·*trō, citrō* 'hierher' = got.
hidrē, ultrō 'hinüber', *dextrō* 'rechtshin', *retrō* 'zurück',
intrō 'hinein', *utrōque* 'nach beiden Seiten'. Vgl. über
diese Instrumentalbedeutung B. Delbrück, Idg. Syntax,
I. § 246, S. 581. 583. Der schleifende Ton erklärt sich
nach Michels-Kretschmer durch den idg. Verlust eines
ursprünglich auslautenden -*m*. Denn nach A. Ludwig,
Rigveda VI. 249 f. und H. Hirt, IF. I. 13 ff. hat der Instrumental Sing. der *e/o*-Stämme als Endung gestoßne Länge
+ *m* gehabt. Diese Endung ist entstanden aus dem kurzen
stammauslautenden Vokal + Suffix -*mo*, vgl. Verf. IF. III.
368 f. Im lebendigen Paradigma ist der schleifende Ton
der Instrumentalendung durch den gestoßnen ersetzt.

3. urgerm. -$\tilde{\bar{o}}$ aus idg. -*ōm̃*: Gen. Plur. got. *gibō* 'der
Gaben', *tuggōn-ō* 'der Zungen'; aisl. -*a*: *arma* 'der Arme',
saga 'der Sagen', *gesta* 'der Gäste', *vanda* 'der Zweige',
hiartna 'der Herzen', *fóta* 'der Füße', *fedra* 'der Väter';
ae. -*a*: *dóma* 'der Urteile', *ʒiefa* 'der Gaben', *wina* 'der
Freunde', *suna* 'der Söhne', *ʒumena* 'der Männer', *fóta* 'der
Füße', *fæd(e)ra* 'der Väter'; as. -*o*: *dago* 'der Tage', *gebo,
hugio* 'der Sinne', *sunio, gumono* F.; ahd. *tago gebōno gesteo
siteo* 'der Sitten', *hanōno* 'der Hähne', *fatero*. Die Endung
des Gen. Plur. war schon idg. bei allen Stammklassen
-*ōm̃*, vgl. Verf. IF. I. 259 ff., vgl. ai. *padâm* 'der Füße',
gr. θεῶν ποδῶν, lit. *dēvũ* 'der Götter'.

4. urgerm. -$\tilde{\bar{e}}$: es kommt nur im Gotischen im Genitiv
Plur. mehrerer Stammklassen vor: *dagē* 'der Tage', *gastē,
anstē* 'der Gunsterweisungen', *suniwē* 'der Söhne', *gumanē,*

---

[1]) Die ai. Adverbien auf -*tra* von lokativischer Bedeutung,
vgl. *tátra* 'dort', *átra* 'hier' usw. sind auch der Form nach Lokative und zwar suffixlose Lokative von *e/o*-Stämmen nach Art von
lit. *tilte*.

hairtanē, fadrē, nasjandē 'der Retter', *baúrgē* 'der Burgen'.
Formell geht es auf idg. *-ēm̃* zurück. Aber da keine
außergermanische Sprache die Ablautstufe *ē* im Genitiv
Plur. aufweist, da ferner die gotische *ē*-Form in den übrigen
germ. Dialekten kein Seitenstück hat, so muß sie als
speziell got. Neuschöpfung betrachtet werden. Wie sie zu
stande gekommen sein könne, sucht W. van Helten,
PBrB. XVII. 570 ff. darzulegen. Ganz verfehlt ist der
neueste Versuch M. H. Jellineks, HZ. XXXIX. 136 ff.,
der längst toten Mahlow'schen Erklärung künstlich neues
Leben einzuflößen.

5. urgerm. *-oĩ* a) aus idg. *-oĩt* erscheint in der 3. Sing.
Opt. Präs. der *e/o*-Verba: ai. *bhárēt*, gr. εἴποι (die Länge
der Endsilbe beweist schleifende Betonung), lit. *te-sukě̃*:
got. *baírái*, aisl. ae. as. *binde*, ahd. *binte*;

b) im pronominalen Nom. Plur. *þái* 'diese' = lit. *tě̃*,
aber gr. τοί. Dagegen *blindái*, trotzdem es im lit. *gerì*,
zusammengesetzt *gerě́-ji*, gr. καλοί heißt. Vgl. jedoch den
eigentümlichen Nom. Plur. der substantivischen *e/o*-Stämme
im Litauischen: *děvaĩ* 'die Götter', dessen Akzentqualität
die Erhaltung des Diphthongs in *blindai* erklären würde,
wenn sie nicht selber der Aufhellung dringend bedürftig
wäre. Entweder ist anzunehmen, daß die pronominalen
Nominative auf *-ói̯* durch die nebenstehnden nominalen
Nominative auf *-ōs* in ihrer Akzentqualität beeinflußt
wurden, oder — was wahrscheinlicher ist —, daß das *-a*
der mehrsilbigen durch das *-oi* der Einsilber geschützt
ward.

6. Urg. *-ĩ* aus idg. *-eĩ* findet sich im Lokativ Sing.
der *e/o*-Stämme, vgl. gr. ἐκεῖ 'dort', οἴκει 'zu Hause'. Auf
germanischem Boden gehören hierher die sogenannten
'Instrumentale' des Altenglischen, vgl. E. Sievers, PBrB.
VIII. 324 ff.: ae. *dǣʒe*; frühae. wird die Endung stets *-i*
geschrieben, vgl. *hraecli* 'amiculo', *thys geri* 'horno', *bisiuuidi
uuerci* 'opere plumario' u. a. Die lokale Bedeutung ist
verschiedentlich noch deutlich ausgeprägt: *on rodi, in
rōmæccestri, gihuuelci uuaega* 'quocunquemodo' u. ä.

Anmerkung. Die Formen auf langen Vokal + *s* fallen nicht unter das Akzentgesetz, das nur offne Silben trifft. Die Erhaltung der Länge darf daher nicht der Akzentqualität zugeschrieben werden. Es gehören hierher: a) Nom. Pl. der *ā*-Stämme, idg. -*ās*, germ. -*ōs* = Gen. Sing. der *ā*-Stämme: got. *gibōs*, vgl. ai. Nom. Plur. -*ás*, gr. Gen. Sing. θεᾶς. — b) Nom. Plur. der maskulinen *e/o*-Stämme, idg. -*ōs*, germ. -*ōs*: got. *dagōs*, vgl. ai. *dēvâ's*. — c) Nom. Sing. der *i̯e/i̯o*-Stämme: got. *hairdeis*, vgl. lit. *gaidўs*; doch ist möglich, daß hier einzelsprachliche Kontraktion anzunehmen ist, vgl. E. Sievers, PBrB. XVI. 567, Berichte der sächs. Gesellschaft der Wissensch. 1894. S. 135. — d) idg. -*ōis*, germ. -*ais* im Gen. Sing. der *i*-Stämme: got. *anstáis*, vgl. lit. *naktễs*. — e) idg. -*oŭs*: got. *sunáus* = lit. *sūnaŭs*.

Beachtenswert ist jedoch, daß im Ahd. in den Fällen, wo das auslautende -*s* (-*z*) geschwunden ist, ein Quantitätsunterschied zwischen geschleifter und gestoßner Silbe besteht. Es heißt im Nom. Plur. *gebā* (wo die Länge des -*a* durch Notker vielfach bezeugt ist), im Nom. Plur. M. *tagā* (mehrfach bei Notker belegt), im Gen. Sing. *fridoo* (Benediktinerregel), aber in der 2. Pers. Sing. Opt. *wili* 'du willst', bei Notker *wile wil*, wodurch die alte Kürze des *i* gesichert ist. Trotzdem hat das Gotische die Länge bewahrt: *wileis*. Es muß also trotz der äußerlichen Gleichheit ein Quantitätsunterschied zwischen *ō* in *gibōs* und *ī* in *wileis* bestanden haben: dieses muß zweimorig, jenes dreimorig gewesen sein.

B. Gestoßne Endsilben.

1. urgerm. -*ṓ*: a) = idg. *ā́* im Nom. Sing. der *ā*-Stämme, gr. θεᾱ́, lit. *gerà*, zusammengesetzt *geró-ja*: got. *a*: *giba* 'die Gabe'; in orthotonierten Einsilblern ist -*ṓ* noch unverkürzt erhalten: *sō* 'die'. — Nordgerm. westgerm. -*u*, das wie ursprünglich kurzes -*u* behandelt wird: urnordisch erhaltnes, litterar. synkopiertes -*u*, das Umlaut wirkt: urnord. *ʒibu* (Brakteat von Sjælland) 'Gabe', aisl. *giǫf*, urnord. *alu* (Årstad u. ö.) 'Schutz', aisl. *ǫl*, urnord. *laþu* (Brakteat von Darum u. ö.) 'freundschaftliches Anerbieten', aisl. *lǫð*, urnord. *mīnu* 'mein', *liuƀu* 'lieb' (Opedal), aisl. *min*, *liúf*, vgl. das einsilbige *sú* 'die'. — Westgermanisch nach kurzer Silbe -*u*, nach langer oder in dritter Schwund: ae. *ʒiefu* gegenüber ae. *fōr* 'Fahrt', *ciefes* 'Kebse'; as. *thiod* 'Volk', *gōd* 'die gute'; ahd. *thisu* (Otfrid) 'diese' gegenüber *buoz*, *stunt*, *hwīl*, *wīs*, *halb*.

b) = idg. -*ā́* im Nom.-Akk. Plur. der Neutra, vgl. lit. *keturió-lika* ʻvierzehn’, lat. *iuga:* got. -*a* in *juka* ʻJoche’, *waúrda* ʻWorte’. — Nordgerm. Westgerm. -*u;* urnordisch -*u,* erhalten in dem betonten *þriú* ʻdrei’, sonst apokopiert, nachdem es den vorausgehnden Vokal umgelautet hat: *bǫrn* ʻdie Kinder’, Nom. Sing. *barn,* *lǫg* Plur. ʻGesetz’, *fiǫll* ʻBerge’ Nom. Sing. *fiall,* *sumor* ʻSommer’ Nom. Sing. *sumar.* — Westgermanisch -*u,* das nach kurzer Silbe erhalten bleibt, nach langer schwindet: ae. *hofu* ʻHöfe’, *ʒeocu* ʻJoche’, *doru* ʻThore, *colu* ʻKohlen’ gegenüber *word* ʻWorte’, *bearn* ʻKinder’, *wíf* ʻWeiber’; as. *grabu* ʻGräber’, *doru* ʻThore’, *fatu* ʻFässer’ gegenüber *word* ʻWorte’, *barn* ʻKinder’, *wíf* ʻWeiber’; ahd. *diu* ʻdie N.’, *disiu* Otfrid *thisu* N. ʻdiese’ gegenüber *wort barn wîb.*

c) = idg. -*ā́* (statt *q̄*) im Instrumental Sing. der *ā*-Stämme; der (unregelmäßige) gestoßne Ton wird durch die gestoßen betonte Instrumentalendung -*ṓ* der *e/o*-Stämme gefordert (vgl. lit. *gerù* : *gerū́-ju*): ai. *dhárā, jihvá,* as. ʻDativ’ *gebu,* ahd. *gebu.*

d) = idg. -*ṓ* in der 1. Sing. Präs. Ind. Akt. Vgl. lit. *sukù,* zusammengesetzt *sukū́-s.* Got. -*a: baíra, binda;* Nord. Westgerm. -*u:* aisl. *bindo-mk* ʻwerde gebunden’; ae. *beoru* (Psalmen), *bero* (northumbrisch), as. *nimu* und, mit übertragnem *u, bindu;* ahd. ebenso.

e) = idg. -*ṓ* im Instrumental Sing. der *e/o*-Stämme, vgl. lit. *gerù,* zusammengesetzt *gerū́-ju.* as. *dagu* und mit übertragnem -*u wordu;* ahd. ebenso *tagu demu — wordu.*

f) = idg. -*ṓ* im Nom. Du. gr. θεώ ʻdie beiden Götter’, lit. *gerù,* zusammengesetzt *gerū́-ju.* ae. *nosu* eigentlich ʻdie beiden Nasenlöcher’ = ai. *násā* RV., *duru* eigentl. ʻdie beiden Thürflügel’ = ai. *dvárā, bréost* ʻdie beiden Brüste’, vgl. Fr. Kluge, Pauls Grundriß, I. 384.

2. urgerm. *ǣ:* a) = idg. -*é* im ʻDativ’ Sing. der *e/o*-Stämme des Gotischen: vielleicht got. *daga* ʻdem Tage’, entsprechend dem Pronomen *ƕamma,* aber *ƕammē-h.* Vgl. damit die einsilbigen ʻInstrumentale’ got. *þē ƕē.* Das -*é* dieser Instrumentale gegenüber dem -*ṓ* von lit. *gerù,* as. *dagu,* ahd. *tagu* beruht wohl auf dem idg. Ablaut *ē : ō;*

eine Erklärung versucht Joh. Schmidt, Festgruß an
Böhtlingk (Stuttgart 1888), S. 102f. Ein ähnlicher Wechsel
zwischen -*ĕ* und -*ŏ*, verkürzt aus -*ē* und -*ō* findet sich in
lat. *benĕ malĕ probĕ* neben *modŏ citŏ*.

b) got. *innana* 'von innen', ahd. *innan;* got. *ūtana,*
ahd. *ūzan* 'von außen'; got. *hindana,* ahd. *hintan* 'von
hinten'; got. *aftana* 'von hinten'; *iupana* 'von oben' usw.
hat Joh. Schmidt, KZ. XXVII. 291 sehr ansprechend
mit *super-nĕ* 'von oben her', *infernĕ* 'unter' zusammengestellt und ihr Suffix -*nĕ* aus -*nē* hergeleitet, das er in
ai. *vi-nā* 'ohne' wiederfinden will. Der gekürzte Vokal
ist ahd. in 3. Silbe weggefallen.

c) = idg. -*ét* in der 3. Sing. Ind. des schwachen
Präteritums: got. *nasida* 'er rettete' (= der 1. Pers. Sg.);
urnord. noch als -*ē* belegt in *wurte* (Brakteat von Tjurkö),
aisl. *orte* (für lautgesetzliches **urte*) 'machte'; *orte* (By)
'machte', *sate* (Gommor) aschwed. *satte* 'setzte', *urti* (Sölvesborg) 'machte' haben wohl schon verkürzten Vokal. Im
ae. *nerede,* as. *nerida* und ahd. *nerita* sind wie in got.
nasida 1. und 3. Person zusammengefallen. Es läßt sich
nicht mit voller Sicherheit entscheiden, ob as. ahd. -*a*
wirklich die lautgesetzliche Fortsetzung von urgerm. gestoßnem -*ĕ* ist. -*de* -*da* in got. *nasi-da,* aisl. *tal-ðe,* ae. *nerede,*
as. *neri-da,* ahd. *neri-ta* geht nach Fr. Lorentz, Über das
schwache Präteritum des Germ. (Leipzig 1894) und
R. Löwe, IF. IV. 365 ff. auf idg. **dhēt,* eine Injunktivform
der Wurzel *dhē-* 'machen, setzen' zurück.

3. urgerm. -*i*: a) = idg. -*i* im Nom. Sing. der *i̯ē*-
Stämme; got. *bandi,* vgl. ai. *bṛhatí* 'die große'.

b) = idg. -*it* in der dritten Person Sing. Opt.
(mit Übertragung der Schwundstufe -*i̯-* des Optativsuffixes an Stelle von -*i̯ḗ-*), got. *u̯ili* 'er will' = lat. *uelīt*
aus **uelīt.*

4. urgerm. -*ái.* a) = idg. -*ái* in der 2. 3. Person
Sing. 3. Plur. Med., got. *baíraza* = ai. *bhárasē,* gr. φέρεαι
(die Stellung des Akzents zeigt die Kürze und damit
die gestoßne Akzentqualität der Endung an); got. *baírada*

= ai. *bhárate,* gr. φέρεται; got. *bairanda* = ai. *bhárante,* gr. φέρονται. Wahrscheinlich gehört auch hierher die 1. Sing. aisl. *heite,* 'heiße, nenne mich' urnord. *haite-ʒa* (Lanzen- schaft von Kragehul) 'heiß ich', vgl. E. Sievers, PBrB. VI. 561 ff.; ae. *hátte* = got. *háitada.*

b) = idg. *-ái* im Dat. Sing. konsonantischer Stämme. Wie H. Collitz, BB. XVII. 17 vermutet, entspricht der adverbial gebrauchte Dativ gr. παραι- in παραι-βάτης (lat. *prae,* lit. *pri-*) dem got. *faúra,* ae. *fore,* as. ahd. *fora.* Die Entsprechung von gr. -αι: got. -*a* : ae. -*e* ist der von φέρε- ται : *háitada* : *hátte* ganz gleich. Man beachte auch den Parallelismus von idg. -*é,* urgerm. -*ǽ*: got. *nasida,* ae. *nerede:* as. *nérida,* ahd. *nérita.* Gestoßnes -*ái* ist jedenfalls schon in sehr früher Zeit zu -*ǽ* monophthongiert worden.

5. urgerm. -*ǭ:* a) = idg. -*ám* im Akkusativ Sing. der *ā*-Stämme. got. *giba, ƕeilōhun* 'irgend eine Stunde lang', *áinōhun* 'irgend eine' könnten formell auch Nomi- native sein. Aber da bei *sa* 'der' Nominativ und Akku- sativ Fem. deutlich als *sō* und *þō* geschieden sind, liegt kein Anlaß vor, in *giba* nicht die lautgesetzliche Akku- sativform zu sehn.

Man vergleiche ferner lit. Part. Präs. Nom. F. *sukantì:* Akk. F. *sukanczią* = got. *frijōndi: frijōndja.* — lit. Nom. F. *kurì:* Akk. F. *kurią* = got. Nom. *ƕarja* (-*ja* statt -*i* wegen der kurzen Wurzelsilbe): Akk. *ƕarja.* Über die Stellung beider Wörter zu einander vgl. Joh. Schmidt, KZ. XXXII. 401 f.

Aisl. Akk. F. *spaka* 'die Kluge', ae. Akk. F. *ʒiefe* (älter *ʒiefæ*), *áre* 'die Ehre' gegenüber Nom. F. *ʒiefu* und *ár,* as. *geba,* ahd. *geba* (*ƕil, stunt* usw. sind formell No- minative).

b) = idg. -*ón* im Nom. Sg. der *n*-Stämme, vgl. gr. ἀηδών. Nom. Sing. Fem. urnord. wohl noch -*ǭ* in *hariso* Himilingøje) *leþro* (Strårup) *fino* (Berga), aisl. *gata* 'Gasse', ae. *tunʒe* (älter -*æ*), as. *tunga,* ahd. *zunga.*

Nom. Sing. Neutr. aisl. *hiarta* 'Herz', ae. *éaʒe* 'Auge', as. *herza,* ahd. *herta.* Wahrscheinlich ein alter kollektiver

Plural, der den Singularausgang -*ų* = -*ų* fast ganz verdrängt hat (über Reste s. § 147 S. 178). Die Sandhiform -*ō* erscheint in got. *haírtō, namō* N. = ae. *noma* M., as. ahd. *namo* M. Der Genuswechsel ist durch die Endung -*ō* veranlaßt. Näheres bei H. Hirt, PBrB. XVIII. 290 ff.

c) = idg. -*ám* in der 1. Sing. des schwachen Präteritums. got. *nasida*, urnord. *tawido* (Gallehus) 'that', *worahto* (Tune) 'wirkte', *faihido* (Einang) 'ritzte', *hl(a)aiwido* (Strand) 'begrub', aisl. *safnaða* 'sammelte'; ae. *nérede* (= 3. Pers.), as. *nérida* (= 3. Pers.), ahd. *nérita* (= 3. Pers.). Idg. *dhám*, dem mit primärer Endung ae. *dóm* 'thue', as. *dōn*, ahd. *tōm tuam, tuon* gegenübersteht.

d) idg. -*ām* in der 1. Sing. Präs. frühae. *berae*, später *bere* nach H. Hirt, IF. VI. Heft 1. Doch steht auch die Möglichkeit offen, eine bloße Übertragung vom Optativ anzunehmen.

Anmerkung. H. Hirt, IF. I. 205 ff., VI. 58 ff. nimmt an, daß urgerm $\bar{ǫ}$ zu got. -*au* d. i. *å* geworden sei, und beruft sich auf 1. Pers. Sing. Opt. *bairau* = *feram*, in der er eine alte Konjunktivform auf idg. -*ām* (-*ān*) erkennt, ferner auf 3. Plur. Imp. *bairandau* = gr. φερόντων, ai. Med. *bhárantām*. So verlockend diese Gleichungen sind, scheinen sie doch wegen der merkwürdigen isolierten Entwicklung von -$\bar{ǫ}$ zu -*å* gegenüber -*ō* zu -*a* nicht unbedenklich. Sollte sich jedoch die Berechtigung der Hirtschen Vergleichungen ergeben, so wäre Akk. Sing. got. *giba* als alter Nominativ, got. 1. Sing. Prät. *nasida* als ursprüngliche 3. Person aufzufassen. Plausibler scheint mir jedoch die im Text gegebne Darstellung.

6. urgerm. -$\acute{æ}$: a) = idg. -*ém* im Akkusativ Sing. der nichtmovierten femininen Substantiva anzunehmen, lat. *faciĕm* (aus *faciēm*), lit. *žĕmę* (aus *žemįēm*) 'die Erde', abg. *zemlja* (doppeldeutig, die Endung kann lautlich auf -*įām* wie -*įēm* zurückgehn. Doch ist wegen des Litauischen -*įēm* wahrscheinlicher). Got. *bandja* ist wegen des lateinisch-litauischen Ausgangs -*įēm* jedenfalls auf urgerm. *bandiæ̨* zurückzuführen. Vgl. aisl. *heiðe* 'Heide', das ausschließlich -*įēm* voraussetzt (H. Hirt, IF. VI. 65) und wohl auch ahd. *sunte* 'Sünde' aus *sundiæ̨*.

b) = idg. *-én* erscheint in got. *hana*, aisl. *hane*, die
Bildungen wie gr. ποιμήν gleichgesetzt werden müssen.
Im Urnordischen erscheint *-ā* in *wiwila* (Veblungsnæs)
niuwila (Varde) *erla* (Etelhem) usw., worin man den lautgesetzlichen Vertreter von urgerm. *-ę̄* zu erblicken hat,
vgl. V. Michels, IF. Anz. I. 32 und H. Hirt, IF. VI. 66.

Anmerkung. Wohl zu beachten ist, daß im Nord- und
Westgermanischen nasalierte Längen auch bei gestoßner Akzentqualität nach langer Tonsilbe oder nach unbetonter nicht wegfallen. Vgl. aisl. Akk. Sing. F. *heide* aus **haidią̄*, *mikla* aus
*mikelǭ, 1. Sing. Prät. *orta* 'wirkte' aus **wurtǭ*; ae. Akk. Sing.
F. *áre* 'die Ehre' aus **aizǭ* gegenüber Nom. Sing. *ár* aus **aizō*
u. dgl. m.

Diese Thatsache erklärt sich genau ebenso wie die parallele
Erscheinung, daß nasalierte Kürze im Auslaut länger erhalten
wird als unnasalierte Kürze, aus dem Umstand, daß die Nasalierung eine Quantitätssteigerung des Vokals mit sich bringt.

Zweiter Hauptteil.

Formenlehre.

Erster Abschnitt: Nomen und Pronomen.

Elftes Kapitel.
Die indogermanischen Nominalstammklassen im Germanischen.

A. Die vokalischen Bildungen.

I. Die e/o-Stämme.

153. Neben Maskulinen und Neutren gehörten zu
den e/o-Stämmen ursprünglich auch in weitem Umfang
Feminina, vgl. Verf. IF. Anz. III. 179. Reste davon
haben sich im Griechischen und im Lateinischen erhalten,
z. B. ἡ ἵππος 'die Stute', lupus femina 'die Wölfin'. In
den übrigen idg. Sprachen sind die e/o-Feminina aus-
gestorben.

Die e/o-Stämme sind sowohl Nomina agentis als auch
Nomina actionis.

Im Germanischen ist der idg. Stammauslaut als o
nur noch bei den Eigennamen erhalten, die uns durch
die klassischen Schriftsteller überliefert sind, vgl. Lango-
bardi, Mallo-baudes; Inguio-merus, Χαριο-μηρος u. a. Sonst
erscheint idg. o als a, soweit er überhaupt noch bewahrt ist.
Vgl. finn. tursa-s 'Meerungeheuer', aisl. þurs, finn. parma-s
'Busen', aisl. barmr, finn. vara-s 'Dieb', got. wargs; urnord.
hala-ʀ (Steinstad) 'Stein', aisl. hallr, staina-ʀ (Krogstad),

got. *stáins,* aisl. *steinn,* *hlewa-ʒasti-ʀ* (Gallehus), *frawa-rada-ʀ* (Möjebro); got. *waíra-leikō* 'uiriliter', *daúra-wards* 'Thür-hüter', *þrasa-balþei* 'Streitsucht', *aíƕa-tundi* eig. 'Pferdezahn' dann 'Dornstrauch' u. a. Nachdem die Auslautgesetze den stammauslautenden Vokal in der letzten Silbe beseitigt haben, sind die *e/o*-Stämme in den germanischen Dialekten nur noch in den Kasus deutlich erkennbar, wo er ursprünglich in vorletzter Silbe gestanden hat oder durch mehrfache Konsonanz gedeckt wird. Vgl. urgerm. *ᵭaʒo-miz* Dat. (Instr.) Plur., got. *daga-m,* aisl. *dǫgo-m,* ae. *daʒu-m,* as. *dagu-m,* ahd. *tagum* (vgl. § 54), urgerm. *ᵭaʒonz* Akk. Plur., got. *daga-ns,* aisl. *daga,* as. *dagu,* ahd. *taga.*

1. Reine *e/o*-Stämme.

Maskulina: idg. *ul̥'kᵛo-s* 'Wolf', ai. *vr̥ka-s,* gr. λύκο-ς, lat. *lupu-s* (mit unregelmäßigem *p*), lit. *vìlka-s,* got. *wulf-s* (Dat. Pl. *wulfa-m,* Akk. Pl. *wulfa-ns*), aisl. *ulf-r,* ae. *wulf,* ahd. *wolf.* — **Neutra:** idg. *jugó-m* 'Joch', ai. *yugá-m,* gr. ζυγό-ν, lat. *iugu-m,* got. *juk* (Dat. Pl. *juka-m*), aisl. *ok,* ae. *ʒeoc,* ahd. *joh.* — **Adjektiva:** lat. *longu-s* M., *longu-m* N. 'lang', got. *lagg-s* M., *lagg* N. usw.

2. *i̯e/i̯o*-Stämme.

Sie sind entweder starr (abstufungslos) oder abstufend. a) Die **starren** Bildungen haben in allen Kasus die Vollstufe des Suffixes, vgl. idg. *néu̯i̯o-s* 'neu', ai. *návya-s,* lit. *naũja-s,* got. *niuji-s,* aisl. *nýr* (mit ʀ-Umlaut), ae. *néowe, niwe,* as. ahd. *niuwi.* — urgerm. *ᵛrīki̯o* N. 'Herrschaft, Reich', got. *reiki,* aisl. *rike,* ae. *rice,* as. *rīki,* ahd. *rīhhi.*

b) Die **abstufenden** Bildungen haben im Nominativ und Akkusativ Sing., vielleicht auch noch in einigen andern Kasus, die Schwundstufe des Suffixes, also *i.* Vgl. altlat. *ali-s* = *alius,* *ali-d* = *aliud,* lit. Nom. *mẽdi-s* 'Baum', Akk. *mẽdį,* Nom. *žõdi-s* 'Wort', Akk. *žõdį.* Im Germanischen kommen die sog. 'Participia necessitatis' in Betracht, z. B. got. *brūk-s* 'brauchbar', *un-nut-s* 'unnütz', aisl. *fyndr* 'zu finden', *ǽtr* 'eßbar', vgl. damit ai. *yájya-s* 'zu

verehren', gr. ἅγιο-ς u. dgl. — urnord. *māri-ʀ*, got. *mēr-s*
'berühmt'. Weiteres § 146 Anm.

3. u̯e/u̯o-Stämme.

Auch bei ihnen hat Abstufung bestanden. Nach
H. Hirt, Akzent S. 220 sind die sog. neutralen *u*-Stämme
mit Wurzelbetonung als ursprüngliche u̯e/u̯o-Stämme aufzufassen. Vgl. gr. δόρυ 'Holz, Speer' mit abg. *drēvo* (aus
*dervo), lit. *dervà* F. 'Kienholz', got. *triu* N. 'Holz'; gr.
γόνυ 'Knie' mit got. *kniu* N.; ai. *ā́yu* N. 'Leben', lat.
aeuom, vgl. *aeuos* M., got. *áiws*. Jedoch ist die Abstufung
schon früh ausgeglichen. Vielleicht ist Nom. *karu-ʀ* (Rökstein) 'bereitet' neben ahd. *garo* (aus **ʒarwo-z*) ein germ.
Beispiel für die alte Abstufung. — idg. **éḱu̯o-s* 'Pferd', ai.
áśva-s, lat. *equo-s*, got. *aíƕa-* in *aíƕa-tundi* 'Dornstrauch'.
— idg. **ǵhélu̯o-s* 'gelbgrün', lat. *heluos* 'graugelb', ae. *ʒeolo*
(aus **ʒelwo-z*), as. ahd. *gelo* Genitiv *gelwes*.

4. re/ro-Stämme.

Idg. **ghou̯ro-s*, ai. *ghōrá-s* 'grauenhaft', got. *gáur-s*
'betrübt'. — gr. ὧρο-ς 'Jahr', got. *jēr* N., aisl. *ár*, ae. *ʒéar*,
as. ahd. *jār*. — abg. *vedro* N. 'gutes Wetter', aisl. *veðr*
'Wetter', ae. *weder*, as. *wedar*, ahd. *wetar*.

5. le/lo-Stämme.

Niedersorb. *sedlo* 'Sitz', got. *sitl-s* M. — lit. *pa-stólas*
'Gestell', got. *stól-s* 'Stuhl', aisl. *stóll*, ae. *stól*, as. *stōl*, ahd.
stuol. — Deminutiva: ahd. *bèndil* 'kleines Band' zu
band, *stèngil* 'Stengel' zu *stanga* 'Stange' u. ä.

6. me/mo-Stämme.

Lit. *kaĩma-s* *kĕ́ma-s* 'Dorf, Gehöft', got. *háim-s*, aisl.
heim-r 'Wohnung', ae. *hám*, as. *hēm*, ahd. *heim*. — gr.
κάλαμο-ς 'Rohr, Halm', lat. *culmu-s*, aisl. *halm-r* 'Stroh',
ae. *healm*, ahd. *halm*.

7. ne/no-Stämme.

Ai. *pūrṇá-s* 'voll', got. *full-s*, ae. as. *full*, ahd. *fol*. —
lit. *maĩna-s* 'Tausch', aisl. *mein* N. 'Beschädigung', ae. *mán*
N. 'Falschheit, Verbrechen', as. *mēn*, ahd. *mein* M. N. —

lit. *bérna-s* 'Knecht', got. aisl. as. ahd. *barn* 'Kind'. —
lat. *cornu-m* 'Horn', gall. χαρνο-ν 'Trompete', got. *haúrn*,
aisl. ae. ahd. *horn*.

Im Germanischen sind die *ne/no*-Stämme als Partizipia
Perf. der starken (d. i. der ablautenden und reduplizierenden) Verba lebendig. Der dem -*ne/no*- vorausgehnde
wurzelauslautende Vokal erscheint als *e* oder *o*. Vgl. aisl.
bundenn 'gebunden', ae. *bunden* gegenüber got. *bundans*, as.
gi-bundan, ahd. *gi-buntan*, urnord. *haitinaʀ* (Tanum), aisl.
heitenn 'geheißen', ae. *háten* gegenüber got. *háitans*, as. *gi-
hētan*, ahd. *gi-heizzan*.

Von Haus aus waren diese Bildungen Nomina agentis,
vgl. ai. *váhanas* 'fahrend', *vártanas* 'in Bewegung setzend',
jánanas 'Erzeuger', *dámanas* 'Bändiger' = lat. *dominus*
'Herr'. Das Neutrum hat vielfach die Bedeutung eines
Verbalabstraktums. Im Germanischen gehören hierher
sämtliche Infinitive. Vgl. got. *bindan* = ai. *bándhanam*
'das Binden', got. *waírþan* 'werden' = ai. *vártanam* 'das
Sichdrehn', ferner got. *nasja-n* 'erretten', *salbō-n* 'salben',
haba-n 'haben', *fullna-n* 'füllen'.

8. *te/to*-Stämme.

Sie sind in ihrer Funktion den *ne/no*-Stämmen sehr
ähnlich, indem sie von Haus aus Nomina agentis bilden,
vgl. Verf. IF. III. 337 ff.; K. Brugmann, IF. V. 89 ff.
Diese nehmen, zum Verbum in nähere Beziehung gebracht,
meist die Bedeutung eines Part. Prät. Pass. an. Im Germanischen werden sie regelmäßig in dieser Funktion zu
allen Verben mit schwachem Präteritum (abgeleiteten wie
primären) gebildet: got. *nasiþ-s*, *salbōþ-s*, *habaiþ-s*, *waúrht-s*
'gewirkt', *kunþ-s* 'bekannt', *maht-s* 'gekonnt'. Vereinzelte
Reste von *te/to*-Partizipien zu starken Verben sind in ad-
jektivischem oder substantivischem Gebrauch noch erhalten,
z. B. got. *un-at-gáht-s* 'unzugänglich' zu germ. *gangan* 'gehn';
got. *un-sahta-ba* Adv. 'unbestritten' zu *sakan* 'streiten' u. a.

Das Neutrum erscheint häufig als Verbalabstraktum:
ai. *mr̥tám* 'Tod', aisl. ae. *morð* 'Mord', as. *morth*, ahd.
mord. — aisl. *hapt* N. 'Band, Fessel', ae. *hæft* M., ahd.

haft N. M. gegenüber got. *haft-s* 'captus'. — got. *hliuþ* N. 'Zuhören', aisl. *hlióđ* N.

9. ke/ko-Stämme.

Meist an andere, fertige Stämme angetreten. Vgl. got. *stáinah-s* 'saxosus' zu got. *stáin-s*, vgl. ahd. *steinaht;* *waúrdah-s* 'verbis se manifestans' zu *waúrd*, näheres bei E. Schröder, HZ. XXXV. 376 ff.

Dagegen mit Endbetonung got. *mōdag-s* 'zornig' zu *mōd-s*, ae. *hález*, as. *hēlag*, ahd. *heilac* zu got. *háil-s* 'gesund', aisl. *heill*, ae. *hál*, as. *hēl*, ahd. *heili*. Ablaut idg. *-e-kó-s:* *-o-kó-s* findet sich in ahd. *wuotig* 'wütend' neben *wuotag*.

Von *i*-Stämmen sind gebildet got. *mahtei-g-s* 'mächtig'. ahd. *mahtīg* zu got. *maht-s* (Stamm *mahti-*), got. *anstei-g-s* 'günstig' zu got. *anst-s* (Stamm *ansti-*).

Von einem *u*-Stamm geht got. *handu-g-s* 'weise' zu got. *handu-s* 'Hand' (Stamm *handu-*) aus. Näheres bei Fr. Kauffmann, PBrB. XII. 201 ff.

10. ske/sko-Stämme.

Aisl. *frosk-r* 'Frosch', ae. *forsc*, ahd. *frosk*. — aisl. *ósk* 'Wunsch', ahd. *wunsk*. — got. *un-tila-malsk-s* 'unbesonnen', as. *malsk* 'übermütig'. — Spezifisch germanisch scheint *-isko-* zu sein, das ins Baltisch-Slavische eingedrungen ist. Vgl. got. *þiudiskō* Adv. 'heidnisch' (wie ἐθνικῶς), as. *thiudisce liudi* 'Germania', ahd. *diutisc* 'zum Volk gehörig, deutsch (von der Sprache)', zu got. *þiuda* 'Volk', vgl. H. Fischer, PBrB. XVIII. 203 ff. — ahd. *altisc* 'alt', *mordisc* 'mörderisch' u. a.

Akzentuation.

Die *e/o*-Stämme haben schon in der Urzeit festen Akzent gehabt, der in allen Kasus entweder auf der Wurzelsilbe oder auf dem Suffix steht. Und zwar betonen:

a) die Nomina agentis das Suffix. Da die Adjektiva in ihrer großen Mehrzahl Nomina agentis sind, haben wir fast durchweg Suffixbetonung;

b) die Nomina actionis die Wurzelsilbe. Ideell
müßte mit dieser Verschiedenheit der Akzentstelle auch
ein Unterschied der Abstufung Hand in Hand gehn, wie
er z. B. zwischen ai. *vṛdhás* 'erfreuend' und *várdhas*
'Förderung' besteht, doch ist die ursprüngliche Verteilung
der Ablautstufen in der Regel ausgeglichen. Beispiele
sind: ai. *vará-s* 'Freier' : *vára-s* 'Wunsch', *kāmá-s* 'begehrend':
kā́ma-s 'Begehren', *ēṣá-s* 'eilend' : *éṣa-s* 'das Hineilen'. — gr.
λοχό-ς 'Kindbetterin' : λόχος 'Lagerung, Niederkunft', τροπός
'Dreher' : τρόπος 'Wendung', κομπό-ς 'Prahler' : κόμπο-ς
'Prahlerei' u. dgl.

Im Germanischen finden sich noch Spuren dieses
Prinzips: got. *sinþs* (Stamm *sinþa-*) 'Gang' Nom. act.;
ebenso ahd. *diuva* 'Diebstahl' (*ā*-Stamm) gegenüber got.
þiubs (Stamm *þiuba-*) 'Dieb'; ahd. *riuva* 'Aussatz' gegenüber ahd. *riob* 'aussätzig'; lit. *prõta-s* 'Verstand' gegenüber got. *frōþ-s* (Stamm *frōda-*) 'verständig', aisl. *morð*
'Tod', ahd. *mord* gegenüber ai. *mṛtás* 'tot'; *sōþa-* (Col. 2, 23)
'Sättigung' gegenüber got. *saþs* (Stamm *sada-*) 'satt', aisl.
saðr, ae. *sæd*, as. *sad*, ahd. *sat*. — got. *hliuþ* N. 'das Hören'
gegenüber ai. *śrutá-s* 'gehört', gr. κλυτός. Näheres bei
H. Hirt, Akzent 258 ff.

Grammatischer Wechsel innerhalb eines und desselben Wortes, wie es bei got. *háuhs* 'hoch', ae. *héah,* as.
ahd. *hōh* : aisl. *haugr* 'Hügel', mhd. *houc*; ahd. *hefīg* 'schwer':
hebīg; ae. *scáf* 'schief' : *scáb* erscheint, deutet nicht auf einen
noch in germanischer Urzeit frei wechselnden Akzent, wie
H. Osthoff, MU. II. 12 u. a. vermuten, sondern ist das
Ergebnis von Ausgleichungen, vgl. H. Hirt, a. a. O.

Vielleicht ist auch für das Germanische ebenso wie
für das Baltisch-Slavische das Gesetz aufzustellen, daß bei
den *e/o*-Stämmen der Nominativ und der Akkusativ Sing.
schon vor der Akzentverschiebung niemals das Suffix betonten. Dadurch würde für die Erklärung der Doppelformen wie *háuhs* : *haugr* ein neuer Gesichtspunkt gewonnen: Der stimmlose Spirant wäre dem Nominativ
und dem Akkusativ Sing. zugekommen, der stimmhafte

den obliquen Kasus. Manche Schwierigkeiten scheinen
sich auf diese Weise am einfachsten zu lösen; doch läßt
sich über die bloße Vermutung nicht hinauskommen.

II. Die $\bar{a}$-Stämme.

154. Die $\bar{a}$-Stämme sind Feminina. Wenn in einzelnen
Sprachen, z. B. im Griechischen, Lateinischen, Slavischen,
maskuline $\bar{a}$-Stämme erscheinen, so beruht das darauf,
daß ursprüngliche Abstrakta zu Konkreten geworden sind,
z. B. νεανίᾱ-ς urspr. 'Jugend' dann 'Jüngling', lat. *auriga*
urspr. 'Zügelführung' dann 'Fuhrmann', abg. *gospoda* urspr.
'Herrschaft' dann pluralisch 'Herren'. Da jedoch mit dem
femininen $\bar{a}$-Suffix das -$\bar{a}$ des Neutrum Plur. identisch ist,
wie E. Windisch, Curtius' Studien II. 265 zuerst erkannt,
neuerdings Joh. Schmidt in den Pluralbildungen ausführlich bewiesen hat, so muß man annehmen, daß ursprünglich kein bestimmtes Genus mit dem Suffix -$\bar{a}$-
verknüpft war, sondern daß dieses Kollektiv-Abstrakta
bildete, die singularisch oder pluralisch flektierten, je
nachdem der Begriff der Gesamtheit oder der Begriff der
Zusammensetzung überwog. Vgl. V. Michels, Germania
XXXVI. 132.

Nachdem sich das weibliche Geschlecht mit dem
$\bar{a}$-Suffix verbunden hatte, ward es benutzt, um durch
sogen. 'Motion' zu den *e/o*-Maskulinen Feminina zu bilden.
Vgl. ai. *áśvā* 'Stute', lat. *equa* zu ai. *áśvas* 'Pferd', lat.
equos. Regelmäßig geschieht dies beim Adjektiv: ai. *rudhirā́*
Fem. 'rot', gr. ἐρυθρά̄, lat. *rubra* zu *rudhirás* Mask. ἐρυθρός
ruber. Die Folge davon ist, daß neben sämtlichen *e/o*-
Bildungen auch Parallelformen auf -$\bar{a}$ bestehn. Es ist
daher überflüssig, sie im einzelnen aufzuzählen.

Die ursprünglichen, nicht movierten Feminina auf -$\bar{a}$
scheinen durchweg Verbalabstrakta zu sein. Vgl. ai. *īśā́*
'Herrschaft', *mudā́* 'Freude'; gr. ῥοή = lit. *srava* 'das
Fließen', κλοπή 'Diebstahl', τροπή 'Wendung'; ae. *lár*
'Lehre', ahd. *lēra*, aisl. *eir* 'Ehre', ae. *ár*, as. ahd. *ēra*,
ae. *slazu* 'Schlag', as. ahd. *slaga* u. a.

Akzentuation.

Der Akzent der ursprünglichen Abstrakta ruht auf dem Suffix -*ā*, vgl. H. Hirt, Der idg. Akzent S. 245 ff. ai. *chayá* 'Schatten', gr. σκιά. — gr. πομπή 'Geleite', τροφή 'Nahrung', σπουδή 'Eifer', μομφή 'Tadel' usw. Fürs Germanische vergleiche außer den bereits angeführten Wörtern ae. *saʒu* 'Sage', ahd. *saga* aus **sok^vá*, got. *þarba* 'Darben', ahd. *darba* aus **torþá*, ahd. *uoba* 'Feier' vgl. lat. *opus,* ahd. *nara* 'Rettung' aus **nosá* u. a.

Man beachte den auf dieser Betonung beruhnden Unterschied zwischen dem Nomen actionis auf -*e/o*- und dem kollektiven *ā*-Stamm, gr. φῦλον 'Blatt' : φυλή 'Laub', νεῦρον 'Sehne' : νευρή, γόνος 'Geburt' : γονή. Umgekehrt muß das Akzentverhältnis sein, wenn der *e/o*-Stamm endbetont ist. Daher heißt es ai. *dēvatvám* 'Gottheit', *priyatvám* 'das Liebhaben', got. *þiwadw* N. 'Knechtschaft' gegenüber got. *friaþwa* 'Liebe', *fijaþwa* 'Feindschaft'.

Anmerkung. Da das Kollektivum auf -*ā* mit dem Neutrum Plur. identisch ist, so begreift sich leicht der im Slavischen herrschende Betonungswechsel zwischen Neutr. Sing. und Plur. Vgl. z. B. russ. Sing. *slóvo* — Plur. *slová.* Spuren dieses Akzentwechsels sind in den germ. Doppelformen wie got. *kas* Gen. *kasis* N. 'Gefäß': aisl. *kér*, as. *kar*, ahd. *char;* ae. *ʒlæs* N. 'Glas', ahd. *glas* : aisl. *glér;* got. *ráus* Gen. *ráusis* N. 'Rohr': aisl. *reyr*, ahd. *rōr;* got. *blōþ* Gen. *blōþis* N. 'Blut' : ae. *blód*, ahd. *bluot* u. a. noch deutlich zu erkennen.

III. Die *i̯ē*-Stämme.

155. Neben der Vollstufe -*i̯ē*- steht die Schwundstufe ·*ī*-. Das Suffix bildet movierte Feminina, doch scheint es ursprünglich nur ein Kollektiv zu *i̯e/i̯o*-Stämmen gewesen zu sein. Denn wie V. Michels, Germania XXXVI. 121 erkannt hat, heißt **u̯l̥k^vos u̯l̥k^vī-k^ve* 'der Wolf und das Gewölfe d. i. was zum Wolf gehört'. Die Vollstufe -*i̯ē*- ist durchgeführt in lat. *faciē-s* 'Angesicht' Akk. *faciēm* (aus **faciēm*), lit. *žᵉmė̇* (aus **ǵemiē*) 'Erde' Akk. *žᵉmę̇* (aus **ǵemi̯ēm*). Die Schwundstufe erscheint im Nom. und Akk. usw. bei ai. *takṣṇ-ī* moviertes Fem. zu *tákṣan-* 'Zimmermann', *rājñ-ī* : *rájan-* 'König', *dātr-ī* : *dātár-* 'Geber', *satī* :

sant- 'seiend', *br̥hat-í* : *br̥hánt-* 'groß', lit. *sukant-ì* (aus **sukantī́*): *suką̃s* M. 'drehend'.

Im Germanischen gehören hierher die von Haus aus teils substantivischen, teils partizipialen movierten Feminina wie got. *bandi* 'Fessel', *mawi* 'Mädchen': *magus* 'Knabe', aisl. *ylg-r* 'Wölfin', mhd. *wülpe* : got. *wulfs* usw., *þiudangardi* 'Königreich': *gards;* die alten Partizipia *frijōndi* 'Freundin d. i. die liebende', *hulundi* 'Höhle d. i. die hehlende'.

Vollstufiges Suffix haben im Nom. Sing. einige kurzstämmigen Nomina: got. *sunja* 'Wahrheit' aus **sundjē,* vgl. ai. *satyá-* 'wirklich, wahr', *halja* 'Hölle', *sibja* 'Verwandtschaft'.

Abgesehn von diesen Nominativen und Akkusativen sind im Germanischen die *i̯ē*-Stämme teils durch lautgesetzliche Entwicklung, teils durch analogische Neubildung mit den *i̯ā*-Stämmen zusammengefallen.

Akzentuation.

Der Ton ruht auf dem Suffix, wie im Germanischen *frijōndi hulundi* zeigen.

IV. *i*-Stämme.

156. Bei den *i*-Stämmen tritt dreifacher Suffixalablaut auf: Vollstufe *-ei̯-* und *-oi̯-,* Schwundstufe *-i-* vor Konsonanz, *-i̯-* Vokal. Die Verteilung der Stufen hat das auffallende, daß zwei sonst überall als schwach geltende Kasus Vollstufe des Suffixes aufweisen, nämlich Genitiv und Dativ Sing., vgl. idg. Gen. **noktoi̯s* (lit. *nakts̃*), Dat. **noktéi̯-ai* (ai. *náktay-ē*). Außerdem erscheint Dehnstufe im Lokativ Sing.: idg. **noktḗ(i)*.

Im Germanischen sind sämtliche Abstufungsformen des stammbildenden Suffixes bewahrt, wenn auch nicht mehr in der alten Verteilung. Vgl. got. *þreis* Nom. Plur. 'drei' = idg. **tréi̯-es* (ai. *tráyas*); Gen. Sg. got. *anstáis* (vgl. lit. *nakts̃*); Dat. Sg. (eigentlich Lokativ Sg.) got. *anstái* = ahd. *énsti* (aus idg. *onstēi); urnord. -ᴣ*asti-ʀ* (Gallehus) 'Gast'.

Da bei den langstämmigen *i*-Bildungen das *i* der
Endung lautgesetzlich in allen Dialekten schwindet, so
hat die Klasse der *i*-Stämme vielfache Einbuße erlitten.

Die *i*-Stämme umfassen Maskulina, Feminina und
einige wenige Neutra. Neutrum ist z. B. idg. **mɔri* oder
*mari 'Meer', vgl. lat. *mare,* got. *mari-sáiws,* ae. *mére* M.,
ndl. *meer* N., as. *méri* F., ahd. *mari* später *méri* N. M.

Zu den *i*-Stämmen gehören Substantiva und Adjektiva.
Jene sind der Bedeutung nach Konkreta (Nomina agentis)
oder Abstrakta (Nomina actionis), doch überwiegt der letzte
Gebrauch und scheint das ursprüngliche zu sein.

1. Reine *i*-Stämme.

ai. *-jáni-ṣ* 'Weib', got. *qēns.* — abg. *navĭ* 'Toter', got.
náus. — ai. *vasu-váni-š* 'Reichtum begehrend', ae. *wine*
'Freund', as. ahd. *wini.* — as. *kumi* 'das Kommen', ahd.
chumi. — ae. *kyre* M. 'Wahl', as. *kuri* F. ahd. *kuri* F.
— germ. *wurđi-* 'Schicksal', aisl. *Urđr* 'Name einer der
drei Nornen', ae. *wyrd,* as. *wurd,* ahd. *wurt.*

Die adjektivischen *i*-Stämme sind im Germanischen
nirgends mehr deutlich von den *i̯e/i̯o*-Stämmen unter-
schieden.

2. *ni*-Stämme.

Sie bilden vorab feminine Verbalabstrakta. Vgl. got.
us-beisns 'Geduld', Stamm *beisni-* zu *beidan* 'erwarten'. —
got. *siuns* 'das Sehn, das Gesicht', aisl. *sión* und *sýn,* ae.
séon und *sýn,* as. *siun,* Stamm *sewni-* zu *saíhwan* usw. —
got. *ana-busns* 'Auftrag', ae. *bysn bysen,* as. *ambusan,* Stamm
busni- zu got. *biudan* usw. — got. *naseins* 'Rettung', Stamm
naseini- zu *nasjan; mitōns* 'Ermessen', Stamm *mitōni-* zu
mitōn; þulains 'Geduld' zu *þulan* usw.

3. *ti*-Stämme.

Auch sie bilden feminine Verbalabstrakta. ai. *júṣṭi-ṣ*
'Liebeserweisung, Gunst', got. *ga-kusts* 'Prüfung', Stamm
kusti- zu *kiusan.* — ai. *bhṛtí-ṣ* 'das Herbeibringen', got.
ga-baúrþs 'Geburt', Stamm *burþi-;* ae. *ʒe-byrd,* as. *gi-burd,*
ahd. *gi-burt,* Stamm *burdi- burþi-* zu got. *baíran* usw. — ai.

gáti-š 'der Gang', gr. βάσις (St. βατι-), got. *ga-qumþs*, Stamm
qumþi-, ahd. *kunft* 'das Kommen' zu got. *qiman* usw. —
ai. *matí-š* 'das Denken', got. *ga-munds* 'Gedächtnis', Stamm
mundi- zu *munan*. — ai. *prá-jñāti-š* 'das Erkennen', ahd.
us-chnāt 'cognitio', Stamm *knēdi-* zu ahd. *ir-chnāen*. — abg.
moštĭ 'Macht' (Stamm *mokti-*), got. *mahts* usw., Stamm
mahti- zu *magan* 'vermögen'.

Akzentuation.

Die *i*-Stämme haben im Altindischen, Griechischen
und Germanischen keinen wechselnden Akzent. Doch
finden sich im Ai. und Germ. zahlreiche Fälle von Doppel-
betonung eines und desselben Wortes, z. B. got. *ga-baúrþs*
(St. *ga-baúrþi-*) : ae. *ʒe-byrd* (Stamm *ʒe-byrdi-*); got. *náuþs*
'Not': ae. *néad nýd*, as. *nōd*, ahd. *nōt*. — got. *ga-kunþs*
'manifestatio': *ga-kunds* 'πεισμονή', got. *slahs* 'Schlag': as.
slégi u. a.

Diese Doppelformen sowie der Umstand, daß sich
auf baltisch-slavischem Boden ein Akzentwechsel findet,
zwingen uns für die idg. Ursprache einen der Abstufung
entsprechenden Akzentwechsel vorauszusetzen, der jedoch
in den Einzelsprachen schon sehr früh ausgeglichen worden
sein muß. Näheres bei H. Hirt, a. a. O. S. 207 ff.

V. Die *u*-Stämme.

157. Die *u*-Stämme sind den *i*-Stämmen in Bezug
auf Abstufung und Akzentuation ganz parallel. Ablaut-
stufen: 1) -*eu̯- -ou̯-*. 2) -*ēu̯-*. 3) -*u-* bezw. -*u̯-*. Vgl. 1) Nom.
Plur. got. *sunjus* 'die Söhne' = idg. *sunéu̯-es* (ai. *sūnávas*).
— Gen. Sing. got. *sunáus* = idg. *sunoṷs* (ai. *sūnóš*, lit.
sūnaũs). — 2) Dativ (eigentlich Lok.) Sing. got. *sunáu* :
ahd. *suniu* = idg. *sunéu̯* (ai. *sūnáu*). — 3) Nom. Sing.
got. *sunus*.

Bei den langstämmigen *u*-Bildungen muß *u* in allen
germanischen Dialekten lautgesetzlich schwinden. Daher
häufiger Flexionswechsel und Übertritt in andre Stammklassen.

Die *u*-Stämme umfassen zahlreiche Maskulina und wenige Feminina. Die Neutra, die ihnen zugerechnet werden, scheinen abstufende *u̯e/u̯o*-Stämme zu sein, vgl. H. Hirt, a. a. O. S. 217 ff.

Die adjektivischen *u*-Stämme sind im Germanischen fast durchweg in die *i̯e/i̯o*-Klasse übergetreten.

1. Reine *u*-Stämme.

ai. *kētúṣ* M. 'Bild, Gestalt', got. *háidus* 'Art, Weise' usw. — lat. *lacus* 'See', ae. *laʒu*, as. *lagu-lī́dandi* 'Seefahrer'. — ai. *bāhúṣ* 'Unterarm' [aisl. *bógr* 'Bug', ae. *bóʒ* ahd. *buog*, sind übergetreten in die *e/o*-Flexion]. — got. *handus* F. 'Hand', aisl. *hǫnd*, ae. *hond*, as. *hand*, ahd. *hant*. — ai. *hánuṣ* F. 'Kinnlade', gr. γένυς 'Kinn', got. *kinnus* F. (für **kinus*, mit *nn* aus den obliquen Kasus, wo dieses aus *nw* entstanden ist) 'Wange', aisl. *kinn*, ae. *cin(n)*. — Adjektiva: ai. *tr̥ṣúṣ* 'gierig', got. *þaúrsus* 'dürr' [ae. *dyrre*, as. *thurri*, ahd. *durri*]. — gr. κρατύς 'stark, gewaltig', got. *hardus* 'hart', ae. *heard* [ahd. *harti, herti*].

2. *nu*-Stämme.

Ai. *sūnúṣ* 'Sohn', got. *sunus* usw. — abg. *trĭnŭ* 'Dorn', got. *þaúrnus* [aisl. *þorn*, ae. *dorn*, as. *thorn*, ahd. *dorn*].

3. *tu*-Stämme.

Sie sind Nomina actionis. lat. *gustus* 'Prüfung', got. *kustus*. — lat. *portus* 'Hafen', aisl. *fjǫrdr* 'Meerbusen, Bucht' [ae. *ford* 'Furt', z. B. auch in *Oxena-ford* 'Oxford', d. i. Ochsenfurt', as. *Héri-ford*, ahd. *vurt*]. — got. *liþus* 'Glied' neben aisl. *limr*, ae. *lim*. — got. *þūhtus* 'Gewissen' zu *þugkjan* 'dünken'. — got. *wahstus* 'Wachstum' zu *wahsan*. — got. *gáunōþus* 'Trauer' zu *gáunōn* 'klagen'.

Akzentuation.

Die Betonung der *u*-Stämme ist im allgemeinen derjenigen der *i*-Stämme gleich; doch ist die Uniformierung noch weiter fortgeschritten als die der *i*-Stämme. Die Regel ist Endbetonung. Davon weichen auffällig ab die

Neutra auf -*u*. H. Hirt, a. a. O. S. 219 ff. vermutet deshalb, daß wir es mit ursprünglichen abgestuften *u̯e/u̯o*-Stämmen zu thun haben. Vgl. ai. *jánu* 'Knie', gr. γόνυ neben dem germ. *u̯e/u̯o*-Stamm *kniu*. — ai. *dáru* 'Holz', gr. δόρυ : got. *triu*, urslav. **dervo* (abg. *drĕvo*).

Wurzelbetonung zeigen auch die *tu*-Stämme, vgl. ai. *ótuš* 'das Weben', *gántuš* 'Gang', *dhátuš* 'Teil'; germ. aisl. *friðr* 'Friede', ae. *fridu, freoðo,* as. *frithu,* ahd. *fridu;* got. *dáuþus* 'Tod', ae. *déað,* as. *dōth,* ahd. *tōd;* got. *liþus* 'Glied', ae. *lið,* as. *lith,* ahd. *lid* u. a. Auch diese faßt Hirt als *tu̯e/tu̯o*-Stämme mit schwundstufigem Suffix.

B. Die konsonantischen Bildungen.

158. Wie der Verf., IF. III. 305 ff. ausführlich dargethan hat, setzt die Hauptmasse der konsonantischen Stämme ältere *e/o*-Formen voraus, die ihren auslautenden unbetonten Vokal lautgesetzlich verloren haben. Man kann folgende wichtigern Klassen unterscheiden:

I. Die sog. Wurzelstämme.

159. Ursprünglich hat der Nominativ Sing. allein dehnstufigen Vokal, die übrigen starken Kasus dagegen kurzen Vollstufenvokal, vgl. gr. dor. πώς: Akk. πόδα, ἀνήρ 'Mann' (vgl. ai. *nā́*): Akk. hom. ἀνέρα (ai. *náram*) u. a. Nur ein paar Akkusative Sing. wie idg. **di̯ēm* = ai. *dyā́m,* gr. hom. Ζῆν, lat. *diēm* (aus **di̯ēm*), idg. **gʷōm* = ai. *gā́m,* gr. hom. βῶν haben ebenfalls lautgesetzliche Länge.

Über die germ. Reste dieser Stammklasse vgl. B. Kahles oben S. 8 zitierte Schrift. Im Germanischen ist der lange Nominativvokal durchs ganze Paradigma durchgeführt. Vgl. die zu πώς ποδός gehörigen konson. Kasus Dat. Sing. ae. *fét* (aus **fōti*), Nom. Pl. aisl. *fótr,* ae. *fét,* ahd. *fuaz* (aus **fōtiz*) u. a. In den meisten Kasus erscheint ein *u*-Stamm: got. *fōtus,* aisl. *fótr,* ae. *fót,* as. *fōt fuot,* ahd. *fuoz;* den Anlaß hat der lautgesetzliche Akkusativ Sing. **fōtu* (mit -*u* aus idg. -*m̥*), Plur. *fōtuns* (mit -*uns* aus idg. -*n̥s*) und der Dativ Plur. *fōtum* (mit -*um* aus idg. -*m̥is*) gegeben. — aisl.

tannr 'Zahn', ae. *tóđ* (aus **tanþ*), ahd. *zand* : Dat. Sing. ae.
téđ, Nom. Plur. aisl. *tennr*, ae. *téđ;* vgl. ai. starke Stammform *dánt-*, gr. ὀδόντ- gegenüber der schwachen ai. *dat-*,
lat. *dent-*, got. *tunþu-* (Übertritt zu den *u*-Stämmen wie
bei *fótus*). Das Wort gehört streng genommen zu den
nt-Stämmen. — aisl. *kýr* 'Kuh', ae. *cú*, mnd. *kō*, ahd. *kuo;*
der Akk. Sing. aisl. *kú*, ae. *cú*, ahd. *chuo* ist lautgesetzlich
= idg. **gᵛōm̃* (ai. *gấ'm,* gr. βῶν). Nach dem aisl. Akkusativ
ist der Nominativ neu gebildet. — aisl. *nór* 'Schiff' ist
jüngere Neubildung, wie schon das Fehlen des *u*-Umlauts
im Nom. Sing. darthut, vgl. Verf., Zur germ. Sprachgeschichte, S. 49f. Das Kompositum *nóa-tún* 'domicilium
Niördi' eigentlich 'Schiffsburg' enthält den regelrechten
Genitiv Plur. idg. **nāu̯ōm̃* (gr. νηῶν). — aisl. *mýss* 'Maus',
ae. *mýs*, ahd. *mūs* = gr. μῦς, lat. *mūs* Gen. *mūris*. — got.
baúrgs 'Burg'. — aisl. *gás* 'Gans', ae. *ʒós* Nom. Plur. ae.
ʒés (aus **ʒansiz*), ahd. *gans* = gr. χήν u. einige andere.

Akzentuation.

In der Urzeit hat lebendiger Akzentwechsel bestanden,
wie die Übereinstimmung von ai. *pád* Gen. *padás* Lok.
padí Akk. *pádam* mit gr. πώς Gen. ποδός Dat. (Lok.) ποδί
Akk. πόδα beweist. Im Germanischen deutet auf ursprünglichen Akzentwechsel höchstens noch die Doppelheit
ae. *studu* : *studu* F. 'Säule' (ein Wort, das in mehrern
Kasus wie ein *u*-Stamm flektiert). Sonst herrscht durchweg Wurzelbetonung.

II. Die *r*-Stämme.

160. Stämme auf -*r*- und -*tr*- liegen ohne erkenn-
baren Bedeutungsunterschied nebeneinander. Die *r*- bezw.
tr-Stämme sind: a) Verwandtschaftsnamen, b) Nomina
agentis. Sie umfassen Maskulina und Feminina.

Suffixabstufung: 1. Dehnstufe -*ēr* -*ōr* bezw. -*tēr*
-*tōr*, vgl. gr. πατήρ ῥήτωρ, got. *fadar*, ahd. *fater* (aus **fadēr*),
got. *swistar*, urnord. *swestar* (Opedal) 'Schwester' (aus **swesōr*).
Nach Kretschmer-Michels kann im Nom. das auslautende
-*r* verloren gehn, wobei der Stoßton in den Schleifton

verwandelt wird, vgl. lit. *motē* 'Weib' (aus idg. **mātē̃*, älter **mātér*), lit. *sesū̃* 'Schwester' (aus idg. **sueso̅*, älter **suesór*), got. *wato̅* 'Wasser' = lit. *vandū̃* gegenüber gr. ὕδωρ. — 2. Vollstufe *-er- -or-* bezw. *-ter- -tor-* in den übrigen starken Kasus, vgl. gr. Akk. Sing. πατέρα ῥήτορα, got. *fadar* (aus **faderu̯*), *bro̅þar* (aus **bro̅þaru̯*). — 3. Schwundstufe a) vor Konsonanz, vgl. ai. Lok. Pl. *pitr̥̄́šu*, gr. πατράσι, got. Dat. (Instr.) Pl. *fadrum* (aus **fadrumiz*). b) Vor Vokal, vgl. gr. Gen. Sing. πατρός, lat. *patris* = got. *fadrs*.

Von den Nomina agentis lassen sich im Germanischen nur ganz verschwindende Spuren nachweisen. Vgl. ae. *bealder* 'Fürst', ahd. *smeidar* 'artifex'. Dagegen spiegeln die Verwandtschaftsnamen ziemlich getreu die ursprünglichen Verhältnisse wieder. Hierher gehören: got. *fadar*, aisl. *fader*, ae. *fæder*, as. *fader*, ahd. *fater*. — aisl. *móder*, ae. *módor*, as. *mo̅dor*, ahd. *muoter*. — got. *daúhtar*, aisl. *dótter*, ae. *dohtor*, as. *dohter dohtor*, ahd. *tohter*. — got. *bro̅þar*, aisl. *bróder*, ae. *bro̅dor*, as. *bro̅ther*, ahd. *bruoder*. — got. *swistar*, aisl. *syster*, ae. *swester sweostor* (*-or* nach *módor dohtor*, vgl. H. Hirt, IF. I. 212), as. *swester*, ahd. *swester*.

Anmerkung. Wie H. Hirt, Idg. Akzent, S. 231 ff. erkannt hat, sind die Neutra auf *-trom* Neutralbildungen zu den aus *tero*-Stämmen hervorgegangnen *ter*-Stämmen. Vgl. ai. *sthā́tar-* 'Lenker', lat. *stator* : ai. *sthātrám* 'Lenkung', *hótar-* 'Priester' : *hótrám* 'Opferung', *nétar-* 'Führer' : *nētrám* 'Führung'. Die Endbetonung muß wegen der Bewahrung des *e/o*-Stammes als ursprünglich angesehn werden. Nach dem S. 196 f. angeführten Akzentgesetz muß neben ein endbetontes Nomen agentis ein wurzelbetontes Nomen actionis treten. So erklären sich ai. *dā́tram* 'Gabe' : ai. *dātár-* 'Geber', gr. δοτήρ, ai. *jn̄ā́tram* : *jn̄ātár-* 'Bekannter' u. ä.

Im Germanischen überwiegt Wurzelbetonung, vgl. aisl. *ródr* M. 'Ruder', ae. *ródor* N., ahd. *ruodar* = ai. *arítram*. — got. *maúrþr* N. 'Mord', *wulþr* N. 'Glanz'. — ae. *hléodor* N. 'das Hören' = ai. *s̓rótram* u. a. Endbetonung zeigt u. a. got. *fo̅dr* N. 'Schwertscheide', aisl. *fódr* N. 'Futter', ae. *fódor* N., ahd. *fuotar* '1. Speise, 2. Futteral' = ai. *pā́tram* 'Behälter'.

Akzentuation.

Die suffixbetonten Verwandtschaftsnamen haben in den schwachen Kasus den Ton auf der Endung gehabt; doch ist im Plural nur der Genitiv endbetont gewesen: gr. πατρῶν. Dagegen beachte man ai. *pitṛ́ṣu* = gr. πατράσι. Die wurzelbetonten Verwandtschaftsnamen haben festen Akzent. Bei den Nomina agentis ist der Akzent im allgemeinen fest; nur im Ai. begegnen Spuren eines Wechsels.

Im Germanischen läßt sich keine Spur eines Akzentwechsels innerhalb eines und desselben Paradigmas nachweisen.

III. Die *n*-Stämme.

161. Die *n*-Stämme sind sowohl Nomina agentis als auch Nomina actionis. Sie umfassen alle drei Genera.

Suffixabstufung: 1. Dehnstufe -*ṓn* -*ḗn*, reduziert -*ṓ* (-*ē̄* ist bisher nicht nachgewiesen), vgl. gr. ἡγεμών ποιμήν, lit. *akmū̃* 'Stein'. Die Dehnstufe erscheint nur im Nominativ Sing. lautgesetzlich. — 2. Vollstufe -*on*- -*en*- in den übrigen starken Kasus, vgl. Akk. Sing. ἡγεμόνα ποιμένα, got. Dat. (Lok.) Sing. *hanin* Akk. Sing. *hanan*. — 3. Schwundstufe: a) Vor Konsonanz -*ṇ*-, vgl. ai. Lok. Pl. *rájasu*, gr. ἄρνασι, got. Akk. Plur. *aúhsnuns* (Handschrift *aúhsunns*) 'die Ochsen'. b) Vor Vokal -*n*-, gr. Gen. Pl. ἀρνῶν, got. Gen. Pl. *aúhsnē*.

Die Kategorie der *n*-Stämme ist im Germanischen ungemein produktiv. Jedes Adjektiv kann als *n*-Stamm flektieren. Der Ausgangspunkt für diese Neuerung ist wohl darin zu suchen, daß in idg. Urzeit Adjektiva durch Übertritt zu den *n*-Stämmen substantiviert werden konnten. Näheres bei A. Lichtenheld, HZ. XVI. 325 ff., XVIII. 17 ff., sowie in H. Osthoffs oben S. 8 zitiertem Buch über das schwache Adjektiv. Vgl. auch H. Hirt, Akzent S. 135 u.

1. Reine *n*-Stämme.

Ai. *ukṣán-* 'Stier' eigentlich 'Besamer', got. *aúhsa*, aisl. *oxe*, ae. *oxa*, as. ahd. *ohso*. — lat. *edo* 'Fresser', ahd. *ezzo*. — avest. *spasan-* 'Wächter', ahd. *speho* 'Späher'. —

got. *hana* 'Hahn' eigentlich 'Sänger' (vgl. lat. *canere*), aisl.
hane, ae. *hona*, as. ahd. *hano*. — Denominativ d. h. von
fertigen Nominalstämmen abgeleitet sind lat. *homo* 'Mensch',
alat. *hemo*, lit. *žmũ*, got. *guma*, aisl. *gume*, ae. *ȝuma*, as.
ahd. *gomo*, von idg. *ɡhi̯em-* 'Erde' gebildet. — got. *waúrstwa*
'Arbeiter' zu *waúrstw*. — Von Adjektiven gehn aus got.
liuta 'Heuchler' zu *liuts* 'heuchlerisch', *weiha* 'Priester' zu
weihs 'heilig' usw.

Wegen des Nebeneinanderstehns von starker und
schwacher Adjektivform vgl. got. *arms* 'arm' : *arma*, *liubs*
'lieb' : *liuba* usw.

Die Feminina haben -*ōn*- als Suffix im ganzen
Paradigma durchgeführt, wohl unter dem Einfluß der
Feminina auf -*tiōn*-, bei denen die Herrschaft des langen
Suffixvokals schon vorgermanisch ist. Die femininen
n-Stämme treten häufig ergänzend neben die maskulinen.
Vgl. ahd. *wīzaga* F. 'Wahrsagerin' : *wīzago* M., got. *ga-raznō*
F. 'Nachbarin' : *ga-razna* M. Regelmäßig ist dies der Fall
beim schwachen Adjektiv: *armō* F.: *arma* M.

Die Neutra bezeichnen hauptsächlich Körperteile.
Vgl. got. *haírtō* 'Herz', *áugō* 'Auge', ahd. *wanga* 'Wange' u. a.

2. *men*-Stämme.

Die Abstufung ist die gleiche wie bei den *n*-Stämmen.
Es giebt zahlreiche Neutra auf -*mn̥* im Nom. Akk. Sing., neben
denen Kollektiva auf -*mēn* -*mōn* vorkommen, vgl. J. Schmidt,
Pluralbildungen S. 82 ff. ai. *hóma* N. 'Guß' = gr. χεῦμα
(aus idg. *ǵhéu̯mn̥*), ai. *bhárma* 'Erhaltung, Pflege' = gr.
φέρμα (aus idg. *bhérmn̥*). Ferner ist zu beachten, daß
neben gr. χεῖμα N. 'Winter' χειμών M. steht; neben θῆμα
'θήκη' steht θημών 'Haufe', neben ai. *syūma* N. 'Band'
steht gr. ὑμήν u. a.

Im Germanischen hat H. Hirt, PBrB. XVIII. 295 f.
in den scheinbaren *me/mo*-Stämmen mit *e*-stufiger Wurzelsilbe alte *men*-Stämme von ursprünglich neutralem Geschlecht erkannt, die infolge der Umgestaltung der Endsilbe zu *e/o*-Stämmen wurden und maskulines Geschlecht
annahmen. Dem ai. *śárma* N. 'Schirm, Schutzdach' ent-

spricht got. *hilms* 'Helm', aisl. *hialmr*, ae. as. ahd. *helm*. — ae. *botm* 'Boden', as. *bodom*, ahd. **bodam* geht auf idg. **bhudhmn̥* zurück, das sich zu gr. πυθμήν verhält wie χεῖμα : χειμών. — ae. *ǽdm* 'Atem', as. *ádom*, ahd. *átum* verhält sich ebenso zu ai. *ātmán-* M. 'Hauch'. — Kollektiv ist der Bildung nach got. *namō* N. 'Name' = ahd. *namo*, das der Endung wegen zum Maskulinum geworden ist; beide germ. Formen entsprechen genau ai. *nā́mā*. Die Endung ist idg. -*mō* aus -*món*. *namō* : lat. *nōmen* (mit -*mn̥*) = χειμών : χεῖμα. Ebenso verhalten sich as. ahd. *sāmo* 'Same', lit. *sémū* : lat. *semen*; as. *selmo* 'Brett' : gr. σέλμα 'oberes Getäfel des Schiffes' u. ä.

3. i̯en-Stämme.

Sie bilden Denominativa. Besonders häufig sind die Feminina auf -*ti̯ōn-* in einzelnen Sprachen entwickelt: lat. *ratiō* = got. *raþjō* 'Rechenschaft', as. *réthia*, ahd. *rédia*. Im Germanischen sind sie jedoch nur in spärlichen Resten erhalten. Um so reicher ist eine Form entwickelt, die von ihnen ausgegangen ist. Bekanntlich heißt die Schwundstufe von -*i̯ōn-* lautgesetzlich -*īn-*, vgl. umbr. *natine* 'natione', osk. *medicatinom* 'iudicationem'. Durchgeführt ist die Schwundstufe -*īn-* in gr. Wörtern wie δελφίς Gen. δελφῖνος 'Bauchfisch, Delphin', ὠδίς Gen. ὠδῖνος 'Geburtsschmerz', ἀκτίς Gen. ἀκτῖνος 'Strahl' u. ä. Auf gleicher Durchführung der Schwundstufe -*īn-* durchs ganze Paradigma beruhn die germanischen Abstrakta auf -*īn-* wie got. *managei* 'Menge'. Ursprünglich Verbalabstrakta, sind sie zu Adjektivabstrakten geworden und haben die *i̯ē*-Stämme, die von Haus aus diese Aufgabe hatten, völlig aufgesogen. Das war deshalb möglich, weil in vielen Fällen eine scharfe Grenze zwischen Nominal- und Verbalabstraktum nicht zu ziehn ist. So unterscheidet sich z. B. got. *weitwōdei* 'Zeugnis', das von *weitwōds* 'Zeuge' abgeleitet ist, in seiner Bedeutung nicht wesentlich von *weitwōdeins*, das zum Verbum *weitwōdjan* gebildet ist. Näheres bei A. Leskien, Die Deklination im Slavisch-Litauischen und Germanischen, S. 95; Verf., PBrB. XIV. 221 ff.

i̯en-Stämme sind im Germanischen ungemein häufig.
Vgl. ae. *friczea* 'Herold' = ai. *prasnin-* (*-in-* ist die durchs
ganze Paradigma durchgeführte Schwundstufe von idg.
-i̯en- -i̯on-). — got. *arbja* M. 'Erbe', ahd. *arbeo érbo*
von got. *arbi* N. 'das Erbe', ae. *yrfe*, as. *arƀi*, ahd. *arbi érbi*.
— got. *wái-dēdja* 'Übelthäter' von *dēþs* 'That'. — got. *fiskja*
'Fischer' von *fisks* (Stamm *fiska-*). — got. *timrja* 'Zimmermann' zu ahd. *zimbar* 'Bauholz', got. *ga-timrjō* 'Gebäude'.
Fem. got. *snōrjō* 'Schnur' zu ahd. *snuor*, u. a.

4. u̯en-Stämme.

Abgesehn von den schwachen Nebenformen der adjektivischen u̯e/u̯o-Stämme nur in kümmerlichen Resten
auf germ. Boden vorhanden. Vgl. got. *sparwa* 'Sperling',
ae. *spearwa*, ahd. *sparo*.

5. Heteroklitische Stämme.

Wie Joh. Schmidt zuerst klar erkannt hat, besteht
eine uralte Schicht idg. Neutra, die als stammbildendes
Element im Nom. Akk. Sing. *-r* (bezw. *-rt*), in den obliquen Kasus *-n-* haben. Vgl. ai. Nom. *údhar* N. Gen.
Sing. *údhnas* 'Euter', gr. ὕδωρ ὕδατος (aus **udn̥tos*, Neubildung für **udnós*) 'Wasser'. Auch im Germanischen
sind Spuren dieser Kategorie nachweisbar. Vgl. got. *watō*
'Wasser' = lit. *vandũ* neben ae. *wæter*, as. *watar*, ahd.
wazzar = gr. ὕδωρ; in den obliquen Kasus flektiert *watō*
als *n*-Stamm: Gen. *watins* Dat. *watin* Dat. Pl. *watnam* usw.
Ähnlich ist das Verhältnis von lit. *akmũ* 'Stein' zu aisl.
hamarr 'Hammer (aus Stein)', ae. *hamor*, as. *hamur*, ahd.
hamar. Wahrscheinlich deutet auch got. Nom. *fōn* Gen.
funins 'Feuer', das zu ai. *pāvakás* 'Feuer' (aus **pāu̯n̥kós*)
stimmt (vgl. deutsch *funke* aus **puu̯n̥gen-*), neben ae. *fýr*
(aus **fūir*), frühahd. *fūir*, gr. πῦρ[1]), umbr. *pir* (= idg. *pūr*)
auf eine alte heteroklitische Flexion Nom. **pāu̯r **pār* Gen.
*pūnós, vgl. K. F. Johansson, Beiträge zur griech. Sprach-
kunde (Upsala 1891) S. 28 ff.

---

[1]) Das oft angesetzte gr. πόϊρ existiert nicht, vgl. J. Wackernagel, IF. II. 149 ff.

Akzentuation.

Der ursprüngliche Akzentwechsel, der bei den *n*-Stämmen ebenso bestanden haben muß wie bei den *r*-Stämmen, ist schon in der idg. Urzeit aufgegeben worden. Germanische Doppelformen mit grammatischem Wechsel wie ahd. *haso* 'Hase' : aisl. *here*, ae. *hara*, ae. *ǽdm* : ahd. *ātum* dürfen daher keinesfalls für die Existenz eines freien Akzentwechsels in der germanischen Urzeit in Anspruch genommen werden.

IV. Die *s*-Stämme.

162. Die *s*-Stämme sind in der Urzeit teils Neutra gewesen, teils adjektivische oder substantivische Nomina agentis.

1. Die reinen *s*-Stämme.

Suffixabstufung: 1. Dehnstufe -*és* oder -*ós* im Nominativ Sing. der geschlechtigen Nomina: εὐγενής, ἠώς. Außerdem hat nach J. Schmidt, Pluralbildungen S. 135 ff. ein kollektiver Nominativ auf -*ōs* bei den Neutris bestanden, der bald als Singular bald als Plural verwendet wird. — 2. Vollstufe -*es*- ist schon in idg. Urzeit auch in die schwachen Kasus eingedrungen, vgl. ai. Gen. Sing. *jánasas* 'des Geschlechtes', gr. γένεος, lat. *generis*; -*os*- erscheint im Nom. Akk. Sing. Neutr., vgl. ai. *jánas* N. 'Geschlecht', gr. γένος, lat. *genus*. — 3. Die Schwundstufe -*s*- kommt in lebendigem Wechsel mit der Vollstufe nicht mehr vor. Wo sie erscheint, ist sie durchs ganze Paradigma durchgeführt, vgl. idg. *mēns*- 'Monat', *bhlōs*- 'Blüte' u. a. Auch die Schwundstufe -*əs*- herrscht in der Regel durchs ganze Paradigma, vgl. ai. *kráviš* N. 'Fleisch' = gr. κρέας, gr. δέμας 'Körperbau', γῆρας 'Greisenalter' usw.

Im Germanischen hat die Kategorie der *s*-Stämme schon früh starke Einbuße durch Übertritte in andre Stammklassen erlitten, deren Ursache zumeist eine Folge der lautlichen Entwicklung ist. *e/o*-, *u*- und *i*-Deklination haben sich in die Beute geteilt.

Im Gotischen, z. T. auch im Westgermanischen ist der neutrale Nom. auf -*os* durch -*iz* = idg. -*es* ersetzt

worden, vgl. *agis* N. 'Schrecken', ae. *éʒe*. — got. *ga-digis*
N. 'Gebilde'. — got. *hatis* N. 'Haß', aisl. *hatr* N., ae. *hete*,
as. *héti*. — got. *riqiz* N. 'Finsternis', aisl. *rǫkkr* N. —
got. *sigis* N. 'Sieg', ae. *siʒe*, as. ahd. *sigi*. Die Stufe -*əs*-
liegt in got. *sihu* d. i. *sigu*, ahd. *sigu* usw. vor.

Im Ae. erscheint daneben noch -*z* im Nominativ, das
aus den obliquen Kasus übertragen ist, vgl. *salor* 'Saal',
dóʒor 'Tag', *hálor* 'Heil', *hríđer* 'Rind' u. ä.

Anmerkung. Über die scheinbaren *i*-Stämme in der
Komposition wie *Segi-mundus Segi-mērus* vgl. Verf., PBrB. XV.
504 ff.

2. *i̯es*-Stämme.

Sie bilden primäre Komparative aus der 'Wurzel'.
Die Abstufung ist dieselbe wie bei den *s*-Stämmen, nur
daß die Schwundstufe lebendig geblieben ist.

Suffixabstufung: 1. Dehnstufe -*i̯ōs* im Nom. Sing.
M. F., vgl. lat. *māior* aus **māi̯ōs* (wie *honor* aus *honōs*).
— 2. Vollstufe -*i̯os*-, vgl. N. *māius* wie *genus;* seltner ist -*i̯es*-,
vgl. lat. *māies-tās*, preuß. *muisieson* Gen. Plur. 'maiorum'.
— 3. Schwundstufe -*is*- erscheint in Adverbien, vgl. lat.
magis 'mehr', *plūs* aus **plōis *plois* (vgl. Nom. Plur. alat.
ploirumē), sowie mit Weiterbildung durch -*te/to*- im Superlativ auf -*isto*-. In den schwachen Kasus des Komparativs
ist in einzelnen Sprachen schon früh die Schwundstufe
durch die Vollstufe verdrängt worden.

Wie R. Thurneysen, KZ. XXXIII. 551 ff. erkannt
hat, ist im Griechischen, Germanischen und Baltischen
der Komparativstamm durch -*n*- erweitert worden, so daß
-*i̯eson*- -*ison*- entsteht, vgl. gr. Nom. ἡδίων (aus **ἡδισων*),
Akk. ἡδίονα (aus **ἡδισονα*), Nom. Pl. ἡδίονες (aus **ἡδισονες*).
Ferner gehört hierher der lit. Komparativausgang -*ēsn-is*,
eine Weiterbildung von -*i̯es-n*-.

Im Germanischen flektieren die Komparative immer
als *n*-Stämme. Die Basis ist -*izen*-. Vgl. got. *batiza*
'besser', *sūtiza* = ἡδίων (aus **su̯ādisōn*) usw.

Anmerkung. Neben den Komparativen auf -*izen*- existieren im Germanischen auch solche auf -*ōzen*-. Eine Erklärung
dieser Neubildung hat der Verf. in seiner Schrift: Zur germ.

Sprachgesch. S. 19 ff. zu geben versucht. Man hat von dem idg. abstufenden Paradigma urgerm. Nom. *niu-jōz, Gen. *niu-jiz-oz, Dat.
*niu-jiz-ai (wobei -jiz- sowohl idg. -i̯es- als auch idg. -iz- vertritt)
usw. auszugehn. Der erste Schritt zur Neubildung war, daß die
beiden Stufen -jōz- und -jiz- durchs ganze Paradigma durchgeführt
wurden, so daß zwei Parallelparadigmen *niujōz- und *niujiz- entstanden. Das im Wortkörper erscheinende j ist von Haus aus
ein Bestandteil des Komparativsuffixes, das bekanntlich direkt
an die Wurzel tritt. Bei Positiven, die i̯e/i̯o-Stämme waren, ward
es jedoch schon früh mit dem j des Positivs assoziiert. So konnte
sich die Proportion bilden:
Pos. Adv. *niu̯jō : Komp. Adv. *niu̯jōz = Pos. Adv. *sniumundō :
    Komp. Adv. *sniumundōz,
d. h. man abstrahierte ein Suffix -ōz- statt -jōz-, das auf die
e/o-Stämme beschränkt blieb.

3. u̯es-Stämme.

Sie bilden Partizipia Perf. Akt. Die Abstufung des
Suffixes ist die gleiche wie bei den i̯es-Stämmen: 1. Dehnstufe -u̯ōs-. — 2. Vollstufe -u̯os- -u̯es-. — 3. Schwundstufe
-us-. Die Wurzelsilbe ist regelrechterweise schwundstufig.
Vgl. ai. ba-bhūvás- zu ba-bhū́va Perf. 'bin geworden', ri-rikvás-
zu ri-réca = λέλοιπα; gr. λελοιπώς εἰδώς. Das Femininum
wird von der Schwundstufe -us- durch -ī- gebildet: ai.
vidúšī = gr. εἰδυῖα (aus *ϝειδυσ-i̯α).

Im Germanischen ist diese Bildung nicht mehr als
Partizip lebendig, überhaupt nur noch in spärlichen Resten
erhalten. Vgl. got. bērusjōs 'die Eltern' eigentlich 'die
getragen, geboren habenden'. — as. ēkso 'Eigentümer'
zu got. áigan 'besitzen' usw. — aisl. heize 'wer etwas ver-
sprochen hat' zu heita 'versprechen'. — aisl. halze 'wer
festgehalten hat' zu halda, aisl. á-leikse 'wer im Spiel verloren hat' zu leika 'spielen'. — aisl. epter-stadse 'wer zurück-
geblieben ist' zu standa 'stehn'. — anorw. full-nomse 'wer
alles gelernt hat' zu nema 'lernen' u. a. m. Näheres bei
A. Noreen, IF. IV. 324 ff.

Akzentuation.

Die neutralen s-Stämme haben lautgesetzlich Wurzelbetonung. Wenn im Gotischen in den obliquen Kasus
mehrfach s statt z auftritt, so darf dies kaum für ursprüng-

lichen Akzentwechsel verwertet werden, sondern wird Ausgleichung nach dem Muster des Nominativs auf -s sein.
Daß die einheitliche idg. Betonung auf einer Uniformierung
beruht, zeigen die erstarrten Dative der Verbalnomina,
die als 'Infinitive' fungieren. Vgl. *jīvásē* 'leben', *bhōjásē*
'genießen' u. a.

Die geschlechtigen *s*-Stämme betonen das Suffix, vgl.
εὐγενής, ἠώς u. dgl.

Beim Komparativ wird im Indischen, Griechischen
und Slavischen die Wurzelsilbe betont. Im Germanischen
weisen Fälle wie got. *jūhiza* 'jünger' zum Positiv *juggs*,
aisl. *ellre* (aus **alþinē*) 'älter', ahd. *elthiron* (neben *eltiron*)
zu *alt* ebenfalls auf Wurzelbetonung hin.

Bei den *ṷes*-Stämmen trägt das Suffix stets den Ton.
Damit stimmt das durchgehnde *s* des Germanischen.

V. Die *t*-Stämme.

163. Die *t*-Stämme sind Nomina agentis. Vgl. ai.
sravát- 'fließend, Fluß', *vahát-* 'Strom', *marút-* 'Wind' u. a.

Dem. ai. *nápāt-*, lat. *nepōs* Gen. *nepōtis* entspricht
aisl. *nefe*, ae. *nefa*, ahd. *nevo*, das in die *n*-Deklination
übergetreten ist. — got. *mēnōþs* 'Monat', aisl. *mǫnoðr*, ae.
mónað, ahd. *mānōd* hat den Nom. nach den obliquen
Kasus neugebildet. Ein alter *s*-loser Nominativ wie bei
nefe usw. liegt in got. *mēna* 'Mond, Monat', ahd. *māno*
vor, die in die *n*-Deklination übergetreten sind. — Ein
s-loser Nominativ erscheint ferner in ae. *hæle* 'Held' neben
der Neubildung as. *hélith*, ahd. *hélid*. — aisl. *hǫtoðr*
'Hasser', ahd. *sceffidh* 'Schöpfer', *leitid* 'Führer'; got. *mitaþs*
F. 'Maß', aber aisl. *miǫtoðr* 'Messer, Ordner, Schöpfer',
as. *metod* u. a.

Akzentuation.

Im Indogermanischen ruht der Ton fast durchweg
auf der Endsilbe. Im Germanischen erscheint auffallender-
weise grammatischer Wechsel. Vgl. got. *mitad-* : ae. *hæled-*
usw., got. *weitwōd-* 'Zeuge', *háubid-* 'Haupt' : *mēnōþ-* u. ä.

VI. Die *nt*-Stämme.

164. Die *nt*-Stämme sind Nomina agentis, die schon
früh in idg. Urzeit in engere Beziehung zum Verbum getreten und zu Partizipien Präs. Akt. geworden sind.

Suffixabstufung: Vollstufe *-oñt-*, vgl. Verf., IF.
III. 350 ff.; H. Hirt, Der idg. Akzent, S. 244; G. Hatzidakis, IF. V. 338 ff. ai. *dánt-* 'Zahn' Akk. Sing. *dántam*,
gr. ὀδούς (aus *ὀδόντς) Akk. ὀδόντα; den ursprünglichen
Akzent findet man in πᾶς (aus *πάντς) u. ä. — Schwundstufe *-n̥t-*, ai. Gen. Sing. *datás* 'des Zahnes', *satí* F. 'die
seiende'. Bei den Verben, deren Stamm auf langen Vokal
ausgeht, erscheint durchweg *-nt-*, vgl. lat. *amänt-* aus *amänt-*,
habënt- aus *habënt-* u. a.

Im Germanischen zeigen sich Spuren der Abstufung
bei dem schon angeführten Wort für Zahn: aisl. *tǫnn*, ae.
tóđ, as. *tand*, ahd. *zand* : got. *tunþus*. Merkwürdig ist, daß
auch eine, bei den Partizipien sonst nicht mit Sicherheit
belegte Stufe *-ent-* vorzukommen scheint, vgl. aisl. *tindr*
'Zahn am Rade', mhd. *zint* 'Zacke, Gipfel'. Ferner findet
sich *-n̥t-* der idg. Regel entsprechend beim Femininum,
vgl. *hulundi* 'die Höhle' zu ahd. *helan* 'bergen'. — Dem
vorgerm. *-änt-* entspricht lautgesetzlich germ. *-and-*, vgl.
got. *fullnands* 'voll werdend', Stamm urgerm. *fullnōnđ-*,
dem vorgerm. *-ënt-* entspricht germ. *-and-*, got. *habands*,
urgerm. *habënđ-*. Vgl. Verf., Zur germ. Sprachgeschichte,
S. 105. Got. *salbōnds*, ahd. *habënti* sind Neubildungen.

Die alte konsonantische Flexion der *nt*-Partizipien
besteht nur noch bei den substantivisch gewordnen, wie
got. *frijōnds* 'Freund' ursprünglich 'liebend', aisl. *frǽnde*
(Sing. *n*-Stamm, Plur. *nt*-Stamm), ae. *fréond*, as. *friund*,
ahd. *friunt*. Die lebendigen Partizipien sind im Gotischen
und im Nordischen in die *n*-Deklination übergetreten, im
Westgermanischen flektieren sie ganz wie adjektivische
i̯e/i̯o-Stämme, wozu das Fem. auf *-ī* wohl die Veranlassung
abgegeben hat.

Akzentuation.

Ist der Nom. Sing. oxytoniert, so werden in den schwachen Kasus die Endungen betont; das Fem. auf -*ī* betont dieses stets.

Anhang.

Die Bildung der Zahlwörter.

A. Kardinalia.

I. Die Zahlen von 1—10.

165. 1. got. *áins*, aisl. *einn*, ae. *án*, as. *ēn*, ahd. *ein* entspricht idg. **oi̯nos*, gr. οἰνός, alat. *oinos oenos* später *ūnus*; es flektiert wie ein Adjektiv.

2. got.	*twái* M.	*twōs* F.	*twa* N.
aisl.	*tweir*	*twér*	*twau*
ae.	*twégen*	*twá*	*tú twá*
as.	*twēna*	*twō twā*	*twē twā*
ahd.	*zwēne*	*zwā zwō*	*zwei*.

Dem idg. Dual **dui̯ōu̯* M. entspricht aisl. *twau* N., dessen Genuswechsel durch die Isolierung der Form veranlaßt ist, vielleicht auch alem. *zwō* F.; anders H. Hirt, IF. I. 214 f., der *zwō* = got. *twōs* setzt. — Der reduzierten Form idg. **dui̯ō* M. entspricht ae. *tú* aus **twō*[1]). — idg. **dui̯ai̯* F. N. erscheint als N. in ae. *twá*, as. *twē*. — ahd. *zwei* N. geht auf **zweijju* zurück, wie die Erhaltung des auslautenden *ei* beweist. Diese Form ist Neubildung nach dem Gen. Pl. urgerm. **twajjōn* (got. *twaddjē*, aisl. *tvéggia*, ae. *twéȝ(e)a*, as. *tweio*, ahd. *zweio*). Unklar sind die ae. as. ahd. maskulinen Nominative; got. aisl. Nom. M. F. sind Neubildungen nach der Pronominalflexion. Möglich ist, daß der Nom. F. N. idg. **dui̯ai* den Anstoß gegeben hat, da er mit dem pronominalen Nom. Plur. got. *þái* 'diese' usw. zusammenfiel.

---

[1]) Urgerm. betontes -*ō* wird im absoluten Auslaut zu aisl. ae. -*u*. Vgl. W. van Helten, PBrB. XV. 478, Fußnote 2.

3. got. *þreis M.   *þreis F.   þrija N.
   aisl. þrír   þriár   þriú
   ae.   drí   dréo   dréo
   as.   thrie   threa   thriu
   ahd.   drī   drío   driu.

Plural eines idg. *i*-Stammes *treį*-. Das alte heteroklitische Femininum ai. *tisrás,* air. *teoir* ist im Germ. verloren gegangen.

4. got. *fidwōr,* aisl. *fiórer* M., *fiórar* F., *fiogor* N., ae. *féower,* as. *fiuwar fior,* ahd. *feor, fior.* Die Vierzahl ist im Idg. flektirt worden, vgl. Nom. M. ai. *catváras* = dor. τέτορες aus idg. **kᵛetu̯ores;* N. ai. *catvári* = got. *fidwōr* aus idg. **kᵛetu̯órə.* Schon urgerm. Übertritt in die *i*-Deklination, soweit überhaupt noch Flexion vorhanden ist: got. Dat. Pl. *fidwōrim* = ahd. *fiorim.* Der alte Dental findet sich außer in *fidwōr* noch in Kompositionsformen wie got. *fidur-dōgs* 'viertägig', aschwed. *fjæþer-skötter,* ae. *fyder-féte* 'vierfüßig', salfränk. *fitter-thüschunde* '4000'. Sonst ist eine Assimilation von *tu̯* an das anlautende *ku̯* eingetreten, so daß statt **ku̯etu̯or-* ein **ku̯eku̯or-* entstanden ist, dessen *ku̯* sich bei Endbetonung zu *u̯* bezw. *ʒ* entwickeln mußte. Daher aisl. *fiórer* M., *fiogor* N. usw.

5. got. *fimf,* aisl. *fim(m),* ae. *fíf,* as. *fíf,* ahd. *fimf fínf.* Idg. Urform **pénkᵛe.* Das Wort ist, wie alle Zahlen von 5—10, von Haus aus indeklinabel, doch kommen in verschiednen germ. Dialekten vereinzelte Kasusneubildungen vor. *k*-Laut an Stelle des *f* erscheint in obd. *fuχtsèn* '15'. Die Schwundstufe in spätahd. *funf,* stammt vom Ordinale.

6. got. *saíhs,* aisl. *sex,* ae. *siex,* as. ahd. *sehs.* Idg. Grundform **su̯eḱs* und mit (idg.) Verlust des *u̯* **seḱs.* Indeklinabel.

7. got. *sibun,* aisl. *siau,* ae. *seofon,* as. *sibun,* ahd. *sibun.* Idg. Grundform **septm̥* ai. *saptá* (gr. ἑπτά, lat. *septem*). Die Endbetonung ergiebt sich fürs Germ. aus der Verschiebung des idg. *p* zu germ. *b.* Der Verlust des *t* in den angeführten Formen hat sich im Ordinale vollzogen und beruht auf Dissimilation: *septm̥tó-* ward *sepm̥tó-.* Vgl.

K. Brugmann, IF. V. 376 ff. Der Dental erscheint in
dem *septun* (für *seftun*) der Lex salica. Die Erhaltung des
auslautenden Nasals ist dem Einfluß des Ordinales zuzuschreiben.

8. got. *ahtáu*, aisl. *átta*, ae. *eahta*, as. ahd. *ahto*. Die
idg. Grundform ist **októ(u)*, ein alter Dual.

9. got. *niun*, aisl. *nio*, ae. *niʒon*, as. *nigun*, ahd. *niun*.
Idg. Grundform *néun*. Die Erhaltung des auslautenden
-*n* erklärt sich wie bei *sibun*. ae. *ʒ*, as. *g* ist wohl Übergangslaut.

10. got. *taíhun*, aisl. *tio*, ae. *tien*, as. *tehan*, ahd. *zehan*.
Auffälliger Ablaut zwischen got. *taíhun* usw. = idg. **dékṃ*
und as. *tehan*, ahd. *zehan* = sonst nicht überliefertem idg.
*dékom. Die Erhaltung des auslautenden Nasals ist dem
Einfluß des Ordinales zuzuschreiben, doch kann auch *taíhun*
direkt dem ai. *dašát-* 'Dekade' gleichgesetzt werden.

II. Die Zahlen von 11—19.

166. a) 11. got. *áinlif*, aisl. *ellefo*, ae. *endleofan*, as.
ellevan, ahd. *einlif*.

12. got. *twalif*, aisl. *tolf*, ae. *twélf*, as. *twélif*, ahd.
zwélif.

Während im Idg. die Zahlen von 11—19 gleichmäßig
durch Zusammenrückung der Einer mit der Zahl '10'
gebildet wurden, vgl. gr. ἔν-δεκα δώ-δεκα, lat. *duo-decim*,
tredecim usw., sind im Germ. 11 und 12 mit dem Stamm
libi-, vorgerm. *likᵘi-* gebildet, der zu gr. λείπω 'lasse', lat.
linquo, lit. *lḗkù lḯkti* gehört. Dies ist nur noch im Lit.
der Fall, das sich jedoch dadurch vom Germ. unterscheidet, daß es nicht nur 11 *vénù-lika* und 12 *dvý-lika*
bildet, sondern diese Art der Zählung bis 19 fortsetzt,
was sicher nicht ursprünglich ist. Die Bedeutung von
áinlif und *twalif* ist 'eins, zwei überschießend (über zehn)'.

b) Dagegen stimmt das Germ. in der Bildung der
Zahlen von 13—19 mit dem Idg. überein: die Einer
werden mit der Zahl '10' verbunden: got. *fidwōr-taíhun*
'14', *fimf-taíhun* '15' usw.

III. Die Zahlen von 20—120.

167. a) Die Zahl '20' wird ursprünglich durch die Zahl '2' und den Nom. Dualis eines Zahlsubstantivs mit der Bedeutung 'Dekade' gebildet. Vgl. aisl. *tottogo* aus **tō-tuʒu* 'zwei Dekaden'. In den übrigen germ. Dialekten ist durch den Einfluß der Zahlen von 30—60 der Plural an Stelle des Duals getreten: got. *twái tigjus*, ae. *twǻntiʒ twéntiʒ*, as. *twēntig*, ahd. *zweinzug*. ae. *twén-*, as. *twēn-*, ahd. *zwein-* sind als erstarrte Dative (Instr.) Plur. aufzufassen. Der Wurzelvokal von *tigjus* usw. verhält sich zu dem von *-togo -zug* wie idg. *e : ə*. Vgl. § 56.

b) Die Zahlen von 30—60 werden durch Verbindung der Einer mit dem Plural desselben Wortes für Dekade gebildet: 30 got. **þreis tigjus*, aisl. *þrír tiger*, ae. *dritiʒ*, as. *thrītig*, ahd. *drīz(z)ug*; 40 got. *fidwōr tigjus*, aisl. *fiórer tiger*, ae. *féowertig*, as. *fiwartig*, ahd. *fiorzug* usw. In allen Dialekten außer dem Aisl. ist der Abschnitt nach 60 noch deutlich erkennbar; im Aisl. ist dagegen die Zählung mit *tiger* bis 110 fortgesetzt: 70 *siau tiger*, 80 *átta tiger* usw. bis 110 *ellefo tiger*. Auch im Ahd. geht vom 9. Jahrh. an *-zug* über sein Gebiet hinaus: *sibunzug* bis *zehanzug*.

got. *tigjus* usw. ist der Nom. Plur eines *u*-Stammes, der erst auf germ. Boden entstanden ist. Über die Urform bestehn Zweifel. Nach Joh. Schmidt, Die Urheimat des Indogerm. und das europäische Zahlsystem (Berlin 1890), S. 25, Fußnote 3 hat man vom Dat. Plur. *tigum* = ai. *daśábhiṣ* auszugehn. Schwierigkeit macht jedoch, daß idg. **dékm* 1) von Haus aus flexionslos ist, 2) 'zehn' und nicht 'Zehnheit (Dekade)' bedeutet. Deshalb will K. Brugmann, MU. V. 47 f. von urgerm. **teʒundmiz*, dem Instr. Plur. von idg. **dékmt-* 'Dekade' ausgehn. Man würde aber alsdann doch wohl urgerm. **teʒundumiz* d. h. den idg. Ausgang *-əmis* zu erwarten haben.

c) Die Zahlen von 70 an werden, vom Aisl. abgesehn, in den agerm. Dialekten folgendermaßen gebildet:

	got.	ae.	as.	ahd.
70	*sibuntēhund*	*hundseofontiʒ*	*antsibunta*	*sibunzo*
80	*ahtáutēhund*	*hundeahtatiʒ*	*antahtōda*	*ahtozo*
90	*niuntēhund*	*hundniʒontiʒ*	*nigonda*	**niunzo*
100	*taíhuntēhund*	*hundtéontiʒ*	*hund*	*zehanzo*
110		*hundendleofantiʒ*		
120		*hundtwélftiʒ*		

Der Erklärung stellen sich mannigfache Schwierigkeiten entgegen.

1) got. *sibuntēhund* wird von K. Brugmann, MU. V. 11 ff. in *sibuntē*, d. i. einen Genitiv Plural von idg. **septn̥t-* 'Heptade' und in *hund* = gr. ἑ-κατόν, lat. *centum* zerlegt. Dabei müssen die beiden Voraussetzungen gemacht werden, a) daß neben den Zahlsubstantiven auf idg. -*t* auch solche auf -*d* vorkommen, deren Media in der Nachbarschaft von Nasalen aus -*t* entstanden sei; b) daß idg. **ḱn̥tóm*, das formell auf **dḱn̥tóm*, d. i. eine schwund-stufige Ableitung von **déḱn̥* '10' zurückgeht, neben der Bedeutung '100 d. i. eine Zehnheit (von Dekaden)' auch noch die ursprüngliche Bedeutung 'Dekade' lebendig er-halten habe. Ferner verhält sich nach Brugmann ahd. *sibunzo* : got. *sibuntē* = ahd. *tago* : got. *dagē*, d. h. *sibunzo* ist ein Genitiv Plural wie *sibuntē*, dessen regierendes Nomen *hunt* 'Dekade' weggelassen wird.

Der ganz verlockenden Erklärung Brugmanns steht entgegen, einmal daß außer auf griech. Boden, wo alle *t*-Stämme zu *δ*-Stämmen geworden sind, Zahlsubstantiva auf -*d* nicht belegbar sind. Dann, daß sich **ḱn̥tóm* in keiner einzigen idg. Sprache in der Bedeutung 'Dekade' lebendig erhalten hat. Endlich, daß man a priori die Fügung 'Siebenheit, Achtheit usw. von Dekaden' statt 'Zehnheit von Heptaden usw.' erwarten sollte.

2) Im Gegensatz zu Brugmann teilt Joh. Schmidt, a. a. O. S. 24 ff. got. *sibun-tēhund* usw. und sieht in *tēhund* eine dehnstufige Kollektivbildung zu *taíhun*, das er als urgerm. **tēhund-* d. i. idg. **dekn̥t-* 'Dekade' faßt. Nach ihm verhält sich

tēhund : taíhun = ai. *sáptam : saptá.*

Danach heißt also *sibun-tēhund* '7 Dekaden', *ahtáu-tēhund* '8 Dekaden' usw. bis 120, dem germ. Großhundert.

Zur Erklärung von ahd. *sibunzo* usw. knüpft Schmidt an die got. Übersetzung von I. Kor. 15,6 πεντακοσίοις ἀδελφοῖς durch *fimf hundam taíhuntēwjam brōþrē* an. Diese erinnere an die aisl. Unterscheidung des Dezimalhunderts als *hundrað tírótt* vom Großhundert *hundrað tolfrótt*. Dementsprechend sei *taíhuntēwjam* als ein zu *hundam* gehöriges Adjektiv (Nom. Sing. N. *taíhuntēw*) zu fassen, dessen Bedeutung 'zehnreihig' sei. Durch diesen Zusatz werde *fimf hundam* näher bestimmt als '5 Dezimalhundert d. i. 5 × 100' im Gegensatz zu '5 Großhundert d. i. 5 × 120'. Ahd. *zehanzo* entspreche dem got. *taíhuntēw* genau, indem *-tēw* in nichthaupttoniger Silbe des Kompositums zu *-tao* *-to*, ahd. *-zo* werde. ahd. *zehanzo* = got. (*hund*) *taíhuntēw* zeige dieselbe Ellipse wie got. *áinlif* für *taíhun áinlif.*

Auch Schmidts Erklärung kann nicht als völlig gesichert gelten. Denn erstlich fehlt jeder außergermanische Beleg für das vorausgesetzte dehnstufige Zahlkollektiv idg. *dēḱm̥t-* 'Dekade', dann aber macht nicht nur die Entwicklung des nichthaupttonigen *ē* zu *a* statt *e* im Westgerm. Schwierigkeiten, sondern auch die Neubildungen *sibunzo* — *niunzo* nach dem allein ursprünglichen *zehanzo* sind nicht völlig durchsichtig.

3) Noch weniger befriedigen die bisher aufgestellten Erklärungen von ae. *hundseofontiȝ* — *hundtwelftiȝ*, as. *antsibunta.* K. Brugmann, a. a. O. erklärt die Formen als eine Umkehrung der gotischen: hier *sibuntē-hund* 'ἑπτάδων δεκάς', dort *hund-seofonta ant-sibunta* 'δεκάς ἑπτάδων', eine Auffassung, die ein vollkommen lebendiges Sprachgefühl für die ursprünglichste Bedeutung von *ḱm̥tóm* noch tief im Sonderleben der germ. Sprache verlangt und deshalb nicht annehmbar ist.

J. Schmidt konstruiert nach Analogie von got. *taíhuntēhund* und *hund* *taíhuntēw* die ae. Grundformen *tehontahund* und *hund* *tehonta.* Infolge dieses Nebeneinanders

habe man zu ae. *sefontahund == got. sibuntēhund ein *hund-
sefonta neugebildet.

IV. Die Zahlen von 100—1000.

168. 1. Wie schon erwähnt hat im Germanischen
neben dem Dezimalhundert = 10 × 10 ein Großhundert
= 12 × 10 bestanden. Man darf darin nicht Spuren
eines alten (babylonischen) Sexagesimalsystems sehn, das
das uridg. Dezimalsystem gekreuzt habe, ebensowenig einen
Ausdruck des reinen Duodezimalsystems. Denn bei diesem
wäre das Großhundert 12 × 12 = 144. Vielmehr hat die
Zahl 12 innerhalb des Dezimalsystems eine erhöhte
Bedeutung erlangt, die sie aller Wahrscheinlichkeit nach
ihrer großen Teilbarkeit (durch 2, 3, 4, 6) verdankt.

Mit Rücksicht auf das Großhundert (12 × 10) heißt
das Dezimalhundert (10 × 10) ursprünglich nicht einfach
hund = idg. *k̑m̥tóm, sondern got. taihuntēhund oder hund
*taihuntēw, aisl. tío tiger oder hundrað tírótt (im Gegensatz
zu hundrað tolfrótt).

In der Lex Salica erscheint noch die interessante
Bezeichnung tualepti (= aisl. tylft), deren ursprüngliche
Bedeutung 'Zwölfheit, Zwölfzahl' ist, für 'Großhundert d. i.
Zwölfheit (von Dekaden)'. Vgl. ai. ṣaṣṭíṣ '60' eigentlich
'Sechsheit, Sechszahl (von Dekaden)'.

Neben dem einfachen hund erscheint das Kompositum
aisl. hundrað N., ae. hundred N., as. hunderod, spät ahd.
hundert. Das zweite Glied der Zusammensetzung gehört
zu got. raþjan 'zählen' usw., Bedeutung also 'Hundertzahl'.

2. Die Zahlen von 200—900 werden durch die Einer
und den Plural des neutralen hund gebildet. Vgl. 200,
300 got. twa hunda, þrija hunda; aisl. tuau hundroð, þriu
hundroð; ae. tú hund, dréo hund; as. twē hund; ahd. zwei
hunt, thriu hunt usw.

3. 1000 bezw. 1200 heißt got. þūsundi F. (einmal
N. Esdr. 2,14 twa þūsundja), aisl. þúsund þúshund F., ae.
dūsend N., as. thūsundig, ahd. thūsunt dūsunt F. N. Es
entspricht genau dem abg. tysęšta F. aus idg. *tūs-k̑m̥tiē

F. Das Wort ist ein Kompositum aus idg. *tūs-*, der Schwundstufe von *téu̯os* N. 'Kraft' (vgl. ai. *távas* N.) und idg. *k̑m̥t-* '100', bedeutet also 'das starke Hundert'. Daß diese Bedeutung und damit das Gefühl der Komposition sich noch lange lebendig erhalten hat, lehren die nicht-lautgesetzlichen Neubildungen aisl. *þús-hund* und *thūs-chunde* der Lex Salica.

B. Ordinalia.

169. 1. Got. *fruma*, ae. *forma*, as. *forma* = lit. *pìrmas*, eine *me/mo*-Ableitung von superlativischer Bedeutung zu got. *faúra* 'vor', verwandt mit gr. πρό. — aisl. *fyrstr*, ae. *fyrest*, as. ahd. *furisto*, ein Superlativ auf *-isto-* von demselben Stamm wie *fruma* usw. Nhd. *Fürst* heißt demnach ursprünglich 'der Vorderste'. Der zugehörige Komparativ ist aisl. *fyrre*, ahd. *furiro* 'der frühere'. — ae. *ǽrest*, as. *ērista*, ahd. *ēristo*, Superlativ zu dem Komparativ got. *áiris* 'früher', Adv. ahd. *ēr* und dem Positiv got. *áir* 'frühe'.

2. Got. *anþar*, aisl. *annarr*, ae. *óðer*, as. *ōthar*, ahd. *ander*, ein Komparativ mit dem Suffix *-tero-*, vgl. ai. *ántaras* 'verschieden von', lit. *añtras*.

Die übrigen Ordinalzahlen werden von den Stämmen der Kardinalzahlen durch das Suffix idg. *-te/to-* gebildet. Sie flektieren als *n*-Stämme. Vgl. got. *þridja* 'dritter', aisl. *þriðe*, ae. *ðridda*, as. *thriddia*, ahd. *dritto* usw.

Anmerkung. Von Interesse ist die schwäb. Form *fuft* 'der fünfte', deren *f* vom Ordinale bezogen sein muß, weil sonst das *n* nicht hätte schwinden können. Das Wort führt also auf eine urgerm. Form *fuḫtoz* aus *fu̯ḫtoz* 'der fünfte', idg. Grundform *pn̥k̑u̯tós*. Die Schwundstufe der Wurzelsilbe ist sehr altertümlich.

Zwölftes Kapitel.

Nominaldeklination.

---

170. Das Indogermanische besitzt drei Genera, Maskulinum, Femininum und Neutrum, die im Germa-

nischen, von zahlreichen Verschiebungen abgesehn, in
alter Verteilung erhalten sind. Drei Numeri existieren:
Singular, Dual und Plural. Den Dual hat das Germanische fast ganz aufgegeben. Es bestehn folgende Kasus:
1. Nominativ. 2. Akkusativ. 3. Genitiv. 4. Dativ.
5. Instrumental. 6. Lokativ bei allen Stammklassen.
7. Ablativ, nur im Singular als besonderer Kasus vorhanden und zwar nur bei den e/o-Stämmen. Außerdem
existiert im Singular noch eine besondere Form für den
Vokativ, soweit er nicht durch den Nominativ ersetzt
worden ist.

Das Germanische hat mehrfach Einbußen erlitten.

Die idg. Kasusendungen der Nomina.

I. Singular.

171. 1. Nominativ: 1) -s.
      2) endungslos a) normalstufig.
              b) dehnstufig.
              c) schwundstufig.
2. Akkusativ: -m.
3. Vokativ: endungslos; Vollstufe -e-.
4. Genitiv: -so, Verf. IF. III. 369 ff. (Neben-
      form -sio, vgl. H. Hirt, IF. II. 130 ff.).
5. Dativ: -ai.
6. Instrumental: 1) -mo, Verf. IF. III. 368f.
      2) -bhi, H. Hirt, IF. V.
            251 ff.
      3) Kontaminationsformen
            -mi und -bho.
7. Lokativ: 1) endungslos; a) Dehnstufe -ē-.
            b) Vollstufe -e-.
      2) -i.
8. Ablativ: nur bei den e/o-Stämmen ur-
      sprünglich; Suffix -a^{x}d.

II. Plural.

1. Nominativ: -es.
2. Akkusativ: -ns.

3. Genitiv: *-ōm̃*, Verf. IF. I. 259 ff.

4. Dativ: 1) *-bhos* (Umbildung *-bhi̯os*).

> 2) *-mos*, H. Hirt, IF. V. 251 ff.

Beides sind eigentlich pluralisierte Instrumentale Sing.

5. Instrumental: 1) *-ais*, eigentlich plurali-
siercter Dativ Sing.

> 2) *-bhis*.

> 3) *-mis*, Kontaminations-
form.

6. Lokativ: 1) *-su*.

> 2) *-si*, Umbildung nach dem Lo-
kativ Sing. auf *-i*.

III. Dual.

1. Nominativ-Akkusativ: *-ó(u̯)*, eigentlich dehnstufiger Nom. Sing. eines die Paarigkeit bezeichnenden
u-Stammes, vgl. R. Meringer, KZ. XXVIII. 217 ff.

Die übrigen Kasus des Duals kommen fürs Germanische nicht in Betracht.

Anmerkung. Das Neutrum gehört als formelle Kategorie
einer jüngern Bildungsschicht an. Es flektiert im allgemeinen
gleich den beiden andern Genera. Besonderheiten sind:
1. Nom.-Akk. Sg. *-m* bei den *e/o*-Stämmen; sonst endungslos.
2. Nom.-Akk. Plur. = Nom. Sg. kollektiver Femininbildungen.
Vgl. E. Windisch, Curtius' Studien II. 265; F. de Saussure,
Mémoire S. 92; K. F. Johansson, KZ. XXX. 400; Fr. Hanssen,
Commentationes in honorem Guilelmi Studemundi. 1889. S. 116 ff.
und namentlich Joh. Schmidt, Die Pluralbildungen der
Neutra. 1889.

A. Die vokalische Deklination.

I. Die *e/o*-Stämme.

1. Die reinen *e/o*-Stämme.

A. Maskulina.

172.					
N.	*dags*	*armr*	*dóm*	*dag*	*tag*
Akk.	*dag*	*arm*	*dóm*	*dag*	*tag*
Vok.	*dag*				
Gen.	*dagis*	*arms*	*dómes*	*dages*	*tages*
Dat.	*daga*	*arme*	*dóme*	*dage*	*tage*
Instr.			*dóme*	*dagu*	*tagu*.

Nom	dagōs	armar	dómas	dagos	taga
Akk.	dagans	arma	dómas	dagos	taga
Gen.	dagē	arma	dóma	dago	tago
Dat.	dagam	ǫrmom	dómum	dagum	tagum.

B. Neutra.

Nom.-Akk. Sg.	waúrd	barn	hof / word	graf / word	wort
Nom.-Akk. Pl.	waúrda	bǫrn	hofu / word	grabu / word	wort.

Bemerkungen zu den einzelnen Kasus.

A. Maskulina.

Singular.

1. **Nominativ.** Das Kasuszeichen ist -s, das an den Stamm auf -o- tritt. Vgl. idg. *éḱu̯o-s 'Pferd', ai. áśva-s, gr. ἵππο-ς, lat. equo-s. Je nachdem der vorausgehnde Vokal betont oder unbetont war, mußte idg. -s im Germanischen nach Verners Gesetz als -s oder -z erscheinen. Irgendwelche Spuren einer solchen Differenz lassen sich jedoch nicht nachweisen. Das Gotische zeigt -s, das nach einzelsprachlichem Lautgesetz auf -z und -s zurückgehn kann, das Nordgerm. nur -r (älter -ʀ aus -z); im Westgerm. ist das Nominativzeichen nicht mehr erhalten. Es ist daher, wie erwähnt, nicht unmöglich, daß im Germanischen auch bei den e/o-Stämmen mit Endbetonung der Ton schon vor der Akzentverschiebung im Nom. Sing. auf die Wurzelsilbe zurückgezogen worden ist, wie dies im Litauischen Regel ist.

Die unversehrte Form des Nom. erscheint noch in der ältesten Überlieferung: 1) Ausgang -as in finn. ansas 'Balken' (got. ans), kuningas 'König' (aisl. konungr, ae. cyninʒ, as. kuning) u. a. — 2) Ausgang -aʀ im Urnordischen, vgl. run. þewaʀ (Thorsbjærg, Valsfjord) 'Knecht', got. þius, aisl. þýr, ae. đéo, ahd. deo. — erilaʀ (Järsbärg u. ö.), aisl. iarl, ae. eorl. — stainaʀ (Krogstad), got. stáins, aisl. steinn, ae. stán, as. stén, ahd. stein u. a. m.

2. **Akkusativ.** Kasuszeichen -m, Stammauslaut -o-, vgl. idg. *éḱu̯om, ai. áśva-m, gr. ἵππο-ν (aus *ἵππο-μ), lat.

equo-m. Im Urgerm. wird *-m* zu *-n* und geht schließlich unter Nasalierung des vorausgehnden Vokals verloren. Daß im Akk. einmal Nasalvokal bestanden haben muß, lehrt der Umstand, daß die ältern nord. Runeninschriften schon die Apokope von *-a* im absoluten Auslaut kennen, vgl. *un-nam* (Reidstad), daß aber ein *-a*, dem ursprünglich ein Nasal folgte, erhalten bleibt, vgl. *staina* (Tune), *wraita* (Reidstad) 'Linie'.

3. **Vokativ.** Eine besondere Form für den Vok., der idg. Bildung auf *-e* entsprechend, ist nur noch im Got. deutlich nachzuweisen, vgl. *dag.* In allen andern Dialekten sind Nom. und Vok. gleich.

4. **Genitiv.** Die ursprüngliche Form des Genitivsuffixes ist *-so,* vgl. H. Möller, PBrB. VII. 500 Fußnote, Verf. IF. III. 369. Daneben tritt *-sio* auf, über dessen Verhältnis zu *-so* H. Hirt, IF. II. 130 ff. handelt. Der stammauslautende Vokal erscheint auf der *e-* oder *o-*Stufe. Im Germ. ist nur *-so* nachzuweisen, dessen Vokal schon vor Beginn der Überlieferung geschwunden ist. Auffallend ist, daß das *s* der Endung immer stimmlos bleibt. Da nicht mit Möller an einen lebendigen Akzentwechsel innerhalb des Paradigmas der *e/o-*Stämme zu denken ist, muß das durchgehnde *-s* zum guten Teil auf analogischer Neubildung beruhn. Pronomina und endbetonte *e/o-*Stämme (Adjektiva) haben das Muster abgegeben.

a) *o-*Stufe des Stammvokals findet sich in urnord. *a[n]su-ȝisala-s* (Kragehul), *ȝodaȝa-s* (Valsfjord), *hrawda-s* (Bø), sowie in den frühae. Genitiven auf *-aes*, z. B. *dōmaes.* und as. *dagas* usw.

b) *e-*Stufe tritt auf in got. *dagis*, as. *dages,* ahd. *tages.* Auffällig ist *e* der nichthaupttonigen Silbe im As. Ahd.

5. **Dativ.** Durch Kontraktion des Kasussuffixes *-ai* mit dem stammauslautenden Vokal entsteht idg. *-ōi,* vgl. gr. θεῷ d. i. θεωῖ. Da im Germ. nach § 88 *-ōi* zu *-ai* wird, so entsprechen der idg. Grundform unmittelbar die germ. Dative *wodu-ride* (Tune), *wllha-kurne* (Tjurkö), *wawe* (Thorsbjærg), deren *-e* als *-ē* gefaßt werden muß, das

15*

aus ·ai monophthongiert worden ist. [Vgl. das aus idg.
·ai entstandne ·ē in der 1. Pers. Sing. Präs. Med. urnord.
haite-ʒa (Kragehul), hate-ka (Lindholm)], aisl. arme, frühae.
dómae später dóme, as. dage, ahd. tage.

Dagegen kann got. daga keinesfalls ein idg. Dativ sein.
Urgerm. ·ōī erscheint im Got. als ·ai, vgl. got. gibái Dat.
Fem. 'der Gabe' neben gr. θεᾷ d. i. θεᾱῑ. Wie die zusammengesetzten Pronominalformen ƕammē-h áinummē-hun,
die neben einfachem ƕamma stehn, lehren, ist das auslautende ·a von daga auf ·ē oder auch ·ō (mit gestoßner
Akzentqualität) zurückzuführen. Man hat versucht, dies
·ē aus ·ēī, das eine Ablautform zu dem ·ōī des Dativ vorstellen soll, durch die Annahme indogermanischen Schwundes
von i̯ herzuleiten, vgl. J. Schmidt, Festgruß an Böhtlingk (Stuttgart 1888), S. 102. Das ist unmöglich, weil
erstlich keine Dative auf ·ēī nachzuweisen sind, zweitens,
wenn solche wirklich existierten, sie ihren zweiten Komponenten des Schleiftons wegen nicht verlieren könnten
und drittens ein aus ·ēī entstandnes ·ē̃ im Got. erhalten
bleiben müßte. Eine positive Deutung des got. Dativs zu
geben ist schwierig. Am wahrscheinlichsten dürfte sein,
das ·ē, ·ō von urgerm. *daʒē *daʒō dem ē der einsilbigen
pronominalen Instrumentale got. þē und ƕē gleichzusetzen,
also in der got. Form einen Instrumental auf ·ḗ oder ·ṓ
zu sehn, vgl. lat. benĕ malĕ neben citŏ modŏ.

6. Instrumental. Außer dem got. daga, das syn-
taktisch als Dativ fungiert, sind als Instrumentale as. dagu,
ahd. tagu anzusehn, deren syntaktische Funktion sich mit
ihrer Bildung deckt. Ihr ·u geht auf germ. ·ō zurück. Die
Formen entsprechen genau den lit. Instrumentalen wie
gerù, zusammengesetzt gerúˊ-ju.

Neben den Instrumentalen auf ·ē/ō scheinen im Ger-
manischen auch noch solche auf ·mi zu existieren, vgl.
Fr. Kluge, Pauls Grundriß I. 386 Anm. Man darf wohl
aisl. at hǫfdum, ae. æt héafdun, ahd. zi houbitum 'zu
Häupten' als Repräsentanten dieser Bildungsweise ansehn.
Ihr Hauptgebiet liegt außerhalb der e/o-Stämme.

Dem idg. Instrumentalsuffix *-bho,* das durch gall. *-bo*
belegt ist und dem pluralisierten lat. *-bus* zur Voraussetzung dient, könnte eine Nebenform mit gedehntem
Vokal zur Seite stehn. Dann wären die got. Abverbia
auf *-ba* wie *ubila-ba* 'übel', *balpa-ba* 'kühn' als alte Instrumentale aufzufassen. Daß sie ablativischer Herkunft
sein könnten, wie B. Delbrück, Syntax I. 632 im
Anschluß an H. Osthoff, KZ. XXIII. 93 annimmt, ist
durch die Kürze des Vokals ausgeschlossen.

Der sog. ae. 'Instrumental' ist formell ein Lokativ,
vgl. E. Sievers, PBrB. VIII. 324 ff.

7. Lokativ. Im Germanischen nicht mehr als
lebendiger Kasus erhalten. Die sichersten Spuren hat
Sievers a. a. O. nachgewiesen, indem er zeigte, daß der
ae. 'Instrumental' auf *-e* in früherer Zeit auf *-i* ausging.
Vgl *daeʒi, hraecli* 'amiculo', *sume daeli* 'partim', *eornesti*
'serio', *on rodi, in romaecaestri* u. a. Vgl. auch M. H. Jellinek, HZ. XXXIX. 130. Dies frühae. *-i* geht auf urgerm. *-ī* zurück, das aus idg. *-eī* entstanden ist, dem Kon-
traktionsprodukt von stammauslautendem *-e* und Lokativ-
suffix *-i.* Daher auch der schleifende Ton. Vgl. gr.
πεῖ οἴκει.

Ebenso ist wohl in dem aisl. Dativ *dege* 'dem Tag'
eine Spur des alten Lokativs zu sehn, indem **daʒī* lautgesetzlich zu **deʒ* ward (vgl. *nèr* gegenüber got. *nasei*) und
dann die Dativendung annahm. Vgl. E. Sievers, PBrB.
VIII. 331, Fußnote 2.

Ob das Germanische auch Lokative auf *-oī* besessen
habe, vgl. gr. Ἰσθμοῖ οἴκοι, läßt sich nicht entscheiden.
Denn der Lokativausgang idg. *-oī* mußte mit dem Ausgang des Dativs idg. *-ōī* im Germanischen zusammenfallen.

8. Ablativ. Durch Kontraktion der Kasusendung
-aˣd mit dem stammauslautenden Vokal entsteht im idg.
schleifende Länge. G. Mahlow, Lange Vokale S. 130 ff.,
P. Kretschmer, KZ. XXXI. 457 f., H. Hirt, IF. I. 24
setzen sie als *ā* an, so daß der Ablativausgang idg. *-ād;*
vgl. lat. *extrād,* wäre. Daneben stehn *-ōd* und *-ēd* als

(wahrscheinlich schon idg.) Neuschöpfungen. Den lat.
Adverbien *extrād* und, nach Schwund des -*d*, *extrā citrā
contrā intrā* entsprechen aufs genauste die got. Adverbien
auf -*þrō*: *ƕaþrō* 'woher', *þaþrō* 'daher' usw., deren ablati-
vische Bedeutung aufs greifbarste entgegentritt. Die
Vokallänge ist durch die schleifende Akzentqualität erhalten.

Vielleicht sind auch die pronominalen ahd. 'Dative' auf -*emo*, die in den Denkmälern auftreten, wo -*u*
nicht zu -*o* gewandelt wird (Hrabanisches Glossar, Mon-
seer Fragmente u. a.), alte Ablative, während die 'Dative'
auf -*emu* als Instrumentale gelten müssen. Vgl. M. H. Jellinek, Beiträge S. 62 ff.

Plural.

1. Nominativ. Durch Kontraktion der Kasusendung
-*es* mit dem stammauslautenden Vokal -*o* entsteht -*ōs*.
Der idg. Nominativausgang läßt sich sofort in got. *dagōs*,
aisl. *dagar* wiedererkennen. Schwierigkeiten machen dagegen die westgerm. Formen mit -*s*. ae. *dómas,* as. *dagos*
mit -*s* gegenüber den femininen Nominativen frühae.
ʒiefæ, as. *geƀa,* deren idg. Endung -*ās* ist und im Urgerm. mit jener der Mask. zusammenfallen müßte. Die
willkürliche Annahme, daß bei den Maskulinen End-,
bei den Femininen Anfangsbetonung bestanden habe,
reicht nicht einmal aus, da H. Hirt, PBrB. XVIII. 527 f.
im Anschluß an W. Scherer wahrscheinlich gemacht hat,
daß auch urgerm. -*s* im absoluten Auslaut auf westgerm.
Sprachgebiet schwinden muß. Wenigstens lassen sich nur
bei dieser Annahme Formen ohne -*s* wie 2. Sing. Perf.
zugi erklären. Deshalb gewinnt die Hypothese Scherers
(bei G. Mahlow, Lange Vokale S. 116 f.) erneute Bedeutung, daß die Endung in ae. *dómas*, as. *dagos* der
Endung in ai. ved. *dēvásas* gleichzusetzen sei. Vgl. auch
W. Schulze, KZ. XXVIII. 275 ff.

Die ahd. Form hat kein -*s*, muß also anders als die
ae. as. gebildet sein. Dem aisl. *dagar* müßte ahd. *tagā
entsprechen, so gut wie dem got. *gibōs*, aisl. *sagar* Nom.

Plur. Fem. im Ahd. *gebā* gegenübersteht. Jedoch ist in
ahd. Zeit die Länge des Endvokals nicht sicher zu belegen: Notker bezeichnet sie nur neunmal, vgl. W. Braune,
PBrB. II. 135. Dagegen erweisen vielleicht moderne
aleman. Mundarten die Existenz eines Nom. Pl. M. mit
langem Endvokal, vgl. *toga* Nom. Pl. im Dialekt von Alagna
am Monte Rosa (AfdA. XXI. 26 ff.), dem nur ein ahd.
tagā entsprechen kann. Es ist daher wohl anzunehmen,
daß im Ahd. ursprünglich zwei Formen nebeneinander bestanden haben, *tagā* und *taga*. Jene ist die alte Nominativ-,
diese die alte Akkusativform. Doch müssen schon früh
in den verschiednen Dialekten Ausgleichungen stattgefunden,
dort der Akkusativ, hier der Nominativ die Alleinherrschaft
errungen haben.

2. Akkusativ. Dem idg. Ausgang -*o-ns* entspricht
genau got. *dagans*. Im Nord- und Westgermanischen
schwindet -*ns* nach Vokal. Daher aisl. *arma* Akk. : *armar*
Nom. Ferner beachte man den Gegensatz von *hringa, bouga*
Akk. und *helidos* Nom. im Hildebrandslied (W. Scherer,
HZ. XXVI. 380). Die Akkusative ae. *dómas*, as. *dagos*
sind formell Nominative. Umgekehrt muß Notkers un-
akzentuiertes -*a* im Nom. aus -*ans* d. h. aus der alten
Akkusativendung hergeleitet werden.

3. Genitiv. Der idg. Ausgang ist bei allen Klassen
-*ōm̃*, dessen schleifende Akzentqualität ein Kontraktions-
produkt verrät. Sie herrscht schon in idg. Urzeit bei
allen Stammklassen, ohne daß, wie H. Osthoff, MU. I.
207 ff. meint, bei den konsonantischen Stämmen ein -*om*
daneben gestanden hätte, vgl. Verf., IF. I. 259 ff. Beispiele: ai. *vŕkām devā'm* (mit dreimorigem *â*), gr. λύκων
θεῶν, alat. *Romanom, deum fabrum* (mit vor Nasal gekürztem *ŏ*). Der idg. Grundform entsprechen aisl. *arma*,
ae. *dóma*, as. *dago*, ahd. *tago*. — Ganz vereinzelt steht got.
dagē mit seinem auffälligen -*ē* da. Weder auf außergermanischem noch auf germanischem Boden finden sich Anknüpfungspunkte; denn die Behauptung R. Kögels, PBrB.
XIV. 114, daß as. *kinda, Hrodbertinga* u. ä. Genitive auf

-*ēm* seien, ist unrichtig, vgl. W. van Helten, PBrB.
XVII. 571 Fußnote. Es ist deshalb sehr bedenklich, in
dem Verhältnis got. -*ēm* : außergot. -*ōm* mit O. Bremer,
PBrB. XI. 37 einen uralten idg. Ablaut nach Art von got.
jēr 'Jahr' : gr. ὥρα zu suchen. Vielmehr muß mit einer
spezifisch got. Neuerung gerechnet werden. W. van Helten,
PBrB. XVII. 570 ff. vermutet, daß das -*ē* des Gen. Plur.
das Ergebnis einer qualitativen Angleichung an das *e*
des Ausgangs -*eso* beim Gen. Sg. sei. Vgl. auch H. Collitz,
BB. XVII. 13 ff.

4. Dativ. Die älteste Form des germ. Dativs geht
auf -*ms* aus. Vgl. die inschriftlich überlieferten Matronen-
namen Dat. Plur. *Vatvims, Aflims* (R. Much, HZ. XXXI.
354 ff.), *Saitchamims* (G. Kossinna, AfdA. XVII. 78,
R. Much, HZ. XXXV. 315 ff.), sowie im Runischen
ᵹestumʀ 'den Gästen', ᛒorumʀ 'den Söhnen' (Stentofta), die
freilich schwerlich etwas anders als verunglückte Archai-
sierungen sein werden, und im Aisl. *þrimʀ tueimʀ* neben
þrim tueim. Anhaltspunkte zur Entscheidung der Frage,
welcher Vokal zwischen -*m*- und -*s* gestanden habe, ge-
währen nur ae. *đǽm twǽm*, deren *ǽ* durch *i*-Umlaut aus
ā (urgerm. *ai*) entstanden ist. Die Grundform muß also
*þaimiz *twaimiz gelautet haben. Wir haben es demnach
mit alten Instrumentalen auf -*mis* zu thun, die in idg.
Urzeit bei allen außer den *e/o*-Stämmen bestanden haben,
vgl. lit. *rañko-mis* 'durch die Hände', abg. *rǫkami*. Der
Instrumental der *e/o*-Stämme endete auf idg. -*ōĩs* d. i.
-*o* + *ai* + *s*.

Ob im Germ. auch der Ausgang -*o-mos* bestanden
hat, den H. Hirt, IF. II. 346 f. in abg. *vlŭko-mŭ* Dat.
Pl. vermutet und der dem lat. Dat. Pl. auf -*bus,* idg. -*bhos*
entsprechen würde, läßt sich nicht nachweisen.

Dual.

Nominativ-Akkusativ. Es existieren nur spärliche, erstarrte Reste. Idg. Duale auf -*ōu* erscheinen im
Germ. bei got. *ahtáu* '8' usw.; bei aisl. *tuau* '2' und *þau*

'die' hat Genuswechsel stattgefunden: sie fungieren als Neutra Plur.

Idg. Dualnominative auf -$\bar{o}$, die durch den Einfluß der anlautenden Konsonanz des folgenden Wortes in idg. Urzeit das ursprünglich auslautende -μ verloren haben, sind durch westnord. *tottogo* '20' aus *$t\bar{o}$-tugu* belegt. Vgl. ai. *dvā*, gr. δύω, lat. *duo*.

B. Neutra.

1. Nom.-Akk. Sing. Er ist der Bildung nach dem Akkusativ Sing. M. gleich, endet also auf -m. Vgl. ai. *yugá-m* 'Joch', gr. ζυγό-ν (mit ν aus -*m*), lat. *iugum*. Die ältesten germ. Belege dieses Kasus sind urnord. Nom. *hlaiwa* (Bø) 'Grab' und Akk. *horna* (Gallehus) 'Horn'. Später wird die Form völlig endungslos.

2. Nom.-Akk. Plur. Die Form geht auf idg. -$\bar{a}$ (mit gestoßnem Ton) aus und ist identisch mit dem Nom. Sing. der femininen $\bar{a}$-Stämme. Die gestoßne Akzentqualität des -$\bar{a}$ verbietet aufs bestimmteste, mit K. F. Johansson, KZ. XXX. 398 ff. und Upsala Studier (Upsala, Lundström 1892) S. 48 ff. anzunehmen, daß es durch Kontraktion des ursprünglichen 'Femininsuffixes' -∂ (oder -a) mit dem Stammauslaut -e/o- entstanden sei. Vielmehr ist das neben -$\bar{a}$ auftretende -∂ die in tonloser Silbe entwickelte regelmäßige Schwundstufenform von vollstufigem, betontem -$\acute{a}$.

Im Germ. existiert nur -$\bar{a}$, das als -$\bar{o}$ in einsilbigen Wörtern erhalten ist, vgl. got. *þō* Nom. Pl. N. 'die'. Auch finn. *jukko* 'Joch' dürfte das alte -$\bar{o}$ noch intakt bewahrt haben. Urgerm. -$\bar{o}$ wird im Ostgerm. lautgesetzlich zu -a, im Nord- und Westgerm. zu -u, das auch durch finn. *joulu* (aisl. *iól* Plur. tant.) 'Weihnachten' widergespiegelt wird. Im Nord. schwindet -u überall (wenn auch nach kurzer Silbe etwas später als nach langer), jedoch nicht ohne den Vokal der vorausgehnden Silbe umzulauten, vgl. *bǫrn* 'die Kinder' : *barn* 'das Kind'; im Westgerm. bleibt -u nach kurzer Tonsilbe erhalten: ae. *hofu*, as. *grabu* : ae.

as. *word*. Im Ahd. finden sich Spuren des -*u* nur bei den Deminutiven wie alem. *chindiliu* und bei den *i̯e/i̯o*-Stämmen im Tatian wie *cunniu cunnu*.

3. Nom.-Akk. Dual. Auch er scheint dem Dual der Feminina gleich gewesen und auf -*ái* ausgegangen zu sein. Anders jedoch K. Brugmann, Grundriß II. § 292, S. 646. Der alte Dual N. liegt in ae. *twá*, as. *twē* vor. Es ist ferner möglich, daß got. *twái* Nom. Pl. M. das urspr. Neutrum Dual repräsentiert, das durch seinen Zusammenfall mit dem Nom. Plur. Mask. Genus und Numerus geändert hat.

2. Die *i̯e/i̯o*- und die *u̯e/u̯o*-Stämme.

173. a) Wie schon früher hervorgehoben worden ist, erscheint je nach der Quantität der Tonsilbe silbisches oder unsilbisches *i*. Hierauf beruht der Unterschied der singularen Genitive got. *harjis* : *haírdeis,* ferner die Doppelheit im aisl. Plur. *niđiar* usw. : *hirđar* usw.

Eine zweite Besonderheit der *i̯e/i̯o*-Stämme ist die Stammabstufung im Nom. und Akk. Sing., über die oben § 146 Anm., S. 176 gehandelt worden ist. Sie ist aus der idg. Urzeit ererbt.

Endlich bereitet der Nom. Sing. got. *haírdeis* usw. Schwierigkeiten. Er entspricht offenbar den lit. Nominativen auf -*ỹs,* wie *ungurỹs* 'Aal'. Die älteste uns erreichbare Grundform des Ausgangs dürfte zweisilbiges -*i̯os* gewesen sein. Nur fragt es sich, ob hieraus schon in idg. Urzeit -*īs* entstanden sei, das dem -*ūs* von gr. ὀφρῦς 'Braue' parallel wäre, oder ob erst einzelsprachliche Kontraktion vorliege. Beide Auffassungen sind nicht frei von Bedenken. Zu beachten ist, daß ahd. *hirti* nicht direkt auf eine germ. Grundform auf -*īz* zurückgeführt werden kann, da dies **hirtī* ergeben müßte, vgl. ahd. Gen. Sing. *sunō* 'des Sohnes'. Es wäre in diesem Fall mit H. Hirt, PBrB. XVIII. 529 f. Ersatz des Nom. durch den Akk. anzunehmen, der, wie got. *haírdi* darthut, auf -*iom* endete.

Außerhalb des Nominativs, Akkusativs, Vokativs Sing. erscheint die Schwundstufe in den ahd. Dativen Plur.

hirtim, kunnim neben *hirtum, kunnum.* Und zwar erscheint
-*im* bei den Maskulinen hauptsächlich im Fränkischen,
während es bei den Neutris auch im Obd. häufig ist. In
diesem -*i*- hat man schwerlich eine Altertümlichkeit, sondern
eher eine analogische Neubildung zu sehn, die, wie die
Verbreitung lehrt, von den Neutris ausgegangen sein dürfte,
deren Nom.-Akk. Pl. auf -*i* endet.

Der Nom.-Akk. Sing. der langstämmigen Neutra:
got. *reiki*, aisl. *rîke*, ae. *rice*, as. *rîki*, ahd. *rîchi* endete
ursprünglich stets auf -*iom*, nicht, wie M. H. Jellinek,
PBrB. XV. 290 u. ö. fälschlich annnimmt, auch auf
-*îm* (-*îm*).

b) Die *ṷe/ṷo*-Stämme bieten zu besondern Bemerkungen
keinen Anlaß.

II. Die *ā*-Stämme.

174. N.	*giba*	*sǫg*	*ʒiefu, ár*	*geba*	*geba*
Akk.	*giba*	*sǫg*	*ʒiefe, áre*	*geba*	*geba*
Gen.	*gibōs*	*sagar*	*ʒiefe*	*geba*	*gebā*
Dat.	*gibái*	*sǫg*	*ʒiefe*	*gebu*	*gebu*
N.-Akk.	*gibōs*	*sagar*	*ʒiefa -e*	*geba*	*gebā*
Gen.	*gibō*	*saga*	*ʒiefa, ʒiefena*	*gebo, gebono*	*gebōno*
Dat.	*gibōm*	*sǫgom*	*ʒiefum*	*gebun*	*gebōm.*

Singular.

1. **Nominativ.** Der endungslose Stamm erscheint
als Nominativ. Wie schon bemerkt, ist die Form ursprünglich mit dem Nom. Pl. N. identisch. Der lange
Stammvokal erscheint in dem einsilbigen got. *sō* 'diese'.
Daß hier der lange Vokal trotz der gestoßnen Akzentqualität erhalten bleibt, beruht auf der Orthotonese des
idg. Pron. **só* 'dieser, der', vgl. Verf., Zur germ. Sprachgesch.
S. 9 ff. Vgl. finn. *runo* 'Gedicht', *sakko* 'Geldbuße'. In
mehrsilbigen Wörtern wird urgerm. -*ō* gekürzt, und zwar zu
got. -*a*, nord- und westgerm. -*u*, das den Synkopierungs-
gesetzen genau wie idg. -*u* unterliegt. Daher got *giba*:
ae. *ʒiefu* 'Gabe' und *ár* 'Ehre'. Da im Nord. schließlich
auch -*u* nach kurzer Tonsilbe schwindet, ist der *u*-Umlaut
der Wurzelsilbe die letzte Spur von der Existenz des ur-

sprünglich auslautenden Vokals, vgl. *sǫg*. Erhalten ist
dieser nur noch in den urnord. Runeninschriften: *ʒibu*
(Sjælland), *alu* (Årstad), *liubu* (Opedal), sowie in finn. Lehnwörtern: *arkku* 'Kasten' (aisl. *ǫrk*), *panku* 'Spange' (aisl.
spǫng). Die finn. Feminina auf -*a* dürften aus dem Ostgermanischen stammen, vgl. finn. *paita* 'Hemd' (got. *páida*),
kansa 'Volk' (got. *hansa*), *akana* 'Spreu' (got. *ahana*), *multa*
'Staub' (got. *mulda*) u. a. — as. *geba*, ahd. *geba* sind formell Akkusative. Alte Nominative finden sich in den
endungslosen ahd. Formen *chimeinidh* (Isidor) 'Gemein-
schaft', den Nominibus auf -*ung*, sowie den formelhaften
Ausdrücken *wīs, stunt, buoz* u. ä.

2. **Akkusativ.** Der Ausgang -*ām* hat gestoßne
Akzentqualität, muß also nach § 152, B. 5 den Vokal
kürzen. Nur in einsilbigen Wörtern bleibt die Länge: got.
þō Akk. Sing. F. 'die'.

Das Kürzungsprodukt von -*ám* fällt im Got. mit dem
von -*ấ* zusammen, ist also -*a*, vgl. *giba*. Im Nord- und
Westgermanischen besteht ein Unterschied zwischen beiden
Kategorien: -*ấ* ergiebt -*u*, dagegen wird -*ấm* zu nord. -*a*
(urnord. -*o*). Vgl. die 1. Pers. Sing. Prät. der schwachen
Verba, die den Injunktiv idg. **dhām* 'that' enthält: aisl.
*táđa 'machte' (urn. *tawiđo*, Gallehus), *orta* 'wirkte' (urn.
worahto, Tune), *fáđa* 'ritzte' (urn. *faihiđo*, Einang). Dieses
-*a* aus -*ấm* muß auch nach langer Silbe lautgesetzlich erhalten bleiben. Es besteht noch beim Adjektiv, vgl.
spaka Akk. Sing. F. 'verständig'. Beim Substantiv dagegen ist der Akkusativ durch den Nom. ersetzt worden:
sǫg = Nom. Akk. — Im Westgerm. erscheint -*ām* als -*e*
älter -*æ* auf ae. Sprachgebiet, vgl. 1. Sing. Prät. *nérede;*
dies -*e* unterliegt der Apokope ebensowenig nach langer
wie nach kurzer Silbe. Daher Nom. *ʒiefu* aber *ár* : Akk.
ʒiefe, áre. — as. *geba*, ahd. *geba* sind regelrechte Akkusativformen, vgl. 1. Sing. Prät. *nérita*.

3. **Genitiv.** Der idg. Ausgang ist -*ās* mit schleifender Akzentqualität. Diese ist dadurch entstanden, daß in
der Urform auf -*ā-so* das auslautende -*o* des Kasussuffixes

nach der vorausgehnden Länge geschwunden ist (während
es nach kurzer Silbe erhalten bleibt, vgl. den Genitivausgang der e/o-Stämme auf *-eso -oso*); vgl. Verf. IF. III.
371. Die germ. Genitive got. *gibōs* usw. entsprechen
genau denen der übrigen idg. Sprachen, vgl. ai. *áśvâs* 'der
Stute', gr. θεᾶς, alat. *viās, familiās* (in der Formel *pater-
familiās*), lit. *mergōs*. — Der auslautende Vokal in ahd.
geba Gen. Sing. ist zweifellos lang gewesen, da die Form
mit dem Nom. Plur. idg. *-ās*, ahd. *-ā* identisch ist; ein
objektiver Beweis ist nicht möglich, da Notker die Form
nicht mehr kennt.

　　4. **Dativ.** Der Ausgang ist idg. *-āi*, das aus *-á* +
Kasusendung *-ái* kontrahiert ist. Vgl. ai. *kasy-āi*, gr. θεᾷ,
lat. *mensae*, lit. *merĝai*. Im Germ. erscheint der alte Dativ
nur auf got. und ae. Sprachboden, vgl. got. *gibái*, ae.
ʒiefe frühae. *saetungae* 'aucupatione', *þingungae* 'insimula-
tione' u. ä.

　　Aisl. *sǫg* aus **saʒu*, as. *gebu*, ahd. *gebu* sind alte Instrumentale auf idg. *-á* urgerm. ō, die neben den Instrumentalen auf idg. *-ām* standen, vgl. abg. *rǫkǫ*, lit. *rankà*
aus **rankām*. Die mehrfach versuchte Zurückführung auf
alte Dative mit *-āi*, die ihr *i̯* im Satzzusammenhang eingebüßt hätten, scheitert aus denselben Gründen wie die
gegen die Herleitung von got. *daga* aus einem idg. Dativ
geltend gemachten. Neben den kurzstämmigen mit lautgesetzlich erhaltnem *-u* stehn einige langstämmige, deren
-u regelrecht geschwunden ist, z. B. ahd. *wīs* in der Formel:
ze dero selbūn wīs.

Plural.

　　1. **Nominativ-Akkusativ.** Der Ausgang beider
Kasus ist idg. *-ās*, vgl. ai. *áśvâs* N.-A. 'die Stuten' (mit
dreimorigem *â*). Ursprünglich hat jedoch ein Unterschied
bestanden. Denn der Nominativ ist durch Kontraktion
von *-ā* + *es* gebildet, der Akkusativ dagegen besteht aus
ā und dem Kasussuffix *-ns*. Wie J. Schmidt, KZ. XXVI.
337 ff. nachgewiesen hat, muß *n* zwischen langem Vokal
und tautosyllabischem *-s* schon in der Urzeit wegfallen.

Mit diesem Verlust ist zugleich ein Wechsel der Akzentqualität verbunden: -*áns* wird -*ās*, fällt also mit dem
Nominativ zusammen.

Die germ. Formen sind durchaus altertümlich, vgl.
got. N.-A. *gibōs*, urnord. Akk. *runoʀ* (Järsbärg, Tjurkö), aisl.
rúnar. Die Länge des auslautenden Vokals in ahd. *gebā*
ist wohl beglaubigt. Die ae. Doppelheit *ȝiefa : ȝefæ ȝefe*
beruht auf dialektischer Verschiedenheit, vgl. E. Sievers,
PBrB. XVII. 274 Fußnote.

2. Genitiv. Ausgang idg. -*ōm̃* wie bei den *e/o*-
Stämmen, vgl. got. *gibō*, urnord. *runo* (Björketorp), aisl.
rúna, ae. *ȝiefa*, as. *gebo*. Daneben existiert in einigen
idg. Sprachen eine Genitivform, die auf Anlehnung an
die Flexion der *n*-Stämme beruht, vgl. ai. *áśvānām* 'der
Stuten', urnord. *runono* (Stentofta), ae. *ȝiefena*, as. *gebono*,
ahd. *gebōno*.

3. Dativ. An den Stamm auf -*ā*- tritt im Dativ
*-*mos*, vgl. abg. *rǫka-mŭ* (dazu -*bhos* in lat. *deā-bus* 'den
Göttinnen', *filiā-bus* 'den Töchtern'); im Instrumental -*mis*,
vgl. lit. *rañko-mis*. Welcher der beiden Kasus im Germ.
vorliegt, ist nicht zu entscheiden. Wahrscheinlich sind
sie, infolge der Synkope des Endungsvokals, lautgesetzlich
zusammengefallen.

Dual.

Nominativ-Akkusativ. Der Ausgang ist idg. -*ái*,
vgl. ved. *áśvē* 'die Stuten', lit. *gerě-ji : gerì*, abg. *rǫcē* 'die
beiden Hände' : *zmiji* 'die beiden Schlangen'. Im Germanischen ist sicher ein femininer Dual ae. *twá* = ai.
dvé, lit. *dvì*.

III. Die *i̯ē*-Stämme.

175. *i̯ē*- und *i̯ā*-Stämme sind in den meisten idg.
Sprachen zusammengefallen. Auch im Germanischen sind
nur einzelne Spuren nachzuweisen.

1. Nominativ. a) Nom. auf -*ī*, ohne Kasussuffix.
-*ī* ist die regelrechte Schwundstufenform zu vollstufigem
-*i̯ē*. Die gestoßne Akzentqualität verwehrt uns, ein Kon-
traktionsprodukt aus -*i* + *ǝ* darin zu sehn. Vgl. ai. *bṛhat-ī*

'die große', lit. *vežant-ì* 'die fahrende', abg. *vezǫ̆st-i* (aus **vezont-jī *vezont-ī*, mit *j* aus den obliquen Kasus); got. *frijōndi* 'die Freundin', eigentl. 'die liebende', Part. Präs. F. zu *frijōn* 'lieben', got. *bandi* 'Band', got. *þiwi* 'Magd', as. *thiwi*, ein moviertes Femininum zu got. *þius* 'Knecht', ae. *sib(b)* für **sifi*, mit Übertragung der gedehnten Konsonanz in den Nom., *bénd*. got. *sī* 'sie', anaphor. Pron. der 3. Pers., hat trotz seiner Einsilbigkeit infolge seiner en- und proklitischen Stellung den langen gestoßenen Vokal gekürzt, während das ursprünglich orthotonierte *sō* ihn erhalten hat. — aisl. *heiðr* 'Heide' hat das Kasuszeichen *-s*.

b) Nom. auf *-i̯ē*, also mit Vollstufenform des Suffixes erscheint. in lit. *žēmė̃* 'Erde' (*j* muß vor palatalem Vokal schwinden; *-è* hat seine schleifende Akzentqualität von den *r*- und *n*-Stämmen mit *-ē* aus *-ér*, *-én* bezogen), abg. *zemlja* (aus **zemjē*, idg. **ĝemi̯ē*); got. *sunja* 'Wahrheit' (aus **sn̥ti̯ē*), vgl. ai. *satí* Nom. Fem. zu *sant-* 'seiend'. Im Lateinischen endet der Nom. auf *-s*, vgl. *faciēs, speciēs* u. a.

2. Akkusativ. got. *bandja, frijōndja* können rein formell betrachtet, sowohl den Ausgang *-i̯ām* wie *-i̯ām* gehabt haben. Das Lit. hat beim Part. *-i̯ām*, vgl. *vèžanczią* (aus **vežantjām*), beim Nomen *-i̯ēm*, vgl. *žēmę̃* (aus **žemém* älter **žemi̯ēm*). Ob diese Scheidung auch im Germ. bestanden habe, ist zweifelhaft. Jedenfalls aber ergiebt sich aus der Vergleichung des Nordischen, daß im Nomen *-i̯ē* bestanden hat. Denn aisl. *heiðe* kann lautgesetzlich einzig und allein auf **haiðię̄m *haiði̯ēm* zurückgeführt werden: der nasalierte lange Vokal muß stets erhalten bleiben, *i* schwindet vor palatalem Vokal.

Im Ae., wo das gleiche Gesetz herrscht, steht der Akk. *bénde* dem Nom. *bénd* gegenüber. Das gleiche Verhältnis besteht zwischen as. Akk. *reðia* : Nom. *rethi*, ahd. Akk. *kuninginna* : Nom. *kuningin*.

3. Dativ. Die Endung in got. *bandjái frijōndjái*, aisl. *heiðe* kann anstandslos auf *-i̯ēi* zurückgeführt werden; alsdann begreift sich leichter, warum die *i̯ē*-Stämme, von

den angeführten Besonderheiten abgesehn, ganz wie *ā-* bezw. *i̯ā*-Stämme flektieren. Doch kann auch ebensowohl schon eine Grundform *-i̯āī*, die an die Stelle des ursprünglichen *-i̯ēī* getreten ist, angesetzt werden.

IV. Die *i*-Stämme.

A. Maskulina.

176.					
N.	*balgs*	*gestr*	*wine*	*wini*	*wini*
Akk.	*balg*	*gest*	*wyrm*	*wurm*	*gast*
Vok.	*balg*				
Gen.	*balgis*	*gests*	*wines*	*wines*	*gastes*
Dat.	*balga*	*gest*	*wine*	*wini*	*gaste*
Instr.			*wine*	*winiu*	*gastiu*
Nom.	*balgeis*	*gester*	*wine*	*wini*	*gesti*
Akk.	*balgins*	*geste*		*wini*	
Gen.	*balgē*	*gesta*	*wina*	*winio*	*gesteo*
Dat.	*balgim*	*gestom*	*winum*	*winiun*	*gestim.*

B. Feminina.

Nom.	*ansts*	aisl. im Sg.	*bén*	*stědi*	*anst*
Akk.	*anst*	in andre		*anst*	
Vok.	*anst*	Flexions-			
Gen.	*anstáis*	klassen	*béne*	*ansti*	*énsti*
Dat.	*anstái*	übergetr.	*béne*	*ansti*	*énsti.*

Singular.

1. Nominativ. Maskulina wie Feminina haben gleichmäßig das Kasuszeichen *-s*, vor dem der Stammvokal auf der Schwundstufe erscheint. Vgl. ai. *agni-ṣ* M. 'Feuer', lat. *ignis;* ai. *gáti-ṣ* F. 'Gang', gr. βάσις, lat. *pars* F. 'Teil' (aus **parti-s*), lit. *nakti̇̀-s* F. 'Nacht'. Die unversehrte Form erscheint in urnord. *hlewa-ʒasti-ʀ* (Gallehus), *sali-ʒasti-ʀ* (Berga). Im Aisl. ist bei Femininen das Kasuszeichen *-s* nur noch bei *Urðr* 'Norne', *nauðr* 'Notwendigkeit', *uðr unnr* 'Welle', *brúðr* 'Braut' und *vǽttr* 'Wicht' erhalten. Die übrigen ursprünglich femininen *i*-Stämme mit *-r* sind entweder Maskulina geworden, wie *burðr* 'Geburt' (vgl. ai. *bhr̥ti-ṣ* F. 'Herbeibringen'), oder ganz in andre Flexionsklassen übergetreten.

Zu beachten ist, daß im Nordischen der Nom. (und Akk.) der langstämmigen *i*-Bildungen nach A. Kocks

Gesetz *i*-Umlaut zeigen muß, z. B. *gêstr bêlgr* u. a., während die gleichen Kasus bei den kurzstämmigen gesetzlich umlautlos sein müssen, z. B. *salr* 'Saal', *burr* 'Sohn' u. a. Doch sind Ausgleichungen in weitem Umfang vorgenommen worden. Vgl. jedoch auch den Nachtrag.

Im Got. und Westgerm. schwindet *i* im Nom. (und Akk.) lautgesetzlich nach langer Tonsilbe; doch ist im Got. das ursprüngliche Verhältnis stark gestört. Im Ae. hinterläßt das verlorne *i* Umlaut, im As. und Ahd. nicht. Vgl. got. *gasts* und *staþs* M. 'Ort'. Dagegen ae. ȝiest und *stêde* M., as. *gast* und *stêdi* F., ahd. *gast* und *stat* F. (doch vgl. die lautgesetzlichen Formen ahd. *wini* 'Freund', *risi* 'Riese', *quiti* M. 'Ausspruch'; *kuri* F. 'Wahl', *turi* F. 'Thür').

2. Akkusativ. Schwundstufiger Stammvokal vor der Kasusendung *-m*. Vgl. ai. *agni-m* M., *gáti-m* F. 'Gang' = gr. βάσιν, lat. *turri-m* 'Turm'. Die Behandlung des *-i-*, das im Germanischen nach Schwund des *-m* in den Auslaut treten muß, ist die gleiche wie im Nom.

3. Vokativ. Das stammbildende Element erscheint ursprünglich auf der Normalstufe *-ei*; eine Endung ist nicht vorhanden. Vgl. ai. *ágnē*, lit. *naktė̃*. Eine Neubildung nach dem Nom. und Akk. scheint der Ausgang *-i* zu sein, vgl. avest. *aži*, gr. ὄφι, got. *gast* M. *anst* F. 'Gunst'.

4. Genitiv. Die Kasusendung war *-so*, vor dem o-Stufe erscheint: Urform *-ói̯-so*. Nach langer Silbe schwindet *-o*, wobei die Akzentqualität der vorausgehnden Silbe modifiziert wird: Grundform *-oī̯s*. Vgl. ai. *agnḗṣ*, lit. *naktė̃s* (*ė̃* = *oi̯*). Daneben kommt auch *-eis* vor in osk. *Herentateís*, das wahrscheinlich einer Angleichung an das durchgehnde *-ei̯-* der übrigen Kasus sein Dasein verdankt.

Im German. ist *-oī̯s* nur noch beim Fem. erhalten, vgl. got. *anstáis;* wahrscheinlich gehört auch aisl. *vetter-* in *vetterges* 'nichts' u. ä. hierher, dessen *-er* auf *-iʀ*, älter *-ēʀ*, zurückgehn dürfte.

Ae. *béne,* dessen *-e* auf *-i* beruht, wie der Gen. *uyrdi*
des Leidener Rätsels lehrt, as. *ansti,* ahd. *énsti* können
keine alten Genitive auf **-eīs* sein, weil das ahd. *-ī* alsdann nach § 152. A. 6. Anm. S. 186 lang sein müßte. Jedoch
fehlt in den ältesten Quellen durchaus die Längebezeichnung
und es erscheint außerdem bei Notker als *-e,* ein sichrer
Beweis für seine Kürze. Die Formen müssen als Analogiebildungen nach dem Dativ betrachtet werden.

Die Genitivformen der Maskulina sind den *e/o*-Stämmen
entlehnt.

5. Dativ. Der Ausgang ist *-ei̯ -ai̯,* d. h. vor der
Kasusendung erscheint die Normalstufe. Vgl. ai. *agnáyē.*
Im Germanischen ist keine Spur dieser Bildung erhalten.

a) Was man hier bei den Femininen als Dativ
bezeichnet, ist ein alter Lokativ auf *-ēi̯.* Vgl. ai. *agná*
(aus idg. **ogné,* das im Satzzusammenhang aus **ognéi̯* entstanden ist), lit. *dúti* 'geben' (vgl. dialekt. *sŭktë-s,* das die
diphthongische Herkunft des *-i* erweist), abg. *dati,* beides
als Infinitive gebrauchte Lokative auf *-ēi̯.*

Im Germanischen muß *-ēi̯* auf ostgermanischem Boden
als *-ai,* auf nord- und westgermanischem als *-ei -ī* erscheinen. Daher entsprechen sich got. *anstái* und as. *ansti,*
ahd. *énsti.* Das ahd. *-i* ist schon in den ältesten Quellen
kurz. Doch beachte man, daß es auch nach langer Tonsilbe regelmäßig erhalten bleibt.

Unklar sind die seltnen aisl. Dative wie *brúðe* F. 'der
Braut'. Möglich, daß ihr *-e* die Fortsetzung von idg. *-ēi̯*
ist. Alsdann müßte der Mangel des Umlauts dem Einfluß
andrer Kasus zugeschrieben werden.

b) Von den Dativen der Maskulina sind got. *gasta,*
as. ahd. *gaste* sicherlich als Formen der *e/o*-Deklination
anzusehn.

Im Ae. geht der Dativ (und Instrumental) der kurzstämmigen *i*-Bildungen in den ältesten Quellen auf *-i* aus,
vgl. *sume daeli* (Epinaler Glossen). Dazu stimmen die
zahlreichen Dative der kurzstämmigen *i*-Bildungen, die im
Monacensis des Heliand auf *-i* ausgehn, vgl. E. Sievers,

PBrB. VIII. 332 f., wie *-quidi -seli meti* u. a. Man darf vielleicht mit Sievers Lokative darin vermuten.

6. Instrumental. as. *hugiu,* ahd. *gastiu* sind wohl nach dem Muster der *i̯e!i̯o*-Stämme gebildet.

Plural.

1. Nominativ. Vor der Kasusendung *-es* erscheint das stammbildende Suffix auf der Normalstufe. ai. *agnáy-as tráy-as* 'drei', gr. kret. τρέες (aus **τρεjες*), abg. *pǫti̯e* (aus **pontejes*). Der Ausgang idg. *-ei̯es* müßte im German. *-ii̯iz -īz* ergeben. O. Bremer, HZ. XXXVII. 13 glaubt *-ii̯iz* noch in den lat. Nominativformen auf *-ii,* die von germ. *i*-Stämmen in älterer Zeit gebildet werden, erkennen zu dürfen: *Anglii* (Tac.), *Frisii* (Plin. Tac.), *Rugii* (Tac.), gegenüber späterm *Angli* (Beda), *Rugi* (Sidonius, Cassiodor, Jordanes) u. a. Es fragt sich aber sehr, ob es sich bei diesem Unterschied nicht um einen bloßen Schreibgebrauch handelt.

Die Endungen von got. *gasteis ansteis,* aisl. *gester* können anstandslos auf idg. *-ei̯es* zurückgeführt werden. Doch kann auch für die Feminina ein Ausgang *-īs* in Betracht kommen, der im Rigveda bei femininen *i*-Stämmen im Nom. und Akk. Plur. auftritt und auch im Litauischen erscheint: N. *náktīš* = lit. *náktys.*

Ahd. *gésti énsti* haben kurzen Endungsvokal. Dieser kann unmöglich auf urgerm. *-īz* beruhn, das nur durch *-i* vertreten werden könnte. Ob man das *-i* auf urgerm. *-iiz* zurückführen dürfe, hängt von der Beurteilung des Ausgangs der 2. Sing. Imperat. ahd. *neri* = got. *nasei,* ahd. *suochi* = got. *sōkei* ab. Am wahrscheinlichsten ist die Vermutung G. Mahlows, Lange Vokale 127 ff., daß wir es mit alten Akkusativformen zu thun haben, die in den Nominativ gedrungen sind.

2. Akkusativ. Idg. Ausgang *-i-ns,* vgl. ai. *turīs* (aus **turrins*), lit. *naktìs* (aus **naktins*), got. *gastins anstins,* aisl. *géste* gegenüber Nom. got. *gasteis ansteis,* aisl. *géster.* Im Westgerm. sind Nom. und Akk. Pl. identisch. Wie

16*

eben gesagt, dürfte der Akkusativ den Nominativ verdrängt haben.

3. Genitiv. Ausgang idg. -$i\bar{o}\tilde{m}$ d. i. Schwundstufe des Stammvokals + Kasussuffix. Vgl. gr. τριῶν, lat. *turrium*, lit. *nakcziū* (aus **naktjũm*). Hiermit stimmen die Formen aller germ. Dialekte mit Ausnahme von got. *gastē anstē*, bei denen das i des Stammes fehlt.

4. Dativ. lit. Dativ *nakti-mus*, Instr. *naktimìs*, abg. Dat. *pǫtĭmŭ*, Instr. *pǫtĭmi*. Im Germ. weichen Aisl., Ae. und As. ab, deren Dativ formell zur -*e*/*o*- bezw. ie/io-Deklination gehört. Der Übertritt ist im Nordgermanischen schon früh vollzogen, wie der unrichtig archaisierende, späturnord. Dativ *ʒestumʀ* (Stentofta) beweist. Nur in aisl. *þrimʀ* = abg. *trĭ-mi trĭ-mŭ*, lit. *trimìs trims* liegt noch der regelrechte Dativ-Instrumental eines *i*-Stammes vor.

C. Neutra.

Neutrale *i*-Stämme scheint es im Idg. nur sehr wenige gegeben zu haben.

1. Nominativ-Akkusativ Sing. Die Form ist endungslos, der Stammvokal schwundstufig. Vgl. ai. *śúci* N. 'rein', gr. ἴδρι N. 'kundig', lat. *mare* (aus **mari*). Auf germ. Boden fehlen neutrale *i*-Stämme im Got. und Nord. gänzlich. In den westgerm. Dialekten sind sie spärlich vertreten, meist jedoch nicht ursprünglich. Das uralte Neutrum idg. **mɔri* oder **mari* 'Meer' erscheint als N. nur noch im Ahd. als *mari mёri*, ist jedoch auch hier daneben M. geworden, wie *mёre* im Ae., *marr* im Aisl.; as. *mёri* ist Fem. — ae. *spёre* N. 'Speer', *sife* 'Sieb'. — as. *halsmёni* 'Halszierrat' gegenüber ae. *mёne* M. ai. *maṇiš* M.

2. Nominativ-Akkusativ Plur. Idg. Ausgang wohl ursprünglich -$\bar{\imath}$, vgl. ai. ved. *trí* N. Pl. 'drei', lat. *trī-gintā* wörtlich 'drei Zehner'. Got. *þrija* usw. ist Neubildung nach der *e*/*o*-Deklination.

V. Die *u*-Stämme.

A. und B. Maskulina und Feminina.

177.						
N.	*sunus*	*vǫndr*	} *sunu*	} *sunu*	} *fridu*	
Akk.	*sunu*	*vǫnd*	*feld*	*hand*		
Vok.	*sunu*					
Gen.	*sunáus*	*vandar*	*suna*	*sunies*	*fridō, sites*	
Dat.	*sunáu*	*vénde*	*suna*	*suno*	*fridiu, site*	
Instr.					*sitiu*	
Nom.	*sunjus*	*vénder*	} *suna,-u*	} *suni*	} *siti*	
Akk.	*sununs*	*vǫndo*				
Gen.	*suniwē*	*vanda*	*suna*	*sunio*	*siteo*	
Dat.	*sunum*	*vǫndom*	*sunum*	*sunion*	*fridun, s itim.*	

Singular.

1. **Nominativ.** Schwundstufiges Suffix + *s*, wie bei den *i*-Stämmen. Vgl. ai. *sūnú-ṣ*. Die ältesten germ. Belege sind finn. *vantus* 'Handschuh' (aisl. *vǫttr*); urnord. *haukoþuʀ* (Vånga), aschwed. run. *sunuʀ* (aisl. *sunr*), *stikuʀ* (aisl. *Stígr*).

Im Got. und Westgerm. fällt -*u* nach langer Tonsilbe lautgesetzlich ab, bleibt nach kurzer; doch sind die ursprünglichen Verhältnisse im Got. stark verwischt.

2. **Akkusativ.** Schwundstufiges Suffix + *m*, wie bei den *i*-Stämmen, vgl. ai. *sūnú-m*. Die ältesten nordgerm. Belege sind urnord. *maʒu* (Strand) 'Sohn' (aisl. *mǫg*), jünger *sunu* (Sölvesborg), dagegen *(ạ)smu[n]t* (Sölvesborg).

3. **Vokativ.** Ursprünglich normalstufiges Suffix, vgl. ai. *sū́nō;* im Germanischen findet sich Schwundstufe in got. *sunu*, wie bei den *i*-Stämmen.

4. **Genitiv.** Ausgang ursprünglich *-*óu̯-so*, woraus in idg. Urzeit -*ou̯s* wird. Vgl. ai. *sūnṓṣ*, lit. *sūnaũs*. Dem entspricht got. *sunáus*, run. *sunaʀ* (Snoldelev), aisl. *vandar*, ae. *suna*, frühahd. *fridoo* (Benediktinerregel; Isidor, Hraban. Glossar), *witō* (keron. Gloss.). Neubildungen sind. as. *sunies*, ahd. *sites*.

5. **Dativ.** Idg. Ausgang -*éu̯-ai* d. i. normalstufiges Stammsuffix + Kasusendung, vgl. ai. *sūnávē*, abg. *synovi*.

Wie im Germ. bei den *i*-Stämmen der alte Dativ durch den
Lokativ auf -*ēi̯* verdrängt worden ist, so ist auch bei den
u-Stämmen der Lokativ auf -*ēu̯* an die Stelle des Dativs
getreten. -*ēu̯* wird im Ostgerm. zu -*au*, im Nord- und
Westgerman. zu -*eu*, weiterhin -*iu*. Vgl. urnord. *kuni-
mu[n]diu* (Tjurkö); urnord. -*iu* wird zu aisl. -*i* -*e*, das
i-Umlaut wirkt: *vénde* 'dem Zweige', *syne* 'dem Sohn', *firđe*
'dem Meerbusen'. Im Ahd. zeigen die ältesten Quellen,
die noch den Genitiv auf -*ō* kennen, einen echten Dativ
auf -*iu*, der nicht mit dem jungen Instrumental auf -*iu*
zu verwechseln ist: *sitiu fridiu suniu*. Hieraus entwickelt
sich regelrechterweise *siti suni* usw. Vgl. Verf., Zur germ.
Sprachgesch. S. 89, anders W. van Helten, PBrB. XV.
457 ff. — Der ae. Dativ *suna* ist dem Genitiv nachgebildet,
da überall, wo der Genitiv nicht auf -*s* endigt, Dativ und
Genitiv zusammenfallen. Damit erledigen sich die von
O. Wiedemann, KZ. XXXII. 150, Fußnote 2 erhobnen
Einwände.

6. Instrumental. ahd. *sitiu* (wohl zu trennen von
dem alten Dativ auf -*iu*), ist eine Nachbildung der *i̯e/i̯o*-
Stämme.

Plural.

1. Nominativ. Dem idg. Ausgang -*ei̯-es* bei den
i-Stämmen entspricht -*eu̯-es* bei den *u*-Stämmen. Vgl. ai.
sūnávas, gr. πήχεες (aus *πήχεϝες), abg. *synove* (aus *synoves*,
älter *sūneves*). Den gleichen Ausgang zeigt got. *sunjus*
aus urgerm. *suni̯uiz*. Das *i* der dritten Silbe ist lautgesetzlich synkopiert. Es entstand dadurch dreisilbiges
suniuz, dessen *i* in unbetonter Silbe vor nichtpalatalem
Vokal ebenso zu *j* ward, wie das von *hirđiōz*. Vgl. auch
M. H. Jellinek, HZ. XXXVI. 277, Fußnote 2 und
W. van Helten, ebd. XXXVII. 123, Fußnote 1. Auch
aisl. -*er*, das in der Vikingerzeit als -*ir* durch *suniʀ* (Rök)
belegt ist, geht gleichfalls direkt auf urgerm. -*iu̯iz* zurück;
ebenso as. ahd. -*i* in *siti*, worüber W. van Helten,
PBrB. XV. 449, 457 ff. zu vergleichen ist. Unklar bleibt
ae. *suna*.

2. **Akkusativ.** Ausgang *-u-ns* wie bei den *i*-Stämmen *-i-ns*. Vgl. gr. υἱόνς, lat. *manūs* (aus **manuns*), abg. *syny* (aus **sūnuns*), lit. *sūnùs* (aus **sūnuns*). Die Form ist in got. *sununs,* aisl. *vǫndo* unversehrt erhalten. Im Westgermanischen erscheint sie noch in *situ,* vgl. Otfrid, IV. 5, 59 *situ filu guate.* Sonst sind im Westgerm. Akk. und Nom. identisch.

3. **Genitiv.** Wie bei den *i*-Stämmen der ursprüngliche Ausgang *-i̯-ōm̃* lautet, so lautet er bei den *u*-Stämmen *-u̯-ōm̃*, vgl. avest. *bāzvąm,* gr. δούρων (aus **δορϜων*). In verschiednen Sprachen erscheint jedoch die Vollstufe des Suffixes statt der Schwundstufe, vgl. gr. πήχεων (aus **πηχεϜων*), lat. *manuum* (aus **manouom, *maneu̯ōm*), abg. *synovŭ* (aus **sunevōm*). Ebenso ist got. *suniwē* gebildet.

4. **Dativ.** lit. Dat. *sūnùms,* Instr. *sūnumìs,* abg. Instr. *synŭmi.* Damit deckt sich got. *sunum,* aisl. *vǫndom,* ae. *sunum;* as. *sunion* ist eine Neubildung nach den *i̯e/i̯o*-Stämmen, ahd. *sunim* nach den *i*-Stämmen.

C. Neutra.

1. **Nominativ-Akkusativ Sing.** Ohne Endung, schwundstufiges Suffix wie bei den *i*-Stämmen. got. *faíhu* usw. = ai. *páśu,* lat. *pecu.* — got. *tagr* ʽZähreʼ = ai. *áśru* (für **dáśru*), gr. δάκρυ. — got. *filu,* ae. *feolu,* as. ahd. *filu* = gr. πολύ.

2. **Nominativ-Akkusativ Plur.** Idg. Ausgang *-ū,* vgl. das *-ī* der neutralen *i*-Stämme. Im Germ. nicht belegt.

B. Die konsonantische Deklination.

I. Die sogen. Wurzelstämme.

178.							
N.	*baúrgs*	*fótr*	} *fót*	} *naht*		} *naht*	
Akk.	*baúrg*	*fót*					
Gen.	*baúrgs*	*fótar, mérkr*	*fótes*	*nahtes*			
Dat.	*baúrg*	*fóte*	*fét*	*naht*			
Nom.	} *baúrgs*	} *fótr*	} *fét*	} *naht*	} *naht*		
Akk.							
Gen.	*baúrgē*	*fóta*	*fóta*	*nahto*	*nahto*		
Dat.	*baúrgim*	*fótom*	*fótum*	*nahtun*	*nahtum.*		

1. Nominativ. Endung idg. -s. Doch ist das -s im Germ. vielfach Neubildung z. B. in aisl. *fótr*, da lautgesetzlich ein idg. **pōts* zu germ. **fōs(s)* hätte führen müssen. Die Nominative der diphthongischen Stämme idg. *nāu̯-* und *gᵛou̯-*, aisl. *nór* (vgl. Verf., Zur germ. Sprachgesch. S. 49 f.) und *kýr* (ebd.) sind nicht ursprünglich, wie schon der Mangel des ʀ-Umlauts bei *nór*, das aus dem Akkusativ eingeschleppte *ū* in *kýr* zeigt. Auch -ʀ aus urgerm. -s ist schwerlich lautgesetzlich.

2. Akkusativ. Das Kasussuffix -m muß in silbischer Funktion als -m̥, germ. -un -u̯ -u erscheinen. Es wird nach langer Tonsilbe gemeingerman. synkopiert. Daher got. *baúrg* (aus **burʒu̯*). Nach kurzer Tonsilbe muß es lautgesetzlich bleiben, daher ae. Akk. *studu studu* 'Säule'. Nach dem Akkusativ ist der ae. Nominativ auf -u neugebildet, vgl. *hnutu* 'Nuß', *hnitu* 'Niß' gegenüber *bóc* 'Buch', *ác* 'Eiche', *ʒós* 'Gans' u. a. Daher auch der u-Umlaut in aisl. Nom.-Akk. *rǫng mǫrk*.

Der Akk. von idg. **gᵛóus* lautet idg. **gᵛōm̃*, vgl. ai. *gâ'm* (mit dreimorigem *â*), gr. βῶν. Dem entspricht genau der Akkusativ aisl. *kú*, ae. *cú*, as. *kō*, ahd. *chuo*. Daß der Nasal nach langem Tonvokal zur Nasalierung ward, bevor eine Reduktion der Länge stattfinden konnte, lehrt auch got. *þō* Akk. Sing. F. = ai. *tám* 'die'; aisl. *þá* hat sich wie die Endsilbe von *spaka* Akk. Sing. F. entwickelt, ist also proklitische Form. Zum Verständnis des aisl. ae. *ū* in *bú* und *cú* ist das von G. Mahlow (Lange Vokale S. 61) und W. van Helten (PBrB. XV. 478, Fußnote 2) erkannte Lautgesetz zu berücksichtigen, wonach urgerm. -ō im absoluten Auslaut zu aisl. und ae. -ū geworden ist. — Was M. H. Jellinek, HZ. XXXIX. 140 f. von einem schon in idg. Urzeit m-los gewordnen Akkusativ Sing. **gᵛō* redet, entbehrt jeder thatsächlichen Unterlage.

3. Genitiv. Endung idg. -es oder -os. Im Germ. muß der Vokal verloren gehn: got. *baúrgs*. Daß der verlorne Vokal idg. -e-, nicht -o- war, lehren die umgelauteten

Wurzelvokale der Genitive aisl. *mérkr* 'der Mark' (Nom. *mǫrk*), *téngr* 'der Zange' (Nom. *tǫng*), *nǽtr* 'der Nacht' (Nom. Sing. *nǫtt*), und ae. *béc* 'des Buches' (Nom. *bóc*), *byrʒ* (Nom. *burʒ*), *fyrh* 'der Furche' (Nom. *furh*) u. a. — aisl. -*ar* in *rangar* 'des Querbands im Schiff' ist Neubildung nach der *u*-, ae. -*es* in *fótes* Neubildung nach der *e/o*-Deklination; as. *nahtes* ist nach *dages* gebildet.

4. **Dativ.** Eigentlich ein idg. Lokativ auf -*i*. Daher die endungslose, *i*-umgelautete Form ae. *fét*, ae. *téđ* 'dem Zahn'. — aisl. *fǿte* ist Neubildung nach der *u*-Deklination.

Plural.

1. **Nominativ.** Die idg. Endung ist -*es*, die zu urgerm. -*iz* werden und — wo möglich — in der Tonsilbe *i*-Umlaut bewirken muß. Daher aisl. *fǿtr*, *négl*, *réngr*, *mérkr*; ae. *fét*, *téđ*, *ʒés*, *béc*.

2. **Akkusativ.** Die idg. Endung ist -*n̥s*, was germ. -*uns* ergäbe. Wir dürfen es jedenfalls in got. *fótuns* erkennen. Bei den konsonantisch flektierenden Stämmen ist der Akk. durch den Nom. ersetzt.

3. **Genitiv.** Er fällt mit dem der *e/o*-Stämme lautgesetzlich zusammen.

4. **Dativ.** Die nord- und westgermanischen Formen dürfen für die konsonantische Flexion in Anspruch genommen werden; ihr -*um* geht auf idg. -*ə̄mis* *-*ə̄mos* zurück, worauf auch got. *fótum* deutet. got. *baúrgim* ist nach dem Muster der *i*-Stämme gebildet.

II. Die *r*-Stämme.

179. N.	*fadar*	*fader*	} *fæder*	} *fader*	} *fater*
Akk.	*fadar*	*fǫdor*			
Gen.	*fadrs*	*fǫdor*	*fæder*	*fader*	*fater*
Dat.	*fadr*	*fédr*	*fæder*	*fader*	*fater*
Nom.	*fadrjus*	} *fédr*	*fæd(e)ras*	} *fader*	*muoter*
Akk.	*fadruns*				*fatera*
Gen.	*fadrē*	*fédra*	*fæd(e)ra*		*fatero*
Dat.	*fadrum*	*fédrom*	*fæd(e)rum*	*gibrōthrun*	*faterum.*

Singular.

1. Nominativ. Der Nominativ ist ohne Kasuszeichen gebildet, jedoch durch die Länge des Suffixvokals charakterisiert. Dieser erscheint als $\bar{e}$ oder $\bar{o}$, vgl. gr. πατήρ, μήτηρ; φράτωρ, ῥήτωρ. Im Germ. muß die Länge vor -r gekürzt werden, und zwar erscheint im Ostgerm. bei -ēr als Kürzungsprodukt -ar, im Nord- und Westgerm. dagegen -er; -ōr wird überall zu -ar. Die Nom. auf -tēr und -tōr sind somit im Got. zusammengefallen. Vgl. dagegen anord. run. swestar (Opedal) aus idg. *su̯ésōr (mit t aus den obliquen Kasus, wo s und r zusammenstießen), mit faþiʀ (Rök), dessen -ʀ statt -r dem Einfluß der Nominative mit urgerm. -z zuzuschreiben ist. Im Ae. schwindet der Endungsvokal lautgesetzlich nach langer Silbe, vgl. H. Hirt, IF. I. 212. Es heißt also fæder und *brōd̥r̥. Aus -r̥ entwickelt sich ein Vokal, dessen Qualität durch den Vokal der Tonsilbe bestimmt wird: bródor aber swester (sweostor ist von dem Fem. módor beeinflußt). Die gleiche Erklärung gilt wahrscheinlich auch für aschwed. mōþor.

2. Akkusativ. Das Suffix ist vollstufig, -ter- oder -tor-, entbehrt jedoch der Dehnung, vgl. Verf., IF. III. 360 ff.: ai. pitáram, gr. πατέρα, abg. mater-ĭ (ĭ = ĭn aus idg. -ṃ); ai. svásāram (mit ai. ā aus idg. ō), gr. ἔορα, ῥήτορα, φράτορα. Die Kasusendung -ṃ muß im Germ. als -um -un -ṇ -u erscheinen und schließlich schwinden, wenn eine lange Tonsilbe oder eine nichthaupttonige Silbe vorausgeht. — Was den Suffixvokal von got. fadar anlangt, so ist er wegen des durchgehnden e der übrigen idg. Sprachen auffallend: nur in Kompositis erscheint gr. o, vgl. Εὐπάτωρ Akk. Εὐπάτορα. Jedoch ist es wahrscheinlich, daß F. de Saussure im Recht ist, wenn er das got. Lautgesetz aufstellt: e vor r wird in nichthaupttoniger Silbe zu a. Vgl. got. ufar (ai. úparam): ahd. ubir (ai. upári); aftaro in der Endung gleich griech. -τέρω, in ἀνωτέρω usw., kaþar = gr. πότερος, karkara aus lat. carcera, lukarn aus lat. lucerna. Vgl. auch H. Hirt, IF. VI. 75 Fußnote 2. Unklar ist aisl. fǫdor; es scheint eine

Neubildung nach den *u*-Stämmen oder den einsilbigen
konsonantischen Bildungen.

3. **Genitiv.** got. *fadrs* ist gleich dem **gr.** πατρός,
lat. *patrus patris*. Wahrscheinlich entspricht ihm auf
nordgerm. Boden die allerdings ziemlich spät und selten
auftretende Form *fedr*, vgl. auch *bróđr*, *móđr*; diese könnte
wegen des *i*-Umlauts der Tonsilbe nur die Endung idg.
-*es*, urgerm. -*iz* gehabt haben. Die gewöhnliche Genitivform *fǫdor* setzt K. Brugmann, Grundriß II. § 235,
S. 581 dem ai. *pitúr* gleich, leitet sie also aus idg. **pʌtr̥s*
her. Analogiebildungen sehr durchsichtiger Art sind ae.
fœd(e)res, ahd. *fateres*. Die ursprüngliche Form ist ae.
fœder, ahd. *fater*.

4. **Dativ.** Er ist formell ein Lokativ auf -*i*. Das
Suffix erscheint im Got. und Anord. auf der Schwundstufe: got. *fadr* = aisl. *fedr* aus idg. **pʌtri*.

Plural.

1. **Nominativ.** urnord. *đohtriʀ* = gr. hom. θύγατρες.
Die ursprüngliche Vollstufe des Suffixes ist also durch die
Schwundstufe verdrängt. Der urnord. Form entsprechen
aisl. *fedr móđr*, deren *i*-Umlaut der Endung -*iz* aus idg.
-*es* zuzuschreiben ist. Vgl. ai. *pitáras*, gr. πατέρες, μητέρες,
mit denen as. *fader*, ahd. *muoter* übereinstimmen. — got.
fadrjus ist Analogiebildung nach der *u*-Deklination, die
durch den Akk. auf -*uns* und den Dat. auf -*um* veranlaßt ist. ae. *fœd(e)ras*, ahd. *fatera* gehn nach der *e/o*-De-
klination.

2. **Akkusativ.** Idg. Grundform **pʌtr-n̥s*, vgl. lat.
patrēs (aus **patrens*); gr. πατέρας hat die Vollstufenform
des Suffixes vom Nominativ Pl. übernommen. Der idg.
Urform entspricht Laut für Laut got. *fadruns* mit -*uns*
aus -*n̥s* und schwundstufigem Suffix. Die übrigen Dialekte
gebrauchen die Nominativform als Akk.

3. **Genitiv.** Idg. Grundform **pʌtrōm̃*, vgl. gr.
πατρῶν, lat. *patrum*. Dazu stimmen got. *fadrē* und —
abgesehn vom *i*-Umlaut der Tonsilbe — aisl. *fedra*. In

den übrigen Dialekten ist die Vollstufe des Suffixes eingedrungen.

4. Dativ. ai. Instr. *pitŕ-bhiṣ*, Dat. *pitŕ-bhyas*, Lok.
pitẏ-ṣu = gr. πατρά-σι. Das -*ṛ*- des Suffixes erscheint als
germ. -*ru*- in got. *fadrum* usw. In aisl. *fẹdrom* ist der
i-Umlaut der Tonsilbe nicht lautgesetzlich.

III. Die *n*-Stämme.
A. Maskulina.

180. N.	*hana*	*hane*	*hona*	*gumo*	*hano*	
Akk.	*hanan*		*honan*	*gumon*	*hanon*	*hanun*
Gen.	*hanins*	} *hana*	} *honan*	} *gumen*	} *hanen*	
Dat.	*hanin*			(*gumon*)		
Nom.	} *hanans*	*hanar* / *hana*	} *honan*	} *gumon*	} *hanon* / *hanun*	
Akk.						
Gen.	*hananē*	*hana*	*honena*	*gumono*	*hanōno*	
Dat.	*hanam*	*họnom*	*honum*	*gumon*	*hanōm.*	

Anmerkung. Vom Nominativ-Akkusativ Sing. und Plur.
abgesehn, flektieren die Neutra wie die Maskulina.

Singular.

1. **Nominativ.** Wie der Nom. der *r*-Stämme wird
auch der Nom. der *n*-Stämme ohne Kasusendung durch bloße
Dehnung des Suffixes gebildet. Vgl. gr. ποιμήν (Stamm
ποιμέν-), ἡγεμών (Stamm ἡγεμον-). Diese volle Form ist
jedoch nicht in allen Stellungen intakt geblieben, sondern
hat im Satzzusammenhang vor bestimmten Konsonanten
das auslautende -*n* verloren, grade so wie die *r*-Stämme
unter ähnlichen Bedingungen das auslautende -*r* einbüßen
können. Die Folge dieses Verlustes ist, daß nach
Kretschmer-Michels (KZ. XXXI. 358, IF. I. 22) die
gestoßne Akzentqualität der Endsilbe in die schleifende
übergeht. Vgl. lit. *akmũ* 'Stein' gegenüber gr. ἄκμων, ai.
ātmá (Stamm *ātmán*-) 'Hauch, Seele', lat. *homo*. Daneben
halte man die Parallelformen ohne -*r* bei den *r*-Stämmen:
lit. *motẽ* 'Weib', ai. *mātá* 'Mutter' gegenüber gr. μήτηρ,
lat. *māter*, lit. *sesũ* 'Schwester', ai. *svásā* gegenüber lat.

soror, lit. *vandū̃* 'Wasser', got. *watō* gegenüber gr. ὕδωρ, ae. *wæter*, as. *watar*, ahd. *wazzar*.

Die Nominativausgänge der idg. *n*-Stämme sind: -*ṓn* und -*ō̃* sowie -*én*; *-*ē̃* ist nirgends nachweisbar. Was finden wir davon im Germ. belegt?

a) Im Finn. enden die Wörter, die auf germ. maskuline *n*-Stämme zurückgehn, 1. meist auf -*a*, vgl. *haka* 'eingehegtes Feld' (aisl. *hage*), *maha* 'Bauch' (aisl. *mage*), *siima* 'Seil' (aisl. *síme*) u. a.

2. Auf -*o* gehn aus finn. *mato* 'Wurm' (got. *maþa*), *mako* 'Magen' (ahd. *mago*).

3. Die auf -*i* gehören einer jüngern Schicht von Entlehnungen an, kommen also nicht in Betracht.

b) In den urnordischen Runeninschriften herrscht die Endung -*a*, vgl. *wiwila* (Veblungsnæs), *niuwila* (Varde), *erla* (Etelhem), *hąriną* (Skåång) u. a.; Adj. *fauauisa* (Sjælland) 'der wenig weise'. Diesem -*a* entspricht späteres -*i* -*e* im Aisl. Wir haben daher mit V. Michels, IF. Anz. I. 32 in run. -*a* aisl. -*i* -*e* die lautgesetzliche Vertretung von idg. -*ēn* zu sehn, da urgerm. -*ōn* im Urnord. zu -*o*, aisl. -*a* wird, vgl. 1. Sing. Prät. *tawido* (Gallehus) usw., während -*ē* als run. -*e*, aisl. -*i* -*e* auftritt, vgl. 3. Sing. Prät. *wurte* (Tjurkö) = *urti* (Sölvesborg).

Das -*a* in got. *hana* ist doppeldeutig. Es kann auf -*ēn* und -*ōn* zurückgehn, wie Akk. Sing. *bandja* (aus *bandjēn) und Akk. Sing. *giba* (aus *ʒebōn) zeigen. Mit Rücksicht auf den eindeutigen Ausgang des nord. Nominativs ist jedoch die erste Möglichkeit entschieden zu bevorzugen.

Ae. *hona*, as. *gumo*, ahd. *hano* dagegen haben sämtlich den Ausgang idg. -*ō* gehabt. Denn urgerm. -*ōn* ergiebt im Ae. -*æ* später -*e*, im As. und Ahd. -*a*; vgl. den Akk. Sing. der *ā*-Stämme, ae. *ʒiefe*, as. *geba*, ahd. *geba* und die 1. Sing. Prät. ae. *nerede*, as. *nerida*, ahd. *nerita*.

2. **Akkusativ.** Vollstufiges Suffix -*en*- -*on*- vor der Endung -*ṃ*. Vgl. gr. ποιμένα, ἡγεμόνα. Im Germ. ist

nur die *a*-Stufe des Suffixes belegt: got. *hanan* (aus **χanonun*), ae. *honan.*

Aisl. *hana* ist wie alle Singularkasus der *n*-Stämme nur verständlich, wenn man das Lautgesetz beachtet: Im Urnord. schwindet der *n* in den Auslaut getretne dentale Nasal nach nichthaupttonigem Vokal[1]). Daher geht Akk. *hana* auf **hanan* zurück, das mit got. *hanan* auf derselben Grundform beruht.

Ahd. obd. *hanun* dürfte als Ausgang die Schwundstufe des Suffixes, idg. *-ən-* gehabt haben; fränk. *hanon,* as. *hanon* sind dunkel. W. van Helten, PBrB. XV. 460 ff. will obd. *-un,* fränk. *-on* gleichmäßig aus *-an* herleiten und die Labialisierung dem ursprünglich flg. *-u* zuschreiben; ein Versuch, der nicht völlig befriedigt, auch die dialektische Verteilung von *-un* und *-on* nicht aufzuklären vermag.

3. Genitiv. Ursprünglich steht schwundstufiges Suffix vor der Endung *-es -os,* vgl. ai. *rájnas* 'des Königs'. Vgl. got. *mans* (aus **manns* älter **manniz*), Litteraturangaben IF. Anz. III. 185. Daneben erscheint vielfach die Vollstufenform, jedoch von Haus aus nur in der *e*-Stufe, vgl. lit. *akmeñs* (aus ülterm *akmenes,* das noch belegt ist, vgl. F. de Saussure, IF. IV. 456 ff.) neben dem Nominativ *akmũ,* abg. Gen. *kamene* neben Nom. *kamy* (aus **kamōn*), lat. *hominis* neben *homo.* Dazu stimmen got. *hanins,* as. *gumen,* obd. *hénin hanin,* fränk. *hanen.* Über das Nebeneinander von *en : in* ist O. Bremer, ZZ. XXII. 250, zu

---

[1]) So erklärt sich auch der Schwund des *-n* in aisl. Inf., vgl. z. B. *bera* aus idg. **bhéronom* (ai. *bháraṇam* 'das Tragen'). Denn man muß mit E. Sievers, PBrB. V. 162 ff. annehmen, daß kurze Vokale in dritter Silbe schon vor der Zeit, aus der die ältesten uns überlieferten Runeninschriften stammen, geschwunden sind, mögen sie in absolutem Auslaut oder vor *-z* oder *-n* stehn.

Die Konsequenz dieser Auffassung ist, daß aisl. Formen wie der neutrale Nom.-Akk. *gaman* ihr *-n* dem Einfluß der obliquen Kasus verdanken: lautgesetzlich hätte es ebensowohl schwinden müssen wie das *-n* des Infinitivs.

vergleichen, der idg. Akzentdifferenzen darin zu erkennen glaubt, ohne überzeugen zu können.

Das Ae. hat die *o*-Stufe im ganzen Singular durchgeführt, worin offenbar ebenso wie in dem o von gr. ἡγεμόνος ἡγεμόνι eine Neuerung zu erblicken ist. Das gleiche gilt vom Nordgerm. Die ältesten Belege sind finn. *maanan-tai* 'Montag' und urnord. *þrawiþan* (Tanum). Die Grundform *hananiz *hananaz hat schon vor der Zeit, aus der die ältesten nord. Runendenkmäler stammen, den kurzen Vokal der dritten Silbe eingebüßt, so daß *hananz entstanden ist, dessen sekundäres -nz nicht anders behandelt ward als das primäre -nz im Akkusativ Plur., d. h. zu -n vereinfacht ward. Zu urnordischer Zeit in den Auslaut getretnes -n mußte schwinden, so daß die aisl. Form als vollständig lautgesetzlich zu betrachten ist[1]).

Daß im Nord. ursprünglich auch Genitiv- (und Dativ-) Formen mit *e*-stufigem Suffix bestanden haben müssen, folgert A. Noreen, Pauls Grundriß I. 494. Nr. 4 aus den zahlreichen *n*-Stämmen mit *i*-Umlaut in der Tonsilbe, wie westn. *nyra* 'Niere' gegenüber ostnord. *niura,* aschwed. *grǿþe* 'Wuchs' gegenüber westnord. *gróđe* usw.

4. Dativ. Er ist wie bei den *r*-Stämmen formell ein Lokativ mit *e*-stufigem Suffix und der Kasusendung -*i*, vgl. abg. *kamene* (Nom. *kamy,* lit. *akmũ*). Entsprechend sind got. *hanin;* obd. *hénin hanin;* as. *gumen,* fränk. *hanen* gebildet. — Ein urnordischer Beleg ist -*halaiban* (Tune) 'dem Genossen', der gegenüber dem got. Dat. *ga-hláibin* den gleichen Ersatz von *e* durch *o* zeigt wie der Genitiv. — Schwundstufiges Suffix findet sich in got. *mann* (aus

---

[1]) Man könnte als Gegenbeispiel urnord. Nom. *haitinaʀ* (Tanum), aisl. *heitenn* anführen. Aber diese Form steht in einem festgeschloßnen System, ist also dem Verdacht ausgesetzt, den Nom. nach den obliquen Kasus neugebildet zu haben, wie das auch für den Ausgang von *holtinɈaʀ* (Gallehus) das wahrscheinlichste ist. Vgl. E. Sievers, PBrB. V. 156. Die isolierte Form *þrawiþan* hat unzweifelhaft größeres Anrecht darauf, bei der Formulierung der Lautgesetze berücksichtigt zu werden, als die dem Systemzwang unterworfnen *haitinaʀ, holtinɈar.*

manni), dazu das aisl. ἅπ. λεγ. *ménn-enom* (Stokh. Homilienbuch) 'dem Mann'.

Plural.

1. Nominativ. Vollstufiges Suffix, Endung -*es*. Vgl.
gr. ἡγεμόνες, ποιμένες; got. *hanans*, ae. *honan* (beide aus
urgerm. **hananiz*). Der as. Ausgang -*on* -*un* und der ahd.
-*un* -*on* bieten dasselbe Problem wie der Akkusativ Sing.,
ohne daß hier jemals ein *u* gefolgt wäre. — Bildungen
mit schwundstufigem Suffix wie gr. ἄρνες sind got. *mans*
(aus **manns* älter **manniz*), aisl. *ménn* und aisl. *yxn* (aus
*yxnn, *yxnʀ, *uhsniʀ). Vgl. ae. *œxen* für **yxen* (aus **uhsiniz*).
— Im Nordischen ist der Plur. in die *e/o*-Deklination
übergetreten. Wenn man jedoch annimmt, daß wie im
Ost- und Westgermanischen auch im Nordgermanischen
schon früh der Nominativ Plur. zugleich als Akkusativ gebraucht worden ist (bei den einsilbigen wie *fótr* ist dies
ja der Fall, vgl. Nom.-Akk. Plur. *fótr*), so läßt sich der
aisl. Akk. Plur. *hana* aus älterm **hanan(z)* herleiten, das
aus **hananiz* zur selben Zeit entstanden ist, wie der Gen.
Sing. *þrawinan* aus **þrawinaniz* (-*az̃*). Da der Nom.-Akk.
hana mit dem Akk. der *e/o*-Stämme *daga* zusammenfiel,
ward ein Nom. *hanar* neu gebildet, wodurch der Übergang
in die *e/o*-Deklination besiegelt war.

2. Akkusativ. Idg. teils schwundstufiges, teils vollstufiges Suffix; Endung -*ns*. Vgl. ai. ved. *ukṣṇ-ás,* gr.
ἄρνας; ved. *ukṣáṇas,* gr. ἡγεμόνας ποιμένας, lat. *homines*.
Ein Rest der ersten Bildungsart findet sich in got. *aúhsunns*, wenn es mit R. Kögel, PBrB. VIII. 115 und
F. Kauffmann, ebd. XII. 543 Fußnote in *aúhsn-uns*
herzustellen ist, was namentlich durch *brōþr-uns* sehr wahrscheinlich gemacht wird. Anders, doch nicht überzeugend,
Joh. Schmidt, AfdA. VI. 120, Urheimat der Idg., S. 25,
Fußnote 2. Sonst ist im Got. und Westgerm. der Nominativ an die Stelle des Akkusativs getreten.

3. Genitiv. Das Suffix vor der Kasusendung -*ōm̃*
ist schwundstufig. Vgl. ai. *rā́jnām,* gr. ἀρνῶν (wie πατρῶν).
Spuren dieser Bildungsart im Got.: *abnē* 'der Männer'

(Nom. Sing. *aba*), *mannē* 'der Männer', *aúhsnē* (Nom. Sing. *aúhsa*), aisl. *yxna oxna* (für lautgesetzliches **oxna*), ae. *oxna*; anord. run. *flutna* (Rök) 'der Männer'. Außerdem erscheint der Ausgang -*na* bei den aisl. Neutris, vgl. *hiaχ'na* 'der Herzen' (Nom. Sing. *hiarta*). — got. *hananē* entspricht der Bildung nach dem gr. ἡγεμόνων, während die westgerm. Formen den Ausgang -*ōnōm* von den Femininen (vgl. got. *tuggōnō* usw.) bezogen haben.

4. **Dativ.** Vor der konsonantisch anlautenden Kasusendung erscheint das schwundstufige Suffix als -*ṇ*-, vgl. ai. *rāja-bhíṣ* (wie *pitṛ́-bhiṣ*), gr. ἄρνα-σι (-ϝα- = idg. -*nə*-, vgl. H. Osthoff, MU. V. Vorwort). Dem Dat. *brōþru-m* entspricht ae. *oxnum* (neben *oxum*). got. *abnam* 'den Männern', *mann-am* und das Neutrum *watnam* 'den Wassern' haben -*am* von den *e/o*-Stämmen bezogen, bewahren jedoch noch in ihrem -*n*- eine Spur des ursprünglichen. Alle andern Dativformen sind durchsichtige Analogiebildungen.

Anmerkung. Wenn Fr. Kauffmann mit seiner oben § 131, 5 S. 150 f. dargelegten Erklärung des gedehnten Wurzelauslauts bei zahlreichen westgermanischen *n*-Stämmen im Recht ist, so muß im Westgermanischen die Stammabstufung bei den *n*-Stämmen zur Zeit der Konsonantendehnung noch in weitem Umfang bestanden haben.

B. Feminina.

Nom.	*tuggō*	*gata*	*tunʒe*	*tunga*	*zunga*
Akk.	*tuggōn*				
Gen.	*tuggōns*	*gǫto*	*tunʒan*	*tungun*	*zungūn*
Dat.	*tuggōn*				
N.-Akk.	*tuggōns*	*gǫtŕ*	*tunʒan*	*tungun*	*zungūn*
Gen.	*tuggōnō*	*gatna*	*tunʒena*	*tungono*	*zungōno*
Dat.	*tuggōm*	*gǫtom*	*tunʒum*	*tungon*	*zungōm.*

1. **Nominativ.** Der got. Nominativ lautete auf -*ō* aus, wodurch sich allein die Erhaltung der Länge erklärt. Die nord- und westgerm. Formen führen auf den Ausgang -*ōn* zurück. aisl. *gata*, ae. *tunʒe*, as. *tunga*, ahd. *zunga* wie aisl. *suafða*, ae. *nérede*, as. *nérida*, ahd. *nérita*. Urnordische Belege des Nom. sind *hariso* (Himlingøje), *lepro* (Strårup), *fino* (Berga), *talivo* (Vi). Man vergleiche ferner

die finn. Lehnworte auf -o wie *aalto* 'Welle' (aisl. *alda*), *kallio* 'Klippe' (*hélla*), *kaltio* 'Quelle' (*kélda*), *teljo* 'Ruder-bank' (*þilja*) u. a. Endlich ist hervorzuheben, daß bei Tacitus der Nom. *Idisiauiso* erscheint.

2. Die obliquen Kasus. Sie haben dieselben Endungen wie die Maskulina. Auffällig ist, daß neben der got. Suffixform *-ōn-* im Nord- und Westgerm. (mit Ausnahme des Ae.) *-īn-* steht. Vgl. finn. *sunnun-tai* 'Sonntag'; aschwed. *la[n]kmuþrku* (Kärnbo) Akk. Pl. Doch beachte auch den angebl. Gen. Sing. eines *-ōn*-Stammes *iʒiuon* (Steinstad). Die Entstehung des *-īn-* ist nicht auf-geklärt. W. van Helten, PBrB. XV. 463 vermutet die Wirkung alten *u*-Umlauts. Wahrscheinlicher ist, daß, wie Verf., PBrB. XIV. 220 annimmt, eine Beziehung zu den slav. Femininis auf *-ynji* wie *bogynji* 'Göttin' bestehe. Vgl. auch M. H. Jellinek, Beiträge S. 86.

Das Ae. Fem. stimmt in der Suffixform mit dem Mask.

Im As. Ahd. erscheint die Suffixform *-ōn-* im Gen. Plur.

C. Neutra.

Die Neutra flektieren, abgesehn vom Nom.-Akk. Sing. und Pl., wie die Maskulina.

1. Nominativ-Akkusativ Sing. got. *hairtō,* aisl. *hiarta,* ae. *éage* 'Auge', as. *herta,* ahd. *herza.* Dieser Ausgang ist dem Ausgang der Feminina gleich, weicht von dem der Mask. ab. Daß es übrigens auch im Westgerm. *n*-lose Neutralnominative gegeben hat, beweist der Genuswechsel von ae. *noma* 'Name', as. ahd. *namo:* wegen des Ausgangs *-ō,* der im Westgerm. bei den Neutris nicht üblich war, ist das Wort Maskulinum geworden.

Ursprünglich war *-ón -ō* der Ausgang des (kollektiv gebrauchten) Nom. Plur. Neutr. Vgl. J. Schmidt, Plural-bildungen S. 106 ff.

Über den Nom.-Akk. Sing. der *men*-Stämme, der auf idg. *-mn̥* ausgeht, und seine germ. Weiterentwicklung ist oben § 162, 2, S. 208 f. gesprochen worden.

2. Nominativ-Akkusativ Plur. got. *hairtōna*, aisl.
hiọrto, ae. *éaʒan*, as. *ōgon ·un*, ahd. *herzun (·on).* An den dehnstufigen Stamm, der auch allein als (kollektiver) Nom.-Akk.
Sing.-Plur. fungieren kann, tritt in der Regel *-ọ*, die
Schwundstufe des feminin-neutralen Suffixes *-ā.* Vgl. ai.
dhámāni námāni. Dieser Bildung entspricht im Prinzip
got. *hairtōna*, nur daß *-ā* statt *-ọ* angetreten ist. Isoliert
steht der got. Nom.-Akk. Plur. *namna* mit seinem schwundstufigen Suffix da. aisl. *hiọrto* entspricht wohl der ahd.
Form auf *-un,* deren *u* sicher kurz war, da es bei Notker
schon als *e* auftritt. Es scheint, daß hier die Suffixform *-ạn-*
bestanden hat.

Anhang. Die *ī*-Stämme.

Sie flektieren den *ōn*-Stämmen genau entsprechend,
doch ist das Paradigma nur im Got. unversehrt erhalten:
Nom. *managei* Akk. *managein* Gen. *manageins* Dat. *managein*
usw. In den übrigen Sprachen sind durch die lautliche
Entwicklung starke Verluste eingetreten: aisl. Sing. *elle*
'Alter', ae. oblique Kasus des Sing. und Nom.-Akk. Pl.
strenʒe 'Strenge', as. *huldi* 'Huld', ahd. *hōhī* 'Höhe' (ahd.
Gen. Pl. *hōhīno* Dat. *hōhīm*). Dieser weitgehende Kasus-
zusammenfall erklärt sich durch den Schwund des in den
Auslaut getretnen *-n,* der im Aisl. nach jedem nichthaupttonigen Vokal, im Westgerm. nach nichthaupttonigem *ī*
eintritt.

IV. Die *s*-Stämme.

181. Nur spärliche Reste der alten konsonantischen
Flexion sind noch zu belegen. Im Got. existiert noch
der Gen. Sing. *hatis* 'des Hasses' Eph. 2, 3 (Kod. B.).
Anders F. Wrede, Sprache der Ostgoten (QF. LXVIII)
S. 77, der — schwerlich mit Recht — in der Form den
Gen. Sing. eines *e/o*-Stammes erblickt. Im Ae. gehören
hierher die Wörter auf *-r* wie *salor* 'Saal', *dóʒor* 'Tag',
hálor 'Heil', *éar* (aus **ahur*) 'Ähre', *wildor* 'Wild', *siʒor*
M. 'Sieg' u. ä., von denen mehrfach ein endungsloser
Dativ (*dóʒor hálor siʒor* usw.) belegt ist. Der Nom.
Plur. lautet verschieden: *dóʒor, wildru* u. dgl. Joh.

Schmidt, Pluralbildungen S. 149 ff. vermutet, daß diese
Nominative Sing. alte Plurale (Kollektiva) auf idg. *-ōs*
seien. Ebenso möglich und wegen got. *sihus* (statt *sigus*)
usw. wahrscheinlicher ist, daß wir es mit der Schwundstufe des Suffixes, idg. *-əs-,* zu thun haben, die von den
obliquen Kasus in den Nom. drang. Eine zweite Klasse
zeigt das Suffix urgerm. *-iz-,* idg. *-es-* nur noch im Plur.
Vgl. ae. Nom.-Akk. *lombru* Gen. *lombra* Dat. *lombrum;* ahd.
Nom.-Akk. *lёmbir* Gen. *lёmbiro* Dat. *lёmbirum.*

V. Die *nt*-Stämme.

182. Reste der konsonantischen Flexion zeigen sich
nur noch bei den zu Substantiven gewordnen und dadurch
aus dem Verbalsystem ausgetretnen Partizipien.

Nom.	*frijōnds*			} *frёond*	} *friund*	} *friunt*
Akk.	*frijōnd*		Singular	*walden*		
Vok.	*frijōnd*		*n*-Flexion.			
Gen.	*frijōndis*			*frёondes*	*friundes*	*friuntes*
Dat.	*frijōnd*			*friend*	*friunde*	*friunte*
N.-Akk.	*frijōnds*	*gefёndr*		*friend*	*friund*	*friunt*
Gen.	*frijōndē*	*frάnda gefanda*	*frёonda*	*friundo*	*friunto*
Dat.	*frijōndam*	*gefọndom*		*frёondum*	*friundụn*	*friuntụn.*

Alte konsonantische Formen erscheinen noch in folgenden Kasus:

1. **Akkusativ Sing.** got. *frijōnd* usw. Die Kasusendung idg. *-ṃ,* urgerm. *-un* ist regelrecht geschwunden.

2. **Vokativ Sing.** in Spuren nachgewiesen bei K.
D. Bülbring, IF. VI. 140; ihm fehlt lautgesetzlich das
absolut auslautende *-t*: V. *sceppen* gegen N. A. *sceppend,*
V. *walden* : N. A. *waldend* u. a.

3. **Dativ Sing.** got. *frijōnd,* ae. *friend.* Ein Lokativ
auf *-i,* wie noch der *i*-Umlaut der Tonsilbe im Ae. zeigt.

4. **Nominativ Plur.** got. *frijōnds,* aisl. *frάndr,* ae.
friend, as. *friund,* ahd. *friunt.* Kasusendung *-es,* die den
i-Umlaut der Tonsilbe im Aisl. und Ae. hervorruft.

Der Akkusativ ist durch den Nom. verdrängt worden.

5. Genitiv Plur. Kann sowohl nach der konsonantischen wie nach der *e/o*-Flexion gehn.

6. Dativ Plur. bei den außergotischen Formen ebenfalls; im Got. dagegen ist *-am* nach der *e/o*-Deklination gebildet.

Alle übrigen der angeführten Formen sind Umbildungen nach der *e/o*-Deklination.

Dreizehntes Kapitel.

Stammbildung und Flexion der Pronomina.

A. Die Personalpronomina.

183. Die Formen der (ungeschlechtigen) Personalpronomina gehören zum ältesten Bestand der idg. Flexion. Oder richtiger, sie lassen einen Zustand erkennen, der der Ausbildung einer eigentlichen Flexion vorausging. Denn die meisten 'Kasus' der idg. Personalpronomina tragen von Haus aus nicht das geringste Kasuszeichen an sich; sie sind vielmehr einfache, nackte Stämme.

1. Erste Person.

Nom.	*ik*	*ek*	*ic*	*ic, ec*	*ih*
Akk.	*mik*	*mik*	*mec, mé*	*mī, mē, mik*	*mih*
Gen.	*meina*	*mīn*	*mīn*	*mīn*	*mīn*
Dat.	*mis*	*mér*	*mé*	*mī*	*mir*
Nom.	*weis*	*vér*	*wé*	*wī, wē*	*wir*
Akk.	*uns, unsis*	*oss*	*úsic, ús*	*ūs*	*unsih*
Gen.	*unsara*	*vár*	*úser, úre*	*ūser*	*unsēr*
Dat.	*uns, unsis*	*oss*	*ús*	*ūs*	*uns.*
Nom.	*wit*	*vit*	*wit*	*wit*	
Akk.	*ugkis, ugk*	*okkr*	*uncit, unc*	*unc*	
Gen.	*ugkara*	*okkar*	*uncer*	*uncero*	
Dat.	*ugkis*	*okkr*	*unc*	*unc*	

Singular.

1. **Nominativ.** ai. *ahám,* gr. ἐγώ(ν), lat. *ego,* abg.
azŭ, lit. *ĩsz ãsz,* lett. *es,* preuß. *es as.* urnord. *ek* (Gallehus,
Tune, Kragehul usw.), *ik* (Reidstad, Åsum), enklitisch *-ka*
in *hateka* (Lindholm) 'heiß ich', *haitika* (Sjælland), *-ʒa* in
haiteʒa (Kragehul). urnord. *ek* hat wahrscheinlich so wenig
wie die baltischen Formen einen Vokal im Auslaut verloren, vielmehr verhält sich **eĝ : *eĝ-om = *tū : *tу-om.* Dagegen ist urnord. **eka,* das aus der enklitischen Form *-ka*
zu erschließen ist, im Auslaut dem ai. *ah-ám* gleich.
Wie urnord. *-ʒa* zu erklären sei, bleibt zweifelhaft; schwerlich ist es direkt an das ai. *ahám* anzuknüpfen, wie
A. Noreen, Pauls Grundriß I. 498, § 181, 1 meint, da
'ich' sonst auf europäischem Boden keine Aspirata aufweist, sondern der stimmhafte Spirant wird irgendwie mit
der Enklise zusammenhängen.

Über *ek : ik* vgl. oben § 65 c. S. 54. Vgl. auch
O. Bremer, ZZ. XXII. 249 Fußnote.

2. **Akkusativ.** Grundform **eme *me,* vgl. gr. ἐμέ,
μὲ. Das germ. *-k* ist der Rest einer Partikel, die auch
in gr. ἐμέ-γε erscheint.

3. **Genitiv.** In got. *meina* usw. liegt eine (nicht
näher bestimmbare) Form des Possessivpronomens got.
meins usw. vor.

4. **Dativ.** Ohne Anknüpfung an außergermanische
Formen bleibt das *-z* in got. *mis,* run. *miʀ* usw. K. Brugmann, Grundriß II. § 446, S. 818 sieht in dem *-z* eine
Nachbildung des Pluralausgangs des idg. Dativs **nes* 'no-
bis', vgl. ai. *nas.*

Plural.

1. **Nominativ.** Die älteste Form scheint idg. **u̯ei*
'wir' gewesen zu sein, die in ai. *vay-ám,* vermehrt um die
Partikel ai. *-am,* idg. *-em -om,* über die A. Leskien,
Berichte der Kgl. Sächs. Gesellschaft der Wissenschaften
1884, S. 94 ff. gehandelt hat. Dieser Grundform entspricht got. *wei-s,* run. *ui-ʀ* (Malstad), jedoch ist das
Pluralzeichen *-s* angefügt worden. Neben got. *weis,* run.

wiʀ, aisl. *vír* (alt und sehr selten), as. *wī*, ahd. *wir* stehn aisl. *vér*, ae. *we wē*, as. *wē*, frühahem. *wēr*, vgl. oben § 79, 1, S. 65.

2. Akkusativ. Hier wie im Dat. Sing. liegt der germ. Stamm *uns-* zu Grunde, der auf idg. **u̯s-*, die Schwundstufe zu vollstufigem **nes* (ai. *nas*), zurückgeht, vgl. ai. *asmā́n*, gr. lesb. ἄμμε (aus **ασμε*, idg. **u̯s-sme*).

Die got. Dativ-Akkusativform *unsis* ist dem Dativ Sing. *mis* nachgebildet, ae. Akk.-Dat. *úsic* (aus **unsic*), ahd. Akk. *unsih* dagegen dem Akk. Sing. *mec, mih*.

3. Genitiv. Neben idg. **u̯ei̯*, aus dem die german. Nominativformen mit *ē* entstanden zu sein scheinen, dürfte eine idg. Doppelform ohne *i̯* (das im Satzzusammenhang vor gewissen Konsonanten verloren gegangen war) gestanden haben. Als Beleg kann abg. Nom. Du. *vē* 'wir beide' gelten. Auf dieses **u̯ē* weist auch der aisl. Gen. *vár* aus idg. **u̯ē-ro;* vgl. das Possessivpronomen *várr*.

Sonst erscheint *uns-* als Stamm, *-ero-* als Ausgang; denn auch das *-ar-* von got. *unsara* ist in unbetonter Silbe aus *-er-* entstanden. Die Formen sind von dem Possessivpronomen ausgegangen; wie Gen. Sing. *meina : meins* 'mein', so verhält sich Gen. Pl. *unsara : unsar*. Das Possessivpronomen ist mit dem Komparativsuffix *-ero-* gebildet, das neben *-tero-* steht, während lat. *noster, uester* das Komparativsuffix *-tero-* aufweisen.

Das *ē* in ahd. Gen. Plur. *unsēr* ist von dem *-ēr* im Nom. Sing. der pronominal flektierten Adjektiva wie *blintēr* beeinflußt und deshalb auch lang erhalten worden. Dies war deshalb möglich, weil die Formen auch als Nom. Sing. fungierten, vgl. fränk. *unsēr* 'unser', *iuwēr* 'euer'. Siehe K. Brugmann, Grundriß II. § 455, S. 828.

Dual.

Während beim Nomen der Dual nur in spärlichen, verdunkelten Resten erhalten ist, bildet er beim Personalpronomen noch eine lebendige Kategorie.

1. Nominativ. got. *wit* usw. erinnert auffallend an lit. *vè-du* 'wir beide'. Die lit. Form ist ein Komposi-

tum aus *vĕ* 'wir beide', der Normalform, neben der im
Abg. die Dehnform *vē* steht, und aus *-dù* 'zwei', das auf
idg. **du̯ó* zurückgeht. Nun kann aber **du̯ō* im Germanischen
unmöglich bis auf *-t* reduziert worden sein. Es ist daher
wahrscheinlicher, daß im Litauischen eine Urform *ved
mit der Zweizahl **du̯ō -dù* komponiert worden sei. Die
germ. Formen müssen keinen Vokal hinter ihrem *-t* verloren haben, da nach W. van Helten, PBrB. XV.
473 ff. auslautender Dental nach kurzer Tonsilbe erhalten bleibt.

2. Akkusativ. Hier wie bei den übrigen Kasus
liegt der Stamm germ. *uŋk·* vor. Darin haben wir die
Partikel germ. *-ke,* vorgerm. *-ge* zu suchen, dieselbe, die
auch im Akk. Sing. vorliegt; *un-* ist gleich idg. *ŋ-,* das mit
dem pluralischen *ŋs-* zusammenhängt.

Diese Verbindung wird als 'Stamm' empfunden und
davon nach Art des Plurals die obliquen Dualkasus
gebildet.

2. Zweite Person.

184. Die Flexion ist im allgemeinen der des Pronomens der 1. Person entsprechend.

Nom.	*þu*	*þú*	*dù*	*thū*	*dū, du*
Akk.	*þuk*	*þik*	*dec, đé*	*thī, thic*	*dih*
Gen.	*þeina*	*þín*	*đin*	*thīn*	*dīn*
Dat.	*þus*	*þér*	*đé*	*thī*	*dir*
Nom.	*jus*	*ér*	*ʒé, ʒie*	*gī, ge*	*ir*
Akk.	*izwis*	*ydr*	*éowic, éou*	*eu, iu, iuu*	*iuwih*
Gen.	*izwara*	*yd(u)ar*	*éower*	*euwar, iuwer*	*iuwēr*
Dat.	*izwis*	*ydr*	*éow*	*eu, iu, iuu*	*iu.*
Nom.	*[jut]*	*it*	*ʒit*	*git*	
Akk.	*igqis*	*ykkr*	*incit, inc*	*inc*	
Gen.	*igqara*	*ykkar*	*incer*		
Dat.	*igqis*	*ykkr*	*inc*	*inc*	

Singular.

1. Nominativ. Neben ai. *tv-ám,* das wie *ah-ám*
durch die Partikel *-am* erweitert ist, steht seltner ai. *tú tū*
(das selber zur Partikel geworden ist, vgl. H. Osthoff,

MU. IV. 268), gr. dor. τό (während σύ sein σ aus den obliquen Kasus bezogen hat, wo τ_ϝ- stand), lat. *tu*.

2. Akkusativ. Wie bei der ersten Person ist die Partikel -*ge* angetreten. Der Nominativ *tu* fungiert im Got. als Akk., vgl. gr. Nom. σύγε. Dem Akk. ἐμέ μέ entspricht *tṷe und — mit uridg. Verlust des *ṷ* — *te. Die zweite Form tritt in den außergot. Dialekten auf.

3. Genitiv. anorweg. run. *þīna*; Beziehung zum Possessiv got. *þeins*, aisl. *þínn þinn*, ae. *dín*, as. *thín*, ahd. *dín*.

4. Dativ. got. *þus* hat sein *u* vom Nom. bezogen. Die Formen der übrigen Dialekte entsprechen der Bildung nach genau dem Dativ got. *mis* usw.

Plural.

1. Nominativ. Idg. **i̯ū̆*, vgl. ai. *yū-yám* (dessen -*yam* von *vay-ám* übertragen ist); mit dem Pluralzeichen -*s* versehn in avest. *yūš*, gr. lesb. ὔμμες (aus **i̯us-sme-s*), lit. *jūs*. Die nord- und westgermanischen Formen sind Nachbildungen der Nominativform der 1. Person: *juz wird durch *jez ersetzt, vgl. ae. ʒḗ; dieses verliert durch Anlehnung an die nicht mit *i̯* beginnenden Kasus den Anlaut in ahd. *ir*.

2. Akkusativ. got. *izwis*, aisl. *yðr* mit *ð* aus *z* infolge von Dissimilation, vgl. S. Bugge, KZ. IV. 252. -*wiz* entspricht dem alten Akk. idg. *ṷes, ai. *vas*. air. *si*, kymr. *chwi*, beide aus *sṷes, zeigen das gleiche *s* vor *ṷ* wie got. *i-zwis*. Vor got.-nord. *swez, westgerm. *wez trat eine Partikel *e-*, die in gr. ἑ-κεῖ, lat. *i-ste* erscheint, vgl. K. Brugmann, Grundriß II. § 436, Anm. 3, S. 804.

Dual.

1. Nominativ. Die Grundform war **i̯ū̆*, mit oder ohne Partikel -*om*, vgl. ai. *yuv-ám*, lit. *jū-du*. Got. *jut wie *wit*; aisl. *it*, ae. ʒit, as. *git* sind *wit* angeglichen.

Die Basis *iŋq-* der übrigen Kasus hat keine außergermanische Parallelen.

3. Reflexiv.

185. Beim Reflexiv lauten alle drei Numeri gleich. Ein Nominativ fehlt.

Akk.	*sik*	*sik*	*sih*
Gen.	*seina*	*sin*	*sīn.*
Dat.	*sis*	*sér*	

Der Stamm des Reflexivpronomens erscheint im Idg. als **seu̯e *su̯e* und — mit uraltem Verlust des *u̯* — **se*, vgl. gr. ἑέ (aus **σεϝε*), ϝέ ἕ (aus **σϝε*), got. *si-k* (aus **sé-ge*).

B. Die geschlechtigen Pronomina.

I. Die wichtigsten Stämme.

186. 1. Demonstrativa: ‾a) *so-*, M. (*sā-* Fem.) erscheint nur im Nom. Sing. M. und F.: ai. *sá* M., *sā́* F., gr. ὁ, ἡ, alat. *sa-psa* 'ipsa', got. *sa* M., *sō* Fem.

b) In allen übrigen Kasus tritt der Stamm *to-* (*tā-*) an die Stelle des Stammes *so-* (*sā-*). Vgl. ai. Akk. Sing. *tám* M., *tā́m* F.; gr. τόν, τήν; lat. *is-tum is-tam*, germ. *þa- þō-*.

Anmerkung 1. Dem lat. *-que* in *denique donec* entspricht das *-h* in got. *sah* M. *sōh*. Wie die konsonantisch auslautenden Formen des Pronomens zeigen, hat vor dem *-h* noch ein *n* gestanden: *þatūh* N. ist urgerm. **þatunhe*, dessen Ausgang mit lat. *-umque* in *quicumque* identisch ist und auf idg. *-ṃku̯e* beruht. Dementsprechend muß got. *sah* M. als *sāh* gelesen und auf urgerm. **sanhe* zurückgeführt werden. Bei *sōh* F., *ƕarjanōh* Akk. Sing. 'jeden', *ƕarjatōh* Nom.-Akk. N. muß *-ōh* wahrscheinlich auf *-ōṇhe* zurückgeführt werden, das seinen zwischen langem Vokal und *h* stehenden Nasal verlor, bevor eine Verkürzung der vorausgehenden Länge eintreten konnte. Vgl. E. Lidén, Arkiv IV. 99 ff.; P. Persson, IF. II. 213, Fußnote 1; H. Hirt, PBrB. XVIII. 298 ff.

Anmerkung 2. Eine spezifisch germ. Kombination ist das Pron. 'dieser'. Die ältesten Formen erscheinen im Nordgerm. Nom. run. *sa-si* M. *su-si* F. *þat-si* N. Es tritt also eine Partikel *-si* an das Pron. *so- to-*. Ursprünglich wird nur das vor *-si* stehende Pronomen flektiert, vgl. run. Akk. Sing. *þan-si* M. *þa-si* F., Dat. Sing. *þaim-si*, Plur. Nom. *þau-si* N. Später wird das Kompositum als einheitliches Ganze gefühlt und demgemäß die Flexion ans Ende verlegt. Aisl. N. *þesse þessor þesser* M., *þesse þessor* F.,

þetta N.; ae. *dés* M., *déos* F., *dis* N.; as. *these* M., *thesu* F., *thit*
N.; ahd. *dese* später *deser* M., *desiu disiu* F. *diz* (mit Affrikata
z, wohl, abgesehn vom Wurzelvokal, dem run. *þatsi* unmittelbar
gleich zu setzen, vgl. E. Lidén, Arkiv IV. 98).

c) Neben *so- sā-* steht *si̯o- si̯ā*, neben *to- tā-* steht
ti̯o- ti̯ā-, vgl. ai. Nom. *syá* M. *syā́* F., Akk. *tyám* M.
tyā́m F., ahd. *siu* F., *diu* Nom. Pl. N.

d) Idg. *kho-* in lat. *ho-* Nom. *hī-c haec hō-c*, as. *hē hie*,
ahd. *hē* 'er'. Wahrscheinlich gehört auch aisl. *hann* 'er',
hon 'sie' hierher.

e) *k̑i̯o-*, ein abstufender *i̯e/i̯o*-Stamm, vgl. lat. *ci-* in
ci-tra, lit. *szìs*, abg. *sĭ*, näheres Verf., PBrB. XIV. 196.
Got. *himma daga* 'an diesem Tag, heute', as. *hiu-diga*
'heute', ahd. *hiu-tu*.

f) *i̯o-*, ein abstufender *i̯e/i̯o*-Stamm, ursprünglich ana-
phorisches Pronomen der 3. Person, in verschiednen
Sprachen zum Relativ geworden. Vgl. ai. *yás* M. *yā́* F.
yád N. Relat., gr. ὅς ἥ ὅ (aus *i̯os *i̯ā *i̯oð), lat. *is* anaph.
Pron., lit. Nom. *(j)ìs* Gen. *jõ* anaph. Pron., slav. *jĭ* Gen.
jego anaph. Pron. Got. *is*, ahd. *er*.

2. **Interrogativa und Indefinita.** a) Idg. *kᵘo-
kᵘā-*, vgl. ai. *kás kā́*, lat. *quae quod*, lit. *kàs*. Got. *hvas*
hva N., aisl. *huat* N., ae. *hwá hwæt*, as. *hwē hwat*, ahd.
hwaz N.

b) Idg. *kᵘi-* in ai. *cid*, zur verallgemeinernden Partikel
geworden, gr. τίς τί (aus *τιð), lat. *quis quid*, got. *hvi-leiks*
'wie beschaffen?', ae. *hwilc*, ahd. *hwer* 'wer'.

c) Neben den Interrogativen, die als Indefinita
gebraucht werden können, steht got. *sums* 'irgend
einer' usw.

Für alle pronominalen *e/o*-Stämme gilt die Regel,
daß sie im Plural in den meisten Kasus als *oi̯*-Stämme
erscheinen. Da das *oi* gestoßnen Ton hat, kann es
nicht auf Kontraktion des *e/o*-Stammes mit einer Partikel *i* beruhn. Es liegt vielmehr uralte Stammverschiedenheit vor.

II. Die Flexion.
A. Die Maskulina.

187.					
N.	sa	sá	sé, se	se, thē, thie	der
Akk.	þana	þann	đone	thena, thana	den
Gen.	þis	þess	đas	thes [then]	des
Dat.	þamma	þeim	đém	themu	demu, de-
Instr.			đý	thiu	[mo
Nom.	þái	þeir	} dá	} thē, thea	} dē, die
Akk.	þans	þá			
Gen.	þizē	þei(r)ra	dára	thero	dero
Dat.	þáim	þeim	đém	thēm	dēm.

Singular.

1. Nominativ. Es bestehn drei verschiedne Bildungs-
weisen: a) Der nackte e/o-Stamm fungiert als Nominativ,
vgl. ai. sá, gr. ό, lat. ip-se; got. sa, aisl. sá.

b) Der e/o-Stamm wird um ein Element -i vermehrt.
Daß wir es wirklich mit einer ursprünglich selbständigen
Partikel, nicht mit einem Parallelstamm (wie im Plural)
zu thun haben, lehrt der Schleifton des Diphthongs in lit.
tasaĩ 'dieser', das mit A. Bezzenberger in *tas-saĩ zu
zerlegen ist. Dagegen halte man etwa den pronominal
flektierten Nom. Plur. der Adjektiva: lit. gerì 'gute': girė́-ji
'die guten'. Dem lit. saĩ entsprechen der Bildung nach
alat. qoi (Duenosinschrift) == späterm quī, osk. poi, lat.
hī-c (aus *hoi-ce). Auf germ. Boden erscheint got. sái,
das ursprünglich wie lit. saĩ ein Nom. Sing. war, jedoch
zur deiktischen Partikel in der Bedeutung des lat. ecce
herabgesunken ist. Im Ae. stehn se (gedehnt sé), he (gedehnt hé) dem got. sái gegenüber. Ihr -e ist in nicht
orthotonierter Stellung aus urgerm. -ai entstanden, vgl.
ae. blinde = got. blindái; as. thē (für *sē nach den obliquen Kasus) hē; ahd. thē (Tatian), thie (mit rätselhaftem
ie). Die Nominativendung der pronominal flektierten Adjektiva ist im Ahd. -ēr. Man hat hierin wohl eine Nachbildung von *thēr, einer Nebenform von thē zu sehn, vgl.
E. Sievers, PBrB. II. 122 ff. Aus unbetontem *thēr entwickelt sich ahd. der 'der'.

c) Nominativ auf -s. idg. *kᵛos, ai. kás, lit. kàs, got.
ƕas. — idg. *is 'er', lat. is, lit. jìs -is, abg. jĭ, got. is,
ahd. er (im Isidor ir; der Unterschied von hwer 'wer' aus
idg. *kᵛis und ir aus idg. *is wird auf Betonungsver-
schiedenheit beruhn).

2. Akkusativ. a) Das Pronomen stimmt im Idg.
völlig mit dem Nomen überein. Vgl. idg. *tóm 'den', ai.
tám, gr. τόν (aus *τομ), lat. is-tum; idg. *im 'ihn', gr. ἴν,
lit. jį -į, abg. jĭ. Formen dieser Art liegen in aisl. þann,
aschwed. huan; as. then, than, in; ahd. den, in, wen vor,
(vgl. W. van Helten, PBrB. XV. 473 ff., Verf. IF. Anz.
II. 49). -e- für -a- stammt aus dem Genitiv.

b) An die fertige Akkusativform ist die Partikel idg.
-em -om, gedehnt -ēm -ōm getreten; vgl. ai. im-ám 'ihm' (wie
ah-ám 'ich'), alat. em-em und ἐγών (neben ahám). Vgl.
H. Hirt, PBrB. XVIII. 298 ff. Die Partikel scheint im
Germ. erst angetreten zu sein, nachdem auslautendes -m
zu -n geworden war. Möglich ist auch eine Beeinflussung
von seiten der nicht zusammengesetzten Formen: 1. Ausgang -an-ōn: got. þana, ae. ðone, as. thana. — 2. Ausgang -in-ōn, belegt in urnord. minino 'meinen' (Strand),
ae. northumbr. ðene, ae. ǽnne aus *aininōn. — 3. Auf
Grund der Formen auf -anōn -inōn ist ein Akkusativ-
ausgang -nōn abstrahiert worden, der in got. ni áin-nō-hun
'keinen' vorliegt.

3. Genitiv. Die Endung ist -so wie beim Nomen.

4. Dativ. Charakteristisch für den Kasus ist das
doppelte m: got. þamma usw. Die germ. Form entspricht
der Bildung nach (jedoch nicht in der Kasusendung) dem
ai. Dat. tásmāi und dem ai. Abl. tásmād. Wie die zusammengesetzte Form ƕammē-h lehrt, geht got. -a auf älteres
-ē zurück. Wir haben es also mit einem Instrumental
auf idg. -ē zu thun.

Das got. -a aus -ē steht dem westgerman. -u aus -ō
gegenüber, vgl. as. themu, ahd. demu.

Die ahd. Dativformen auf -o müssen in allen Denkmälern, die auslautendes -u nicht zu -o schwächen, einen

andern Ausgang gehabt haben, als die Dativformen
auf -*u*. Wie M. H. Jellinek, Beiträge S. 62 ff. speziell
64 vermutet, sind sie als idg. Ablative auf -*ōd* zu erklären.

Die Vereinfachung des auf idg. -*sm*- zurückgehnden
-*mm*- in ahd. *demu, demo* beruht auf der Unbetontheit der
Formen im Satzzusammenhang sowie auf dem Einfluß der
Adjektiva, deren Geminata nach nichthaupttoniger Silbe
lautgesetzlich vereinfacht werden muß.

Im Nord. (vgl. run. *þaim*) und Ae. liegt der Stamm
toi-, der sonst nur im Plural herrscht, zu Grunde. Wie
der *i*-Umlaut von ae. *dǽm* zeigt, haben beide -*mi* als Kasussuffix gehabt, entsprechen also genau dem abg. Instrumental Sing. *tēmĭ* (aus idg. **toi-mi*). Wir haben es zweifellos mit einer einzelsprachlichen Neubildung zu thun: den
alten Ausgang, der in got. *blindamma* besteht, zeigen die
Adjektiva aisl. *spŏkom*, ae. *hwatum*.

5. Der Instrumental ist in den meisten Dialekten
aufs Neutrum beschränkt, wird also dort zur Sprache
kommen.

Plural.

1. Nominativ. Bei den im Singular wie *e/o*-Stämme
flektierenden Pronominibus erscheint ein Stamm auf -*oi*
ohne Kasusendung als Nom. Pl.: ai. *té*, gr. τοί, lat. *is-tī;*
got. *þái* usw. Das Nordgerm. hat das pluralische -*z* (-*ʀ*)
angefügt: run. *þaiʀ* (Bække, Kalunda). Auffällig ist ahd.
ê in *dē dea dia die*. Wahrscheinlich liegt hier eine Kontraktion vor.

2. Akkusativ. Wird von der Urzeit her nominal
gebildet. Idg. **tons*, gr. dor. τόνς, got. *þans* usw.

3. Genitiv. Die pronominale Endung ist -*sōm̃*, die
an den Stamm auf -*oi* antritt. Vgl. ai. *téšām̃*, preuß.
s-teison, abg. *tēchŭ* (aus **toisōm*). Ebenso aisl. *þeira*, ae.
dára und die pronominalen Genitive Plur. der Adjektiva
got. *blindáizē*. got. *þizē*, as. *thero*, ahd. *dero*, ebenso die
Adjektiva ae. *hwætra*, as. *blindaro blindero*, ahd. *blintero*
haben *e* (*i*) statt *ai* vom Gen. Sing. entlehnt.

4. **Dativ.** An den Stamm auf -oi- tritt die Endung -mis; ae. *dǽm* läßt durch seinen Umlaut noch die Qualität des verlornen Endungsvokals erkennen.

B. Die Feminina.

Nom.	*sō*	*sú*	*séo*	*thiu*	*diu*
Akk.	*þō*	*þá*	*dá*	*thia*	*dea, dia*
Gen.	*þizōs*	*þeir(r)ar*	*dǽre*	*thera*	*dera*
Dat.	*þizái*	*þeir(r)e*	*dǽre*	*theru*	*deru*

N.-Akk.	*þōs*	*þǽr*		*deo, dio*
Gen.	*þizō*	wie beim	wie beim	wie beim
Dat.	*þáim*	Mask.	Maskulinum.	Mask.

Singular.

1. **Nominativ.** Vom Stamme *sā* nach nominaler Art gebildet, vgl. ai. *sá*, gr. dor. *ἅ* (aus *σā), lat. *ip-sa*. In got. *sō* hat sich die Länge erhalten, weil das Pronomen von Haus aus stets orthotoniert war. Ob aisl. *sú* die Länge bewahrt oder den gekürzten Vokal wieder gedehnt habe, ist nicht sicher zu entscheiden; wahrscheinlicher ist — wegen der Akkusativform — das letztere. — ae. *séo* ist vom Stamm *sịā-* gebildet, as. *thiu*, ahd. *diu* vom Stamm *tịā-* oder vielmehr sie haben den Anlaut von den obliquen Kasus entlehnt.

Got. *si* 'sie' ist mit dem Suffix -*ịē-* : -*ī*- gebildet. Die Länge ist gekürzt, weil das anaphorische Pronomen schwach betont war.

2. **Akkusativ.** Wie beim Nomen, vgl. ai. *tám*, gr. dor. *τάν*, lat. *istām* (mit gekürztem *ā*). Wie beim got. Nominativ *sō* liegt auch beim Akk. *þō* die orthotonierte Form vor; der auslautende Nasal ist reduziert worden, bevor Kürzung des langen Vokals eintreten konnte. — aisl. *þá*, ae. *dá* sind schwach betonte Formen; ihr idg. -*ām*, urgerm. -*ōn* ist behandelt wie beim Akk. der Adjektiva, z. B. aisl. *spaka*, ae. *hwate* (mit -*e* aus -*æ*). — Auch as. *thia*, ahd. *dia* lassen die einstmalige Existenz eines auslautenden Nasals deutlich erkennen.

3. Genitiv. Idg. *tesi̯ās (vgl. ai. tásyās) und *tesās, vgl. got. þizōs, as. thera, ahd. dera. — Dagegen haben aisl. þeirar, ae. ðǽre ihr ai vom Gen. Plur. bezogen.

4. Dativ. Idg. *tési̯āi (vgl. ai. tásyāi) und *tésāi, vgl. got. þizái. — as. theru, ahd. deru sind Instrumentale auf -ō, die auf Nachbildung nominaler Formen beruhn. — aisl. þeire, ae. ðǽre, älter ðáre haben analogisches ai.

Plural.

1. Nominativ und Akkusativ flektieren nominal: idg. *tās, ai. tás; got. þōs. — aisl. þǽr ist die nicht orthotonierte Form; die Dehnung ist sekundär. Ebenso steht es mit ae. ðá. — ahd. deo dio entspricht, abgesehn von der Stammverschiedenheit, dem ae. ðá, wahrscheinlich auch ahd. zwō F. dem got. twōs. Von hier aus ist o in den Nom. Plur. Fem. der ahd. Adjektiva übertragen, vgl. ahd. blinto. Näheres bei H. Hirt, IF. I. 214 f.

Die übrigen Kasus werden wie beim Mask. gebildet, nur daß im Got. der Gen. Pl. auf -ō, nicht auf -ē ausgeht.

C. Die Neutra.

1. Nominativ-Akkusativ Sing. Endung idg. -d, vgl. ai. tád, gr. τό (aus *τοδ), lat. is-tud, quod, quid, id. Die nord- und westgermanischen Formen: aisl. þat, ae. ðæt, as. that, ahd. daz sind die direkten Fortsetzungen der idg. Grundform, wenn W. van Helten, PBrB. XV. 473 mit Recht die Erhaltung von auslautendem germ. -t nach betontem [kurzen] Vokal annimmt. Das allein widersprechende got. ƕa 'was?' aus idg. *kᵛód mag den auslautenden Dental bei indefinitem Gebrauch, wo es schwächer betont war, eingebüßt haben. Dem got. ƕa entsprechen im Ahd. die z-losen Formen *hwa *tha in weih (aus *wa ih) 'was ich', weist (aus *wa ist) 'was ist'; theih theist.

Got. þata, ita zeigen eine angehängte Partikel. Ihr -a geht auf -ō zurück, wie ƕarjatōh lehrt. Wir haben hier aller Wahrscheinlichkeit nach dieselbe Dehnstufe der Partikel -om zu sehn wie in gr. ἐγών. Es verhält sich:

got. *ita* : ai. *idám,* = gr. ἐγών : ai. *ahám.*

got. *þata* : aisl. *þat* = gr. ἐγών : alit. *esz.*

2. **Instrumental.** Fast nur beim Neutrum belegt: got. *þē,* aisl. *þué,* as. *thiu* (auch Mask.), ahd. *diu.* — *þē* ist ein nominaler Instrumental; mit ihm ist die nord. Form identisch, die ihr *v* vom Fragepronomen bezogen hat. -*ē* ward bei schwacher Betonung zu -*e* und erfuhr später Dehnung. as. *thiu,* ahd. *diu* sind regelrechte Instrumentale nominaler Art vom Stamm *ti̯o-.*

3. **Lokativ.** Die got. Partikel *þei* 'daß, damit' ist mit dem aisl. neutralen 'Dativ' *þí þuí* (mit *v* durch den Einfluß von *hui*) identisch. Wir haben es hier, wie F. Bechtel, HZ. XXIX. 366 erkannt hat, mit einem alten Lokativ zu thun: aisl. *hui,* ae. *hwý,* as. *hwī* = gr. πεῖ (aus idg. **k^u̯eī*); got. *þei,* aisl. *þí* = gr. τεῖ-(δε).

4. **Nominativ-Akkusativ Plur.** Wie beim Nomen, vgl. got. *þō* [aisl. *þau* s. o. § 172, S. 232 f.], as. *thiu,* ahd. *diu.*

Anhang.

A. Die Flexion der Adjektiva.

188. Die Adjektiva flektieren von Haus aus wie die Substantiva. Im Germanischen werden sie dagegen auf doppelte Art abgewandelt:

1) **pronominal** (Grimms 'starke Flexion') d. h. wie die geschlechtigen Pronomina, deren Deklination im vorausgegangnen Paragraphen behandelt ist. Die Brücke für diese germ. Neuschöpfung bildeten die adjektivischen Pronomina. Näheres in der lichtvollen Abhandlung von E. Sievers, PBrB. II. 98 ff.;

2) **als *n*-Stämme** (Grimms 'schwache Flexion'). Näheres bei F. Lichtenheld, HZ. XVI. 325 ff. und XVIII. 17 ff. und H. Osthoff, Forschungen II. (s. o. S. 8). Osthoff geht davon aus, daß die *n*-Stämme neben adjektivischen *e/o*-Stämmen gebildet werden, als ein Mittel zur Substantivierung und Individualisierung. Vgl. auch H. Hirts Andeutungen in seinem Akzentbuch, S. 235.

B. Die Bildung der Adverbia.

189. 1. Adjektivadverbia: a) Gemeingermanisch sind die Adverbia auf urgerm. -*ō*, vgl. got. *galeikō*, aisl. *līka* [ae. *ȝelíce*], as. *gilīco*, ahd. *gilīhho*. Es ist zweifelhaft, ob wir es mit alten Instrumentalen auf idg. -*ō* aus älterm -*ốm* zu thun haben, deren Schleifton nicht wie bei den lebendigen Instrumentalen auf -*ō* durch den Stoßton verdrängt worden wäre, oder mit Ablativen auf urgerm. -*ōd*. Das ae. -*e* aus älterm -*œ* müßte eine andre Ablautstufe repräsentieren.

Daß im Ae. und Ahd. die *i-(i̯o)*-Stämme die Adverbien umlautlos bilden, beruht darauf, daß ihnen zum großen Teil alte *u*-Stämme zu Grunde liegen, vgl. Fr. Kluge, Pauls Grundriß I. 401, H. Hirt, IF. VI. 70, Fußnote 1; z. B. *ango* Adv. ʿengʾ neben *engi* Adj. gegenüber got. *aggwus*, *fasto* Adv. ʿfestʾ neben *festi* Adj., wegen aisl. *fastr*, ae. *fœst*, as. *fast* ursprünglicher *u*-Stamm, *swāro* Adv. ʿschwerʾ neben ahd. *swāri*, mhd. *swære* Adj. wegen aisl. *suárr* usw., lit. *svarùs* ʿschwerʾ alter *u*-Stamm; ahd. *suozo*, Adv. ʿsüßʾ neben *suozi* Adj. gegenüber gr. ἡδύς, ahd. *harto* Adv. ʿhartʾ neben *herti* Adj. gegenüber got. *hardus* u. a.

b) Dem got. *unwēniggō* ʿunverhofftʾ entsprechen in der Bildung genau die ae. Adverbien auf -*inȝa* -*unȝa*, vgl. *wéninȝa* ʿvielleichtʾ, *eallunȝa* ʿdurchausʾ, as. *wissungo* ʿsicherlichʾ u. a.

c) Speziell got. sind die Adverbien auf -*ba*, die von Adjektiven gebildet werden, wie z. B. *ubilaba* : *ubils* ʿübelʾ, *harduba* : *hardus* ʿhartʾ. Vgl. H. Osthoff, KZ. XXIII 93 ff.; S. Bugge, IF. V. 177.

d) Komparativadverbia: Idg. Ausgang -*is*. Vgl. got. *máis* ʿmehrʾ (aus *mōis*), ahd. *mēr*. — got. *mins* ʿwenigerʾ *minniz* (aus *minwiz*), ae. ahd. *min*. — got. *wairs* ʿschlimmerʾ (aus *wirsiz*), aisl. *verr*, ae. *wiers wyrs*, ahd. *wirs*. — got. *þana-seiþs* ʿweiter, mehrʾ, as. *sīth*, ahd. *sīd*. — got. *batis* (vgl. Adj. *batiza*) ʿbesserʾ, aisl. *betr*, ae. *bet*, as. *bat bét*, ahd. *baz*.

Germ. Neubildungen sind die Komparativadverbia
auf -ōz, vgl. got. *sniumundōs* 'eiliger', *alja-leikōs*, 'anders';
aisl. *viđar* 'weiter', *optar* 'öfter', *sialdar sialdnar* 'seltner';
ae. *heardor* 'härter', *stronʒor* 'stärker', *seldor seldnor* 'seltner';
as. *diopor* 'tiefer', *furđor* 'fort, ferner'; ahd. *langōr* 'länger',
fastōr 'fester' usw.

e) Superlativadverbia: germ. ·iston -ōston, got. *frumist*
'zuerst', *máist* 'meist'; aisl. *mest* 'meist', *verst* 'am schlimm-
sten', *bĕzt bazt* 'am besten'; ae. *heardost, stronʒost*; as. *mĕst,
bĕst, ērist, wīdōst;* ahd. *minnist, bĕzzist, ērist, fastōst, langōst,
hartōst* usw.

2. Ortsadverbia: a) Auf die Frage 'woher?': got.
·þrō aus idg. -trād (Abl.), vgl. lat. *extrād;* got. *lvaþrō* 'woher?', *þaþrō* 'dorther' usw. — got. -ana : *aftana* 'von
hinten', *ūtana* 'von außen'; as. *ūtana,* as. *niđana;* ahd.
obana 'von oben'.

b) Auf die Frage 'wohin?': got. -drē aus idg. -trē̃
(Instr.), got. *hidrē* 'hierhin', *lvadrē* 'wohin?'.

c) Auf die Frage 'wo?', got. *lvar* 'wo?', *þar* 'da' (vgl.
ai. *tar-hi* 'damals'), *aljar* 'anderswo'; aisl. *þar, hvar;* ae.
đar, hwar. — urgerm. *þēr, ae. đǣr, ahd. dār,* gekürzt in
schwach betonter Stellung ahd. *der;* as. ahd. *hvergin*
'irgendwo' mit ĕ aus ǣ vor Doppelkonsonanz.

3. Zeitadverbia: verschieden gebildet. Vgl. got.
þan 'damals' = lat. *tum, lvan* 'wann' = lat. *cum;* aisl.
sialdan 'selten'; ahd. *seltan, saman* 'zugleich' u. a.

4. Präpositionaladverbia: vgl. J. Schmidt, KZ.
XXVI. 20 ff. ahd. *ubiri* Adv. : *ubar* Präp., *miti* Adv. : *mit*
Präp.; ae. *ymbe* Adv. : aisl. *umb* Präp.; ahd. *aba* Adv.:
got. *af* Präp. usw.

Zweiter Abschnitt: Verbum.

Vierzehntes Kapitel.

Vorbemerkungen.

1. Aktionsart und Zeitstufe.

190. Das indogermanische Verbalsystem kannte
von Haus aus keine formalen Kategorien, die dazu bestimmt gewesen wären, die Zeitstufen (Vergangenheit,
Gegenwart und Zukunft) auszudrücken. Denn das, was
wir Tempora zu nennen gewohnt sind, diente ursprünglich
keineswegs zur Unterscheidung der Zeitstufen, sondern
vielmehr zur Charakterisierung der Aktionsarten, d. h.
der Art und Weise, wie die Handlung vor sich ging.
Die ungemein zahlreichen Präsensklassen, das Perfekt und
der *s*-Aorist (der sogenannte starke Aorist ist nur syn-
taktisch, nicht aber formell ein Aorist; vielmehr gehört
er seiner Bildung nach aufs engste zum Präsens) sind
vollkommen zeitlos, soweit sie nicht mit dem Augment
versehn sind. Ihr einziger Zweck ist, die verschiednen
Aktionsarten von einander zu unterscheiden. Leider sind
wir bis jetzt noch nicht in der Lage, die Funktionen
aller Kategorien genau zu bestimmen; namentlich in Bezug
auf die ursprünglichen Bedeutungen der meisten Präsensklassen herrscht noch große Unklarheit, die nur eine sorgfältige Durchforschung der vedischen Sprache zu heben
im stande sein wird.

Gegenüber der reichen Fülle von Formen, die einzig
zum Zweck der Unterscheidung von Aktionsarten bestanden haben, nehmen sich die formalen Mittel, die in
indogermanischer Urzeit zur Bezeichnung der Zeitstufen
zu Gebote stehn, bescheiden, ja ärmlich genug aus.

1. Für die gegenwärtige Handlung war eine besondre Bezeichnung durch die Verbalform überhaupt nicht
vorhanden; die zeitlose Handlung mußte genügen.

2. Die Vergangenheit wird ebenfalls nicht durch das Verbum selbst ausgedrückt, sondern durch ein selbständiges Wort, ein Adverbium der Zeit, das Augment: idg. *$\acute{e}$.

Im Germanischen ist das Augment bis auf einen Rest verloren gegangen: got. *iddja* (aus urgerm. *$ijj\bar{o}n$) 'ging' entspricht aufs genaueste dem ai. Imperfekt *áyām*, dessen idg. Grundform *$\acute{e}ịām$ *$\acute{e}ịōm$ ist, vgl. lit. Inf. *jóti* 'reiten'; vgl. Fr. Kluge, QF. XXXII. 124. Daß sich das Augment hier erhalten hat, wird darauf beruhn, daß die Form schon früh isoliert ward, etwa deshalb, weil das zugehörige Präsens verloren gegangen war. Infolgedessen verlor sich auch das Bewußtsein von der Bildung des Wortes; das anlautende -e des Augments erschien dem Sprechenden als der Träger des materiellen Bedeutungsinhalts, mit andern Worten, als 'Wurzel'vokal.

Freilich hat H. Collitz, Am. Journ. Phil. IX. 51 = BB. XVII. 238 eine abweichende Erklärung versucht; aber sein Vorschlag ist für mich unannehmbar, vgl. auch K. Brugmann, Grundriß II. § 886, Anm., S. 1254.

Dem got. *iddja* entspricht ae. *éo-* in *éode* 'ging'; vgl. H. Möller, KZ. XXIV. 432 Fußnote, B. ten Brink, HZ. XXIII. 65 ff. Der Ausgang -de ist von den schwachen Verben übertragen.

3. Zum Ausdruck der zukünftigen Handlung scheint man sich in idg. Urzeit mit Vorliebe eines suffixalen Elementes -siẹ- -siọ- bedient zu haben, das unzweifelhaft zu dem stammbildenden Suffix des s-Aoristes in näherer Beziehung steht, vgl. ai. 1. Plur. *dāsyámas* 'wir werden geben', lit. *dúsiame*. Daneben scheinen auch Konjunktiv und Optativ schon früh und in ziemlich weitem Umfang zur Bezeichnung der Zukunft verwandt worden zu sein; charakteristisch ist, daß auch hier der s-Aorist eine Rolle spielt, vgl. gr. ἄξω, alat. *axō*, gr. δείξω, alat. *dīxō*, beides Konjunktive des s-Aoristes.

191. Die wichtigsten Aktionsarten sind folgende:

1. Die durative oder imperfektive Aktionsart. Sie stellt die Handlung in ihrer ununterbrochnen Dauer oder

Kontinuität dar, z. B. nhd. *steigen* bedeutet 'in der Handlung des Steigens begriffen sein', wie es die englische Wendung 'to be mounting' aufs schärfste ausdrückt. Ebenso ist z. B. nhd. *gehn* 'to be going' wie die meisten unsrer nichtzusammengesetzten Verba imperfektiv. Graphisch kann man sich die durative Aktionsart bequem durch eine nach beiden Seiten hin unbegrenzte grade Linie veranschaulichen.

2. Die inchoative Aktionsart. Sie drückt den ganz allmählichen Übergang von einem Zustand in den andern aus. Im Griechischen und Lateinischen geschieht dies z. B. durch die Verba auf -*skō* wie gr. γηράσκω, lat. *senēscō* 'werde alt'; gr. μεθύσκω 'werde trunken'; lat. *albēsco* 'werde weiß' u. a. Im Germanischen existiert in den Verben auf -*nōn* (got. -*nan*) eine ausgesprochen inchoative Formkategorie, vgl. got. *fullnan* 'voll werden', *mikilnan* 'groß werden'; aisl. *vakna* 'wach werden', *sofna* 'in Schlaf fallen', *losna* 'locker werden' usw. Näheres bei Egge, Am. Journ. Phil. VII. 38 ff.; Verf., PBrB. XV. 105.

3. Die perfektive Aktionsart. Sie fügt dem materiellen Bedeutungsinhalt des Verbums noch den Nebenbegriff des Vollendetwerdens hinzu. Die Handlung wird also nicht wie beim Durativ schlechthin in ihrem Fortgang, in ihrer Kontinuität bezeichnet, sondern stets im Hinblick auf den Moment ihrer Vollendung. Dabei ist es natürlich ganz gleichgültig, ob der Augenblick der Vollendung der Vergangenheit, der Gegenwart oder der Zukunft angehört; denn die Zeitstufe kann unter keinen Umständen von der Art und Weise abhängig sein, in der sich die Handlung vollzieht. Die Mittel, wodurch die Unterschiede in den Zeitstufen ausgedrückt werden, müssen daher prinzipiell von denen völlig verschieden sein, wodurch die Aktionsarten charakterisiert werden.

Man vergleiche mit dem durativen Verbum *steigen* 'to be mounting' das perfektive *ersteigen,* d. h. die Handlung des Steigens im Hinblick auf den Augenblick ihrer Vollendung, ihres Abschlusses in sich selbst.

Wie man sieht, hat das zusammengesetzte Verbum
Perfektivbedeutung, das Simplex dagegen ist durativ. Dies
Verhältnis ist im Baltisch-Slavischen und im Altgermanischen das regelmäßige. Man vergleiche die Perfektivierung
durch Komposition bei den got. Verben Durativ *háusjan*
'hören, d. h. die Fähigkeit des Hörens in Anwendung
bringen': Perfektiv *ga-háusjan* 'vernehmen, d. h. den Moment der Vollendung der Handlung des Hörens erreichen'.
— Dur. *fulljan* 'füllen, d. h. die Handlung des Füllens
vornehmen, im Füllen begriffen sein': Perf. *ga-fulljan* 'er-
füllen, d. h. die Handlung des Füllens bis zum Abschluß
bringen'. — Dur. *bairan* 'tragen' : *fra-bairan* 'ertragen d. h.
bis zu Ende tragen'. — Dur. *swiltan* 'im Sterben liegen' :
Perf. *ga-swiltan* 'verscheiden, den Abschluß des Todeskampfes
erreichen'. — Dur. *greipan* 'greifen . . . nach' : Perf. *und-
greipan* 'ergreifen' usw.

Da sich die Bedeutung eines jeden Verbalkompositums
aus drei Faktoren zusammensetzt, nämlich aus dem materiellen Bedeutungsinhalt des Simplex, dem materiellen
Bedeutungsinhalt der Präposition und der durch die Zusammensetzung verursachten Modifikation der Aktionsart,
so leuchtet ein, daß, abgesehn von dem Unterschied der
Aktionsart, das Kompositum dem Simplex gegenüber einen
Bedeutungszuwachs durch die materielle Bedeutung der
Präposition erfährt. Führt die Präposition keine selbständige Existenz mehr, so kann ihre materielle Bedeutung
in dem Maße verblassen, daß bei der Zusammensetzung
die Änderung der Aktionsart das einzige Ergebnis der
Verbindung ist; die Präposition ist alsdann zu einem rein
formalen Mittel zum Ausdruck der Aktionsart geworden.
Im Germanischen ist das in erster Linie bei *ga-* der
Fall. Dieses ist daher zur Perfektivierung ganz vorzüglich geeignet.

Neben den momentan-perfektiven Verben, die
lediglich den Augenblick des Abschlusses hervorheben und
deshalb graphisch durch einen Punkt dargestellt werden,
können auch solche perfektiven Verba existieren, die den

Moment der Vollendung ausdrücklich einer vorausgegangnen kontinuierlichen Thätigkeit entgegenstellen. Man kann sie als durativ-perfektive Verba bezeichnen. Eine eigne formale Kategorie existiert auf germanischem Boden nur in den trennbaren Verbalkompositis des Neuhochdeutschen. Man vergleiche z. B. den rein durativen Satz: *der Tischler bohrt durch das Brett* mit dem rein perfektiven: *der Soldat durchbohrt den Feind* und mit dem durativ-perfektiven: *der Tischler bohrt das Brett durch.* Näheres bei A. Leskien, IF. Anz. V. 81.

Da es in indogermanischer Urzeit, wie schon erwähnt, noch keine festen Verbalkomposita gegeben hat, so ist es klar, daß die Perfektivierung durch Zusammensetzung erst in einzelsprachlicher Zeit aufgekommen sein kann; das urindogerm. Mittel zur Perfektivierung war der Aorist. Vgl. hierüber und über die Frage nach der Existenz der perfektiven Aktionsart im Germ. Verf., PBrB. XV. 70 ff.

4. Die iterative Aktionsart, die eine regelmäßige Wiederholung einer a) durativen, b) perfektiven Handlung ausdrückt. Man unterscheidet demnach durativ-iterative und perfektiv-iterative Aktionsart. Im Germanischen existiert keine besondere Iterativkategorie wie im Slavischen.

5. Die perfektische Aktionsart. Man hüte sich die perfektische Aktionsart, die ihren Namen von dem Perfekt hat, mit der eben behandelten perfektiven Aktionsart zu verwechseln: beide haben nicht das geringste miteinander gemein. Die perfektische Aktionsart bezeichnet die Handlung im Zustand des Vollendet- und Fertigseins.

2. Die sog. Tempora.

192. Von sog. Temporibus hat das Indogermanische besessen: 1) Präsens. — 2) Ein Augmenttempus zum Präsens, das Imperfekt. — 3) Perfekt. — 4) Ein Augmenttempus zum Perfekt, das Plusquamperfekt. — 5) s-Aorist. — 6) Futurum auf -sie- -sio-.

1) Das Germanische hat die beiden Augmenttempora zum Präsens und zum Perfekt als selbständige Kategorien

verloren. Der letzte Rest ist in dem oben behandelten got. *iddja* zu sehn.

2) Vom *s*-Aorist hat man ebenfalls Spuren zu entdecken geglaubt. Das plausibelste Beispiel, das man für ihn beibringen kann, ist ahd. *scrirun* (Otfrid) 'sie schrien', 3. Plur. Prät. zu *skrīan* 'schreien', vgl. Joh. Schmidt, KZ. XXV. 599 f. Ein idg. *s*-Aorist, dessen Plural schwundstufige Wurzelsilbe und demgemäß Endbetonung hatte, mußte in der 3. Plur. **skrisṇ́t* d. i. germ. ahd. *scrirun* lauten. Nach *scrirun* ist dann ein Partizip ahd. *gi-scriran* neugeschaffen worden, das seinerseits für ein spätahd. *spiren pe-spiren,* Part. Perf. zu *spīwan* 'speien' Vorbild ward. Andre erklären die Form *scrirun* als Perfekt, wobei sie jedoch eine Reihe verwickelter und darum wenig überzeugender Dissimilationsprozesse voraussetzen müssen. Vgl. z. B. G. Holz, Urgerm. geschlossenes *ē.* (Leipzig 1890) S. 47. Über die ahd. *r*-Formen wie *skrirun* handeln ferner Fr. Zarncke, PBrB. XV. 350 ff. R. Kögel, ebd. XVI. 500 ff.

Auch in aisl. *visso* 'sie wußten', ae. *wisson,* as. ahd. *wissun* hat H. Osthoff, Perfekt S. 397 f. einen *s*-Aorist vermutet, indem er an den ved. Medialaorist *avitsi* und an hom. ἴσαν 'wußten' aus **ϝίδσαν* erinnert.

3) In weitestem Umfang ist das idg. Perfekt im Germanischen erhalten geblieben. Es hat Präteritalbedeutung angenommen.

4) Zum Ausdruck der zukünftigen Handlung verwendet das Germanische ausschließlich das (zeitlose) Präsens.

3. Die Modi.

193. Die Modi bezeichnen eine ψυχική διάθεσις des Sprechenden. Das Indogermanische kennt einen Indikativ, einen Konjunktiv, der nach B. Delbrück von Haus aus voluntative Bedeutung haben soll, und einen Optativ, der von der Urzeit her in doppelter Funktion gebraucht wird: erstens, um einen Wunsch des redenden Subjekts auszudrücken; zweitens als Optativus potentialis, d. h. um eine gemilderte Behauptung aufzustellen. Endlich besitzt es auch noch einen Imperativ, den Modus des Befehls.

Das Germanische hat den Optativ im großen und ganzen getreu bewahrt, ebenso den Imperativ; auch vom Konjunktiv glaubt man noch Spuren nachweisen zu können.

4. Die Genera Verbi.

194. Im Indogermanischen existieren Aktiv und Medium. Dieses hat reflexive Bedeutung. Wie im Französischen und Baltisch-Slavischen das Reflexiv passivische Bedeutung annimmt, so scheinen auch schon in idg. Urzeit Ansätze zur passivischen Verwendung des Mediums bestanden zu haben.

Im Germanischen haben sich Reste des idg. Mediums in passiver Bedeutung erhalten.

5. Die idg. Personalendungen.

195. Man unterscheidet seit der Urzeit sowohl bei den aktiven als auch bei den medialen Personalendungen zwei große Klassen: a) die sog. primären und b) die sog. sekundären Endungen. Das Hauptcharakteristikum jener diesen gegenüber ist ein auslautendes -i, vgl. 3. Sing. Aktiv -ti : 3. Sing. Med. -tái, = -t : -to.

Der Indikativ des aktiven Perfekts hat z. T. eigne Endungen.

Gewöhnlich sagt man, das Hauptgebiet der Primärendungen sei der Indikativ des Präsens. Diese landläufige Formulierung ist aber zu eng; denn es finden sich auch Präsentien mit sekundären Endungen. Es ist daher richtiger, mit H. Zimmer, KZ. XXX. 119 Fußnote, die Regel über die Verteilung der beiden Klassen folgendermaßen zu fassen:

Die primären Endungen erscheinen, wenn das Verbum eine selbständige Stellung im Satz einnimmt, oder wie man mit einem der keltischen Grammatik entlehnten Terminus technicus sagt, wenn es absolut steht. Man spricht daher besser von absoluten, statt von primären Endungen.

Die sekundären Endungen werden angewandt, wenn sich die Verbalform an ein vorausgehendes Präpositionaladverb enklitisch anschließt, mit andern Worten, wenn sie konjunkt steht. Man redet daher von konjunkten, statt von sekundären Endungen.

Der idg. Präsensstamm *bhere-* kann also auf doppelte Weise flektieren: 1) absolut, 3. Sing. Akt. Ind. *bhére-ti.* 2) konjunkt, *pró bhere-t.*

Unter diesen Umständen begreift sich, warum die augmentierten Indikative (Imperfekt, Plusquamperfekt, Aorist) stets sekundäre Endungen zeigen; denn wie schon erwähnt, ist das Augment nichts anders als ein temporales Adverbium. Es muß daher das enklitisch angelehnte Verbum konjunkt flektieren, vgl. 3. Sing. des aktiven Imperfekts idg. *é bhere-t.*

Dieser, wie es scheint ursprüngliche, Wechsel der beiden Klassen von Endungen hat sich im Irischen getreu erhalten; in den meisten andern Sprachen sind Ausgleichungen eingetreten, indem entweder die konjunkte Form in absoluter Stellung oder — häufiger — die absolute Form in konjunkter Stellung gebraucht ward.

A. Die absoluten und die konjunkten Endungen im Indogermanischen.

I. Aktiv.

a) Singular.

196. 1. Person. absolut -*mi*: konjunkt -*m.* Wie W. Scherer, Zur Gesch. d. deutschen Sprache, 1. Aufl., S. 173 zuerst erkannt hat, ist die Endung -*mi* von Haus aus auf die athematischen Verba beschränkt, d. h. auf die Verba, deren Präsensstamm nicht auf -*e/o*- ausgeht. Die thematischen Verba, d. h. die Verba mit einem Präsensstamm auf -*e/o*-, sind endungslos, dehnen aber den stammauslautenden Vokal -*o.* Daß die Länge nicht etwa, wie man vielfach geglaubt hat, durch irgend welche Kontraktion entstanden ist, lehrt aufs deutlichste ihre gestoßne Akzentqualität.

Beispiele: ai. *ás-mi* 'bin', gr. lesb. ἔμμι (aus *ἐσμι),
lit. *esmì*, abg. *jesmĭ*. — Dagegen gr. φέρω, lat. *fero,* lit.
sukù 'drehe', reflexiv *sukù-s* (mit *-ù* aus idg. *-ō*).

Idg. **ēsṃ* 'war', ai. *ásam*, gr. ἦα. — ai. *ábhara-m*, gr.
ἔφερον (mit *-ν* aus *-μ*).

2. Person. abs. *-si* : konj. *-s*. Vgl. idg. **éi̯-si* 'du
gehst', ai. *éṣi*, gr. εἶ (aus **εἶσι); gr. hom. ἐσσὶ 'du bist'.
— ai. *bhára-si*.

Ai. *ásthā-s* 'du standest', gr. ἔστης. — ai. *ábhara-s*,
gr. ἔφερες.

3. Person. abs. *-ti* : konj. *-t*. Vgl. ai. *ás-ti*, gr. ἔστι,
lit. *ēsti*, abg. *jestĭ*. — ai. *bhára-ti*, russ. kirchenslav. *beretĭ;*
vgl. gr. dor. δίδωτι, gr. ion.-att. δίδωσι.

Idg. **ēs-t* 'war', ai. *ās* (aus **āst*), gr. dor. ἦς (aus
**ἦστ). — ai. *ábhara-t*, gr. ἔφερε (aus **ἔφερετ).

b) Plural.

1. Person. abs. *-mes(i) -mos(i)*, auch mit gedehntem
Vokal : konj. *-men -mon -mṇ* oder *-me -mē*. Vgl. ai. ved.
bhárāmasi, bhárāmas, gr. dor. φέρομες.

Gr. ἐφέρομεν; lit. Prät. *sùkome* 'wir drehten', reflexiv
sùkomé-s; ai. *ábharāma* kann sowohl *-me* als auch *-mṇ*
enthalten.

2. Person. Nach dem Ai. zu schließen, haben sich
idg. *-the* und *-te* als absolute und als konjunkte Endung
gegenübergestanden; vgl. ai. *bhára-tha* : *ábhara-ta*. Die
europäischen Sprachen scheinen nur *-te* zu kennen, vgl.
gr. φέρετε und ἐφέρετε.

3. Person. abs. *-nti* : konj. *-nt*. Vgl. idg. **díd-ṇti*
'sie geben', ai. *dádati*. — ai. *bhára-nti*, gr. dor. φέροντι.

Idg. **é dōs-ṇt* (s-Aor.) 'sie gaben', abg. *dašę*. — idg.
*é bhero-nt, ai. *ábharan*, gr. ἔφερον, abg. *nesą* (starker Aor.).

c) Dual.

1. Person. abs. *-u̯es(i) -u̯os(i)* : konj. *-u̯e -u̯o, -u̯ē -u̯ō*.
Vgl. ai. *bhárāvas*, avest. *usvahī* 'wir beide wünschen'.
— lit. Prät. *sùko-va*, reflexiv *sùkovo-s;* abg. *nesově* (starker
Aorist).

2. Person. Nach dem ai. *bhára-thas* zu schließen,
scheint die abs. Endung *-thes -thos* gewesen zu sein; auf
europäischem Sprachgebiet ist die Aspirata nicht nachzuweisen. Die konjunkte Endung tritt in doppelter Gestalt auf: 1. *-tō*, vgl. lit. Prär. *sŭkota*, reflexiv *sŭkoto-s*,
abg. *neseta* (st. Aor.). — 2. *-tom*, vgl. ai. *ábharatam*, gr.
ἐφέρετον.

3. Person. konj. *-tām*, vgl. ai. *ástām*, gr. ἥστην.

II. Medium.

a) Singular.

1. Person. Die abs. Endung ist im Ai. bei thematischen Verben *-ē* d. i. idg. *-ái*, vgl. ai. *iyé* und *bhárē*.
Im Griech. erscheint -μαι. Die mediale Endung hat Stoßton (wie gr. φέρομαι lehrt, worin sie als Kürze gilt), das
beweist, daß sie nicht durch Kontraktion entstanden sein
kann; sie ist vielmehr als die Vollstufe zu der schwundstufigen Aktivendung *-mi* anzusehn. Das gleiche gilt von
den übrigen Endungen auf *-ai*.

2. Person. abs. *-sái* : konj. *-so*. Vgl. ai. *bhárasē*, gr.
φέρεαι (aus *φερεσαι); gr. ἐφέρεο. ai. erscheint als konjunkte Endung nur *-thās*.

Gr. ἐδόθης, vgl. ai. *ádithās*.

3. Person. abs. *-tái* : konj. *-to*. Vgl. ai. *ástē* 'sitzt',
gr. ἥσται; *bháratē*, gr. φέρεται.

Ai. *ádita*, gr. ἔδοτο.

b) Plural.

1. Person. abs. *-medhai* : konj. *-medhɔ*. Vgl. ai.
bhárāmahē : *ábharāmahi*, gr. ἐφερόμεθα.

2. Person. Bildung unklar.

3. Person. abs. *-ntai* : konj. *-nto*. Vgl. idg. *ésṇtai*,
ai. *ásatē*, gr. hom. ἥαται; ai. *bhárantē*, gr. φέρονται.

Idg. *ésṇto, ai. *ásata*, gr. hom. ἥατο; ai. *ábharanta*,
gr. ἐφέροντο.

B. Die Perfektendungen.

197. Es kommen nur die Endungen des aktiven
Singulars in Betracht.

1. Person. Idg. -a. Vgl. ai. *véda* ʻich weißʼ, gr. οἶδα.
2. Person. Idg. -tha. Vgl. ai. *véttha*, gr. οἶσθα.
3. Person. Idg. -e. Vgl. ai. *véda*, gr. οἶδε.

6. Das Verbum infinitum.

198. Man faßt die Nominalformen, die dem Verbal-system eingegliedert worden sind, als ʻVerbum infinitumʼ zusammen. Es sind die Infinitive und Partizipien.

a) Infinitive sind erstarrte Kasusformen von Nomini-bus agentis. Am häufigsten werden Akkusative, Dative und Lokative infinitivisch verwendet. Das Germanische kennt nur einen Inf. Präs., vgl. got. *bairan*, aisl. *bera*, ae. as. ahd. *beran*. Die Grundform für die Formen sämtlicher germ. Dialekte ist der neutrale Nom.-Akk. Sing. idg. *bhéronom*, vgl. ai. *bháraṇam* ʻdas Tragenʼ.

Da die Nomina actionis, die als Infinitive fungieren, von Haus aus mit dem Verbum gar nichts zu schaffen haben, so ist a priori zu erwarten, daß sie in der Stamm-bildung ursprünglich von dem Tempus, an das sie sich anschließen, völlig unabhängig waren. Der ursprüngliche Zustand hat sich im Slavischen noch ziemlich treu er-halten, vgl. z. B. Inf. *dělati* : Präs. *dělajǫ* ʻmacheʼ, Inf. *cě-lěti* : Präs. *cělějǫ* ʻheileʼ, Inf. *viděti* : Präs. *viždǫ* (aus *vidjǫ) ʻseheʼ u. a.

Auch im Germanischen finden sich Reste des alten Zustands, z. B. got. Inf. *sitan* ʻsitzenʼ, ai. *ni-ṣádanam* : Präs. urgerm. *sitjō (got. Präs. *sita* ist eine Neubildung nach dem Inf.), Inf. aisl. *brúka* ʻbrauchenʼ neben got. *brūkjan*, das sein *j* vom Präs. bezogen hat. Die Infinitive der ōn-Verba sind besonders lehrreich; auch wo sie neben einem Präsens auf -ōjō stehen, haben sie trotzdem ursprünglich nur den Ausgang -ōn d. i. idg. -ānom gekannt, ersetzen ihn aber später durch den dem Präsens angeglichnen -ōjonon -ōjan, vgl. ae. *sealfian* (aus *salbōjan) neben got. *salbōn* usw., as. *thionoian* neben der sprachgeschichtlich ältern Bildung as. *thionon* ʻdienenʼ. Verf., Zur german. Sprachgesch. S. 15 ff.

b) Die Partizipia sind Verbaladjektiva, die von Haus aus Nomina agentis sind.

1. Über das aktive Part. Präs. auf -nt- im Germ. vgl. § 165, S. 215.

2. Über das als lebendiges Glied des Verbalsystems im Germ. untergegangne Part. Perf. Akk. auf -ṷos- -us- vgl. oben § 163, 3, S. 213.

3. Ein mediales Partizipium auf -meno- -mene- hat K. Müllenhoff, HZ. XXIII. 1 ff. in irmin erkannt, das auf *ermenoz zurückgeht und zu gr. ὄρμενος gehört. Eine i̯e/i̯o-Ableitung davon ist der Eigenname *Arminius*, über den G. Kossinna, IF. II. 173 ff. zu vergleichen ist.

4. Das Germ. hat zwei Partizipia Perf., nämlich eines, das mit dem Suffix -ne/no- gebildet ist und nur bei den ablautenden und bei den reduplizierenden Verben auftritt (vgl. § 153, 7), und ein anderes, das mit dem Suffix -te/to- gebildet ist und bei den Verben lebendig ist, die ein Dentalpräteritum haben (vgl. § 153, 8). Daß jedoch diese Verteilung nicht ursprünglich ist, lehrt der am angeführten Ort erwähnte Umstand, daß sich alte te/to-Partizipien zu starken (ablautenden oder reduplizierenden) Verben erhalten haben.

c) In loserer Beziehung zum Verbum stehn einige Verbaladjektiva, wie die sog. Participia necessitatis mit dem abstufenden Suffix -i̯e/i̯o-, vgl. got. brūks 'brauchbar', aisl. ǽtr 'eßbar' u. a. S. oben § 153, 2 b.

Eine Abart dieser Bildung ist ein Suffix -ni̯e/ni̯o-, das wie das vorhergenannte abstufend flektiert. Vgl. got. skáuns 'schön, d. i. ursprünglich ansehnlich', zu got. us-skáwjan 'zur Besinnung bringen', ae. scéawian, as. skauwoian, ahd. scouwōn 'schauen' gehörig. got. hráins 'rein, eigentlich was zu sieben ist', zu gr. κρίνω gehörig. Da bei dem gr. Verbum der Nasal nur ein präsensstammbildendes Element ist, nicht zur Wurzel gehört, so dürfen wir vermuten, daß das Suffix -ni̯e/ni̯o- erst durch Beziehung des Suffixes -i̯e/i̯o- auf einen Präsensstamm mit Nasalsuffix zu stande gekommen ist.

Der ai. Suffixform *-tya-*, die an vokalisch auslautende Wurzeln in der gleichen Funktion wie *-ya-* antritt und offenbar unter dem Einfluß der Kompositions-
stämme auf *-t-* (über die Verf., IF. III. 340 ff. zu vergleichen ist) gebildet worden ist, entspricht im Germ. das
abstufende Suffix *-t̨e/t̨o-.* Vgl. ae. *ʒifeđe* 'gegeben', ae.
méđe 'müde', as. *mōđi,* ahd. *muodi.* Weiteres bei Fr. Kluge,
Stammbildungslehre § 233.

Fünfzehntes Kapitel.
Das Präsens.

A. Die Stammbildung.

199. Im Indogermanischen bestehn zahlreiche Präsentien von ganz verschiedner formeller Bildung. Der
Reichtum der Ursprache ist in keiner der idg. Einzelsprachen intakt bewahrt. Namentlich das Germanische
hat starke Verwüstungen unter dem alten Erbgut ange-
richtet. Von lebendigen Kategorien kennt es nur noch:

1. Die *e/o*-Klasse, bei fast allen starken (ablautenden
oder reduplizierenden) Verben;

2. die sog. *i̯e/i̯o*-Klasse, bei den schwachen (d. h. ein
Dentalpräteritum bildenden) Verben erster Klasse und
bei einigen wenigen starken Verben;

3. die *ā*-Klasse, bei den schwachen Verben zweiter
Klasse;

4. die *ē*-Klasse, bei den schwachen Verben dritter
Klasse;

5. die *nā*-Klasse, bei den schwachen Verben vierter
Klasse im Gotischen;

6. dazu kommen mehrere aus jedem einheitlichen
System herausfallende, doch sehr gebräuchliche 'unregelmäßige' Verba von ursprünglich athematischer Flexion.

Doch lassen sich im Germanischen auch von den als
selbständigen Kategorien untergegangnen idg. Präsens-

klassen versprengte Reste in nicht unbedeutender Masse
auffinden. Die folgende Aufzählung geht von den idg.
Präsensklassen aus. Sie behandelt der Übersichtlichkeit
halber bei den Kategorien, die im Germanischen produktiv geblieben sind, neben der Stammbildung zugleich
die Flexion.

1. Die e/o-Klasse.

200. Die e/o-Klasse umfaßt, wie schon hervorgehoben, die Gesamtmasse der starken Verba bis auf
einige verschwindende Reste andrer Bildungen.

1. *binda*	*bind*	*binde*	*bindu*	*bintu*
2. *bindis*	*bindr*	*bindes(t)*	*bindis*	*bintis*
3. *bindiþ*	*bindr*	*binded*	*bindid*	*bintit*
1. *bindam*	*bindom*			*bintamēs*
2. *bindiþ*	*binded*	} *bindad*	} *bindad*	*bintet* (*bintat*)
3. *bindand*	*binda*			*bintant*
1. *bindōs*				
2. *bindats*				

Von idg. Urzeit her stehn zwei verschiedne Bildungen
nebeneinander: I. die wurzelbetonten, II. die suffixbetonten e/o-Verba. Man hat mehrfach die Vermutung ausgesprochen, daß beide Klassen aus einer einzigen mit wech-
selndem Akzent hervorgegangen seien. Es ist das nicht
unwahrscheinlich; doch fördert uns diese Annahme nicht
wesentlich, da die Trennung schon in der Urzeit völlig
durchgeführt war.

Der stammauslautende Vokal erscheint als *o* in den
ersten Personen aller Numeri, sowie in der 3. Pers. Plur.;
sonst als *e*.

I. Die wurzelbetonten e/o-Verba.

Sie entsprechen der ai. 1. Präsensklasse. Der Akzent
ruht in allen Präsensformen auf der Wurzelsilbe, die dementsprechend Vollstufenvokalismus zeigt. Vgl. ai. 1. *bhá-
rāmi* 'trage'. — 2. *bhárasi*. — 3. *bhárati*. Plur. 1. *bhá-
rāmas(i)*. — 2. *bháratha*. — 3. *bháranti* usw.

Im Germanischen überwiegt diese Präsensbildung bei
den Verben der fünf ersten Ablautreihn bei weitem: dem
vollstufigen Wurzelvokalismus entspricht die Vertretung
der wurzelauslautenden idg. Tenues durch stimmlose Spiranten. Die Verba der 6. Ablautreihe gehören nur zum
Teil hierher, ebenso die der (got.) 7.

Beispiele.

1. gr. λείπω 'lasse', got. *leikvan* 'leihn', aisl. *liá*, ae.
léon, as. *far-līhan*, ahd. *līhan*. — ai. *sécatē* 'gießt aus', ae.
séon, 'seihn', ahd. *sīhan*.

2. ai. *jóšati* 'freut sich', got. *kiusan* 'wählen', aisl.
kiósa, ae. *céosan*, as. *keosan*, ahd. *kiosan*.

3. ai. *vártati* 'dreht', got. *wairþan* 'werden', ae. *weordan*, as. *werthan*, ahd. *werdan*.

4. ai. *násatē* 'vereinigt sich', got. *ga-nisan* 'errettet
werden', ae. *ʒe-nesan*, as. ahd. *gi-nesan*. — ai. *vásati* 'wohnt',
got. *wisan* 'sein', aisl. *vesa*, ae. as. ahd. *wesan*.

5. preuss. *twaxtan* 'Badeschürze', got. *þwahan* 'waschen',
aisl. *þuá*, ae. *dwéan*, as. *thwahan*, ahd. *dwahan*.

Auf Wurzelbetonung weist auch der Umstand, daß
im Aisl. das *s* in der Endung der 2. Sing. Akt. *-si* zu
-z, -ʀ, -r geworden ist, ebenso wie das *s* in der Endung
der 2. Pers. Sing. Med. im Gotischen, vgl. ai. *bhárasē* =
got. *bairaza*. Den gleichen Schluß darf man aus dem got.
-d in der 3. Plur. Akt. ziehn, dem ahd. *-t* entspricht:
ai. *bháranti* = got. *bairand*, ahd. *berant* (aus urgerm.
*berondi *berand(i). Dementsprechend lautet die 3. Plur.
Med. got. *bairanda* = ai. *bhárantē*.

II. Die suffixbetonten *e/o*-Verba.

Sie entsprechen der ai. 6. Präsensklasse. Der Akzent
ruht in allen Präsensformen auf dem *-e/o-* des Suffixes.
Die Wurzelsilbe ist infolge ihrer Unbetontheit schwundstufig. Vgl. ai. Sing. 1. *tudámi* 'stoße'. — 2. *tudási*. —
3. *tudáti*. Plur. 1. *tudámas(i)*. — 2. *tudátha*. — 3. *tu-
dánti* usw.

In den germanischen Dialekten ist diese Präsensbildung nicht mehr als besondre Kategorie lebendig: sie
ist vielmehr von der Klasse der wurzelbetonten e/o-Verba
absorbiert worden. Daß sie auch im Urgermanischen
einmal in ziemlich weitem Umfang bestanden haben muß,
beweist der Umstand, daß in der 3. Person Sing. Plur.
Akt. im Ae. und im As. die stimmlose Spirans *þ* als
Fortsetzung eines idg. *t* erscheint. Das läßt sich nur
dann begreifen, wenn ein Teil der Verba den stammauslautenden Vokal betonten. Vgl. 3. Sing. ae. *binded*, as.
bindid und 3. Plur. ae. as. *bindad* (aus urgerm. **bendó\nþi
bindanþ) gegenüber ahd. *bintit, bintant*. Dieselbe Bewandt-
nis kann es vielleicht auch mit dem westgerm. *-s* gegenüber aisl. *-z* in der 2. Person Sing. Akt. haben. Vgl. ae.
bindes, as. *bindis*, ahd. *bintis*. Doch kommen hier noch
andre Möglichkeiten in Betracht, vgl. H. Paul, PBrB.
VI. 549, der das wg. *-s* durch die Einwirkung des anlautenden *þ* im enklitisch angelehnten Pronomen *þu* erklärt. Diese Annahme ist namentlich für das Ahd. von
nicht geringer Wahrscheinlichkeit, weil hier die 3. Pers.
Sing. und Plur. auf Wurzelbetonung weisen.

Übrigens ist zu beachten, daß die Formen der Endungen, die Endbetonung zur Voraussetzung haben, keineswegs durch die suffixbetonten e'o-Verba allein zu erklären sind: eine ganze Anzahl andrer Präsensklassen
hat gleichfalls Suffixbetonung gehabt und daher zur Verallgemeinerung der stimmlosen Spiranten in den Personalendungen der einzelnen Dialekte zum mindesten ebenso-
viel beigetragen wie jene.

Bei den einzelnen Verben kann man die Zugehörigkeit zur suffixbetonten e/o-Klasse aus der Schwundstufig-
keit der Wurzelsilbe, sowie auch aus der Wirksamkeit
des Vernerschen Gesetzes erschließen.

1. Aisl. *vega* 'töten' (mit Übertritt in die 5. Reihe)
neben lit. *ap-veikiù* 'bezwinge', got. *weihan,* 'kämpfen', ahd.
wîhan. Kontaminationsformen sind ahd. *ubar-wehan* (5. R.)
'überwinden', das den stimmlosen Spiranten von *wîhan* be-

zogen hat, und ahd. *wīgan,* dessen Vokalstufe dem Einfluß der übrigen Verba erster Klasse zuzuschreiben ist.
— got. *digan* (belegt Röm. IX. 20 *þamma digandin*) 'kneten,
formen', vgl. ai. *dēhmi* 'bestreiche', lat. *fingo.* — as. *stekan,*
ahd. *stehhan* (4. R.), vgl. lat. *in-stīgo.* — got. *us-bida* (ᾰπ.
λεγ. Röm. IX. 3) 'erbitte', vgl. gr. πιθεῖν.

Langer *i*-Diphthong scheint dem got. *ga-widan* 'binden',
ahd. *wetan* (5. R.) zu grunde zu liegen, vgl. den langen
Schwundstufenvokal von gr. ἰτέα 'Weide', lat. *uītis, uīmen,*
aisl. *viðr* usw.

2. Aisl. *sofa* 'schlafen' (4. R.), abg. *sŭpati* gegenüber
ae. *swefan* (5. R.), ai. *svápati.*

Langer *u*-Diphthong liegt zu grunde in afries. *slūta*
'schließen', mnl. mnd. *slūten,* vgl. lat. *claudo, clāuis.* —
aisl. *sūga* 'saugen', ae. *sūgan,* ahd. *sūgan,* dessen Nebenform ae. *sūcan* genau zu lat. *sūgo,* air. *sūgim,* lett. *sūzu*
stimmt. Die idg. Wurzel hatte *k̑—ĝ* im Auslaut, vgl.
abg. *sŭsą* : lett. *sūzu.*

Den Verben mit langen *u*-Diphthongen scheinen die
zahlreichen germ. Präsentien kurzdiphthongischer Wurzeln
mit *ū* nachgebildet zu sein, vgl. z. B. ae. *būgan* 'sich
biegen' neben ai. *bhujáti,* gr. φυγεῖν gegenüber got. *biugan*
usw., gr. φεύγειν.

3. Got. *trudan* 'treten', aisl. *troða* (4. R.). Die daneben stehnden vollstufigen Präsentien ae. *tredan,* ahd.
tretan (5. R.) sind verdächtig, den Vokalismus der Wurzelsilbe nach dem Normalschema umgebildet zu haben. —
aisl. *knoða* (schw.) 'kneten' neben ae. *cnedan,* ahd. *knetan*
(beide st. 5. R.), die wie *tretan* zu beurteilen sind. — aisl.
holfa 'gewölbt sein' (schw., doch vgl. Part. Perf. *holfenn*
3. R.).

4. Got. *wulands* (Röm. XII. 11) 'siedend', mit aisl.
vella (3. R.) 'kochen, sprudeln' verwandt. · — got. *hulundi* Part.
Präs. F. ursprünglich 'die hehlende', dann Substantiv
'Höhle' gegenüber ae. ahd. *helan* 'hehlen'. — aisl. *koma*
'kommen', ae. *cuman,* ahd. *cuman coman* (Tatian Hss. γ, ζ)
gegenüber got. *qiman* usw. — got. *un-wunands* (Phil. II.

26) 'sich nicht freuend', vgl. ai. *vanéma* 1. Plur. Opt. Prs. Akt.

6. Im Germanischen sind in der 6. Ablautreihe unter-gebracht, obschon sie von Haus aus einer der schweren Reihen zugehören:

a) aisl. *taka* 'nehmen' gegenüber got. *tēkan*. — got. *daddjan* (aus *dajjonon) 'säugen', vgl. ai. *dháyati* 'saugt', abg. *dojǫ* gegenüber lett. *dêju*, ahd. *tāan*. Wz. *dhēi̯*-.

b) ai. *vaḍa* 'waten', ae. *wadan*, ahd. *watan* gegenüber lat. *uādere*. — got. *skaban*, aisl. *skafa* 'schaben', ae. *scea-fan*, ahd. *scaban* = lat. *scabere* dürfte schwundstufigen Vokal in der Wurzelsilbe haben. Die Vollstufe erschiene dann in lat. *scābī* (vgl. Vollstufe *cēpī* : Schwundstufe *capio*).

c) ae. *bacan* 'backen', ahd. *bahhan* gegenüber gr. φώγω 'röste'.

Anmerkung 1. Verschiedne Verben, die nach Ausweis der übrigen idg. Sprachen von *er- en*-Wurzeln gebildet sind, zeigen im Germanischen *a* als Präsensvokal. Vgl. z. B. as. *skaldan* 'ein Schiff fortschieben', ahd. *scaltan* 'stoßen' neben ahd. *sceltan* 'schelten'; ahd. *spaltan* : got. *spilda* 'Schreibtafel', aisl. *spiald* 'Brett', mhd. *spelte* 'Lanzensplitter'; ae. *wealtan* 'wälzen', ahd. *walzan* (redupliz.): aisl. *velta* (3. R.); got. *graban* 'graben' usw.: abg. *grebǫ* 'grabe, rudere'; got. *faran* 'fahren' usw.: abg. *perǫ* 'fliege'; got. *gaggan* 'gehn' usw. : lit. *žengiù* 'schreite'; got. *blandan* 'mischen' usw. : *blendžiù-s* 'verfinstre mich', got. *blinds* 'blind' usw. Nach F. de Saussure, Mémoire S. 262 und J. von Fier-linger, KZ. XXVII. 436 ff. sollen die idg. langen silbischen Nasale und Liquiden im Germanischen *a* entwickeln, die angeführten Verba demnach langen Schwundstufenvokal aufweisen. Diese Theorie ist unhaltbar; denn den lit. *ir il, in im*, die auf idg. langen silbischen Liquiden und Nasalen beruhn (vgl. Ph. For-tunatov, Archiv f. slav. Phil. IV. 586 und F. de Saussure, Mém. soc. ling. VIII, 431 ff.), entsprechen im German. *ur ul, un um*; Länge und Kürze sind also zusammengefallen. Vgl. ai. *pūrṇás* 'voll', lit. *pilnas*, got. *fulls* usw.; ai. *ūrṇā* 'Wolle', lit. *vilna*, got. *wulla* usw.; lit. *žirnis* 'Erbse', got. *kaúrn* 'Korn' usw., *pirmas* 'erster', got. *fruma; pažintas* 'bekannt', got. *kunþs* usw. Wir müssen daher in dem germ. *a* in der Umgebung von Nasalen und Liquiden, wenn die Silbe von alters her schwundstufig sein muß, eine besondere Art von Schwa erblicken, wie H. Osthoff, MU. V. Vorwort und C. C. Uhlenbeck, PBrB. XVIII. 561 f. aus andern Gründen vermutet haben.

Anmerkung 2. Von manchen Gelehrten, namentlich von
Joh. Schmidt, werden Bildungen wie *digands*, *hulundi* u. dgl.
dem (starken) Aorist zugewiesen. Auf die Beurteilung der for-
mellen Seite übt diese Deutung keinen Einfluß aus, da der sog.
starke Aorist (gr. πιθεῖν, φυγεῖν, βαλεῖν usw.) der Bildung nach
mit dem Präsens der suffixbetonten *e/o*-Klasse identisch ist.

2. Die *ne/no*-Klasse.

201. An die von Haus aus wohl schwundstufige
Wurzel tritt das Suffix -*ne/no*-. Flexion wie in der ersten
Klasse. Vgl. gr. πίνω 'trinke' von Wurzel *pōi̯-*, δάκνω
'beiße' aus **dn̥knó* (vgl. ai. *daśas* N. 'Biß', ahd. *zangar*
'beißend, scharf'), στάνω 'stelle', Wz. *stā-*. Wie weit diese
Klasse erst einzelsprachlich durch Umbildung der athematischen *nā*-Klasse entstanden ist, muß dahin gestellt
bleiben.

Im Germanischen ist fast durchweg das Präsenssuffix
auch in die übrigen Tempora eingedrungen, es ist wurzelhaft geworden. Reste des alten sind nur noch: lit. *gynu*
'lebe auf, genese' neben *gyjù* (vgl. *gývas* 'lebendig', ai.
jīvás), got. *us-keinan* 'hervorkeimen' dazu Part. Perf. *us-
kijanata* (Luc. VIII. 6). In den übrigen germ. Sprachen
geht *n* durch alle Formen hindurch. — got. *fraíhnan*
'fragen', Prät. *frah* — *frēhum*, Part. Perf. *fraíhans*; aisl.
fregna — *frá* — *frógom* — *fregenn*; im Ae. ist das Präsenssuffix wurzelhaft geworden: *friȝnan* — *fræȝn* — *fruȝnon*
— *fruȝnen* (neben altertümlicherm Prät. Plur. *fruȝan* und
Part. Perf. *ȝefruȝen*, *ȝefreȝen*); as. *fregnan* — *gi-fragn* —
frugnun; ahd. *ga-fregin* (Wessobrunner Gebet). — ahd.
bacchan backan (neben *bahhan*); die lange Konsonanz ist
durch Assimilation eines betonten *n*-Suffixes an den vorausgehnden Verschlußlaut entstanden, vgl. H. Paul,
PBrB. IX. 583. Grundform Prs. **bäknó* Prät. **bōk*, ahd.
buoh.

Bei allen andern Verben ist das Präsenssuffix fest
geworden. Nur die Vergleichung mit außergermanischen
Formen kann darüber Aufschluß geben, daß es sich wirklich um ein präsensstammbildendes Element handelt. Vgl.

z. B. die Verba auf Inf. *-īnan*, vgl. aisl. *gīna* 'gähnen', ae. *ʒinan*, vgl. abg. *zinetŭ* 'gähnt, klafft', neben lat. *hiāre*, ahd. *gīēn*; aisl. *hrīna* 'schreien' neben ahd. *skrīan* (*h*- : *sk*- = lat. *scrībere* : aisl. *hrīfa*); got. *skeinan* 'scheinen', aisl. *skīna*, ae. *scīnan*, as. ahd. *skīnan* neben got. *skeirs* 'hell, klar', aisl. *skīrr* usw.; aisl. *suīna* 'nachlassen', ahd. *swīnan* zu gr. φίνεσθαι 'die Blüten verlieren' (P. Kretschmer, KZ. XXXI. 420).

Ahd. *klenan* 'schmieren', vgl. air. *glenim* 'adhaereo', dazu gr. γλία 'Leim'.

Lat. *sperno sprēui* 'verachte', eigentlich 'stoße weg', aisl. *sporna* — *sparn* 'stoßen', ae. *spornan spurnan* — *spearn*, as. ahd. *spurnan* (st., später schw.); daneben bei Otfrid auch die Neubildung *fir-spirnit*. — got. *maúrnan* (schw.) 'trauern', ae. *murnan* (st.); aisl. *morna*, ahd. *mornēn* (beide schw.).

Auch einige starken Verba mit Doppelkonsonanz im Wurzelauslaut gehören hierher: ae. as. ahd. *swimman* 'schwimmen' neben aisl. *symia*, Grundform Prs. **swemnō*, vgl. air. *sennim* 'treibe, jage'. Im Aisl. erscheint auch *suima*; das ist eine Neubildung nach den außerpräsentischen Formen mit einfachem *m*: Perf. *suam* — *suómom*, Part. *sumenn*. — got. ae. ahd. *spinnan* 'spinnen', aisl. *spinna* zu lit. *pinù* 'flechte', abg. *pĭnǫ* 'spanne'. ahd. *sinnan* 'gehn' nach Fr. Kluge auf vorhistorisches Prs. **sentnō* zurückführend. — ahd. *fallan* 'fallen' usw. zu lit. *púlu* 'falle', germ. Grundform Prs. **pɔlnō*. — Ähnlich sind as. ahd. *wallan*, *quellan*, aisl. *suella* 'schwellen' usw. zu beurteilen.

Anmerkung. Mit Suffix *-ie/io-* sind zwei germ. *ne/no*-Verba weitergebildet: ae. *wæcnan* 'erwachen', Perf. *wóc* usw.; ahd. *gi-wahannen* 'erwähnen', Perf. *gi-wuog*, von der idg. Wz. *u̯eku̯e-*, vgl. gr. Ϝέπος, lat. *uōx*. Man vergleiche die gr. Verba auf *-αu̯ω* (idg. *-n̥i̯ō*),

3. -nu̯e/nu̯o-Klasse.

202. An die schwundstufige Wurzel tritt das Präsenssuffix *-nu̯e/nu̯o-*. Wie weit diese Klasse Umbildung der athematischen 5. ai. Klasse ist, bei der Suffix *-neu̯*:

-nu- an die schwundstufige Wurzel tritt, läßt sich im einzelnen nicht mehr bestimmen. Vgl. ai. *cinvati*, gr. homer. τίνω (aus *τιν*Ϝω*) 'büße' neben ai. *cinóti*; gr. hom. φθίνω (aus *φθιν*Ϝω*) 'vernichte, schwinde hin, reibe auf' neben ai. *kṣiṇóti*.

Im Germanischen muß *nu̯* zu *nn* assimiliert werden. Ein großer Teil der Verba der 3. Ablautreihe auf *nn* sind daher dieser Klasse zuzurechnen. Das Präsenssuffix ist übrigens bei allen Verben wurzelhaft geworden.

Got. *winnan* 'leiden, sich plagen', aisl. *vinna* 'arbeiten, leisten, gewinnen', ae. ahd. *winnan* 'streiten, sich abmühn': ai. *véti* 'bekämpft, sucht zu gewinnen'. — got. *du-ginnan* 'beginnen', ae. *be-ʒinnan*, as. ahd. *bi-ginnan,* vgl. ai. *hinvati* 'treibt an' (neben *hinóti*). — got. as. ahd. *brinnan* 'brennen', früh aisl. *brinna,* ae. *beornan,* vgl. ai. *bhrīṇáti* 'versehrt', aisl. *brime* 'Feuer'. — got. as. ahd. *rinnan,* früh aisl. *rinna,* ae. *iernan,* vgl. ai. *ariṇvan* und *riṇáti* 'flutet, läßt laufen'. — got. *af-linnan* 'weichen', ae. ahd. *linnan,* aisl. *linna* (schw. V.), vgl. ai. *vi-lināti* 'zergeht, löst sich auf'. — ahd. *in-trinnan* 'sich absondern, entlaufen', wahrscheinlich zu ai. *drávati* 'läuft' gehörig und aus *trunnan* umgebildet, vgl. ae. *tredan* für got. *trudan,* aisl. *troða* u. ä.

Ae. *bonnan,* ahd. *bannan* 'unter Strafandrohung befehlen' wird gewöhnlich zu gr. φᾱμὶ φᾰμὲν, lat. *fāri* gestellt. — ae. *sponnan* 'spannen', ahd. *spannan* wird mit abg. *spějǫ,* lat. *spēs* 'Hoffnung', gr. σπάω (aus *σπασω; α α = idg. ə) verbunden.

4. Nasalinfix-Klasse.

203. Die konsonantisch schließende, von Haus aus schwundstufige Wurzelsilbe wird nasaliert. Das stammauslautende -*e/o*- trägt ursprünglich den Ton. Vgl. ai. *limpáti* 'beschmiert', lit. *limpù,* Inf. *lìpti* 'kleben'. — lat. *scindo,* Perf. *scidi* 'zerreiße', *linquo — līquī* 'lasse', *rumpo — rūpī* 'breche', lit. *runkù,* Inf. *rùkti* 'werde runzelig' u. a.

Nur im Präsens erscheint der Nasal auf germanischem Boden bei got. *standan,* Perf. *stōþ — stōþum,* das Part. Perf. ist nicht belegt; aisl. *standa — stóð — stóðom* —

staðenn; ae. *stondan* — *stód* — *stódon* — [Part. Perf. *stonden*
ist Neubildung]; as. *standan* — *stód* — *stódun* — [*astan-
den*]; ahd. *stantan* — *ar-stuat gi-stuat* (Weißenburger Ka-
techismus, Otfrid) — *vor-stótun for-stuotun* (Tatian), *gi-
stuatun* (Otfrid), sonst ist der Nasal im Ahd. überall fest
geworden: *stuont* — *stuontum* — *gistantan.*

In allen andern Fällen ist der ursprünglich nur prä-
sentische Nasal wurzelhaft geworden, wie in lat. *iungo* —
iunxi 'verbinde', *pango* — *panxi* 'befestige'. Vgl. ae.
climban 'klimmen', ahd. *klimban*; aisl. *klífa,* me. *cliven*
'klettern', as. *bi-klīban* 'kleben, haften', ahd. *klīban,* deren
stimmhafte Spirans auf Suffixbetonung deutet, haben die
Nasalierung dem Normaltypus zu lieb aufgegeben. — mhd.
glinzen (st., selten): as. *glītan* 'gleißen', ahd. *glīzan.* —
aisl. *sleppa* 'gleiten lassen' (aus *slimponon*): ahd. *slīfan.* —
ae. *slincan* 'kriechen': me. *slīken* 'schleichen', ahd. *slīhhan.* —
nhd. *blinken* (schw. V.): aisl. *blíkia* 'blinken', ae. *blícan*, ahd.
blīhhan 'bleichen'. — got. *fra-slindan* 'verschlingen', ndl.
slinden, ahd. *slintan* : ae. *slídan* 'gleiten', mhd. *slíten.* —
got. *sigqan* 'sinken', aisl. *sökkua,* ae. *sincan*, as. ahd. *sinkan,*
vgl. ai. *sincáti* 'gießt aus' : ae. *séon, ahd. *sīhan* (idg.
*singᵛó : *séiĝᵛō). — got. *stigqan* 'stoßen', lat. *di-stinguo*:
as. *stekan*, ahd. *stehhan* (vgl. gr. στίζω aus *στίγϳω und
lat. *in-stīgo). — aisl. *spretta* 'aufspringen' (aus *sprintonon*),
mhd. *sprinzen* : mhd. *zer-sprīzen* 'zerplittern', ahd. *sprīzalōn*
'inspicare'.

Ae. as. ahd. *springan* 'springen': gr. σπέρχεσθαι 'eilen'.
— ae. *wrinᶻan* 'drehn, pressen', ahd. *rinᶻan* : lit. *veržiù*
'schnüre zusammen', mhd. *wergen* (st. V.) 'würgen', abg.
vrŭzą 'feßle', ahd. *wurgen* (aus *wurgjan*) 'würgen'. — got.
þeihan 'gedeihn' (mit auffälliger Wurzelbetonung; vielleicht
Anlehnung an *preihan,* lit. *treñkti?*) usw. lit. *tenkù,* Inf.
tèḳti 'ausreichen'.

Aisl. *banga* (schw. V.) 'schlagen, klopfen': ahd. *bāgan*
'streiten, kämpfen', air. *bāgim.* — got. *fāhan* usw. lat. *pango*:
gr. πήγνυμι, lat. *pāx pācis.* Auffällige Wurzelbetonung; vielleicht Angleichung an *hāhan,* dessen Nasal wurzelhaft ist?

Anmerkung 1. II. Hirt, PBrB. XVIII. 522 ff. macht mit Recht darauf aufmerksam, daß eine Anzahl von germ. Verben mit *ī* und *ū* in der Wurzelsilbe, die man gewöhnlich zu der suffix-betonten *e/o*-Klasse rechnet, von Haus aus nasalierte Präsentien gebildet haben. Vgl. got. *bi-leiban* usw. gegenüber ai. *limpáti* 'beschmiert', lit. *limpù* 'klebe'; ae. *smūɣan* 'schmiegen', lit. *smunkù* u. a. Nur darf man den Verlust des Nasals nicht mit Hirt irgend welcher lautlichen Ursache zuschreiben, sondern muß ihn durch Angleichung des Präsens an den Normaltypus erklären.

Anmerkung 2. Wie *standan* : abg. *stanǫ* verhält sich ae. *swindan* 'schwinden', ahd. *swintan* : aisl. *suina* 'nachlassen', ahd. *swīnan* 'dahinschwinden, abnehmen'.

Außerdem existieren im Germanischen noch verschiedne Verba, wo nach ursprünglich vokalisch auslautender Wurzel Nasal + Dental als Suffix erscheint. Vgl. got. *windan* usw. : lat. *uiēre* *uīmen* *uītis* u. a. weniger durchsichtige. H. Osthoff, IF. Anz. I. 81 ff. und ZZ. XXIV. 215 ff. nimmt hierfür ein präsensstamm-bildendes Element *-net-* : *-nt-* (woraus *-nd-* entstehn kann) an. Aber außer in abg. *bǫdǫ* (aus *bhūndō*) 'werde' kommt der Dental überall im ganzen Tempussystem vor, so daß die Erklärung zweifelhaft bleibt.

5. Die *te/to*-Klasse.

204. Diese Kategorie ist schon in der Urzeit un-produktiv gewesen. Die Wurzel scheint von Haus aus vollstufig gewesen zu sein. Vgl. lat. *plecto — plexī* 'flechte', *pectō — pexī* 'kämme'. Im Germanischen entsprechen den beiden lat. Verben aisl. *flétta* 'flechten' (schw. V.) ahd. *flehtan* und ae. *feohtan* 'fechten' (ursprüngl. wohl 'raufen'), mnd. *vechten*, ahd. *fehtan*. Das präsensstamm-bildende *t* ist wurzelhaft geworden. Man vergleiche übrigens das gr. Verbum πλέκω und das lit. *peszù* 'pflücke', die des Suffixes entbehren.

Was man sonst hierherstellt, ist gänzlich unsicher, da nirgends auf außergermanischem Gebiet *t* auf das Präsens beschränkt ist, sondern durch alle Verbalformen hindurchgeht, so daß ihm der Charakter eines präsens-stammbildenden Suffixes nicht zugesprochen werden kann.

6. Die *ske/sko*-Klasse.

205. In dem Suffix scheinen sowohl palatale, als auch rein velare und labialisierte *k*-Laute aufzutreten.

Vgl. J. Zubatý, KZ. XXXI. 9 ff.; Chr. Bartholomae, Studien zur idg. Sprachgesch. II, 1 ff.; Joh. Schmidt, Deutsche Litteraturzeitung 1892, Sp. 1553 ff. Neben der Tenuis kommt auch die Tenuis aspirata vor.

Die Wurzel ist ursprünglich wohl schwundstufig.

Vgl. ai. *gáchati* 'geht', gr. βάσϰω neben ai. *gámati*, gr. βαίνω; Grundform **gʷm̥-skó.* — ai. *pr̥cháti* 'fragt', lat. *posco*, neben *precari* got. *fraíhnan*; Grundform **pr̥ksḱó.* — abg. *iskǫ* 'suche', lit. *jëszkaŭ* (mit *sk*), aber ai. *ucháti* 'leuchtet auf', lit. *aŭszo* 'es tagte' (mit *sḱ*) usw.

Im Germanischen ist das Suffix überall wurzelhaft geworden; doch ist es in der Regel noch unschwer zu erkennen. Als *sq* erscheint es nur einmal in got. *gawrisqan* (ᾰπ. λεγ. Luc. VIII. 14) 'Frucht bringen' aus *uerdh-skᵛō, vgl. ai. *várdhati* 'wächst'; aisl. Part. Perf. *roskenn*. — ai. *pr̥cháti*, lat. *posco*, ahd. *forscōn* 'forschen' neben *frāgēn* 'fragen'. — ahd. *ir-leskan* 'erlöschen' intrans., eigentl. 'sich legen' zu got. *ligan* usw. — got. *þriskan* 'dreschen', aisl. *þryskua þriskia*, ae. *đerscan*, ahd. *drescan*, wahrscheinlich zu lat. *terere*; vgl. auch abg. *trěštiti* (aus *trěskīti) 'ferire'. — ae. *áscian* 'fragen', as. *ēscon*, ahd. *eiscōn*, abg. *iskati*. — gr. μίσγω 'mische' (mit γ statt ϰ durch den Einfluß von μίγνυμι), lat. *misceo*, abg. *měsiti*, lit. *maiszýti* (abg. *s*, lit. *sz = sḱ*), ae. *miscian*, ahd. *misken*; Grundform **migskō.* — ahd. *loscēn* 'verborgen sein' gehört zu aisl. *lúta* 'sich ducken', ae. *ʒe-lútian* 'latere', mhd. *lūzen* 'latrare', Grundform **lutskō.* — got. *and-hruskan* 'erforschen' stellt sich zu lat. *scrutari*, Grundform **(s)krutskō.* — mhd. *lüschen* 'lauschen' ist mit ϰλύω urverwandt; neben mhd. *krīschen* 'schreien' steht *krīzen.*

7. Die i̯e/i̯o-Klasse.

A. Die idg. Verhältnisse.

a. Die primären Verba.

206. In der Regel faßt man unter dem Namen der i̯e/i̯o-Klasse mehrere, von Haus aus geschiedne Bildungen zusammen. Über die Notwendigkeit der Trennung Verf., PBrB. XIV. 224 ff.; H. Hirt, Idg. Akzent, S. 192 ff.

I. Die eigentlichen ie̯/i̯o-Verba.

1. Die starren ie̯/i̯o-Bildungen.

Das stammbildende Element erscheint stets auf der
Vollstufe. Man kann zwei Ûnterabteilungen unterscheiden:

a) Die Wurzelsilbe ist schwundstufig: σπαίρω (aus
*σπαρjω) 'zapple', lit. *spiriù* 'stoße mit dem Fuß'; lit.
diriù 'reiße'; ai. *drúhyati* 'ist feindlich', *yúdhyati* 'kämpft',
lúbhyati 'trägt Verlangen' u. a.

b) Die Wurzelsilbe ist vollstufig. Es steht zu vermuten, daß diese Klasse jüngern Datums und erst durch
Ausgleichung entstanden ist. Nicht selten finden sich
auch neben vollstufigen ie̯/i̯o-Präsentien solche mit (nor-
maler) Schwundstufe: lit. *diriù* neben gr. δείρω (aus *δερjω);
lesb. κταίνω 'töte' neben att. κτείνω. Vgl. ferner abg.
meljǫ 'mahle', *stenjǫ* 'seufze'; lit. *ùž-veriu* 'schließe' usw.

Zu beachten ist, daß seit idg. Urzeit der Akzent auch
bei schwundstufiger Wurzelsilbe nicht auf dem Suffix
geruht hat.

Als Beispiel für die Behandlung des Präsenssuffixes
möge das Baltisch-Slavische dienen:

		abg.			lit.	
Sing.	1.	*sējǫ*		1.	*sėju*	
	2.	*sēješi*		2.	*sėji*	
	3.	*sējetŭ*		3.	*sėja*	
Plur.	1.	*sējemŭ*		1.	*sėjame*	
	2.	*sējete*		2.	*sėjate*	
	3.	*sējǫtŭ*		3.	*sėja.*	

2. Die abgestuften ie̯/i̯o-Bildungen.

Wie beim Nomen im Litauischen *kḗlis* neben *kḗlias*
steht, so erscheint auch beim Verbum neben der Vollstufenform des Suffixes die Schwundstufe. Und zwar kann diese
doppelte Gestalt haben: 1) Einsilbiges -ie̯/i̯o- wird in unbetonter Stellung zu kurzem *i.* — 2) Neben dem einsilbigen -ie̯/i̯o- findet sich unter den von E. Sievers, PBrB.
V.129 ff. festgestellten Bedingungen zweisilbiges -ie/io-. In
der Schwundstufe muß alsdann die Länge, d. h. *ī*, auftreten.
Wie das Germanische und — nach E. Berneker und

P. Giles — das Lateinische darthun, erscheint die zwei-
silbige Vollstufe und damit die langvokalische Schwundstufe regelrecht nach langer Wurzelsilbe. So erklärt sich
die lat. Doppelheit:

capio	*farcio*
capis	*farcīs*
capit	*farcit*
capimus	*farcīmus*
capitis	*farcītis*
capiunt	*farciunt.*

Einige Ausgleichungen sind eingetreten; auch Parallel-
bildungen kommen vor: *morīmur* und *morīmur.*

Man beachte, daß mit den abstufenden *i̯e/i̯o*-Verben
der Übergang zur athematischen Konjugation vollzogen ist.

II. Die Kausativa.

Die Kausativa haben das Suffix -*éi̯e*- -*éi̯o*-, dessen
erste Silbe regelmäßig betont ist. Die Wurzelsilbe zeigt
o-Stufe. Vgl. ai. *sādáyati* zu *sídati* 'sitzt', *jāráyati* zu
járati 'nimmt ab', *svāpáyati* zu *svápati* 'schläft'; gr. φορέω
zu φέρω 'trage', φοβέω zu φέβομαι 'fliehe', lat. *moneō*
(aus **monei̯ō*) zu *memini*, *noceō* (aus **nocei̯ō*) zu *necare*
'töten' u. a.

Zur zweisilbigen Vollstufe -*ei̯e*- -*ei̯o*- gehört regulärer-
weise die langvokalische Schwundstufe -*ī*-. Sie erscheint
überall durchgeführt im Slavischen (vgl. Verf., IF. III.
384 ff., H. Hirt, PBrB. XVIII. 519 ff.); abg. *voditi* (Ite-
rativ) 'führen' : *vedǫ*, *voziti* (Iter.) 'fahren' : *vezǫ*, *nositi* (Iterat.)
'tragen' : *nesǫ*; *moriti* 'töten' = ai. *māráyati*, *buditi* 'wecken'
= ai. *bōdháyati* usw. Die Präsensflexion ist folgende:

Sing. 1. *voždǫ*[1])
     2. *vodiši*
     3. *voditŭ*

Plur. 1. *vodimŭ*
     2. *vodite*
     3. *vodętŭ*[2]).

---

[1]) Aus **vodjǫ.*
[2]) Aus *vodīntŭ.*

Auf lit. Sprachgebiet erscheint im Infinitiv gleichfalls langes *i*, vgl. *darýti* 'machen' : *deriù* 'tauge', *ganýti*
'Tiere hüten, auf die Weide treiben' = abg. *goniti* 'treiben',
ramýti 'besänftigen' = ai. *rāmáyati* 'bringt zum Stillstehn'
u. a. Das lit. Präsens ist abweichend von dem slavischen
gebildet und wahrscheinlich der Kausativklasse von Haus
aus fremd.

III. Die Verba auf -*ēi̯*-.

Im Slavischen existiert eine Klasse primärer Verba,
die im Präsens wie die vorige Klasse flektieren, also -*i̯ǫ*
-*iši* -*itŭ* usw. aufweisen, im Infinitiv und den außerpräsentischen Temporibus aber einen Stamm auf -*ē* haben.
Vgl. abg. *sēždǫ* (aus **sēdi̯ǫ*) *sēdiši* : Inf. *sēdēti* 'sitzen' (vgl.
lat. *sedēre*), *viždǫ* (aus **vidi̯ǫ*) *vidiši* : Inf. *vidēti* 'sehn', vgl.
lat. *uidēre*. — *mĭni̯ǫ* *mĭniši* : Inf. *mĭnēti* 'meinen', vgl. gr.
μανῆναι usw.

Das Wesen dieser Bildung ist zuerst durch Chr. Bartholomae, Studien zur idg. Sprachgesch. II. 142 ff., erkannt worden, wenn auch seine Ausführungen im einzeln
vielfach der Korrektur bedürfen. Danach ist der ursprüngliche Stammausgang -*ēi̯*, das schon in idg. Urzeit
vor den meisten Konsonanten lautgesetzlich zu -*ē* werden
mußte. Die normale Schwundstufe von -*ēi̯*- ist -*ī*-: so erklärt sich aufs einfachste der Gegensatz von abg. Inf.
mĭnē-ti : Präs. 1. Plur. *mĭni-mŭ*.

Im Litauischen erscheint im Inf. gleichfalls -*ē*-, im
Präs. dagegen -*ĭ*-:

	abg. Sing. 1.	*sēždǫ*[1]	lit. 1.	*sédžiu*[1]
	2.	*sēdiši*	2.	*sédi*
	3.	*sēditŭ*	3.	*séd(i)*
	Plur. 1.	*sēdimŭ*	1.	*sédime*
	2.	*sēdite*	2.	*sédite*
	3.	*sēdętŭ*[2]	3.	*séd(i)*.

Das lit. *ĭ* kann entweder die durch Joh. Schmidt
zuerst erkannte Kürzung des Langdiphthongs um zwei

---

[1] Aus **sēdi̯ǫ* bezw. **sēdi̯u*.
[2] Aus **sēdintŭ*.

Moren repräsentieren, oder es ist durch den Zusammenfall der *ēi̯*-Verba mit den abstufenden (langstämmigen)
i̯e/i̯o-Verben nach dem Muster der abstufenden (kurzstämmigen) *i̯e/i̯o*-Verba neu geschaffen worden.

Ähnlich ist ja im griechischen Präsens, das die Abstufung des *i̯e/i̯o*-Suffixes überhaupt beseitigt hat, -*i̯e/i̯o*-
an die Stelle von -*ī̯*- bezw. -*ĭ*- getreten: vgl. μαίνομαι (aus
*μανjομαι) neben ἐμάνην, φαίνομαι neben ἐφάνην, χαίρω
neben ἐχάρην u. a.

Die Wurzel ist von Haus aus schwundstufig, der
Akzent ruht auf dem Suffix, vgl. μανῆναι, φανῆναι, χαρῆ-
ναι usw.

Anmerkung. Man hüte sich, Verba, deren Wurzel auf
-*i̯* auslautet, einer der *i̯*-Präsensklassen zuzuzählen. Von Wurzel
spēi̯- kommt ai. *sphāy-ati* 'habe Erfolg', abg. *spēj-ǫ*, lit. *spéj-u*
'habe Muße'; von Wurzel *dhēi̯*- 'saugen, säugen' ist gebildet ai.
dháy-ati, abg. *doj-ǫ* u. ä.

b. Die denominativen Verba.

Das Suffix -*i̯e/i̯o*- dient dazu, von Nominalstämmen
Verba abzuleiten. Der Nominalstamm kann auslauten:

1. auf Konsonanz: vgl. ai. *ápas* N. 'Werk', davon
apasyáti 'ist thätig'; gr. τέλος N. 'Ende', davon gr. hom.
τελείω (aus *τελεσjω) 'beende'; gr. ὄνομα N. 'Name',
davon ὀνομαίνω (aus *ὀνομανjω, idg. Ausgang -*mn̥i̯ō*); gr.
λιθάς Gen. λιθάδος 'Stein', davon λιθάζω (aus *λιθαδjω)
'steinige'.

2. Auf *e/o*: vgl. ai. *dēvás* 'Gott', davon *dēvayáti*;
φίλος 'lieb', davon φιλέω (aus *φιλεjω); lat. *albus* 'weiß',
davon *albeo*.

3. Auf *i*: vgl. ai. *kavíš* 'Weiser', davon *kaviyáte*; gr.
μῆνις 'Groll', davon μηνίω.

4. Auf *u*: vgl. ai. *vásu* N. 'Gut', davon *vasuyáti*; gr.
δάκρυ 'Thräne', davon δακρύω.

5. Auf *ā*: vgl. ai. *pr̥tanā* 'Kampf', davon *pr̥tanāyáti*;
gr. dor. τιμά̄ 'Ehre', davon τιμάω (aus *τιμαjω); abg. *lǫka*
'Biegung, Schlechtigkeit', davon *lǫkaja* 'täusche'; lit. *lankà*
'Thal', davon *lankóju* 'biege etwas hin und her'.

Neben den denominativen Präsentien auf idg. -*āi̯ō*
-*āi̯esi* -*āi̯eti* usw. erscheinen auch athematisch gebildete.
Vgl. gr. äol. 1. Pl. τίμᾱμεν (1. Sing. τίμᾱμι), lat. 2. *plantās*,
3. *plantat*, 1. Pl. *plantāmus* usw. (von *plantā*). lit. 1. Pl.
jústome, 2. *jústote* (von *jústa* 'Gürtel'). Diese athematischen
Denominativa von *ā*-Stämmen werden grade so flektiert
wie die primären Verba mit einem Stamm auf -*ā*-. Man
kann sich den Unterschied beider Flexionstypen am besten
am Litauischen veranschaulichen:

	Plur.	1.	*lankójame*	*jústome*
		2.	*lankójate*	*jústote*
	Du.	1.	*lankójava*	*jústova*
		2.	*lankójata*	*jústota.*

B. Die germanischen Verhältnisse.

1. *nasja*	*sōkja*	*suéf*	*stýre*	*dénne*	*thénniu*	*dénn(i)u*
2. *nasjis*	*sōkeis*	*suéfr*	*stýrer*	*dénes(t)*	*thénis*	*dénis*
3. *nasjiþ*	*sōkeiþ*	*suéfr*	*stýrer*	*déned*	*thénid*	*dénit*
1. *nasjam*	*sōkjam*	*suéfiom*	*stýrom*			*dénnemēs*
2. *nasjiþ*	*sōkeiþ*	*suéfed*	*stýred*	*dénnad*	*thén·*	*dénnet*
3. *nasjand*	*sōkjand*	*suéfia*	*stýra*		*[niad*	*dénnent.*

a. Die primären Verba.

I. Die eigentlichen i̯e/i̯o-Verba.

1. Die starren i̯e/i̯o-Bildungen.

Idg. Sing. 1. -*i̯ō*, 2. -*i̯esi*, 3. -*i̯eti* — Plur. 1. -*i̯omes*,
2. -*i̯ete*, 3. -*i̯onti* liegt vor in got. 1. *bidja*, 2. *bidjis*, 3. *bidjiþ*
— 1. *bidjam*, 2. *bidjiþ*, 3. *bidjand*.

Idg. Sing. 1. -*iō*, 2. -*iesi*, 3. -*ieti* — Plur. 1. -*iomes*,
2. -*iete*, 3. -*ionti* erscheint lautgesetzlich entwickelt in got.
1. *brūkja*, 2. *brūkeis*, 3. *brūkeiþ* — 1. *brūkjam*, 2. *brūkeiþ*,
3. *brūkjand*.

Das Westgerm. läßt einen Unterschied zwischen lang-
und kurzstämmigen nicht mehr erkennen.

2. Die abstufenden i̯e/i̯o-Bildungen.

Idg. Sing. 1. -*i̯o*, 2. -*isi*, 3. -*iti* — Plur. 1. -*imes*,
2. -*ite*, 3. -*inti* -*i̯onti*(?).

lat. *capio*   ahd. *héffu*
    capis   *hévis*
    capit   *hévit*
    capimus   *héffemēs*
    capitis   *héffet*
    capiunt[1]   *héffent.*

Der Singular ist lautgesetzlich; wie der Mangel der Konsonantendehnung in der 2. 3. Sing. zeigt, hat hier kein $i̯$ gestanden. Die 3. Plur. ist gebildet wie *capiunt*; sie hat die übrigen Pluralformen nach sich gezogen, so daß der Plural nun genau wie die starren $i̯e/i̯o$-Bildungen flektiert. Zu beachten ist, daß das Westgermanische gleich dem Litauischen das lange $ī$ in der Präsensflexion ganz verloren hat.

Im Got. ist auch die 2. 3. Sing. dementsprechend umgebildet worden: *hafjis hafjiþ.* Dies konnte um so eher geschehn, als nach langer Tonsilbe beide Kategorien lautgesetzlich in den meisten Formen zusammenfallen mußten.

Umgekehrt fallen im Westgerm. die starren $i̯e/i̯o$-Bildungen mit den abstufenden in der 2. 3. Sing. zusammen: *bitis bitit* wie *hévis hévit.*

Idg. Sing. 1. *-io*, 2. *-īsi*, 3. *-īti* — Plur. 1. *-īmes,* 2. *-īte,* 3. *-īnti* *-ionti* (?).

lat. *sāgiō*   got. *sōkja*
  sāgīs   *sōkeis*
  sāgit   *sōkeiþ*
  sāgīmus   *sōkjam*
  sāgītis   *sōkeiþ*
  sāgiunt   *sōkjand.*

3. Pl. *sōkjand* = *sāgiunt*; danach Umbildung der 1. Pl. zu *sōkjam*, wodurch völliger Zusammenfall mit den langstämmigen der starren Bildung herbeigeführt ward. Hierin liegt auch der Schlüssel für die Vermischung der beiden Klassen der kurzstämmigen Verba.

---

[1] Wohl Neubildung.

II. Die Kausativa.

Auch hier scheidet das Germanische kurz- und langstämmige Bildungen: got. 1. *nasja*, 2. *nasjis*, 3. *nasjiþ*, aber 1. *saudja*, 2. *sandeis*, 3. *sandeiþ*. Das kann unter keinen Umständen ursprünglich sein. Denn idg. *-éi̯ō -éi̯esi -éi̯eti* so gut wie idg. *-io -īsi -īti* hätten auch bei den kurzstämmigen unbedingt zu got. *-eis -eiþ* führen müssen.

Eine Spur des ursprünglichen scheint in der got. 2. Sg. Imperat. *nasei* erhalten zu sein, da die Form schwerlich auf eine andre Grundform als idg. **noséi̯e*, urgerm. **nozije*, zurückgeführt werden kann.

Weil die langstämmigen Kausativa lautgesetzlich mit den langstämmigen *ie/io*-Bildungen zusammengefallen sind, so sind die kurzstämmigen Kausativa nach dem Muster der kurzstämmigen *i̯e/i̯o*-Bildungen umgeformt worden.

III. Die Verba auf *-ēi̯-*.

haba	*hēf, hēfe*	*libbe, lifʒe*	*hēbbiu*	*habēm*
habais	} *hēfr, hēfer*	*liofas(t)*	*habes, habas*	*habēs*
habaiþ		*liofad*	*habed, habad*	*habēt*
habam	*hofom*			*habēmēs*
habaiþ	*hafed*	} *libbad, lifʒ(e)ad*	} *hēbbiat*	*habēt*
haband	*hafu*		} *habbiad*	*habēnt.*

Untersuchungen über die germ. Flexion dieser Präsensklasse haben angestellt: G. Mahlow, Die langen Vokale, S. 19 ff.; E. Sievers, PBrB. VIII. 90 ff., XVI. 257 ff.; R. Kögel, ebd. IX. 504 ff.; O. Bremer, ebd. XI. 46 ff.: Verf., Die germ. Komparative auf *-ōz-* (Freiburg i. d. Schweiz 1890), S. 18 ff.; Ders., Zur germ. Sprachgesch., S. 73 ff.; Chr. Bartholomae, Studien zur idg. Sprachgesch. II., S. 143 ff.; Joh. Schmidt, Festgruß an Roth, S. 185; H. Hirt, IF. I. 204 und PBrB. XVIII. 283 ff.; H. Collitz, BB. XVII. 49 ff.; Marg. Sweet, Am. Journ. Phil. XIV. 409 ff.; H. Möller, AfdA. XX. 131 f. (vgl. desselben Verf. Bemerkungen, PBrB. VII. 474. 532. 547).

Folgende Punkte scheinen mir durch die Diskussion festgestellt zu sein:

1. Die germ. Verba der dritten schwachen Konjugationsklasse sind in ihrem Grundstock primäre Verba.

2. Sie dürfen von den idg. sog. Aoriststämmen auf -ē- unter keinen Umständen getrennt werden: vgl. got. *haban* : lat. *habēre*, ahd. *dagēn* : lat. *tacēre* 'schweigen', ahd. *lebēn* : gr. ἀλιφῆναι, abg. *lĭpěti*, got. *ana-silan* : lat. *silēre*, got. *munan* 'gedenken' : gr. μανῆναι, abg. *mĭněti*, lit. *minéti*, got. *witan* : lat. *uidēre*, abg. *viděti*, lit. *pa-vydéti*, ahd. *lobēn* : lat. *lubēre*.

Der Akzent hat auf dem Suffix geruht. Im Germ. sprechen dafür ahd. *dagēn* (*tacēre*), *liban* (*lĭpěti*).

Jede Erklärung der germ. Verba, die nicht an die außergermanischen ē-Formen anknüpft, scheint mir prinzipiell verwerflich.

Anmerkung. Wegen des engen Zusammenhangs der germ. schwachen Verba dritter Klasse mit den außergermanischen ē-Verben, ein Zusammenhang, der erheblich enger ist, als M. Sweet, Am. Journ. Phil. XIV. 425 zugeben will, müssen H. Collitzens Erklärung der got. Flexion als eines idg. Mediums und H. Möllers den Thatsachen zum Trotz rein willkürlich konsturiertes Paradigma: idg. -ei̯ō -oi̯si -oi̯ti usw. a limine abgewiesen werden.

3. Die germanischen Dialekte stimmen in der Flexion nicht durchweg überein. Es fragt sich, welcher der verschiednen Flexionstypen darauf Anspruch machen kann, für altertümlich, d. h. aus der Urzeit ererbt zu gelten. Es leuchtet ein, daß die Antwort nur die sein kann: Je genauer die Flexion eines germ. Dialekts dem außergermanischen Grundtypus entspricht, um so ursprünglicher ist sie.

Bei diesem Grundsatz kommt in erster Linie die got. Flexion in Betracht, vgl. Verf., Zur germ. Sprachgesch. a. a. O., dessen Theorie im wesentlichen auch Joh. Schmidt a. a. O. adoptiert hat. Danach hat man von einem Stamm auf -ē- auszugehn, wie er bei gr. ἐμάνην usw., lat. *habēs, habet, habēmus, habētis, habent* erscheint. An diesen Stamm treten die Endungen direkt an. So erklärt sich nach § 87, 2 die 3. Plur. got. *haband* aus idg. *khabhēnti*, urgerm. *haband(i)*, das Part. Präs. *haband-* aus

idg. *khabhēnt-, urgerm. *haband-, vgl. got. fijands, ahd. fiant.
Ebenso ist der Optativ ursprünglich. Die 1. Sing. haba
kann mit H. Hirt a. a. O. im Ausgang dem gr. ἐμάνην
gleichgestellt werden. Die 1. Plur. ist in Bezug auf
den stammauslautenden Vokal einfache Neubildung nach
der 3. Plur., da diese sonst immer mit ihr überein-
stimmt. Das gleiche gilt vom got. Infinitiv auf -an gegenüber ahd. -ēn, abg. -ěti, lit. -ěti.

Schwieriger sind die ai-Formen des Gotischen zu erklären. Lautlich das einfachste ist, sie mit Bartholomae
und J. Schmidt aus idg. -ēi̯- herzuleiten, das vor -s- (und
-t-) den zweiten Diphthongalkomponenten erhalten habe.
Aber von der Erhaltung des i̯ läßt sich sonst bei diesen
Verben keine Spur nachweisen.

Nun hat K. F. Johansson, De derivatis verbis contractis linguae Graecae quaestiones (Upsala 1886), S. 187
die verlockende Gleichung aufgestellt: got. sijais = alat.
siēs (vgl. dess. Verf. Äußerungen BB. XIII. 125), d. h.
er nimmt an, daß unter gewissen Bedingungen in nichthaupttoniger Silbe idg. ē als got. ai d. h. æ erscheine
(etwa außer vor erhaltnem i [und u?]; libains und dergl.
wären junge Bildungen, während das isolierte faheþs das
lautgesetzliche bewahrt hätte). Wenn es auch noch nicht
gelungen ist, diese Bedingungen zu formulieren, so scheint
doch durch die Hypothese Johanssons die einfachste Erklärung der 2. 3. Sg. 2. Plur. habais habaiþ gegeben zu
werden. Wer sich jedoch scheut, mit Johanssons Vermutung zu rechnen, kann zu der prinzipiell identischen
Deutung Bartholomae-Schmidts seine Zuflucht nehmen.

Das Nordische stimmt im Plur. ganz zum Got.: hǫfom
= habam, hafeð — habaiþ, hafa - haband; das nord.
unbetonte e ist der lautgesetzliche Vertreter von urgerm.
æ und ai.

Ahd. ē in habēm und den übrigen ē-Verben ist idg. ē.
Der lange Vokal ist in all die Formen wieder eingeführt
worden, wo er lautgesetzlich zu a hätte gekürzt werden
müssen, vgl. Part. Präs. habēnti neben fiant.

4. Eine isolierte Stellung nehmen das Altenglische und das Altsächsische ein. Hier erscheint ein *j* in der 1. Sg. und 3. Plur. (die auch die 1. 2. Plur. vertritt); es fehlt dagegen in der 2. 3. Sing. Eine solche Flexion läßt sich im Gegensatz zu der got. Flexion an keinen außergermanischen Typus anknüpfen; sie muß daher als einzelsprachliche Neuerung angesehn werden. Welches war der Weg, der dazu führte?

Wir wissen, daß die Flexion der *ē*-Stämme von Haus aus athematisch ist. Was muß sich im Germanischen ergeben, wenn die 1. Sg. **khabhēm(i)* wie im Lateinischen in die thematische Flexion übergeführt wird? Nichts anders als **habēō*, das dem lat. *habeō* genau entspricht; denn vor Vokal mußte die unbetonte Länge notwendigerweise verkürzt werden. Daß diese Neubildung die Neubildung der entsprechenden Personen (1. 3. Plur.) nach sich gezogen hat, ist für das Germ. selbstverständlich. Man muß dabei beachten, daß ein ähnlicher Wechsel bei 1. **brūkiō*, 2. **brūkīz(i)*, 3. **brūkīd(i)* — 1. **brūkiom(iz)*, 2. **brūkīd(e)*, 3. **brūkiond(i)* bereits lautgesetzlich entstanden war. Im weitern Verlauf der Sprachentwicklung mußte das unbetonte antevokalische *e* unsilbisch werden und dadurch auf die vorausgehnde Konsonanz einwirken[1]).

Was die Ausgänge der 2. 3. Sg. 2. Plur. anlangt, so ist nicht daran zu zweifeln, daß ihre Grundformen zu denen der übrigen Dialekte gestimmt haben, mag man diese nun auf idg. *-ēsi -ēti -ēte* aus *-e̯isi -e̯iti -e̯ite* zurückführen. Das As. fügt sich, soviel ich sehe, beidemal ohne Widerspruch; Schwierigkeit machen dagegen ae. *-as -ad*, die vorausgehndes *i* zu *io* brechen, während sie vorausgehndes *a* nicht modifizieren. Es fragt sich, ob urengl. *ā* (aus *æ* oder *ai*)

---

[1]) Ae. *lifȝe* : ac. *libbe* = ac. *scalfie* : got. *salbō* d. h. wie *scalfie* auf urgerm. **salbōjō*, so geht *lifȝe* auf urgerm. **libējō* zurück, eine Form, die den abg. Denominativen auf *-ēja̦* entspricht. Wenn in **libējō* das *ē* vor *j* früher verkürzt ist als das *ō* vor *j* in **salbōjō*, so beruht dies, wie E. Sievers neuerdings vermutet, auf dem Umstand, daß *ē* dem *j* qualitativ weit näher steht als *ō*.

zu Grunde liegen kann, oder ob, wie E. Sievers neuerdings
zu vermuten nicht abgeneigt scheint, Beeinflussung von seiten
der schwachen Verba zweiter Klasse vorliegen könnte.

5. Wenn wir die Flexion der germ. schwachen Verba
dritter Klasse auf eine Linie stellen müssen mit der Flexion
von griech. μανῆναι und lat. *habēre,* d. h. das Eindringen
einer ursprünglich außerpräsentischen Stammform ins
Präsens anzunehmen haben, so erhebt sich die weitere
Frage, ob nicht von der ursprünglichen Verteilung: Präs.
ī (i) — Inf. *ē,* wie sie im Slavischen bewahrt ist, Spuren
auch im Germanischen nachweisbar sind. Ich glaube, die
Frage muß bejaht werden: es handelt sich um die germ.
i-Präsentien, die zu außergermanischen *ē*-Stämmen gehören. Vgl.:

ahd. *liggu*[1]	abg. *ležą* 'liege'
ligis	*ležiši*
ligit	*ležitŭ* usw.

Inf. abg. *ležati* (aus *legēti*). Ferner:

ahd. *sitzu*	abg. *sēždą*[3]	lit. *sédžu* 'sitze'
sitzis[2]	*sēdiši*	*sédi*
sitzit[2]	*sēditŭ*	*séd(i)*[4].

Inf. abg. *sēdēti,* lit. *sēdéti.* Möglicherweise ist Inf. got.
sitan wie *haban* zu beurteilen, also eine Spur des zweiten
Stammes auf -*ē*- darin zu suchen. Doch ist das unsicher, da
mehrere Möglichkeiten in Betracht kommen.

Abgesehn von der 1. Sing. gleichen sich genau:

ahd. [*stēm*]	abg. *stoją* 'stehe'
stēs	*stojiši*[5]
stēt	*stojitŭ*
stēmēs	*stojimŭ*
stēt	*stojite*
stēnt	*stojętŭ*.

Inf. abg. *stojati* aus *stojēti.*

<hr>

[1] Man beachte noch die Übereinstimmung der Bedeutung.
[2] Affrikata für lautgesetzliche Spirans, vgl. W. Braune,
Ahd. Gramm.[2] § 344 Anm. 2.
[3] Aus *sēdją.*
[4] Plur. *sédime sédite.*
[5] Abg. *j* ist hier Übergangslaut.

In dieser Präsensflexion liegt der Schlüssel für den Übertritt zahlreicher *ē*-Verba in die *i̯e/i̯o*-Flexion. Vgl. auch die Doppelflexionen got. *hatan* : *hatjan* (vgl. Luc. VI. 27) got. *hugjan* : ahd. *hogēn* u. a.

6. Endlich bedürfen noch die Berührungen der 3. Klasse schwacher Verba mit der 2. (der *ō*-Klasse) der Erwähnung. Man vgl. ahd. *giēn* mit lat. *hiāre*, lit. *žióti*, ahd. *tholōn*, ae. *ðolian*, as. *tholoian tholon* (gr. dor. ἔτλᾱν) neben gewöhnlichem ahd. *tholēn*, got. *þulan*, ahd. *zilēn* : as. *zilōn*, *hangēn* : as. *hangon*, got. *hatan*, ahd. *hazzēn* : as. *haton*, ahd. *wahhēn* : as. *wakon* u. a., vgl. M. S w e e t, a. a. O. S. 425 ff.

Man darf schwerlich mit J o h. S c h m i d t a. a. O. S. 184 f. in diesen Berührungen den Reflex altertümlicher Erbformen sehn, für die es auf außergermanischem Gebiet an sichern Belegen fehlt. Sie erklären sich vielmehr aufs einfachste, wenn man bedenkt, daß in der athematischen *ē*- wie in der athematischen *ā*-Flexion die Optative lautgesetzlich zusammenfallen mußten (unbetontes *ōi* + Kons. wird wie unbetontes *ǣi* + Kons. zu urgerm. *ai*), daß ferner 3. Plur. und Part. Präs. gleicherweise urgerm. -*and*- hatten, das aus -*ōnd*- bezw. -*ǣnd*- entstanden war, daß schließlich wohl auch im Konjunktiv identische Formen auftreten mußten. Damit war den Doppelbildungen Thür und Thor geöffnet, selbst wenn man gänzlich von der Funktionsverwandtschaft beider Präsensklassen absehn wollte.

b. Die denominativen Verba.

1. Die Präsentien, die von konsonantischen Stämmen ausgehn, müssen wie die primären *i̯e/i̯o*-Verba flektieren. Vgl. got. *riqizjan* von *riqiz* N. ῾Finsternis᾽; *namnjan* ῾nennen᾽ von *namō* N. ῾Name᾽; *weitwōdjan* von *weitwōds* ῾Zeuge᾽; got. *liuhatjan* ῾leuchten᾽, vgl. gr. λευκάς Gen. λευκάδος.

2. Die Präsentien auf -*i̯ō* und -*ei̯ō* mußten zusammenfallen. Lautgesetzlich hätten sie, ganz abgesehn von der Quantität der Tonsilbe, in der 2. 3. Sing. 2. Plur. nur -*ī*-

haben können; denn idg. -*i̯eti* -*ei̯eti* mußte im Germ. -*īd(i)*
bezw. -*īþ(i)* ergeben. Die vorgenommnen Ausgleichungen
sind dieselben wie bei den Kausativen. Vgl. *wlizja wlizjis
wlizjiþ* 'schlage ins Gesicht' statt *wlizeis, *wlizeiþ usw., vgl.
das Nomen *anda-wleizn* 'Antlitz'.

3. Die germ. ō-Verba.

salbō	*kalla*	*sealfie*	*salbon*	*salbōm*
salbōs	*kallar*	*sealfas(t)*	*salbos*	*salbōs*
salbōþ	*kallar*	*sealfad*	*salbod*	*salbōt*
salbōm	*kǫllom*			*salbōmēs*
salbōþ	*kalled*	} *sealfiad*	} *salbod*	*salbōt*
salbōnd	*kalla*			*salbōnt*.

Dazu ist zu bemerken:

1) Die *i̯e/i̯o*-Flexion, wie sie in lit. *lankóju* vorliegt,
ist nur im Altenglischen und Altsächsischen noch teilweise erhalten: ae. Ind. Prs. 1. Sg. *sealfie* (3.) Plur. *sealfiad*, Opt. *sealfie*, Pl. *sealfien*, Imperat. Pl. *sealfian sealfiad*,
Inf. *sealfian*, Part. *sealfiende* haben als Stamm *salbōje-
salbōjo·*.

Das gleiche gilt von einigen as. Infinitiven wie *ge-
boian* neben *gebon* 'schenken', *ahtoian* neben *ahton* 'achten',
samnoian neben *samnon* 'sammeln' u. a. m. Ferner Optativformen wie *thionoie* Pl. *thionoian*.

2) Alle übrigen germ. Formen gehören der athematischen Flexion an wie lit. 1. Pl. *jústome*, 2. Pl. *jústote,*
Dabei ist zu beachten:

a) Lautgesetzlich hätte in (der 1. Sing., wenn oder wo
sie konjunkte Endung hatte,) der 3. Plur., dem Partizip
(dem Optativ) *ō* im Urgerm. zu *o, a* verkürzt werden
müssen. Vgl. § 87, 1. Spuren dieser Kürzung finden
sich bei den *nōn*-Verben, wo sie zur Sprache kommen
werden. Außerdem fordert die Mischung der *ō*- mit den
ē-Verben notwendigerweise, daß durch die Kürzung eine
Anzahl Formen beider Kategorien zusammenfiel. Schon
früh hat aber vollständige Ausgleichung zu Gunsten der
Länge stattgefunden. Warum? s. in des Verf. Schrift Zur
germ. Sprachgesch. S. 103 ff.

b) Im Ae. gehört die 2. und die 3. Sing. des Indi-
kativs der athematischen Flexion an. Der Grund ist auch
hier wohl der Gegensatz, in dem die 2. 3. Sing. 2. Pl.
zu der 1. Sing. Plur. 3. Plur. stehn. *salbojō : salbōþ =
*sōkijō : *sōkīþ.

8. Die primäre ā-Klasse.

207. Es existieren im Idg. primäre Verba mit
einem schwundstufigen Stamm auf -ā, die in mancher
Hinsicht den primären ē-Verben parallel sind. Vgl. z. B.
ai. dráti 'läuft', gr. ἔδρᾱν 'lief'; gr. dor. ἔτλᾱν 'ertrug';
lat. eram crās 'war'; lat. hiāre 'gähnen', lit. žióti; abg.
znati 'erkennen', lit. žinóti, abg. imati, Präs. imamĭ 'haben'
usw. Chr. Bartholomae, Studien zur idg. Sprachgesch. II.
63 ff., 116 ff., 171 ff., 202 ff. und Joh. Schmidt, Festgruß 179 ff. suchen den Parallelismus mit der ē(i)-Klasse
vollständig zu machen, indem sie eine Abstufung idg.
ā(i)- : -ī- entsprechend der von -ē(i)- : -ī- ansetzen. Schwerlich
mit Recht, vgl. Verf., Lit. Centralblatt, 1891, Sp. 1465;
H. Hirt, Idg. Akzent 192 Fußnote.

Im Germanischen gehören hierher etwa ae. borian
'bohren', ahd. borōn = lat. forāre; ae. đolian 'dulden',
as. tholon tholoian = dor. τλᾶναι; ae. đón 'thun', as. đōn,
ahd. tōn tuan tuon ist eine alte ā-Form der Wurzel đhē-;
got. iddja 'ging' = ai. áyām, vgl. lit. jóti 'fahren' u. ä.

Anmerkung. Wenn ē-Formen neben den ō-Stämmen im
Germanischen vorkommen, wie z. B. bei ahd. gīen : lat. hiāre,
got. þulan, ahd. dolēn : ae. đolian = gr. τλᾶναι, so ist darin nicht
etwa irgend ein alter Ablaut zu suchen, sondern der oben erwähnte lautgesetzliche Zusammenfall verschiedner Formen der
idg. ā- und ē(i)-Flexion im Urgermanischen hat Doppelbildungen
veranlaßt.

9. Die -nā-Klasse.

208. An die schwundstufige Wurzel tritt das Suffix
-nā̆- in den starken Formen (Sing. Akt.) und -nə- in den
schwachen Formen (Dual, Plural Akt.; Med.), vgl. ai.
mr̥ṇáti 'zermalmt': gr. Med. μάρναμαι 'kämpfe'; gr. dor.
δάμνᾱμι 'zähme': δάμναμεν; lat. in-clināre 'neigen' u. a.

Anmerkung. Chr. Bartholomae, Studien II. 75 ff. und
Joh. Schmidt, Festgruß a. a. O. nehmen wegen der ai. Abstufung *-nā́-* : *-nī́-*, vgl. *mṛṇā́mi* : *mṛṇīmás* an, die Vollstufenform
habe in idg. Urzeit *-nā̆(i)-*, die Schwundstufenform *-nī-* gelautet;
doch fehlt es auf außerindischem Sprachgebiet an hinlänglich
gesicherten Belegen.

1. Vor allen Dingen gehört hierher die Inchoativklasse, die im Ost- und Nordgermanischen besonders deutlich erkennbar ist, aber auch im Westgermanischen nicht
fehlt.

ga-wakna	*vakna*
ga-waknis	*vaknar*
ga-wakniþ	*vaknar*
ga-waknam	*voknom*
ga-wakniþ	*vakned*
ga-waknand	*vakna.*

Wie Fr. Kluge, Pauls Grundriß I. 381 mit Recht annimmt, flektierten diese Verba ursprünglich nach der zweiten
schwachen Konjugation, hatten demnach als Suffix urgerm.
-nō- idg. *-nā́-*; auch auf got. Sprachgebiet erscheint es noch im
Präteritum, vgl. *ga-waknōda*. Von Abstufung ist im germanischen Indikativ trotz H. Möller, AfdA. XX. 139
nichts mehr zu spüren[1]). Es fragt sich, woher die scheinbar starke Flexion des Gotischen kommt. Ihr Ursprung
ist zweifellos in den Formen zu suchen, wo *ō* gekürzt
werden mußte; *ga-wakna gawaknam gawaknand* sind also wie
haba habam haband zu beurteilen. Im Anschluß an die
starken Verba mit *n*-Suffix wie *fraíhnan* ist dann die starke
Flexion durchgeführt und **waknōs *waknōþ* sind durch die
überlieferten Formen *waknis wakniþ* ersetzt worden.

Der Grund dafür, daß die *nō-* und die *ō-*Verba
grade die einander entgegengesetzten Wege bei Uniformierung des Paradigmas einschlugen, liegt darin, daß die
*nō-*Verba eine geschloßne Bedeutungskategorie bildeten:
sie waren inchoativ-passiv. Vgl. Egge, Am. Journal Phil.

---

[1]) Als einzigen Vertreter des schwundstufigen Suffixes könnte
man allenfalls got. ahd. *kunnum*, aisl. *kunnom*, ae. *cunnon*, as.
kunnun anführen, indem man ihm ai. *jānīmás* gleichsetzt.

VII. 38 ff. Näheres über die germ. Formentwicklung in des Verf. Schrift Zur germ. Sprachgesch. S. 103 ff.

Daß zwischen Wurzelauslaut und *n* einst ein Vokal gestanden habe, wie Kluge zu vermuten geneigt ist, entspricht schwerlich den Thatsachen; denn bei den Verbis auf -*ilōn* -*inōn* -*isōn* ist ein solcher noch erhalten: aus welchem Grunde sollte er in der Inchoativklasse durchweg geschwunden sein? Es ist vielmehr anzunehmen, daß Verba mit Wurzelbetonung wie *af-lifnan us-geisnan ga-wairþnan* zur Verallgemeinerung des *n* beigetragen haben.

Die Klasse ist im Ost- und Nordgermanischen als Denominativbildung produktiv.

2. Von vereinzelten Verben gehören hierher: aisl. *sporna* 'spornen', ahd. *spornōn*. Es ist sehr wahrscheinlich, daß das danebenstehende, schon früher erwähnte st. Verbum ae. *spurnan spornan*, ahd. *spurnan* sich zu dem schw. ō-Verbum genau ebenso verhält wie got. *waknan* : aisl. *vakna*. — as. *mornon* 'sich bekümmern': ae. *murnan, mornan* (st. V.); ahd. *mornēn* ist in die ē-Konjugation übergetreten, weil, wie schon hervorgehoben, auch mit dieser in verschiednen Formen Berührungspunkte bestanden. — aisl. *fúna* 'verfaulen' dazu noch Part. Perf. *fúinn*. — ae. *hlinian* 'lehnen' (vgl. E. Sievers, Ags. Gramm.[2] § 416, Anm. 6. 7), as. *hlinon* = lat. *in-clināre*, daneben ahd. *hlinēn*. — ae. *zinian* 'gähnen', ahd. *ginōn* : ahd. *ginēn* : aisl. *gína*, ae. *zínan* (st. V.), vgl. abg. *ziną*. — aisl. *lina* 'erschlaffen' - ai. *vi-lināti*. — ahd. *sih warnōn* 'sich hüten': *sih warnēn*, vgl. ai. ved. *ávṛṇīdhvam* 'ihr wehrtet von euch ab'.

Durchgedrungen ist die ē-Flexion in got. *kunnan* 'wissen', Präs. *kunna kunnais kunnaiþ* usw., vgl. ai. *jānáti*, lit. Inf. *žinóti* 1. Pl. Prs. *žínome*. — ahd. *stornēn* 'bestürzt sein' *consternāri* u. a.

3. Stark verdunkelt ist die Zugehörigkeit zur *nā*-Klasse bei den ō-Verben, wo vortoniges *n* einem vorausgehnden Konsonanten assimiliert worden ist, vgl. oben § 127, 1. ahd. *zocchōn* 'zerren', 1. Prs. idg. **duknámi*; ahd.

lecchōn 'lecken', 1. Prs. idg. **lighnā́mi*; ae. *hoppian* 'hüpfen',
1. Prs. idg. **kupnā́mi*.

Nach der *ē*-Flexion, z.' B. ahd. *stecchēn* 'fixum esse',
1. Präs. idg. **stignā́mi*.

10. Die *neu̯*-Klasse.

209. Im Sing. Akt. erscheint betontes *-neu̯-*, im
Dual Plur. und Med. vortoniges *-nu-*. Vgl. ai. 1. Sing.
r̥nómi 'erreiche': 1. Plur. *r̥n̥umás(i)*.

Im Germanischen erscheint kaum eine sichere Spur.
Am ehesten kann man noch mit F r. K l u g e, Pauls Grundriß I. 377 got. *þaúrbum*, aisl. *þurfom*, ae. *durfon*, as. *dhur-
bun thurfun*, ahd. *durfum* als ein Verbum der *neu̯*-Klasse
ansehn und es der ai. 1. Plur. *tr̥p̣numás* 'wir werden befriedigt' gleichsetzen.

11. Die sog. Wurzelklasse.

210. An die nicht auf *-e/o-* auslautende Wurzel
treten die Personalendungen direkt an. Die Wurzel ist
im Sing. Akt. betont und vollstufig, im Du. Plur. und
Med. vortonig und schwundstufig. Sie kann 1) unre-
dupliziert sein, vgl. ai. 1. Sing. *ásmi*, 1. Plur. *smás*;
2) redupliziert sein. Alsdann trägt im Sing. die mit
dem 'Reduplikationsvokal' *i* versehne Reduplikationssilbe
den Ton, ohne daß jedoch die Vollstufe der Wurzelsilbe
angetastet würde. Vgl. ai. 1. Sing. *bibharmi*, 1. Plur.
bibhr̥más.

1. Die unreduplizierten Wurzelverba.

Das idg. Verbum **ésmi* 'ich bin' erscheint in den
germ. Dialekten in folgenden Formen:

im	*em*	*eom*	*béo béom*	*bium*	*bim*
is	wn. *es, est*	*eart*	*bis*	*bis, bist*	*bist*
ist	run. *is*, wn. *es*	*is*	*bid*	*ist, is*	*ist*
sijum	*erom*	*sind*		*birum*
sijuþ	*erod*	*sindon*	*béoð*	*sind*	*birut*
sind	*ero*	*earun*		*sindun*	*sind, sin-*
					dun (Isid.).

Singular.

1. Person: idg. **ésmi,* urgerm. **ezmi *emmi *immi im(m).* Das anlautende *b-* im Ae. As. Ahd. erklärt sich nach Joh. Schmidt, KZ. XXV. 592 ff. durch die Kontamination von **esmi* und **bhéụō.* Letzteres ergiebt lautgesetzlich ae. *béo.* Durch Vermischung von *béo* und **im* entstehn ae. *béom* (vgl. E. Sievers, PBrB. XVI. 256), as. *bium;* ahd. *bim* nach Plur. *birum, birut* für **irum* (aus **izum*), **irut* (aus **izud*).

2. Person: idg. **ési,* vgl. ai. *ási;* das einfache *s* ist in idg. Urzeit lautgesetzlich aus zwischenvokalischem -*ss*- entstanden. Der Grundform entsprechen got. *is,* aisl. *es;* ae. as. *bis bist,* ahd. *bist* sind Kontaminationsbildungen aus Wz. *es-* und Wz. *bhū-.* ae. *eart* erklärt Joh. Schmidt, a. a. O. S. 595 f. für die 2. Person Perf. einer Wz. *er-or-,* zu der germ. *ermin, irmin, erman, ermun* = gr. ὄρμενος ein Part. Med. sei. Vgl. auch K. Brugmann, IF. I. 81; J. von Fierlinger, KZ. XXVII. 439 f.

3. Person: idg. **ésti,* got. ahd. *ist.* Im Nordischen soll nach A. Noreen, Pauls Grundriß I. S. 515, § 230 die alte Form der 3. Person als 2. Person *est* erhalten sein, indem sie durch Assoziation an die 2. Person der Präteritopräsentia Umdeutung erfahren habe. Doch können erstlich weder die got. ahd. Formen mit ihrem *t* streng lautgesetzlich sein, da im Urgermanischen zwischenvokalisches *st* zu *ss* geworden ist, noch auch ist zum andern wahrscheinlich, daß ein im Nord. wie im Got. usw. neugebildetes **est(i)* sein *t* im Auslaut hätte bewahren können. Anspruch darauf, für die lautgesetzlich entwickelte Fortsetzung von idg. **esti* zu gelten, scheint nur wn. *es* zu haben.

Plural.

1. Person: idg. **smés(i).* Wie im griech. ἐσμέν. lit. *ěsme,* abg. *jesmŭ* ist vom Singular aus die Vollstufe der Wurzel in den Plural übertragen worden. So erklären sich aisl. *erom* aus **ezmes* und — mit Kontamination — ahd. *birum.* Auch ae. *earun* kann die lautgesetzliche

Fortentwicklung einer 1. Plur. sein, die aber zur gleichen Wurzel wie die 2. Sing. *ęart* gehört. Im Gotischen ist der Indikativ an den Optativ angelehnt.

2. Person: idg. **sthe *ste,* im Germanischen ersetzt durch eine Neubildung nach der 1. (und 3.) Plur., aisl. *eroð,* ahd. *birut* (Kontaminationsform).

3. Person: idg. **sénti* (vgl. Verf., IF. I. 82 ff.) = got. ae. as. *sind,* ahd. *sint,* aisl. *ero* aus urgerm. **ezundi,* vgl. gr. ἔᾱσι; on. *aru,* ae. *earun* gehören zur gleichen Wurzel wie *eart.*

ae. as. ahd. *sindun* haben die Endung der 3. Plur. Perf. neu angefügt, veranlaßt durch den Ausgang der 1. 2. Plur. auf *-um -uð,* vgl. ahd. *birum birut.*

Der Konsonantismus der urgermanischen Pluralformen **ezum(iz) *ezuð(e) *send(i)* bezw. **ezund(i)* deutet darauf hin, daß das Verbum enklitisch gebraucht ward. Anzunehmen, daß sich die idg. Endbetonung in der 1. 2. Plur. noch erhalten habe, verbietet der stimmhafte Spirant von urgerm. **sendi.*

Wenn K. Brugmann, Grundriß II. § 507, S. 907 für *bim* usw. von einer Präsensbildung idg. **bh(u)i̯ō *bhīsi* usw. ausgeht und sich in erster Linie auf abg. 1. Plur. *bĭnŭ,* lit. *·bime* beruft, so scheint mir diese Erklärung trotz mancher Vorteile doch nicht ganz einwandfrei, da ich in den baltisch-slavischen Formen der Bedeutung halber mit andern nur Optativbildungen sehn kann. Das kurze *i* des Litauischen repräsentiert entweder der slavischen Länge gegenüber zweimorige Kürzung, oder es ist durch den Einfluß der *ī*-Verba entstanden, als die *ī*-Flexion überhaupt aufgegeben ward. Freilich bereiten gr. φίτυ 'Erzeugnis', lat. *fīō* (gegenüber dem ai. Passiv *-bhūyatē*) Schwierigkeit.

Athematische Wurzelpräsentien will man ferner in einigen sog. Präteritopräsentien (d. h. Verben mit perfektischer Form und präsentischer Bedeutung) erblicken, deren Plural ein altes Präsens geblieben, deren Singular dagegen im Anschluß an echte Perfektformen umgebildet

worden sei. Vgl. z. B. got. 1. Plur. *munum* 'wir meinen'
usw., vgl. ai. 3. Sing. Med. *ámata*; got. *ga-daúrsum* 'wir wagen'
usw., got. *witum* 'wir wissen' usw., vgl. ai. *vétti* 'weiß'; got.
magum 'wir können' usw. (vgl. aber H. Osthoff, PBrB.
XV. 211 ff.) u. ä. Man kommt jedoch über die bloße
Vermutung nicht hinaus.

Ursprünglich flektierten sicher als athematische Wurzelpräsentien eine Anzahl Verba mit vokalisch auslautender
Wurzel, wie got. *saian* 'säen' usw., vgl. das athematische
Part. Perf. ahd. *gisāt* u. ä., sowie die auf alte Abstufung
deutenden Parallelformen ae. *snówan* : aisl. *snúa* u. ä. Die
historische Überlieferung kennt jedoch nur die Neubildungen nach der *e/o*-Klasse.

Von einigen andern athematischen 'Wurzelverben'
liegen nur Optativformen vor, die weiter unten zur Sprache
kommen werden.

Anmerkung 1. ahd. *gān* wird wohl am besten dem ai.
Präs. *jáhāti* 'verläßt', Aor. *áhāt*, gr. κίχημι gleichgesetzt. Die
Nebenform *gēn* wäre dann wie *stēn* zu beurteilen; doch fehlen
Anhaltspunkte auf außergermanischem Sprachgebiet. Vgl. auch
O. Bremer, PBrB. XI. 41 ff.

Fr. Kluges Analyse von ahd. *gēm* als *ga-īmi* d. h. als Zusammensetzung von idg. *eimi* 'gehe' mit *ga-* (vgl. Wörterbuch
unter 'gehn', Pauls Grundriß I. 371, § 36) scheitert an der ausgesprochen durativen Bedeutung des Verbums. Man halte dagegen das perfektive 'Simplex' got. *gáumjan* 'bemerken', bei dem
thatsächlich eine Verbindung von *ga-* und *aumjan* (aus *auzmjan*)
vorliegt, vgl. abg. *raz-umŭ* 'Verstand'.

Anmerkung 2. Wie E. Sievers, PBrB. X. 477 nachgewiesen hat, kommen im Ae. von *dón ʒán béon* vielfach zwei-
silbige, d. h. in die thematische Flexion übergeführte Formen
vor. Sie sind fast durchweg nicht direkt überliefert, sondern
werden durch die Metrik gefordert.

2. Die reduplizierten Wurzelverba.

Die 1. Sing. ahd. *bibēm* 'bebe' entspricht genau dem
ai. *bibhēmi*. Das Verbum flektiert nach der *ē*-Klasse, da
in nichthaupttoniger Silbe urgerm. *ai* und *ǣ* zusammenfallen mußten.

Auch in ahd. *zittarōm* erkennt Fr. Kluge ein urgerm.
Präs. *titrōmi*.

Schwerlich echt germanisch ist dagegen ahd. *sestōm*: da es nur in Notkers Boethius und Marcianus Capella erscheint, ist es gelehrter Entlehnung aus dem Lateinischen dringend verdächtig.

B. Die Flexion.

I. Aktivendungen.

Singular.

211. 1. Person: a) -*mi* erscheint bei got. *im* usw. 'ich bin'; ae. *dóm*, as. *dōm*, frühahd. *tōm*; ahd, *gām gēm*, *stām stēm*, sowie im Ahd. bei den schwachen Verben auf -*ē*- und -*ō*-, z. B. *habēm*, *salbōm*. Auffallend ist der Mangel des Umlauts in ae. *dóm*, vgl. E. Sievers, PBrB. V. 109 Fußnote, XVI. 256.

Konjunkte Endung -*m* vermuten K. F. Johansson, De derivatis verbis contractis linguae Graecae (Upsala 1886), S. 182 Fußnote, A. Noreen, Pauls Grundriß I. 514, § 229 und H. Hirt, IF. I. 204 in got. *haba*, aisl. *hǫfe*.

b) -*ō* erscheint in lautgesetzlicher Entwicklung in got. *binda*, aisl. reflexiv *bindo-mk* sonst *bind*, ae. *bindu* (Psalmen), north. *bindo*, as. *bindu* (übertragen von den kurzstämmigen), ahd. *bintu* (desgl.). Der gewöhnliche ae. Ausgang westsächs. -*e* ist wohl vom Optativ übernommen.

2. Person: idg. -*si*: got. *bindis*, aisl. *bindr*, ae. *bindes(t)*, as. *bindis*, ahd. *bintis*. Das Aisl. zeigt urgerm. *z*; daß dieses auch im Ahd. ursprünglich bestanden habe, machen die 3. Sing. und die 3. Plur. wahrscheinlich; -*s* statt -*z* ist wohl nur durch das suffigierte Pronomen der 2. Person unter Mitwirkung der häufig gebrauchten athemat. einsilbigen Formen, die lautgesetzlich -*s* haben mußten, entstanden.

3. Person: idg. -*ti*. Im aisl. *bindr* ist sie durch die 2. Person ersetzt. Erhalten ist die ursprüngliche Endung noch in run. *bariutiþ* (Stentofta), aisl. *geriþ* 'thut' (Stockholmer Homilienbuch) und einigen ähnlichen Fällen. Vor dem -*sk* des Mediopassivs ist -*ð* zu -*t* geworden, vgl. z. B. westnord. *bótezk*. Die Übertragung der Endung -*R* auf die

3. Person ist schon im Anfang der Vikingerzeit vollzogen. *barutn* (Björketorp) = aisl. *brytr*, *sitin* (Rök) = aisl. *sitr* u. a. Auf stimmlose Spirans weisen die ae. as., auf stimmhafte die ahd. Formen.

Plural.

1. Person: got. nord. *-m* sind die lautgesetzlichen Entwicklungsprodukte von idg. *-mes*. Schwierigkeiten macht ahd. *-mēs*. Am nächsten steht ihm der vedische Ausgang *-masi*, dem jedoch die Dehnung des Ahd. fehlt. Außerdem erregt der stimmlose Spirant Bedenken: man hat ihn durch die Endbetonung der athematischen Verba erklären wollen. Andere nehmen an, daß im Westgerm. sekundär in den Auslaut getretnes *-z-* stimmlos werde. Auch die jüngste Erörterung der vielbehandelten Form durch Fr. Lorentz, IF. V. 386 f. kann nicht als abschließend betrachtet werden.

2. Person: Die germ. Formen können sowohl idg. *-the* wie auch idg. *-te* als Endung besessen haben. Schwierigkeiten macht der ahd. Ausgang *-et*, vgl. M. H. Jellinek, Beiträge S. 44, W. van Helten, PBrB. XVI. 568. K. Brugmann, Grundriß II. § 1015, S. 1359 will im Anschluß an R. Kögel, PBrB. VIII. 138 eine Dualendung *-e-thos* *-e-tom* oder *-e-tā* darin erblicken, ohne damit die lautlichen Bedenken heben zu können.

3. Person: idg. *-nti* erscheint als *-ndi* *-nd(i)* in got. *bindand*, ahd. *bintant*; als *-nþ(i)* in ae. as. *bindað*. In aisl. *binda* mußte das auslautende *-i* der dritten Silbe schon im Beginn der urnordischen Zeit verloren gehn. Dies hatte den Schwund des nach *n* stehnden Spiranten zur Folge (während die Erhaltuug nach nichthaupttonigem Vokal wie in der 2. Plur. lautgesetzlich ist), so daß schon im Urnordischen *bindan* entstand, woraus das überlieferte *binda* hervorgehn mußte.

Im Ae. As. vertritt die 3. Plur. auch die 1. 2. Plur.

Dual.

Ein Dual ist nur im Gotischen noch erhalten.

1. Person: Die idg. Endung war -ṇes -ṇos. Vgl.
ai. *bhárāvas* aus idg. **bhéṛoṇes.* Wenn daneben eine Form
auf -óṇes bestanden hat, deren Entstehung freilich ebenso
unklar ist wie die Entstehung von idg. -*mēsi* neben -*mesi*
in der 1. Plur., so läßt sich got. *bindōs* aus **bindōṇ(i)z*
erklären. Der durch die Synkope des *i* entstandne sekundäre Langdiphthong mußte den zweiten Komponenten
einbüßen, vgl. Verf., Zur germ. Sprachgesch., S. 107 f.

2. Person: idg. -*thes* -*thos* erscheint als -*ts* in got.
bindats. Über den auffälligen Übergang der idg. Tenuis
aspirata zur germ. Tenuis, dessen Gründe freilich noch
nicht klargelegt sind, vgl. A. Bezzenberger, Gött. gel.
Anz. 1883, S. 396 f., K. F. Johansson, KZ. XXX. 554 f.

II. Medialendungen.

212. 1. Person Sing.: idg. -*ai.* Nach E. Sievers,
PBrB. VI. 561 ff. ist aisl. *heite* in der Bedeutung 'heiße,
καλοῦμαι' (vgl. *hateka* Lindholm, *haitika* Sjælland) eine
regelrechte 1. Sing. Med. nach Art von ai. *bháre.*

2. Person Sing.: got. *bindaza.* -*za* = idg. -*sai*; auffällig und noch nicht genügend aufgeklärt ist der Ersatz
des vorausgehnden idg. *e* durch *a.* Vermutungen sieh
bei Joh. Schmidt, KZ. XXVI. 43 ff., M. H. Jellinek,
Beiträge, 103 ff.

3. Person Sing.: got. *bindada, háitada.* Die 3. Person
vertritt auch zugleich die 1. Dem got. *háitada* entspricht
genau ae. *hátte,* das gleichfalls als 1. und 3. Sing. fungiert.
Ein ἅπ. λεγ. ist *hætte* (Rätsel 17, 10), das — falls es kein
Schreibfehler ist — urgerm. **haitidai* repräsentieren könnte.

Als Plural erscheint im Got. *háitanda,* dessen Endung
die der 3. Plur. idg. -*ntai* ist. Nach Baunack soll idg.
-*medhai* (ai. -*mahē*), die Personalendung der 1. Plur., im
Germanischen durch Synkope zu -*mdai* -*nda* geworden sein.
So verlockend diese Kombination ist, so scheint doch die
Annahme der Synkope des Mittelvokals nicht einwandfrei.

Sechzehntes Kapitel.
Das Präteritum.

213. Nach dem Vorgang Jacob Grimms unterscheidet man zwei große Präteritalkategorien: I. Die starken Präterita, die 1. in ablautende, 2. in reduplizierende Präterita zerfallen, und II. Die schwachen Präterita, die durch ein Dentalsuffix gebildet werden.

I. Das starke Präteritum.
A. Die Stammbildung.

Vgl. K. Ljungstedt, Anmärkningar till det starka preteritum i germanska språk. Upsala 1887 (= Upsala universitets årsskrift 1888).

1. Die ablautenden Präterita.

214. 1. Die ablautenden Präterita entsprechen dem reduplikationslosen idg. Perfekt, dessen Hauptvertreter ai. *véda* 'ich weiß', gr. *Ϝοῖδα*, lat. *vīdī*, abg. *vědě* (aus idg. Med. *uoidai*) ist.

Der Singular hat betonte, *o*-stufige Wurzelsilbe; Dual und Plural haben Endbetonung und daher schwundstufige Wurzelsilbe, vgl. § 49. Die ursprünglichen Ablautverhältnisse sind im Germanischen treu bewahrt. Auch die wechselnde Betonung hat im Urgermanischen noch ungestört bestanden, wie Verners Gesetz lehrt, vgl. die zahlreichen Beispiele des angeführten Paragraphen. Da auch die Ablautverhältnisse § 95—102 ausführlich besprochen worden sind, so bedarf es keiner weitern Beispiele. Nur darauf sei nochmals hingewiesen, daß alle Perfekta, die nicht von *e*-Wurzeln herrühren, die alte Abstufung aufgegeben haben und Singular wie Plural gleichmäßig vollstufig bilden. Einen letzten Rest von Abstufung eines Verbums der 6. Ablautreihe (mit ursprünglich schwerer Wurzelsilbe) glaubt H. Osthoff, PBrB. XV. 211 ff. in got. Plur. *magum* zu erkennen, wozu ein Sing. *mag* statt **mōg* neugebildet sei. Gesichert ist diese Vermutung jedoch kaum.

2. Reste ablautender Präterita zu Verben, die sonst ein redupliziertes Präteritum bilden, sind aisl. *sueip* zu *sueipa* ʿeinwickelnʾ (auch schw. Verbum); aisl. Prät. Pl. *hlupom* zu *hlaupa* ʿlaufenʾ; ae. *ʒanʒ* (Beowulf), vgl. lit. Prs. *žengiù* ʿschreiteʾ u. a.

3. **Verba präterito-präsentia** nennt man eine Anzahl von Verben, die formell ablautende Präterita, dem Sinn nach Präsentia sind. Vgl. gr. οἶδα ʿweißʾ, lat. *memini* ʿerinnere michʾ u. a. Die folgenden sind weiter verbreitet:

1) got. *wáit* ʿweißʾ, aisl. *veit,* ae. *wát,* as. *wēt,* ahd. *weiz.*
2) got. *dáug* ʿes taugtʾ, ae. *déaʒ,* as. *dōg,* ahd. *toug.*
3) got. aisl. *kann* ʿversteheʾ[1]), ae. *con(n),* as. ahd. *kan.* aisl. *ann* ʿliebeʾ, ae. *on(n),* ahd. *an.* got. aisl. *þarf* ʿhabe nötigʾ, ae. *ðearf,* as. *tharf,* ahd. *darf.* got. *ga-dars* ʿwageʾ, ae. *dear(r),* as. *darr,* ahd. *gi-tar.*
4) got. aisl. *skal* ʿsollʾ, ae. *sceal,* as. ahd. *scal.* got. aisl. *man* ʿmeine, erinnere michʾ, ae. *mon,* as. *far-man.*
5) got. *ga-nah* ʿes genügtʾ, ae. *ʒe-neah,* ahd. *gi-nah*[2]).
6) got. *ga-mōt* ʿhabe Raum, kannʾ, ae. *mót* ʿdarfʾ, as. *mōt,* ahd. *muoz.*

Nach H. Osthoff, PBrB. XV. 211 ff. gehört auch hierher got. *mag* ʿkannʾ, aisl. *má,* ae. *mæʒ,* as. ahd. *mag.* Doch vgl. K. Brugmann, Grundriß II, § 887 Anm. S. 1255.

Isoliert steht got. *áih* ʿhabeʾ, aisl. *á* (aus **aih*), ae. *áʒ,* as. Plur. *ēgun,* ahd. Plur. *eigum.* Das Verbum ist mit ai. *íśē* ʿhat Macht über etwasʾ identisch. Vgl. das zugehörige Part. Perf. Akt. as. *ēkso* ʿEigentümerʾ.

4. Während im Ost- und Nordgermanischen alle Singularformen ursprüngliche idg. Perfektformen sind,

---

[1]) Über die ursprüngliche Flexion vgl. oben S. 314 Fußnote.
[2]) Ob das Verb wirklich zu dieser Ablautreihe gehört, wie man gewöhnlich annimmt, ist nicht ausgemacht.

wozu auch im Westgermanischen der Singular der Präteritopräsentia stimmt, zeigt das Westgermanische im lebendigen Präteritum eine eigentümliche Abweichung: es erscheint in der 2. Person Sing. Ind. eine schwundstufige
Form auf *-i,* deren Konsonantismus — wo möglich —
Suffixbetonung erweist. Vgl. z. B. ae. *tiʒe tuʒe bunde sáwe
slóʒe;* as. *midi tugi bundi wurdi nāmi quādi slōgi;* ahd. *zigi
zugi bunti wurti nāmi quāti sluogi.* Früher deutete man
diese Formen als Optativformen, die in den Indikativ
eingedrungen seien. Wahrscheinlicher ist jedoch J. von
Fierlingers Erklärung (KZ. XXVII 430 ff.), daß wir als
Grundlage dieser Neubildung die 2. Sing. Akt. alter aug-
mentloser 'Aoristformen' nach Art von gr. λιπεῖν φυγεῖν
zu betrachten haben. Ein ae. *tiʒe tuʒe* usw. ginge demnach auf urgerm. **tiʒís *tuʒís* zurück. Da diese augment-
losen Aoriste ('Injunktive' nach K. Brugmanns Bezeichnung) seit idg. Urzeit auch zum Ausdruck der Aufforderung
gebraucht werden, muß auch das isolierte ahd. *ni curi*
'noli' *ni curit* 'nolite' herbeigezogen werden. Trotzdem der
ursprünglich auslautende Spirant wegen des unmittelbar
vorhergehnden Worttons stimmlos (*s*) war, ist er geschwunden. Die Form scheint demnach eines der plausi-
belsten Beweisstücke für die Richtigkeit des Schererschen,
neuerdings von H. Hirt, PBrB. XVIII. 527 ff. wieder-
aufgenommnen, einst auch von W. Braune, PBrB. II.
156 Fußnote gebilligten Gesetzes zu sein, wonach jedes
seit urgermanischer Zeit im absoluten Auslaut stehnde *-s*
im Westgermanischen zu stimmhaftem *-z* werden und
dann schwinden müsse. Für endgültig bewiesen kann
diese Theorie freilich noch nicht gelten, doch spricht
manches für ihre Richtigkeit.

Es ist klar, daß bei der Auffassung von Fierlingers
nur nach kurzer Wurzelsilbe *i* lautgesetzlich erhalten sein
kann. Die langstämmigen wie ae. *bunde sáwe* usw. müssen
Analogiebildungen sein. Zu ihrer Schöpfung werden die
alten Optativformen der 2. Sing. wie ae. *tiʒe tuʒe bunde
bǽre sáwe slóʒe* mitgewirkt haben; denn da ihr *-e* auf der

alten Länge -*is* beruht, mußte es lautgesetzlich in allen
Fällen, ganz unabhängig von der Quantität der Tonsilbe,
erhalten bleiben.

Junge Neubildung ist es, wenn die zweite Person
Sing. auf -*i* auch bei den sog. reduplizierenden Präteritis
im Westgermanischen Eingang findet.

2. Die reduplizierenden Präterita.

I. Mit erhaltner Reduplikationssilbe.

215. Vgl. W. Scherer, Zeitschr. f. d. österr. Gym-
nasien. XXIV. (1873), S. 295 ff.; E. Sievers, PBrB. I. 504 ff.,
XVI. 252 ff.; J. Hoffory, KZ. XXVII. 593 ff.; F. Holthausen, ebd. 618 ff., AfdA. XVII. 187 ff.; R. E. Ott-
mann, Die reduplizierten Präterita in den germanischen
Sprachen (Leipzig 1890). G. Holz, Urgermanisches geschloßnes *ē* und Verwandtes (Leipzig 1890); H. Lich-
tenberger, De verbis quae in vetustissima Germanorum
lingua reduplicatum praeteritum exhibebant (Nancy 1891);
K. Brugmann, IF. VI. 89 ff. Vgl. auch die oben ge-
nannte Schrift Ljungstedts.

Hierher stellen sich nur solche Verba, die vom Standpunkt des Germanischen aus nicht der *e/o*-Reihe zugehören, also aus dem Ablautschema herausfallen.

Der idg. Reduplikationsvokal scheint durchweg -*e*-
gewesen zu sein, vgl. gr. μέμονα γέγονα λέλοιπα πέφευγα
mit ai. *cakā́ra* 'machte', *jaghā́na* 'erschlug', *jagā́ma* 'ging'.
Eine andre Ansicht über die Qualität des Reduplikationsvokals vertritt ganz neuerdings D. Andersen in der
Festskrift til Vilh. Thomsen (Kopenhagen 1894), S. 131 ff.

Neben dem kurzen Vokal der Reduplikationssilbe
erscheint in der vedischen Sprache nicht selten die Länge,
vgl. z. B. *vāvā́na* 'gewann', *rā́radhur* 'sie unterwarfen' u. a.
Über die Entstehung dieser Länge handelt V. Michels
IF. IV. 65; s. oben §§ 96. 98.

Wie das Altindische lehrt, hat der idg. Wortton zur
Zeit der Völkertrennung im Singular Akt. auf der Wurzelsilbe geruht; vgl. die eben angeführten Beispiele.

Im Germanischen erscheint mehr oder weniger deutlich erhaltne Reduplikation in folgenden Fällen:

1. Im Ostgermanischen unterscheidet man zwei Klassen: a) ohne Ablaut: *haiháit* zu *háitan* 'nennen', *ƕaíƕōp* zu *ƕōpan* 'sich rühmen', *skaiskáiþ* zu *skáidan* 'scheiden', *aiáuk* zu *áukan* 'vermehren'; *saislēp saizlēp* zu *slēpan* 'schlafen'.

Abgesehn von *st sk* (*sp*) wird nur der 1. Konsonant in der Reduplikation wiederholt: *faifráis* zu *fráisan* 'versuchen'.

b) mit Ablaut: *lailōt* zu *lētan* 'lassen', *gaigrōt* zu *grētan* 'weinen', *taitōk* zu *tēkan* 'berühren', *raírōþ* zu *rēdan* 'raten', *saísō* zu *saian* 'säen', *waíwō* zu *waian* 'wehn'.

2. Im Nordgermanischen ist nur die zweite, ablautende Kategorie der reduplizierenden Verba erkennbar vertreten: *sera* zu *sá* 'säen', *rera* zu *róa* 'rudern'; *grera* zu *gróa* 'keimen', *snera* zu *snúa* 'wenden', *gnera* zu *gnúa* 'schaben', sowie das ἅπαξ λεγόμενον *bnere* 3. Sg. zu *bnúa* (got. *bnaúan*) 'zerreiben' sind Analogieschöpfungen nach den beiden lautgesetzlichen Perfektbildungen *sera* und *rera*.

3. Weniger deutlich erkennbar hat sich die Reduplikationssilbe im Westgermanischen erhalten. In Betracht kommen einige ae. Formen: *heht* (got. *haiháit*) zu *hátan* 'heißen', *reord* (got. *raírōþ*) zu *rǽdan* 'raten', *leolc* (got. *lailáik*) zu *lácan* 'springen'. Analogiebildungen sind *on-dreord* zu *on-drǽdan* 'fürchten', *leort* zu *lǽtan* 'lassen'.

Als redupliziert kann man auch ae. *weold* (got. *waiwald*) zu *wealdan* 'walten', *weolc* zu *wealcan* 'walken', *weoll* zu *weallan* 'wallen', *wéop* zu *wépan* 'weinen' ansehn. ae. *heold* zu *healden* 'halten' und *héow* zu *héawan* 'hauen' dürfen vielleicht ebenfalls direkt auf *héhald *héhauw zurückgeführt werden.

Als reduplizierende Perfekta gelten auch gewöhnlich die ahd. *r*-Formen *pleruzzun* (Gloss. Rb) zu *bluozan* 'opfern'; *kiscrerot* (Gloss. Rd—Ib) zu *scrōtan* 'schneiden'; *stiriz* (Prudentiusglossen), *steraz* (Vergilglossen), *steroz*, *sterozun* (Rd—Ib) zu *stōzan* 'stoßen', *biruun* (Otfrid) zu *búan* 'bauen'.

1. Die gotischen und nordischen Verba.

Zwei Fragen müssen aufgeworfen werden:

a) Hat das Germanische vor der Akzentverschiebung die Reduplikations- oder die Wurzelsilbe betont? Es ist klar, daß allen Fällen, wo ein stimmloser Spirant im Anlaut der Wurzelsilbe auch im Perfekt stimmlos bleibt, nur wenig Gewicht beigelegt werden kann: der Systemzwang muß unbedingt in Rechnung gezogen werden. Wichtiger sind die Fälle, wo im Wurzelanlaut des Perfekts stimmhafte Spirans erscheint im Gegensatz zum Wurzelanlaut des Präsens. Leider ist das durchsichtige Material nur äußerst gering: es besteht in aisl. *sera* (aus *sezó* bezw. *sezōm,* da der Ausgang dem des schwachen Präteritums angeglichen ist) und in got. *ga-saizlēp* Joh. XI. 11 und *ga-saizlēpun* 1. Kor. XV. 6. Hiermit wäre die Frage zu Gunsten der Wurzelbetonung entschieden, wenn nicht zu berücksichtigen wäre, daß im Plural der Wortakzent einst überall auf den Endungen gelegen hat, eine Form wie *ga-saizlēp* also von *ga-saizlēpun* ihren stimmhaften Spiranten bezogen haben könnte. Immerhin muß zugegeben werden, daß diese Möglichkeit entschieden hinter der andern zurücktritt, daß auch im Singular der Wortakzent vor der Akzentverschiebung im Germ. auf der Wurzelsilbe geruht habe.

Nach der Akzentverschiebung muß er auf die Reduplikationssilbe zurückgetreten sein, da er immer die erste Silbe des Wortes trifft. Daß dann in späterer Zeit überall oder bei einem Teil der reduplizierenden Verba der Akzent wieder auf die Wurzelsilbe verschoben worden sei, wie mehrfach angenommen worden ist, läßt sich, soviel ich sehe, in keiner Weise wahrscheinlich machen.

b) Hat das Germanische nur kurzen oder daneben auch langen Vokal in der Reduplikationssilbe gekannt? K. F. Johansson, De derivatis verbis contractis (Upsala 1886), S. 187, BB. XIII. 125 ff., und V. Michels in seiner Anzeige der Schrift von Fr. Lorentz, Über das schwache Präteritum (Leipzig 1894), IF. Anz. VI. Heft 1/2 sind ge-

neigt anzunehmen, daß das got. *ai* der Reduplikationssilbe
auf idg. *ē* zurückgehe. Diese Vermutung ist schwerlich
aufrecht zu erhalten, weil erstlich kaum bei irgend einem
der in Betracht kommenden Verba überhaupt die Möglichkeit für die Ausbildung eines langen Reduplikationsvokals (im Plural) bestanden hat, d. h. weil die Wurzelsilbe in unbetonter Stellung fast nirgends völlig verloren
gehn konnte. Es existiert nur ein einziges Verbum mit
erhaltner Perfektreduplikation, bei dem unzweifelhaft langer
Vokal in der Reduplikationssilbe belegt ist, aber er beschränkt sich auf den Plural, wo er lautgesetzlich entstanden ist: as. Sing. *deda* — Plur. *dādun*, ahd. Sing.
teta — Plur. *tātum* (got. *-dēdum*). Man muß *teta* dem ai.
dadhá(u)[1]), gr. τέθη-κα unmittelbar gleichsetzen und für
den Auslaut dieselbe Umbildung annehmen, die bei aisl.
sera = gr. ἕω-κα vorhin erwähnt worden ist. Ging im
Plural der Wurzelvokal vollständig verloren, so ward die
Reduplikationssilbe gedehnt: *dhēdh-mn̥*. Man darf also
keineswegs *tātum* mit K. Brugmann, Grundriß II. § 886
S. 1254 für eine Umbildung nach *gābum* erklären:
Vielmehr beruhn beide Bildungen auf dem gleichen
Prinzip.

Zweitens ist zu bemerken, daß die Theorie von
Johansson-Michels im Gotischen Unbetontheit der Reduplikationssilbe erforderte, eine Annahme, für die, wie schon
hervorgehoben, jeder Anhaltspunkt fehlt.

Drittens ist nicht abzusehn, wie in aisl. *sera rera*
ein langer Reduplikationsvokal gestanden haben könne;
man müßte also *sera* ganz von *saisō* trennen.

Freilich bleiben auch bei der Annahme eines kurzen
Reduplikationsvokals für das Gotische Schwierigkeiten genug. Vor allen Dingen fehlt eine ausreichende Erklärung,
warum in der Reduplikationssilbe idg. *e* als got. *ai*, nicht *i*
erscheint. Der einzige Ausweg ist, mit Fr. Kluge anzu-

---

[1]) Die *u*-lose Form ist nach *paprá* für *papráu* des Rigveda
angesetzt.

nehmen, *ai* sei bei den Verben mit anlautendem *h* und
r lautgesetzlich entstanden und alsdann auf analogische
Weise überall durchgeführt worden.

2. Die westgermanischen Verba.

Die angeführten westgermanischen Formen lassen
überall noch die Reduplikation deutlich erkennen und
zwar muß diese den Wortton getragen haben, wie die
ganze Lautentwicklung lehrt; jedoch lassen sich für die
Behandlung der Wurzelsilbe, die durchweg im Ae. ihren
Vokal verloren hat, keine klaren Regeln aufstellen. Daß
ae. *reord* = dem got. *raírōþ* direkt gleichzusetzen ist,
läßt sich nicht bezweifeln. Der Schwund des langen
Vokals der unbetonten Wurzelsilbe hat an dem Schwund
des *ī* in ae. *swelc* 'solcher' *hwilc* 'welcher?' = got. *sváleiks*
hīleiks eine Parallele.

Die starke Kürzung der zweiten Silbe beruht darauf — was man bis jetzt für das reduplizierende Präteritum zu verwerten vergessen hat —, daß bei dem Rhyth-
mus ó✕ die zweite Silbe ohne jeden Nachdruck und daher
jeder Reduktion ausgesetzt ist, genau wie es Fr. Kluge,
Pauls Grundriß I. 341, für ae. *ʒeatwe frœtwe* u. dgl. angenommen hat.

Es ist daher nicht richtig, wenn derselbe Gelehrte,
Pauls Grundriß I. 374, zu sonst nirgends belegten Pluralformen mit schwundstufiger Wurzelsilbe wie **rerdun*
*leltun usw. seine Zuflucht nimmt.

Noch weniger durchsichtig in ihrer Entwicklung sind
die ahd. Formen. Zwar hat man im Anschluß an
H. Osthoff, PBrB. VIII. 540 ff. eine ganze Reihe von
Dissimilationen und Assimilationen vermutungsweise aufgestellt: so soll z. B. *ki-skrerot* auf ursprüngliches **ske-skrōd-*
zurückgehn, das durch Assimilation zu **skre-skrōd-*, durch
Dissimilation weiterhin zu **skre-rōd-* geworden sei. Aber
sämtliche postulierten Zwischenglieder der Entwicklungsreihe schweben in der Luft, da es bis jetzt wenigstens nicht
gelungen ist, auch nur halbwegs greifbare Gesetze aus-

findig zu machen, wodurch die vorausgesetzten Umbildungen
bestimmt worden sein könnten.

II. Ohne Reduplikation.

216. Die sog. reduplizierenden Präterita 'ohne Reduplikation' erscheinen nur im Nord- und Westgermanischen, sind dem Gotischen völlig fremd. Zwei verschiedne Bildungstypen sind zu unterscheiden:

a) Präterita mit germ. $ê$ (geschloßnem $ê$) in der Wurzelsilbe werden von den Verben mit urgerm. $æ$ und ai sowie
$a +$ Nasal $+$ Konsonanz im Präsens gebildet. aisl. *lét* —
ae. *lét* — as. *lēt, liet* (Cott.) — ahd. *lēz, leaz, liaz, liez.*
aisl. *hét* — ae. *hét* — as. *hiet* (Cott.) — ahd. *hiaz hiez.*
aisl. *fekk*[1]) — ae. *fénʒ*[2]) — as. *feng* — ahd. *fenc*[3]); *fiang fieng.*
Die auf einfache Konsonanz ausgehnden Wurzeln er-
halten das $ê$ unversehrt. Bei denen auf $n +$ Konsonanz
erscheint kurzes e, wie E. Sievers, PBrB. I. 504 ff. zuerst erkannt hat. Vgl. auch desselben Gelehrten Ausführungen, PBrB. XVI. 254 f. Es kann nicht zweifelhaft sein,
daß dieses e vor $n +$ Konsonanz lautgesetzlich aus $ê$ oder $æ$
gekürzt worden ist. Formen mit $ê$ in dieser Stellung
wie z. B. ahd. *fiang* sind Neubildungen durchsichtigster Art.

b) Die Verba α) mit urgerm. au im Präsens haben
im Präteritum: aisl. *ió*, ae. *éo*, as. *io, eo, ie,* ahd. *eo, io.*
Vgl. aisl. *iók* zu *auka* 'vermehren', *iós* zu *ausa* 'schöpfen',
hlióp zu *hlaupa* 'laufen'; ae. *béot* zu *béatan* 'schlagen',
hléop zu *hléapan* 'laufen'; as. *hliop hliep* zu *hlōpan* 'laufen';
ahd. *liof leof* zu *hlaufan loufan* 'laufen'.

β) mit urgerm. $ô$ im Präsens haben im Präteritum:
aisl. *é*, ae. *éo*, as. *io, eo, ie,* ahd. *eo, io.* Vgl. aisl. *blét* zu
blóta 'opfern'; ae. *hwéop* zu *hwópan* 'drohn', *bléot* zu *blótan*
'opfern'; as. *hriop hreop hriep* zu *hrōpan* 'rufen', *wiop wiep*
zu *wōpian* 'weinen'; ahd. *bleoz, blioz* zu *bluozan* 'opfern',
hreof hriof zu *hruofan* 'rufen'.

---

1) Aus *fing.
2) So gehn noch ae. *blénd* und *hénʒ.*
3) In den ältesten fränkischen Denkmälern.

Anmerkung. Nur im Ae. haben im Prät. *eo* die Verba auf
l + Konsonanz, während sie in den übrigen Dialekten *e* bezw. *ê*
haben, sowie von Verben auf *n* + Konsonanz *ɜonɜan* 'gehn',
bonnan 'bannen', *sponnan* 'spannen'. Vgl. ae. *heold* zu *healdan*
'halten' gegenüber aisl. *helt*, as. *held*, ahd. *hialt hielt* (mit analogischem *ê* statt *e*); ae. *ɜeonɜ* gegenüber aisl. *ɜekk* (aus *ɜink*),
as. *ɜenɜ*, ahd. *ɜianɜ ɜienɜ* (mit analogischem *ê*).

Wie diese Präterita sich aus alten reduplizierenden
Perfektis nach Art der got. *háiháit*, *saislēp*, *staistald*, *aiáuk*,
kaikōp entwickelt haben, ist durchaus unklar. Lautlich
am wenigsten anstößig ist die Vermutung, der Diphthong
des Präteritums der Verba mit präsentischem *au* sei dadurch entstanden, daß bei vokalischem Anlaut der Reduplikationsvokal mit dem Wurzeldiphthongen zu einer Silbe
verschmolzen worden sei, vgl. z. B. **éauka* (got. *aiáuk*) zu
*éōk zu **eok* (aisl. *iók* usw.). Ebenso könnte *ê* durch Kon-
traktionen der Reduplikationssilbe mit wurzelanlautendem
urgerm. *ǣ*, *ai*, *a* entstanden sein: **éara* (zu ahd. *érien*
'pflügen') wird **êr*, ahd. *iar*.

Diese Kontraktionspräterita hätten alsdann das Muster
für die Bildung des Präteritums solcher Verba abgegeben,
deren Wurzelsilbe mit Konsonanz begann.

Das schwere Bedenken, das man jedoch gegen diese
Erklärung haben muß, beruht auf der Thatsache, daß
die vorausgesetzten Muster nicht danach angethan sind,
wirklich ein Vorbild abzugeben: die vokalisch anlautenden
Verba sind nicht nur ihrer Zahl nach äußerst schwach, sondern stehn auch im Gebrauch weit hinter der Mehrzahl der
konsonantisch anlautenden zurück. Es ist daher sehr wenig
glaubhaft, daß diese sich nach jenen gerichtet haben sollten.

Die angedeuteten Schwierigkeiten zu vermeiden, hat
ganz neuerdings K. Brugmann, IF. VI. 89 ff. eine
Theorie aufgestellt, die die sog. reduplizierenden Präterita
ohne Reduplikation ganz von den got. Formen mit Reduplikation trennt; er berührt sich dabei mit K. Ljungstedt, Anmärkningar, S. 128 u. ö.

Brugmann glaubt, daß für die nord- und westgermanischen Formen *e*-stufige Präterita von schweren Wur-

zeln nach Art von gr. ἔθηκα, lat. *fēcī, cēpī* usw. das Vorbild abgegeben hätten.

1. Die erste Gruppe geht nach ihm von einem Grundtypus mit wurzelhaftem *ēi̯* aus; Ablaut Vollstufe -*ēi̯*-:
Schwundstufe -*əi̯*-, d. h. es wechseln *ē* und *ə* genau wie bei
got. *tēkan* : aisl. *taka*, lit. *kvėpiù* 'dufte' : *kvápas* 'Rauch', lat.
cēpi : *capio*, *fēci* : *facio*. Das ererbte *ēi̯* müsse im Urgermanischen nach Jellineks Gesetz (s. o. § 79, 1), zu *ê* (engem
ē) werden. Auf diese Weise repräsentiere ahd. *skeidan* :
skiad, skied das idg. Ablautverhältnis **skəi̯tō : **skēi̯ta*, vgl.
lit. *skaidrùs* 'hell, klar' : *skėdžiu* 'verdünne' (dessen Stoßton auf Langdiphthong weist). ahd. *meizan* 'schmieden'
müsse wegen gr. σμῇ 'reibt ab, putzt', σμίλη 'Schmiede-
messer' *ēi̯*-Wurzel sein; ebenso got. *háitan* 'heißen, befehlen',
vgl. *cieō ciuī* 'errege, rufe herbei' (vgl. das ähnliche Verhältnis
der Bedeutungen bei κέλομαι 'rufe' zu κέλλω 'treibe an').

Von diesen Verben sei *ê* (aus ererbtem *ēi̯*) auf die
Präterita der Verba wie ahd. *fāhan*, got. *blēsan* 'blasen'
usw. übertragen worden.

Von den Verben mit urgerm. *ǣ* im Präsens gehe
got. *lētan* usw. auf eine *ēi̯*-Wurzel zurück, wie lit. *léidmi*
léidžiu 'lasse' beweise; das Präteritum aisl. *leit,* ahd. *fir-
leiz* habe Schwadiphthong (*əi̯*).

2. Bei der zweiten Gruppe sei von *ēu̯*-Wurzeln auszugehn,
also aisl. *hlióp* usw. auf idg. **kléub-* usw. zurückzuführen.

B. Die Personalendungen.

217. Ablautende und reduplizierende Präterita haben
die gleichen Personalendungen.

báuþ	*baud*	*béad*	*bōd*	*bōt*
báust	*bautt*	*bude*	*budi*	*buti*
báuþ	*baud*	*béad*	*bōd*	*bōt*
budum	*budom*			*butum*
buduþ	*budod*	*budon*	*budun*	*butut*
budun	*budo*			*butun.*
budu				
buduts				

Singular.

1. Person: idg. *-a.* Endung schon vorlitterarisch im
Germanischen weggefallen. Vgl. urnord. *un-nam* (Reidstad), *aihek* (Maglemose).

2. Person: idg. *-tha.* Im Germanischen erscheint die
Endung lautgesetzlich als *-t* nach *-s* und *h, f,* vgl. got.
last 'lasest', *slōht* 'schlugest', *gaft* 'gabest'. Danach neugebildet *baust, namt* usw. Über die westgerm. Formen s.
§ 214, 4. Die alte Perfektendung ist noch bei den Präteritopräsentien erhalten: ae. *áht* 'hast', *dearft* 'bedarfst',
meaht 'kannst'; *earđ* 'bist' aus idg. **ortha.*

3. Person: idg. *-e.* Endung schon vorlitterarisch
geschwunden. Vgl. aisl. *was* (Tanum), *aih* (Fonnås), *wǫrait*
(Istaby), *gaf* (Stentofta).

Plural.

1. Person: idg. *-(ə)m̥?* Im Germanischen erscheint
-um (*u = ə*).

2. Person: sie stimmt im Germanischen mit der
2. Präs. überein, nur daß in Nachbildung der 1. und
3. Plur. dem *þ* (*đ*) ein *u* vorausgeht.

3. Person: idg. *-n̥t,* germ. *-un.*

Dual.

1. Person: idg. *-(ǔ)u̯e.* Dem got. *budu* entspricht
urnord. *waritu* (Järsbärg); urgerm. Ausgang *-u̯e.* Es ist
zweifelhaft, ob man im Got. *-ū* oder *-u* zu lesen habe.

2. Person: idg. *-(ǔ)thes, -(ǔ)thos :* got. *buduts* mit demselben auffallenden *-t,* das im Präsens erscheint.

II. Das schwache Präteritum.

218. Litteratur: 1. W. Begemann, Das schwache
Präteritum der germanischen Sprachen. Berlin 1873. —
W. Begemann, Die Bedeutung des schwachen Präteri-
tums der germ. Sprachen. Berlin 1874. — H. Möller,
kunþa und das *t*-Präteritum. PBrB. VII. 457 ff. — Fr.
Kluge, Pauls Grundriß I. 375 f.

2. J. Wackernagel und O. Behaghel, KZ.
XXX. 313.

3. H. Collitz, Am. Journ. Phil. IX. 42 ff. = BB.
XVII. 227 ff. (vgl. auch desselben Verfassers ergänzenden
Aufsatz über die Behandlung des ursprünglich auslautenden
-ai im Germanischen. BB. XVII. 1 ff., sowie das Résumé
AfdA. XVII. 280). — K. F. Johansson, KZ. XXX. 547 ff.

4. Fr. Kluge, QF. XXXII. 109 ff. — H. Paul,
PBrB. VII. 136 ff. — R. Löwe, IF. IV. 365 ff. — Fr.
Lorentz, Über das schwache Präteritum des Germa-
nischen (Leipzig 1894). Vgl. dazu die Rezension von V.
Michels, IF. Anz. VI. Heft 1/2.

Die erste Gruppe der aufgezählten Untersuchungen
führt den ableitenden Dental des germ. schw. Präteritums
auf idg. -t- zurück, ebenso die dritte Gruppe, während die
zweite Gruppe idg. -th-, die vierte Gruppe idg. -dh- in ihm
sieht. Eine vermittelnde Stellung nimmt K. Brugmann,
Grundriß II. § 907, S. 1273 ff. ein.

Was die Deutung des germ. schwachen Präteritums
anlangt, so leiten es Wackernagel und Behaghel aus der
2. Person Sing. Med. konjunkter Flexion mit der Endung
-thēs her, während Collitz die 1. bezw. 3. Pers. Sg. Perf. Med.
auf idg. -ai zum Ausgangspunkt nimmt. Die Forscher der
4. Gruppe stimmen darin überein, daß sie die Bildung
für ein Kompositum erklären, dessen erstes Glied ein
Verbalnomen, dessen zweites Glied eine Form der Wurzel
dhē- 'thun' sei.

Da die Erklärung des schwachen Präteritums wesentlich
durch die Auffassung der Personalendungen bestimmt wird,
so empfiehlt es sich, zuerst die Flexion zu betrachten.

A. Die Personalendungen.

219. nasida	suafda	nérede	nérida	nérita
nasidēs	suafder	néredes	nérides -as -os	néritōs
nasida	suafde	nérede	nérida	nérita
nasidēdum	suofdom			néritum
nasidēduþ	suofdod	néredon	néridun	néritut
nasidēdun	suofdo			néritun.
nasidēdu				
nasidēduts				

Singular.

1. Person. Die Entscheidung über den Ausgang der ersten Person Sing. gewährt das Urnordische: *tawiđo* (Gallehus), *worahto* (Tune), *faihiđo* (Einang), *hlaaiwiđo* (Strand). Später entwickelt sich daraus -*a*: *wrta* (Etelhem) usw. Vergleicht man damit die Formen der übrigen Dialekte, so ergiebt sich als urgerm. Ausgang -*ōm* mit gestoßnem Vokal. An sich betrachtet, könnten das Got., Ae. (ob auch das Ahd.?) auf *-*ēm* zurückgehn. Doch liegt kein Grund vor, die Formen von den urnord. zu trennen.

H. Collitz a. a. O. will in got. -*a*, ae. -*e*, ahd. -*a* die Vertretung von idg. -*ai* sehn, was für das ahd. -*a* eine neue, wohl nicht unmögliche, jedoch noch nicht sicher nachgewiesene Quelle voraussetzt. Doch scheitert die Theorie am nordischen -*o*, das Collitz, wie schon Gislason (Aarbøger 1869, S. 127 ff.), für eine Konjunktivendung (= got. -*au*) zu erklären gezwungen ist, ohne genügende Anhaltspunkte für seine Auffassung zu finden.

2. Person: Das Got., Nord., Ae., z. T. das As. haben -*ēs* als Endung. Im Ahd. erscheint in der Regel -*ōs*, dessen Länge durch Doppelschreibungen wie z. B. *kesuahtoos* in der Benediktinerregel und durch die Zirkumflektierung Notkers außer allem Zweifel steht. Wichtig ist, daß bei Isidor eine Form auf -*ēs* erscheint: *chiminnerodes*, vgl. H. Paul, PBrB. IV. 420 und E. Sievers PBrB. IX. 561 ff. J. Wackernagel und O. Behaghel, KZ. XXX. 513 knüpfen -*es* an die idg. konjunkte Endung der 2. Sing. Med. -*thēs* an.

3. Person: Urnord. -*e* in *wurte* (Tjurkö), *orte* (By), *sate* (Gommor), *urti* (Sölvesborg). Urgerm. Ausgang -*ēþ* (-*ēd*) mit Stoßton, wie die Verkürzung im Got. beweist. Im Ae., As., Ahd. bleibt es unsicher, ob 1. und 3. Sing. lautgesetzlich zusammengefallen sind, oder ob die 3. Person durch die 1. ersetzt worden ist. Auffallend ist die Erhaltung des -*e* im Nordischen. Sie wird wohl dem Systemzwang zuzuschreiben sein, durch den der Form gleiche Silbenzahl garantiert ward wie den beiden andern Personen.

Sekundäre Endungen idg. *-omen, -ote, -ṇt,* germ. *-um,* *-uþ (-ud), -un* wie im Plur. des Perfekts. Wohl zu beachten ist, daß im Alemannischen als Pluralausgänge *-ōm,* *-ōnt, -ōn* erscheinen.

Isoliert steht got. *-ēdum, -ēduþ, -ēdun.* Den einzigen Versuch, diese Formen direkt an eine idg. Endung anzuknüpfen, hat K. F. Johansson, KZ. XXX. 547 ff. gemacht. Er geht dabei von den medialen Dualendungen ai. 2. *-āthē,* 3. *-ātē* = idg. *-ēthai -ētai* aus. Die Erklärung ist wenig wahrscheinlich. Die richtige Auffassung der got. Formen wird sich vielmehr bei Betrachtung der Stammbildung ergeben.

B. Die Stammbildung.
I. Der Dental und seine Herkunft.

220. Es kann nicht geleugnet werden, daß enge Beziehungen zwischen dem Dental des schw. Präteritums und dem des Partizipiums bestehn, vgl. z. B. Prät. *kunþa*: Part. *kunþs* = *munda* : *munds*. Vgl. auch die Neubildung des as. Partizips *gilibd* nach dem Präteritum *libda*; denn lautgesetzlich hätte von der Wurzel *lei̯p- lei̯ph-* nur ein Partizip **gilift* gebildet werden können. Dagegen ist entschieden zu leugnen, daß diese Beziehungen ursprünglich sind, daß das Präteritum etwa von dem idg. Partizipium auf *-te/to-* seinen Ausgang genommen haben könne. Dem widersprechen Formen wie as. *libda* aufs schärfste. Über die relative Chronologie dieser gegenseitigen Beeinflussungen belehrt uns got. *ga-hugds* 'Gesinnung', as. *gi-hugd,* deren Übereinstimmung lehrt, daß die Angleichung an das (im Gotischen umgeformte) urgerm. Präteritum, das im As. lautgesetzlich als *hogda hugda* erscheint, vor die einzeldialektische Zeit fällt.

Will man ein richtiges Verständnis der unter dem Sammelnamen des schwachen Präteritums vereinigten Formkategorien gewinnen, so muß man genau zwischen denominativen und primären Verben unterscheiden.

1. Die denominativen Verba.

Es ist klar, daß wir von der Erklärung der denominativen Verba auszugehn haben. Denn diese haben in idg. Urzeit überhaupt nur ein Präsens gebildet. Machte sich nun das Bedürfnis nach weitern Temporibus geltend — dort wo das Augment verloren ging, war die Schöpfung einer Vergangenheitsform das dringendste —, so bestand zur Befriedigung in erster Linie die Möglichkeit, eine periphrastische Bildung zu schaffen. Vgl. z. B. lat. *amābam*, aus *amā-* und dem Injunktiv von **bhéu̯ō* 'bin', abg. *dělaachŭ* aus *děla-* und **jāchŭ*, älter **ēchŭ*, idg. **ēsom*, dem Imperfekt von **ésmi* 'bin'.

Es liegt daher am nächsten, auch in *hráinida* 'reinigte', *salbōda* 'salbte' usw. eine periphrastische Bildung zu suchen. Thut man das, so liegt die Erklärung auf der Hand: got. 1. Sing. *-da*, 2. *-dēs*, 3. *-da* = urnord. 1. *-đō*, 2. *-đēs*, 3. *-đē* sind Formen der Wurzel *dhē-* 'thun' (ai. Präs. *dádhāmi*, gr. τίθημι). *-dēs*, *-dē(þ)* entsprechen genau dem ai. 'Aorist', *á-dhām*, *á-dhās*, *ádhāt* = gr. -θην, -θης, -θη in ἐτιμήθην, ἐφιλή-θην u. dgl.

Der Plural aisl. 1. *-đom*, 2. *-đod*, ahd. *-tum -tut* enthält die Schwaform der Wurzel *dhē-*, also **dhə-* und entspricht somit dem gr. Plur. 1. ἔ-θεμεν, 2. ἔ-θετε, deren ε das idg. ə ersetzt. Die 3. Plur. aisl. *-đo*, ahd. *-tun* ist gleich idg. **dhn̥t*. Sie verhält sich zu ai. *ádhur* genau ebenso wie die Endung der 3. Plur. Perf. auf *-n̥t* zu ai. *-ur*.

Neben diesem *ē*-stufigen 'Aorist' hat von der Wurzel *dhē-* im Idg. noch ein Injunktiv auf *-ā* existiert, dessen Reflex in german. **đōmi* oben S. 313 erwähnt ward. Die erste Person mit sekundärer Endung, idg. **dhām*, erscheint als 1. Sing., urnord. *-đō*. Das Eindringen der *ā*-Form in die 1. Sing. erklärt sich im Germ. ebenso wie im Slav., dessen Ausgang der 1. Präs. *-ǫ* auf idg. *-ām* zurückgeht.

Weitere *ā*-Formen erscheinen noch im As. und Ahd. in der 2. Sing. sowie in den alemannischen Pluralformen *-tōm -tōnt -tōn*.

Das got. *-dēdum -dēduþ -dēdun* ist nicht als 'Aorist-', sondern als Perfektform aufzufassen; es entspricht genau dem ahd. perfektischen Plural *tātum tātut tātun*, der oben S. 329 seine Erklärung gefunden hat. Das *ē* des Sing. veranlaßte die Verdrängung der ganz abweichenden Pluralformen **-đum *-đuþ *-đun* durch *-dēdum* usw.

Den denominativen Verben haben sich die (primären) *ē*-Verba angeschlossen, wohl deshalb, weil sie ihrer Stammbildung nach ganz aus dem Rahmen der starken Konjugation herausfielen, sowie darum, weil es auch denominative *ē*-Verba nach Art von abg. Präs. *cēlějǫ,* Inf. *cēlēti* 'heilen' gegeben hat.

Auch die primären *ā*-Verba bilden ein periphrastisches Präteritum.

Selbstverständlich schlossen sich den Denominativen in der Bildung des Präteritums auch alle die primären Verben an, die ihrer Lautform wegen aus dem offiziellen Schema der 'starken' Konjugation herausfielen.

2. Die primären Verba.

Eine Gruppe für sich bilden die Verba präteritopräsentia. Da bei ihnen das alte Perfekt vollständig Präsensbedeutung angenommen hat, mußte sich schon früh das Bedürfnis nach einer Form zum Ausdruck der Vergangenheit fühlbar machen. Wie ward diesem Bedürfnis abgeholfen?

Zuerst muß festgestellt werden, daß der Dental hier wie bei einigen andern schwachen Präteritis primärer Verba wie *þūhta brāhta* usw. kein idg. *dh* gewesen sein kann, sondern auf *t* oder *th* zurückgehn muß.

Eine befriedigende Erklärung gewährt Wackernagel-Behaghels Hypothese. Da die primären Verba von Haus aus alle Tempora gebildet haben, so ist es prinzipiell durchaus gestattet, mit Wackernagel germ. **wuldēs* = ai. *vṛthás* anzusetzen. Beide Wörter decken sich Laut für Laut. Dasselbe gilt von got. *mundēs* = ai. *mathás.* Zu dieser zweiten Person, die sich in ihrem Ausgang mit dem beim periphrastischen Präteritum gebräuchlichen *-dēs*

(aus idg. *dhēs) deckte, konnte dann leicht eine ent-
sprechende 1. und 3. Person Sing. hinzugebildet werden:
-dēm -dē(þ), die mit den entsprechenden Personen des
'Aoristes' von Wz. dhē- zusammenfielen. Die Gleichheit
des Vokalismus im Singular ward dann zum Anlaß, den
neuzubildenden Plural ebenfalls nach dem Muster des
'Aoristes' zu schaffen, zumal hier dieselben Ausgänge wie
im Plural der starken Präterita erschienen.

Was die Akzentuation anlangt, so ist beim schwachen
Präteritum der primären Verba Endbetonung das Normale;
denn das Medium betont die Endungen. Dem entspricht
auch die Mehrzahl der Fälle. Merkwürdigerweise erscheint
jedoch auch die stimmlose Spirans als Vertreter des idg.
th verschiedentlich im Germanischen. Vgl. got. kunþa,
aisl. kunna (aus *kunþa), ae. cúðe, ahd. konda gegenüber
ostnord. kunda; aisl. unna (aus *unþa), ae. úðe, ahd. onda.
Nur auf einzelne Dialekte sind die þ-Formen beschränkt
bei folg. Verben: ostnord. villa gegenüber got. wilda, aisl.
vilda, ae. wolde, as. wolda welda, ahd. wolta; ostnord. skulla
(aus *skulþa) gegenüber got. skulda, aisl. skylda skulda, ae.
sceolde, as. scolda, ahd. scolta u. ä.

Da die stimmlose Spirans von kunþa und *unþa —
denn hier allein darf man sie als urgermanisch bezeichnen
— auch mit der Wurzelstufe in Widerspruch steht, die
von Haus aus schwach ist, vgl. F. Solmsen, Studien zur
lat. Lautgeschichte (Straßburg 1894), S. 187 ff., so hat
sie schwerlich ein Anrecht darauf, für ursprünglich zu
gelten. Ihre Erklärung ist freilich noch nicht gefunden.
H. Paul, PBrB. VII. 150 f. versucht, -nþ- aus -nnd- herzuleiten, während -nd- zu -nd- werde, alsdann müßte der
doppelte Nasal aus dem Präsens eingeschleppt sein. Doch
fehlt es an Parallelen für die angenommne Lautentwicklung. Was Fr. Lorentz, Schw. Prät. S. 57 f. beibringt,
befriedigt nicht.

II. Die Stämme.

Wenn man in dem -da des Präteritums der nicht-
primären Verba ein Tempus der Wurzel dhē- erkennt,

so muß ursprünglich dieser Verbalform irgend ein Kasus eines Verbalsubstantivs vorausgegangen sein, vgl. z. B. das periphrastische Perfekt des Ai.: ved. *gamayám cakāra* 'veranlaßte zu gehn'; *vidám cakāra* 'wußte' usw. Wie steht es damit im Germanischen?

1. Bei allen *jan*-Verben (denn die Kausativa haben sich den Denominativen völlig angeschlossen) erscheint ein 'Stamm' auf -*i*-, vgl. got. *hráini-da, nasi-da*.

2. Bei allen *ō*-Verben (zu denen auch die *nō*-Verba zu rechnen sind) geht der Stamm auf -*ō*- aus, vgl. got. *salbō-da, fullnō-da*.

3. Bei den *ē*-Verben fehlt ursprünglich ein Mittel- vokal, wie E. Sievers, PBrB. VIII. 90 ff. nachgewiesen hat. Vgl. ae. *hœfde, sœʒde*, as. *habda, sagda, libda*. Woher der Verlust des stammauslautenden Vokals kommt, ist unerklärt. Got. *habaida* ist sicher eine Neubildung nach den für die Klasse besonders charakteristischen *ai*-Formen des Präsens; auch ahd. *habēta* hat wohl der Bildung von as. *habda* gegenüber als jüngere Umformung zu gelten.

Wie in lat. *amābam uidēbam farcībam*, in abg. *dēla-achŭ cēlēachŭ* sucht man auch in den germ. Formen alte Kasus: außer dem allzeit hilfsbereiten Instrumental bleibt wenig Auswahl. Es ist zuzugeben, daß der erste Aus- gangspunkt irgendwelcher Kasus gewesen sein muß, wahr- scheinlich ein Akkusativ; jedoch darf man nicht so weit gehn, in den lat., abg. oder german. Formen noch regel- rechte Kasus zu suchen. Diese sind ersetzt worden durch das, was dem Sprachgefühl der Redenden als 'Stamm' erscheinen mußte, d. h. durch jenen Lautkomplex, der in den verschiednen Flexionsformen konstant bleibt, während ihm die 'Endungen' das je nach Kasus oder Person Veränderliche sind, vgl. H. Paul, PBrB. IV. 413. Es ist daher vergebne Mühe, die zu einem einheitlichen Ganzen verwachsnen periphrastischen Bildungen durch einen einfachen Schnitt in zwei Teile zu zerlegen und in dem ersten den oder jenen Kasus zu suchen.

Über die Akzentuation der zusammengesetzten schwachen Präterita läßt sich kaum etwas Sicheres aussagen. E. Sievers, PBrB. IX. 563 hat wechselnde Betonung angenommen aus Gründen, die gegenwärtig kaum mehr stichhaltig sind; Fr. Lorentz, Präteritum S. 54 ff. entscheidet sich für Wurzelbetonung, ohne jedoch entscheidende Beispiele vorbringen zu können. Für die Entstehungszeit darf man — rein a priori gesprochen — wohl annehmen, daß sich das Verbum an das Nomen enklitisch anlehnte; damit ist aber auch die äußerste Grenze erlaubter Vermutungen erreicht.

Darüber, daß die schwachen Präterita primärer Verba ursprünglich schwundstufige Wurzel und betonte Endung haben, ist schon oben S. 340 gesprochen worden.

Siebzehntes Kapitel.
Die Modi.

I. Der Optativ.
1. Stammbildung.

221. Das idg. Optativsuffix ist betont und vollstufig -$i\acute{e}$-, unbetont und schwundstufig -$\bar{\imath}$- bezw. vor Vokal -$i\underset{\smile}{\imath}$- -$\underset{\smile}{\imath}$-. In diesen Formen kann es nur bei athematischen Verben erscheinen. Die Wurzelsilbe ist schwundstufig; der Wortakzent ruht im Singular auf dem stammbildenden Suffix, im Dual und Plural auf den Endungen. Vgl. idg. Sing. 1. *$si\acute{e}m$, 2. *$si\acute{e}s$, 3. *$si\acute{e}t$ — Plur. 1. *$s\bar{\imath}m\acute{e}n$, 2. *$s\bar{\imath}t\acute{e}$, 3. *$si\acute{e}nt$.

Bei den thematischen Verben erscheint nur die schwundstufige Form des Optativsuffixes, die nach dem stammauslautenden -o- unsilbisch werden muß. Vgl. idg. Sing. 1. *$bh\acute{e}roi\underset{\smile}{\imath}m$, 2. *$bh\acute{e}rois$, 3. *$bh\acute{e}roi\underset{\smile}{t}$ — Plur. 1. *$bh\acute{e}$-$roi\underset{\smile}{men}$, 2. *$bh\acute{e}roi\underset{\smile}{te}$, 3. *$bh\acute{e}roi\underset{\smile}{nt}$.

Da das -$o\underset{\smile}{\imath}$- der thematischen Optative durch Kontraktion von $o + \bar{\imath}$ entstanden ist, muß es schleifende

Akzentqualität haben, vgl. gr. λείποις λείποι, deren Paroxy-
tonierung die Länge und damit die Zirkumflektierung der
Endsilbe erweist.

Im Germanischen hat sich der Optativ, wenn auch
nicht ohne Umbildungen, in ziemlich weitem Umfang
erhalten.

A. Der thematische Optativ.

[*bindau*]	[*binda*]		*binde*	*binte*
bindáis	*binder*	} *binde*	*bindes*	*bintēs*
bindái	*binde*		*binde*	*binte*
bindáima	*bindem*			*bintēm*
bindáiþ	*binded*	} *binden*	} *binden*	*bintēt*
bindáina	*binde*			*bintēn.*
bindáiwa				
bindáits				

Die erste Person Sing. des Ost- und Nordgermanischen
got. *bindau,* aisl. *binda* gehört schwerlich zum Optativ, wie
sie auch aufzufassen sein mag. Im Westgermanischen
kann -e höchstens nach *j* als lautgesetzlicher Vertreter
von got. -*au* gelten. Wahrscheinlicher ist, daß im Westgermanischen die 1. Sing. durch die 3. ersetzt worden
ist, was durch den Zusammenfall der 1. 3. Sing. Opt.
Prät. nahegelegt ward.

Der thematische Optativ zum Indikativ auf -*ōjō* erscheint in ae. Sing. *sealfie* — Plur. *sealfien,* as. *folgoie* —
folgoien. Dagegen sind die alemannischen Optative wie
salbōe habēe Neubildungen von durchsichtiger Entstehung.

Die Akzentuation ist dieselbe wie im Indikativ,
der Wortton ruht entweder stets auf der Wurzelsilbe oder
stets auf dem Suffix. Man könnte diesen Unterschied in
der Doppelheit ae. 2. Sing. *binde* : as. *bindes,* ahd. *bintēs* erkennen wollen, indem man annimmt, hier habe der suffixbetonte, dort der wurzelbetonte Typus gesiegt. Daß die
Sache nicht so einfach liegt, scheint mir aus der oben
S. 325 besprochnen westgermanischen Form der 2. Sing.
Perf. der ablautenden Verba hervorzugehn, wo die konjunkte Endung idg. -*s* trotz der unzweifelhaften Endbetonung

geschwunden ist. Man wird daher wohl mit Scherer-Hirt
annehmen müssen, daß allein die ae. 2. Sing. *binde* die lautgesetzliche Entwicklung zeige, während as. *bindes*, ahd.
bintēs ihr *-s* von der 2. Sing. Indik. bezogen haben.

Daß germ. *-ai-* schleifende Akzentqualität gehabt habe, darf aus der Erhaltung des in den Auslaut
getretnen *-ai-* im Gotischen geschlossen werden.

B. Der athematische Optativ.

[*bundjau*]	[*bynda*]			*bundi*	*bunti*
bundeis	*bynder*	} *bunde*		*bundis*	*buntīs*
bundi	*bynde*			*bundi*	*bunti*
bundeima	*byndem*				*buntīm*
bundeiþ	*bynded*	} *bunden*	} *bundin*		*buntīt*
bundeina	*bynde*				*buntīn.*
bundeiwa					
bundeits					

Auch hier muß wieder die 1. Sing. des Ost- und
Nordgermanischen beiseite bleiben. Im Westgermanischen
sind 1. und 3. Sing. gleich.

Was das Suffix anlangt, so ist die Schwundstufe *-i-*
durchs ganze Paradigma durchgedrungen. Einen Rest der
Vollstufe *-iē-* darf man vielleicht mit K. F. Johansson,
De derivatis verbis contractis linguae Graecae (Upsala 1886),
S. 187 in got. *sijais* = alat. *siēs* sehn, indem man das
nichthauptonige got. *ai* als *ē* faßt. Ohne diese Annahme
läßt sich nämlich nur schwer erklären, warum got. *im* einen
thematischen Optativ bildet, während doch der athematische
Optativ (mit Verallgemeinerung der Schwundstufe) durchaus lebendig ist.

Von Wurzel *dhē-* lautet der Optativ: Sing. 1. *dhiēm*,
2. *dhiēs*. 3. *dhiēt* — Plur. 1. *dhīmén*, 2. *dhītē*, 3. *dhiént*.
Mit Durchführung der Schwundstufe findet man ihn im
Optativ der schwachen Präterita wieder, die genau so
flektieren wie die Perfektoptative der starken Verba.

Anmerkung. Unerklärt ist der seltsame Unterschied, der
im Alemannischen und im Isidor in der (1.) 3. Sing. Opt. Prät.

zwischen starken und schwachen Verben herrscht: jene haben
lautgesetzlich -*i*, vgl. *nāmi* (Notker schon *nāme*), diese dagegen
ein auffallendes -*ī*, vgl. Isidor *scoldii*, alem. *suohtī salbōtī* (Notker).

Sonstige athematische Optative mit durchgeführter
Schwundstufe sind ae. *cyme*, Plur. *cymen*, vgl. ai. *gamyāt*
3. Sing. Opt.; der Opt. des Verbums 'sein', as. ahd. *sī*,
sowie namentlich das Verbum 'wollen'. K. Brugmann,
IF. I. 81, Grundriß II. § 505, S. 903 f. und H. Hirt,
PBrB. XVIII. 282 sehn darin keinen idg. Optativ, sondern
wegen abg. *veljǫ* — Inf. *velēti* ein Verbum nach der *ēi̯*-Präsens-
klasse. Diese Auffassung scheint mir mit F. Solmsen,
Studien zur lat. Lautgeschichte (Straßburg 1894), S. 7 ff.
unhaltbar, denn außerhalb des Slavischen ist von einem
Stamm auf -*ēi̯* nichts zu sehn; vielmehr haben wir entweder den athematischen Indikativ eines Wurzelverbs, vgl.
lat. *uolt*, lit. *pa-velt*, dazu ai. *ávṛta* oder eine Bildung nach
der *nā*-Klasse, vgl. ai. *vṛṇīté*. Es läßt sich ebenso leicht
begreifen, daß der Optativ den Indikativ ersetzen konnte
(vgl. unser nhd. 'ich wünschte' 'ich möchte'), wie es verständlich ist, daß im Slav. eine Umbildung der 1. Sing.
stattfand, wodurch das Verbum zu einem Präsens der
ēi̯-Klasse gemacht ward. Ist doch auch ahd. *willu* eine,
wenn auch frühe, Neubildung statt *wille* (Pariser Glossen,
Vokabul., Cass. Gl., Otfrid).

Abgesehn von diesen Einzelbelegen erscheint der
athematische Optativ noch bei verschiednen Kategorien:
1. bei den *ē*-Verben muß sich mit dem Stamm auf -*ē*-
im Plural das Optativsuffix zu -*ēi̯*- verbinden. Dies liegt,
durch den ganzen Modus durchgeführt, in dem got. Opt.
Sing. 2. *habáis*, 3. *habái* — Plur. 1. *habáima*, 2. *habáiþ*,
3. *habáina* wie in den entsprechenden Formen der übrigen
Dialekte vor.

2. Bei den athematischen Verben auf -*nā*- (und -*ā*-)
hat im Opt. Plur. -*nāi̯*- (oder -*nɔi̯*-) zu erscheinen. Vgl. got.
waknáis, *waknái* — *waknáima*, *waknáiþ*, *waknáina* = aisl.
vakner, *vakne* — *vaknem*, *vakned̄*, *vakne*. Ebenso flektiert
im Nord. der Opt. der reinen *ō*-Verba.

Der ahd. Optativ 1. Plur. *stēn* usw. darf direkt dem
gr. σταῖμεν gleichgesetzt werden. Entsprechend ist der
Opt. 1. Plur. *gēn* zu beurteilen.

Was die Stellung des Wortakzents betrifft, so beweist die Konsonantenentwicklung, daß Endbetonung
herrschte. Man könnte damit auch sehr wohl in Einklang bringen, daß in der 2. Sing. as. *bundis,* ahd. *buntīs*
stimmlose Spirans im absoluten Auslaut erscheint. Daß
aber das auslautende *-s* nicht lautgesetzlich ist, lehrt die
2. Sing. ae. *bunde,* as. ahd. *wili,* eventuell auch ahd. *ni
curi* 'noli' (vgl. W. Braune, PBrB. II. 157; J. Wackernagel, KZ. XXXIII. 33); hier ist das idg. *-s* geschwunden,
trotzdem gar keine andere Möglichkeit besteht, als daß
die Endsilbe den Wortakzent getragen hat. Man hat den
Schwund daher wohl nach Scherer-Hirts Theorie zu erklären. Das *-s* von as. *bundis,* ahd. *buntīs* ist also Entlehnung, wie W. Scherer zuerst erkannt hat.

2. Personalendungen.

Der Optativ hat konjunkte Endungen.

Singular: 1. Person fehlt. — 2. Person: *-s* (s. o.). —
3. Person: (*-t*).

Plural: 1. Person: got. *-ma* = lit. *-mė.* — 2. Person:
-þ = idg. *-te.* — 3. Person: westgerm. *-n* aus idg. *-nt.*
Im Nord. ist *-n* lautgesesetzlich geschwunden. Got. *-na*
hat seinen Vokal von der 1. Plur. *-ma* und der 1. Du.
-wa bezogen.

Dual: 1. Person: got. *-wa* = abg. *-vē* oder lit. *-vo.*
— 2. Person: got. *-ts* wie überall.

II. Der Konjunktiv.

222. Im Germanischen nur in spärlichen Trümmern
erhalten.

1. Dem idg. Konjunktiv (Injunktiv) auf *-ā-,* vgl. lat.
feram ferās ferat usw., entspricht auf german. Boden der
sogen. Optativ der *ō-*Verba im Got., As. und Ahd. Vgl.
H. Collitz, BB. XVII. 50 Fußnote und K. Bojunga,
IF. II. 184 ff., besonders 193.

2. Die rätselhafte 1. Sing. des Optativs, z. B. got.
bindau, aisl. *binda* faßt H. Hirt, IF. I. 206, VI. 58 ff.
als regelrechten Vertreter eines idg. Konjunktivs auf *-ām,*
indem er got. *-au* als *-aú* d. i. *-ǎ* faßt und aus urgerm.
-ōm, idg. *-ām* (*-ān*) herleitet. Ein· got. *bairau* entspräche
demnach Laut für Laut einem lat. *feram,* abg. *berǫ.*
Leider ist die Lautentsprechung nicht genügend gesichert,
um akzeptiert werden zu können. Die Form muß demnach als ungedeutet gelten. Wahrscheinlich ist immerhin
soviel, daß sie irgendwie mit dem Konjunktiv zusammen-
hänge. Daß andere wie z. B. O. Wiedemann, Litauisches
Präteritum (Straßburg 1891), S. 159 Fußnote 1 die einst
vielfach in Anspruch genommene Partikel *-u* in got. *bairau,*
aisl. *bera* sehn und **berōu* als germ. Grundform ansetzen,
sei wenigstens erwähnt.

Der westgerm. Ausgang *-e* der 1. Sing. Opt. Präs.
kann nach *j* direkt auf idg. *-ām -ān* zurückgeführt, also
für einen Konjunktiv erklärt werden. Eine andere Er-
klärungsmöglichkeit ist oben S. 343 angedeutet.

3. Im Got. erscheint die isolierte Form *ōgs* als Imperativ. Man darf sie mit Joh. Schmidt, KZ. XIX.
290 f. als kurzvokalischen Perfektkonjunktiv auffassen,
der griechischen Bildungen wie εἴδομαι zu οἶδα, πεποίθομεν
(für **πεπείθομεν*) zu πέποιθα genau entspricht.

Schon seit idg. Urzeit erscheinen im Konjunktiv absolute und konjunkte Endungen. Das Germanische kennt
nur die konjunkte Flexion.

III. Der Imperativ.

Singular.

223. 2. Person: Der reine Stamm erscheint: got. *gif,*
aisl. *gef,* ae. *gef,* as. *gef, gib,* ahd. *gib* aber *far.* Idg. Grundform **ghebhe.* Der Umlaut, der im Ahd., z. T. auch im
As. auftritt, ist unursprünglich, vgl. oben § 65, 2. Die *jan-*
Verba haben im Got. *-ei,* vgl. *nasei sōkei,* dem ae. *nére
dém,* ahd. *néri suochi* entspricht. Der Schwund des langen
auslautenden Vokals nach schwerer Tonsilbe, der im Ae.

zu konstatieren ist, macht Schwierigkeit, wenn man annimmt, daß im Urgermanischen durch Kontraktion der
unbetonten Endsilben *-ije* schleifende Länge (ī) entstanden
sei. Möglicherweise könnte man die got. Form so deuten,
daß nach dem frühzeitigen Schwund des auslautenden *-e*
der dritten Silbe ein langer gestoßner Vokal (ī) entstanden
sei, der im Got. als zweimorige Länge noch erhalten,
im Westgerm. gekürzt bezw. geschwunden sei.

Got. *salbō*, ahd. *salbo* sind wie lat. *amā*, ahd. *habe*
ist wie lat. *habē* gebildet. Der Systemzwang hat den auslautenden Vokal überall erhalten.

3. Person: got. *bairadau* wird von H. Hirt, IF.
VI. 16 f. dem ai. *bháratām*, gr. φερέτην gleichgesetzt,
demnach als Medialform erklärt. Begrifflich ist die Gleichung ansprechend, lautlich verursacht sie dieselben
Schwierigkeiten wie die 1. Sing. Opt.

Plural.

1. Person: Überall, mit alleiniger Ausnahme des
Ac., identisch mit der 1. Plur. Indik. Die ae. Imperativ-
form *bindan* repräsentiert eine Bildung, die mit der verlornen 1. Plur. Ind. gleichlautend gewesen sein muß. Es
handelt sich um Injunktivformen.

2. Person: Mit der 2. Plur. Indik. gleichlautend.
Vgl. wegen des ahd. Ausgangs *-et* W. van Helten, PBrB.
XVII. 569; M. H. Jellinek, Beiträge, S. 44.

3. Person: got. *bairandau*, von H. Hirt, IF. I. 206,
VI. 61 f. der ai. 3. Person Plur. Med. *bhárantām* gleichgesetzt, die in gr. φερόντων als Aktivform erscheint. Auch
hier hängt die Anerkennung der Gleichung von der Anerkennung des Hirtschen Lautgesetzes ab.

Wortregister.

Germ. Eigennamen[1]).

Aflims 232.
Aistomodius 144.
Alateiuia 52.
Anglii, Angli 243.
Ariouistus 46.
Arminius 287.
Austrogoti 59. 148.
Bacenis 48.
Baudomalla 141.
Burgundiones 118.
Χαριογαισος 46.
Χαριομηρος 46. 192.
Charioualdus 46.
Chattuarii 139.
Erminones 55.
Fenni 52. 136.
Φιννοι 52.
Frisii 243.
Gepides 55.
Γοτθοι 59.
Gotones, Gothones 59.
Γουτωνες 59.
Greuthungi 51.
Γυθωνες 59.
Gutones 59.
Harigaisus 121.
Idisiauiso 49. 258.
Inguaeones 52.
Inguiomerus 192.
Langobardi 46. 192.
Leudomalla 141.
Mallegundis 141.

Mallobaudes 141.192.
Nehalennia 132.
Ostrogothae 148.
Reudigni 51.
Rugii, Rugi 243.
Saitchamims 232.
Segestes 55. 121. 142.
Segimerus 55. 121. 142.
Segimundus 55. 142.
Semnones 52.
Sigismundus 53. 55.
Suebi 63.
Teutoburgiensis 51.
Teutomerus 51.
Thiotmalli 141.
Θουμελιχος 142.
Θουσνελδα 89. 142.
Vahalis, Vachalis 136.
*Walhōz 136.
Vatuims 232.
Veleda 55.
Venedi 55.
Wisugart 58.
Wisumār 58.
Wisurīh 58.

Germanisch-lateinisch.

-auia 132.
baro 84.
γαισος 121.
carrago 145.
gamallus 141.
mallare 140.

mallobergus 141.
mallus 140.

Finnisch-lappische Lehnwörter.

(Finnisch unbezeichnet.)

aalto 258.
akana 236.
ansas 47. 171. 226.
arkku 236.
armas 47. 171.
lapp. guovra 73.
haka 253.
huotra 49.
hurskas 171.
joulu 233.
jukko 233
kakra 112.
kallio 258.
kaltio 258.
kampa 45.
kansa 236.
karilas 85.
keula 51.
lapp. kloavra 73.
kuningas 47. 171. 226.
lapp. loavra 73.
lapp. luövre 73.
maanantai 64. 255.
maha 253.
mako 253.
mato 253.

---

[1]) Griech. χ sieh unter ch, φ unter f, θ unter þ, th.

miekka 64.
multa 236.
napa 45.
niekla 64.
nuora 49.
paanu 64.
paita 236.
panku 236.
parmas 171. 192.
rengas 47. 52. 171.
runo 235.
lapp. säjet 76.
sakko 235.
siima 253.
lapp. skuövra 73.
sunnuntai 258.
teljo 52. 258.
teudnar 51.
tuomari 49.
tursas 192.
vaaka 64.
vantus 245.
varas 192.

Gotisch [1]).

afkapjan 112.
aflinnan 93. 296.
aftana 188.
aggwus 43. 121.
agis 54. 173. 212.
ahs 80.
ahtau 114.
aka 43. 110. 132.
aih 324.
ailvatundi 112. 194.
Ainok 74.
Ainos 74.
aiws 194.
aiz 43.
akeit 66.
akrs 43. 133.
alan 90.
alds 130.
aljar 275.
aljaþro 182.
allaþro 182.
alþeis 130.
amsans 70.

anabiudan 118.
anabusns 144.
anasilan 307.
andhruskan 68. 143.
    299.
ans 47. 171. 226.
ansteigs 196.
ansts 87.
apaustaulus 45.
aqizi 47. 80. 134.
    150.
arbinumja 84.
arkazna 110.
arjan 71.
arms 47.
asans 132.
asts 134.
atþinsan 108.
augjan 139.
auhns 111.
auhsa 57. 207.
aukan 43. 71. 91.
    133. 327.
auso 45. 132.
aweþi, *aweiþi 60.
azgo 134.
bairan 50. 83. 117.
baitrs 88. 150.
bandwjan 146.
barizeins 173.
barn 195.
bauan 74. 117.
beidan 144.
beist 141.
beitan 87. 118. 144.
berusjos 213.
bidjan 53. 94. 149.
bigitan 121.
bilaibjan 87.
bilaigon 121. 139.
bileiban 87. 124. 298.
bindan 52. 86.
-biudan 118. 144.
biugan 292.
biuhts 77.
blandan 293.
bliggwan 61.
bloma 91.

-blostreis 116.
blotan 116.
blöþ 199.
bnauan 327.
briggan 77.
brikan 94.
broþar 48. 108. 117.
    206.
bruks 176. 193.
bruþfaþs 44. 174.
daddjan 45. 61. 119.
    293.
dags 47. 119.
dalaþro 182.
daug 324.
dauhtar 57. 119. 206.
daur 57. 119.
dauþs 130.
dauþus 130. 204.
digan 119. 292.
diups 132.
diwan 95.
dragkjan 86.
drigkan 86.
driusan 88. 130.
duginnan 126. 296.
Ega, Egica, Egila 78.
Emila 78.
fadar 44. 124. 206.
fahan 77. 297.
faheþs 64.
faih 110.
faihu 50. 57. 105.
    109. 114.
fair- 85. 106.
fairguni 58. 106. 131.
fairneis 149.
fairra 140.
fairraþro 182.
fairzna 70. 106. 132.
faran 95. 293.
farjan 149.
fastubni 143.
faura 68. 85. 106.
    189.
faurafilli 140.
faurbiudan 88.
fera 65.

---

[1]) lv folgt auf h, q auf p, þ auf t.

fijands 72.
fijaþwa 131. 199.
filu 57. 84. 106.
filufaihs 109.
fimf 111. 142.
finþan 108.
fisks 56.
flodus 47. 69. 106.
fodjan 116.
fodr 49. 106. 206.
fon 210.
fotus 80. 106. 133. 204.
fra- 44. 85.
fraihnan 294.
framis 173.
fraslindan 94. 217.
frauja 106.
frawairþan 86. 130.
frawardjan 86. 130.
frawisan 95.
freis 106.
frijaþwa 131. 199.
frijondi 200.
frijonds 215.
froþs 197.
fruma 68. 293.
fula 67. 106.
fulls 140. 293.
gabaurþs 87. 117. 131. 201.
gabigs, gabeigs 79.
gabruka 151.
gadars 119. 324.
gadeds 63. 91. 119.
gadigis 173. 212.
gadrausjan 88. 130.
ga-fehaba 83.
gagaleikon 168.
gagamainjan 168.
gagatilon 168.
gaggan 122. 293.
gaggs 121.
gahugds 337.
gakunþs 202.
gakusts 201.
galaubjan 88.
galeiks 168.
gamains 168.
gaman 168.
gamot 115. 324.

gamunds 69. 131. 202.
ganah 45. 324.
ganisan 79. 130. 290.
ganohs 45.
gaqumþs 68. 131. 202.
garaids 88.
garazno 208.
gariuds 88.
gasts 44. 121.
gatamjan 33. 133.
gateihan 51.
gatils 168.
gatiman 83.
gaþairsan 86. 107.
gaþaursnan 107.
gaþeihan 77. 93.
gaumjan 168. 319.
gaurs 194.
gawidan 115.
gawigan 121.
gawrisqan 114. 143. 299.
gazds 134.
giba 79.
giban 79. 121.
glaggwuba 61.
graban 95. 293.
gretan 64. 91. 327.
griþs 121.
guma 68. 121. 208.
Gutþiuda 59.
guþ 121.
haban 43. 112. 307.
hafjan 91. 109. 305.
hafts 107. 196.
hahan 77. 129.
haidus 203.
hails 109.
haims 194.
hairda 109. 119.
hairto 70.
hairus 108.
haitan 327. 333.
halis- 173.
halja 149.
hals 111.
halsagga 125.
hana 90. 109. 208.
handugs 196.
hardus 124. 203.
hatan 311.

hatis 173. 212.
hatjan 311.
haubiþ 47.
hauhs 53. 89. 131.
haurn 87. 195.
heiwafrauja 108.
her 65.
hidre 64. 131. 183.
hilms 209.
himins 143.
hindana 188.
hiuhma 89.
hlahjan 129.
-hlaupan 135.
hlauts 89.
hlifan 107. 109.
hliftus 107. 114.
hliuma 108.
hliuþ 196. 197.
-hlohjan 129.
hlutrs 150.
hnaiwjan 123.
hneiwan 123.
hors 109.
hrains 88. 287.
hugjan 149. 311.
hulþs 67.
hulundi 67. 85. 200. 215. 292.
hund 68. 124. 142.
hundafaþs 44.
hunds 108. 112.
hunsl 60. 144.
kadre 64. 183.
kairban 87. 110.
kairnei 110.
kan 147. 275.
kaþar 108.
kaþo 112.
kaþro 50. 131. 182.
keits 108. 112. 139.
kopan 327.
iddja 61. 168. 281. 313.
im 142. 316.
innana 188.
innaþro 50. 182.
inweitan 87.
Ioanan 75.
itan 46. 50. 115. 133.
iupana 188.

iupaþro 182.
jaindre 183.
jainþro 131. 182.
jer 59. 194.
juggs 70. 131.
juhiza 77. 131. 214.
jukuzi 47. 58. 80.
junda 59. 70.
kaisar 45.
kann 324. 340.
karkara 45.
kas 199.
kaupon 45.
kaurn 293.
kaurus 134.
kausjan 88.
kelikn 137.
kinnus 140. 203.
kiusan 88. 133. 290.
kniu 61. 85. 133. 194.
knōþs 47.
Kreks 66. 137.
kuni 85.
kunnan 315.
kunþs 133. 293.
kustus 203.
lais 130.
laisjan 130.
land 86.
lats 92. 144.
Lauidja 74.
leihts 111.
leilvan 110. 130. 290.
-leiþan 88. 129.
lekeis, leikeis 137.
letan 92. 327. 333.
liban 307.
ligan 80. 121. 299.
liþus 203.
liubs 88. 118.
liuhaþ 87.
liuta 208.
Lod 74.
-lukan 90.
lukarn 250.
mag 92. 324.
magaþs 123.
magus 123.
mahteigs 196.
mahts 44. 114.
maihstus 144.

mais 274.
maiza 70.
malan 95.
man 324.
manaseþs 63.
manna 140.
marei 143.
marisaiws 56. 88. 201.
mats 125.
maþa 253.
maþl 131. 141.
maþljan 141.
maurnan 295.
maurþr 206.
mawi 123.
meki 64.
mena 63. 64. 214.
menoþs 214.
-mers 63. 91. 176. 194.
mes 66.
midjis 51. 59. 119.
mimz 125.
minniza 140.
mins 174. 274.
missa- 115.
mitaþs 214.
mizdo 65. 134.
modags 196.
munan 69. 84. 307.
munþs 108.
-nagljan 126.
nahts 114.
namo 143. 190.
namnjan 85. 140.
naqaþs 134. 150.
nasjan 79. 130. 149.
Nauel 74.
naus 132.
nauþs 202.
neþla 64.
nih 111.
niman 50. 83.
niujis 51.
paida 132.
paurpaura 57.
peikabagms 137.
qens 84. 201.
qiman 84. 134. 292.
qinakunds 87.
qino 50. 69. 84. 134.
qiþan 134.

qius 134.
raihts 50.
raþjo 44. 92.
raus 132. 199.
rauþs 88.
-redan 63. 327.
reiki 137.
reiks 137.
rimis 173.
riqiz 134. 173. 212.
Ruma 48. 75.
Rumoneis 48.
sai 166.
saian 76. 91. 319.
sailvan 50. 110. 130.
sainu 165.
saliþwos 131.
saljan 84.
salt 43. 70.
saltan 90.
sama 45. 84.
sandjan 86. 130.
satjan 79.
saþs 197.
Saur 57.
-seiþs 174. 274.
sibja 118. 149.
sibun 124.
siggwan 122.
sigis 47. 80. 121. 173. 212.
siggan 93. 297.
Siloam 75.
sinþs 52. 130. 197.
siponeis 137.
sitan 79. 80. 286.
sitls 194.
siujan 59.
siuns 132. 146.
skaban 90. 293.
skadus 60.
skaidan 43. 90. 114. 327.
skal 324. 340.
skaman 142.
skaþis 173.
skaþjan 92. 112.
skauns 287.
skeinan 295.
skeirs 65. 113. 295.
skuggwa 61.

slahan 95.
slepan 64. 327.
sliupan 133.
snaiws 123.
sneiþan 135.
sniumundo 73.
sniwan 95.
snorjo 69.
snutrs 150.
sokjan 92. 305.
soþa- 197.
speiwan 93. 113.
spilda 293.
stainahs 196.
stains 47.
stairno 113. 140.
stairo 113.
standan 95. 296. 298.
staþs 44. 92. 113.
stautan 135.
steigan 51. 122.
stibna 143.
stigqan 94. 297.
stilan 67. 83.
stojan 73. 75.
stols 48. 194.
sums 85.
sunja 61. 200.
sunjis 61. 145.
sunus 57. 203.
suts 177.
swaihra 109. 131.
swein 66.
swistar 60. 148. 206.
tagr 133. 177.
taihun 50. 109. 131.
-tairan 84.
taui 75.
taujan 69.
tekan 91. 95. 293. 327. 333.
tewa 132.
tigjus 131.
timrjan 133. 148.
tiuhan 139.
Trauada 74.
triggws 61.
triu 61. 85. 194.
trudan 87. 94. 141. 292. 296.

tunþus 68. 133. 205. 215.
tuz- 133.
twai 133.
þagkjan 77. 107.
þahan 107.
þan 147. 275.
þar 275.
þarba 199.
þarf 316. 324.
þaþro 108. 184.
þaurnus 67. 107. 203.
þaursus 67. 107. 132. 203.
þei 273.
þeihan 53. 297.
þeihs 173.
þeiko 110.
þiuda 107.
þiudisko 196.
þius 47.
þiwadw 131. 199.
þreihan 52. 77. 93. 297.
þreihsl 53.
þridja 124.
þriskan 299.
þrutsfill 106. 140.
þugkjan 77.
þulan 108. 311.
þusundi 142. 145.
þuthaurn 174.
þwahan 290.
ufþanjan 83.
uhteigo 75.
unandsoks 176.
unalgähts 195.
undaro 146. 182.
unnuts 83. 89. 176. 193.
unsahtaba 195.
unweis 115.
unweniggo 274.
*unwissa- 115.
unwunands 69. 292.
usalþan 90.
usfanan 43. 90.
usbeisns 144.
usbida 292.
usfratwjan 112.
uskeinan 294.

uswiss 115.
utana 188.
utaþro 50. 182.
uzeta 64.
-waddjus 61.
wahsjan 144.
-wahsts 144.
waian 76. 327.
wair 57.
wairs 174. 274.
wairþan 86. 108. 290.
-wairþis 174.
-wairþs 174.
wait 44. 60. 115. 324.
waldufni 143.
wato 60. 183. 206. 210.
waurdahs 196.
waurkjan 144.
waurms 112.
waurstw 144. 208.
wegs 80.
weiha 208.
weihan 77. 94. 110. 291.
weihs 173.
wein 66.
-widan 292.
widuwo 56. 60. 119.
wiljau 340. 345.
-windan 70. 93. 298.
winds 70.
winnan 296.
-winþjan 145.
wisan 290.
witan 307.
witubni 143.
wiþon 112.
wlits 60.
wods 92.
wraiqs 43. 134.
wulands 292.
wulfs 67. 111.
wulla 140. 293.
wulþr 206.

Nordische Runeninschriften.

after 54.
aih 334.
aihek 171. 334.

alu 186. 236.
a[n]suᴣisalas 171. 227.
ᶐsmu[n]t 177. 245.
ƀariutiƀ 171.
ƀarutʀ 175. 321.
ƀorumʀ 232.
đaᴣaʀ 47. 124. 171.
đohtriʀ 54. 85. 251.
ek, ik 54. 261.
erilaʀ 171. 226.
erla 191. 253.
faihido 49. 190. 236. 336.
fauauisa 253.
fino 189. 193. 257.
ᴣaf 171. 334.
-ᴣastiʀ 56. 200.
ᴣestumʀ 232. 247.
ᴣibu 236.
ᴣodaᴣas 171. 227.
haᴣustaldaʀ 47. 171.
hahaisla 171.
haiteᴣa 189. 228.
haitika 322.
haitinaʀ 171. 195. 255.
-halaiƀan 255.
halaʀ 192.
hᶐriᶇᶐ 253.
hariso 189. 257.
hariwulᶐfᶐ 171.
hariwulfs 56.
hateka 228. 322.
haþuwolafa 171.
haukoþuʀ 245.
helđaʀ 171.
hite 72.
hl(a)aiwiđo 190. 336.
hlaiwa 147. 171. 233.
hlewaᴣastiʀ 193.
holtinᴣaʀ 171. 255.
horna 147. 171. 233.
hrawđas 171. 227.
ik 54.
-ka, -ᴣa 261.
laþu 186.
leþro 189. 257.

-leubaʀ 51.
-leuᴣaʀ 51.
liuƀu 186. 236.
maᴣu 245.
mariʀ 56. 63. 176. 194.
niuwila 190. 253.
orte 188. 336.
runono 238.
runoʀ 238.
sasi 266.
sate 188. 336.
staina 171. 227.
stainaʀ 47. 171. 192. 226.
sunu 177. 245.
swestar 51. 72. 124. 148. 205. 250.
taliwo 257.
tawiđo 49. 236. 253. 336.
þewaʀ 47. 171. 226.
þrawiwan 255.
unnam 171. 334.
urti 188. 253. 336.
waʍe 227.
wᶐrait 171. 334.
waritu 334.
was 171. 334.
wilaᴣaʀ 171.
uiʀ 261.
wiwaʀ 171.
wiwila 191. 253.
wllhakurne 72. 227.
wođuriđe 72. 227.
worahto 49. 190. 236. 336.
wraita 171. 227.
wrta 336.
wurte 188. 253. 336.

Altisländisch [1]).
á 324.
aka 90.
akr 43. 133.
ala 90.
alda 258.
aldenn 130.

áleikse 213.
ann 324. 340.
ár 59. 194.
átta 114.
auka 43. 71. 91. 132.
ausa 44.
ax 80.
bane 84.
banga 297.
beiskr 144.
beisl 144.
beita 87.
benda 146.
bera 50. 83. 117.
berfiall 106.
beriask 84.
betr 274.
biđell 85.
biđia 53. 57. 94. 149.
bifa 56.
binda 52. 86. 118.
bióđa 88. 118.
biórr 118.
biᶐrk 71.
bíta 87. 118. 144.
bitr 150.
blađ 44.
blíkia 297.
blindr 52.
blóme 91.
bnere 327.
bođe 89.
bógr 48. 118. 203.
bók 48.
bokkr 58. 139.
ból 69. 76.
botn 58.
brandnói 75.
bríme 296.
brinna 296.
bróđer 48. 117.
brók 48.
brúđr 240.
búa 74. 76. 117.
bukkr 58. 139.
burđr 87. 117.
dagr 119.

---

[1]) *đ* folgt auf *d*, *þ* auf *t*, *ᶐ* auf *o*, *œ* und *ø* stehn am Schlusse.

deyia 95.
diúpr 132.
dómare 49.
dómr 91.
dótter 119.
dǿđ 63. 91. 119.
draugr 119.
drekka 86.
drope 151.
dýia 119.
dyrr 119.
døkkr 87.
egg 61.
eir 43. 198.
eitr 150.
eldsǽtr 83.
em 316.
epterstađse 213.
eta 46. 50. 133.
eyra 45. 132.
fá 77.
fađer 44. 124.
falla 112.
fara 95. 106.
farre 132.
fé 50. 105. 109.
·fiall 140.
fiarre 140.
fimm 142.
finna 108. 127.
fiorđr 203.
fiǫđr 105.
Fiǫrgyn 58.
fiskr 56.
flá 128.
fleire 70.
flekkr 139.
flestr 45.
flétta 298.
flik 139.
flóđ 47. 106.
fóđr 206.
fold 67.
fole 67. 106.
for 106.
fóstr 116.
fótr 80. 106. 133.
  204.
fǫlr 105.
framkuǽmr 86.
fregna 294.

fremia 149.
fridr 204.
Frigg 61.
friósa 129.
fullnomse 213.
fúna 315.
fyndr 83. 176. 193.
gaddr 134.
gamall 168.
gandr 122.
ganga 122.
gangr 121.
geđ 122.
gefa 79. 121.
geirr 121.
gengr 176.
gestr 44. 121.
geta 121.
gialfr 139.
gína 298. 315.
giǫf 79.
gler 199.
glǫggr 61.
gnúa 327.
góe 73.
Gotar 59.
gǫfogr 79.
gǫrn 121.
gós 120. 205.
grafa 95.
graslǽgr 83.
gráta 91.
gróa 327.
guđ gođ 121.
gume 68. 121. 208.
gunnr 122.
gǽfr 83.
hafa 43. 112.
hafr 107.
háfr 92.
hage 253.
halmr 194.
hals 46.
halze 213.
hamarr 210.
hampr 133. 136.
hane 90. 109. 208.
hapt 195.
hardr 124.
Harfađa 136.
harmr 108.

hatr 212.
haufođ 47.
haugr 131. 197.
hefia 91. 109.
hegre 56.
heill 109.
heimr 194.
heite 189. 322.
heitr 88.
heize 213.
hel 149.
hella 258.
hengia 129.
here 132.
hére 56.
hialmr 209.
hiarne 87.
hiarta 70.
himenn 143.
hiól 132.
hiǫrđ 109. 119.
hiǫrr 108.
hite 88.
hlaun 108.
hlaupa 135.
hlaut 89.
hliđ 145.
hlióđ 196.
hlióta 89.
Hlóđyn 67.
hlutr 89.
hlǽia 128. 129.
hlǿgia 129.
hniga 123.
hnǫggr 61.
hnykr 145.
hófr 108.
hogr 58.
holfa 292.
hollr 67.
hoppa 135.
hóra 109.
horfa 87.
hors 68.
horskr 68.
Hǫdr 108.
hǫfogr 47.
hǫtođr 214.
hǫttr 139.
hrár 109.
hreinn 88.

hrífa 51.
hrína 295.
hrinda 94.
hringr 47.
hriósa 141.
hrolla 141.
hross 68.
hráskárr 86.
hugr 58.
hundr 108. 112.
hundrađ 124.
húsl 60. 144.
huar 275.
huel 46. 110. 111.
huellr 110.
huerfa 110.
huerna 110.
huerr 110.
huitr 108. 139.
huǽsa 112.
iđ 141.
iákuǽdr 83.
iǫtonn 85.
kala 133.
kalla 133.
kambr 118.
kelda 258.
ker 199.
kinn 140. 203.
kióll 51.
kiósa 129. 290.
kitla 150.
klá 128.
kleif 88.
klif 88.
klífa 297.
kné 61.
knođa 292.
knosa 141.
knǫttr 139.
knylla 141.
koma 68. 84. 134. 292.
kona 69. 134.
kǫngor-váfa 80.
kundr 87.
kueđa 134.
kuefia 46.
kuǽde 83.
kuǽn 84.
kyn 85.

kýr 134. 205.
kǫnn 84.
láta 92.
latr 92.
leiđa 88. 129. 150.
leigia 130.
lendar 146.
léttr 111.
liá 110. 130. 290.
líđa 129.
liggia 121.
líkame 145.
limr 203.
lína 315.
lind 52.
linna 93.
liós 80.
liúfr 118.
lokkr 135.
lǫskr 143.
lúka 90.
lúta 143. 299.
má 324.
mađr 140.
mage 253.
mál 131. 141.
mala 95.
máne 64.
marr 88. 183. 244.
meiđr 126.
mein 194.
mergr 134.
miđr 51. 119.
míga 144.
miǫdr 119.
miǫtođr 214.
missa 115.
mistr 144.
móđer 48. 124. 206.
morđ 195. 197.
morna 295.
mǫgr 123.
mǫndoll 126.
mǫnođr 214.
mǫrk 249.
mǫskue 134.
móttr 44. 114.
múge 151.
muna 69. 84.
munnr, muđr 108.
mús 205.

nafle 118.
nafn 143.
nagl 122. 126.
nár 132.
naudr 240.
naust 70.
nedan 57.
ned(ar)re 57.
nefe 107.
nema 50. 83.
nidre 57.
niflheimr 118.
niól 118.
nist, niste 69.
nóatún 73. 75. 205.
nór 205.
nǫf 45. 118.
nǫkkuedr 134.
nǫtt 114. 249.
nýr 51.
nýra 123.
nǽmr 86.
óđr 92.
ok 58.
óss 47.
oxe 58. 207.
ǫ́ 43. 110.
ǫnd 80.
ǫngr 43. 121.
ǫxl 91.
plógr 49.
ráđa 63.
raudr 89.
reyrr 199.
ríđa 88.
ríke 137.
rinna 296.
rita 51. 60.
róa 73. 75. 327.
róđr 206.
roskenn 299.
rugr 151.
Rúmaborg 48.
rǫkkr 212.
sá 76. 327.
sáđ 63.
same 84.
samr 45.
sandr 142.
sax 80.
segia 130.

selia 84.
sem 84.
senda 86. 130.
serda 68.
sess 115.
setia 79.
sia 94.
sid 50. 77. 110.
siau 124.
siga 94.
sigr 121.
sime 253.
sitia 51. 59. 79.
sinn 52.
skafa 90. 293.
skeifr 138.
skina 113. 295.
skirr 65. 113. 295.
skreppa 68.
skugge 61.
skuggsiá 61.
slá 95. 128.
sleppa 297.
smiúga 135.
smokkr 135.
snida 135.
snoppa 138.
snotr 150.
snúa 73. 75. 95. 319. 327.
snykr 145.
snýr 123.
snǽr 123.
snør 125.
snøre 69.
sofa 89. 94. 292.
spiald 293.
spinna 295.
sporna 87. 295. 315.
spónn 64. 114.
spretta 297.
sprote 151.
spýia 93. 113.
stadr 44. 92.
stallr 141.
standa 95. 296.
stege 56.
stela 67. 83.
stiarna 113. 140.
stiga 51. 122.
stige 56.

stigr 56. 88.
stinnr 114.
stóll 48. 194.
straumr 147.
stødr 92.
suefn 107.
suella 295.
súga 292.
suida 95.
suima 295.
suimma 140.
suin 66.
suina 57. 70. 93. 295.
sund 142. 144.
súrr 66.
sudla 84.
symia 89. 140. 142. 295.
syngua 122.
sýr 75.
syster 60.
-sǽtr 48.
søkia 92.
søkkua 297.
taka 91. 95. 293.
tamr 84.
-tannr 68. 205.
tár 109. 133.
tegr 131.
temia 83. 133.
tiá 51.
timbr 85.
timbra 148.
tindr 87. 133. 215.
tio 109. 131.
toppr 138.
tor- 133.
tottogo 233.
tong 249.
tonn 205. 215.
tré 61.
troda 87. 94. 141. 292. 296.
troll 141.
tryggr 61.
tún 133.
tuau 232.
tueir 133.
tyggua 59. 244.
þak 134.
þar 275.

þegia 107.
þekkia 77. 107.
þenia 83. 149.
þerra 86.
þilia 52. 107.
þiófr 53.
þiónare 51.
þola 108.
þorn 67. 107.
þorna 107.
þorveig 124.
þride 124.
þryngua 52. 77. 93.
þryskua, þriskia 299.
þrǽll 112.
þuá 128. 290.
þunnr 108. 140.
þurr 67. 132.
þúsund, þúshund 145.
þýfd 53.
þykkia 77.
ulfr 67. 111.
ull 140.
ungr 131.
unnr, udr 240.
Urdr 240.
vada 91. 293.
vág 64.
vágr 80.
vatn 60.
vedr 194.
vefa 80. 118.
vega 94. 121. 291.
veggr 61.
veit 44. 60. 324.
velta 293.
verda 86.
verr 'Mann' 57.
verr 'schlimmer' 274.
vesa 129. 290.
vetterges 241.
vider 93. 292.
vinda 70. 93.
vindauga 70.
vinna 296.
visenn 95.
viss 115.
visso 281.
vǽttr 240.
ylgr 111. 125. 146.

-*átr* 176. 193.
øx 80. 134.

Altnorwegisch.

flói 73.
kló 73.
ogn 111.
run. *þina* 265.

Dänisch.

flint 139.
run. *kuþumut* 177.
run. *sunaʀ* 245.

Altschwedisch.

bōa 74.
dīa 76.
dæggia 61.
fiande 76.
gāfa 83.
run. *karuʀ* 177. 194.
run. *la[n]kmuþrku.*
    258.
loppa 135.
nappa 145.
niþan 57.
run. *sitiʀ* 175. 321.
slind 145.
sō 75.
spiærna 87.
run. *stikuʀ* 245.
strāta 49.
stūr 90.
run. *sunuʀ* 321. 245.
ugn 111.
vinætikia 66.

Neuschwedisch.

flinta 139.
linda 86.
slinka 94.
snappa 145.

Langobardisch.

fereha 106.

Altenglisch [1]).

æcer 43. 133.
ǽdm 63. 124. 209.
æfter 54.
æჳ 61.
ǽlan 141.
Ælfred 64.
ǽs 115.
ætჳæru 177.
æx 80. 134.
áჳ 324.
ár 43. 198.
áscian 114. 299.
áttor 150.
bacan 95. 139. 293.
bǽtan 87.
béacen 139.
bealdor 206.
bedul 85.
beჳietan 121.
beჳinnan 296.
belífan 124.
béo, béom 316.
béodan 88. 118.
beofian 56.
beofor 118.
beorc 71.
beorn 71.
beornan 296.
bere 173.
bet 274.
béte 66.
biddan 53. 57. 94.
    149.
bill 141.
birce 81.
bitan 87. 118.
bittor 150.
blæd 44. 91.
blican 297.
blind 52.
blód 199.
blóstm 47.
bóc 249.
bóctréow 48.
boda 89.
bóჳ 48. 118. 203.

bona 84.
bonnan 296.
bordhaჳa 145.
borian 313.
botm 58. 118. 209.
brecan 94.
bréost 187.
brinჳan 77.
bródor 48. 108. 117.
brú 117.
búan 74. 117.
bucca 58. 139.
búჳan 292.
burჳ 249.
calan 133.
cén 65.
céne 84.
ceorl 85.
céosan 129. 133. 290.
céowan 59.
cin 140. 203.
cinan 65.
clappian 138.
clide 151.
clif 88.
climban 297.
cnafa 151.
cnedan 292.
cnéo 61. 85. 133.
cnoll 141.
cnotta 139.
cnyllan 141.
cnyssan 141.
cól 84.
comb 118. 133.
con(n) 324.
cran 133.
cú 134. 147. 205.
cucu 134.
cúd 133.
cuman 68. 89. 134.
    292. 345.
cwedan 127. 134.
cwelan 83.
cwellan 83.
cwén 84.
cwene 69.
cyme 85.

---

[1]) *d* folgt auf *d*.

cyn(n) 85.
Cynibalþ 56.
Cyniberct 56.
cynidóm 56.
dǽd 63. 91. 119.
dæʒ 119.
déad 130.
déad 130.
déaʒ 324.
dear(r) 119. 324.
déop 132.
dohtor 58. 119.
dóm 91.
dón 91. 313.
dor 58. 119.
draca 151.
dréosan 129.
drincan 86.
dropa 151.
duru 119. 187.
dæc 134.
dǽr 275.
đar 275.
đearf 324.
đel 107.
đencean 77. 107.
đennan 83 149.
đéod 107.
đéof 53.
đéon 127.
đerscan 299.
đindan 94.
đolian 108. 311. 313.
đorn 67. 107.
đridda 124.
đrinʒan 52. 77. 93.
đúsend 145.
đwéan 128. 290.
đýfđ 53.
đyncean 77.
đynne 108. 140.
đyrre 67. 107. 132.
éa 43. 110.
éacen 43. 133.
eahta 114.
euld 130.
éanian 123.
éare 45. 132.
éastro 148.
eaxl 91.
eced 66.

eʒe 173.
éode 61.
eom 316.
eoten 85.
ést 87.
etan 46. 50. 133.
fæder 44. 124.
fáh 109.
feallan 112.
fealo 105.
fearh 106.
fearn 105.
fearr 132.
féda 86.
feđer 105.
fell 106. 140.
feoh 50. 105. 109.
feohtan 105. 293.
feolu 57. 84. 106.
feor 140.
fíf 111.
fisc 56.
fléon 128.
flint 139.
flód 47. 106.
run. flödu 177.
fódor 206.
fola 67. 106.
folde 67.
fón 77.
for 85.
ford 203.
fore 189.
forléosan 129.
fóstor 116.
fót 80. 106. 133. 204.
fremman 149.
fréo 106.
fréond 215.
fréosan 129.
fricʒea 139. 210.
fridu 204.
Fríʒ 61.
friʒnan 294.
fuʒol 58.
fúht 144.
full 140.
furh 106. 131. 249.
fyrsn 70. 106. 132.
ʒafol 79.

ʒár 121.
ʒást 134.
ʒéar 59. 194.
ʒeatwe 168.
ʒebyrd 87. 117. 131.
ʒedyrst 119.
ʒedéon 77. 93.
ʒefede 288.
ʒelutian 299.
ʒeneah 324.
ʒenesan 79. 130. 290.
ʒenóh 45.
ʒeoc 58.
ʒeolo 194.
ʒeonʒ 70. 131.
ʒerǽde 88.
ʒerd 134.
ʒiefan 79. 121.
ʒiefu 79.
ʒiest 44. 121.
Gifedas 55.
ʒilp, ʒealp 139.
ʒimm 52.
ʒinan 298. 315.
ʒinian 315.
ʒlæs 199.
gléaw 61.
ʒod 121.
gomel 168.
ʒonʒ 121.
ʒonʒan 122.
ʒós 120. 205.
ʒrafan 95.
ʒúd 122.
ʒuma 68. 121. 208.
ʒycer 80.
habban 43. 112.
hæfer 107.
hæft 107. 114. 195.
hæle 214.
hænep 133. 136.
hærfest 109.
hætt 139.
hétte 322.
hál 109.
háleʒ 196.
hám 194.
hamor 210.
hara 132.
hát 88.

hátan 327.
hátte 189. 322.
headu- 108.
heafola 109.
héah 89.
healdan 327.
healm 194.
heals 111.
héap 139.
heard 124. 203.
hearm 108.
héawan 327.
hebban 91. 109.
hefiჳ 47. 80.
heht 168.
hell 149.
heofon 143.
heord 109 119.
heorte 70.
heoru 108.
hete 173. 212.
hiჳora 56.
hiwan 108.
hlanc 145.
hléapan 135.
hléoðor 206.
hléotan 89.
hliehhan 128. 129.
hlinian 315.
Hlodwiჳ 90.
hlot 89.
hlúd 90.
hlúttor 150.
hnæp 138.
hnéaw 61.
hniჳan 123.
hnitu 248.
hnutu 248.
hód 139.
hóf 108.
hold 67.
hón 77. 129.
hona 90. 109. 208.
hoppian 135. 316.
hóre 109.
hréaw 109.
hréosan 129.
hrindan 94.
hund 112. 129.
húscl 144.
hwæðer 54.

*hwásan 112.
hwar 275.
hweogul 110.
hwéol 110. 132.
hweorfan 110.
hweowol 132.
hwer 110.
hwit 108. 139.
hwósta 49. 110.
hycჳ(e)an 149.
iernan 140. 296.
lácan 327.
lædan 88. 129. 150.
léran 130.
læt 92. 144.
létan 92. 327.
laჳu 203.
lár 198.
léof 118.
leoht 111.
léoht 81.
léohtbære 86.
léon 110. 128. 290.
licჳ(e)an 121.
líchoma 145.
lídan 88. 127. 129.
liexan 80.
lim 203.
linnan 93.
locc 135.
lócian 139.
lúcan 90.
lunჳor 122.
lútan 143.
mædl 131. 141.
mædlan 141.
mæჳ 324.
mæჳð 123.
mére 63.
másce 134.
mæw 132.
mán 194.
meaht 44. 114.
mearჳ 134.
méd 65.
méðe 288.
mene 56. 244.
meniscillinჳas 56.
meodo 119.
meolcan 71. 87.
meord 65. 134.

mere 55. 56. 88. 143.
    201. 244.
mete 125.
midd 51. 59. 119.
mídan 115.
micჳern 121.
míჳan 144.
minte 52.
miscian 113. 144.
    299.
missan 115.
mist 144.
módor 48. 124.
modðe 68.
mon 140. 324.
móna 63.
mónað 214.
mót 324.
múcჳa 151.
múd 108.
múჳa 151.
munan 69.
múrberie 49.
murnan 295. 315.
mynet 66.
mýs 205.
nacod 134. 150.
næჳl 122. 126.
nafela 118.
nafu 45. 118.
nasu 69.
néad 202.
neaht 114.
nefa 107. 214.
nemnan 85. 140.
neriჳan 79. 130. 149.
nest 56.
nifol 118.
niman 83.
niowe 51.
noma 190.
nosu 69. 187.
ofen 111.
run. olwfwolþu 177.
ondrédan 327.
on(n) 324.
oxa 58. 207.
Oxenaford 203.
óxn 91.
pád 132.
pál 49.

pinsian 53.
pól 132.
port 45.
portic 45.
post 45.
rǽdan 63. 327.
réad 89.
reoma 142.
reord 168. 330.
rídan 88.
rieht 50.
rind 86.
róđor 206.
rond 86. 142.
rów 73.
rówan 73.
rudu 89.
rún 66.
rúnian 66.
rúst 144.
ryꝫe 151.
sǽd 63.
saꝫu 199.
sáwan 76.
scádan 43.
scáf 138. 197.
scéadan 114.
sceafan 90. 293.
sceaft 114.
sceal 324.
sceđđan 92. 112.
scéotan 113.
scínan 113. 295.
scír 65. 113.
scolu 151.
scriđan 127.
scúwa 61.
sealt 43. 76.
séar 44.
seax 45. 80. 125.
sécan 92.
secꝫ 111. 125. 146.
secꝫean 140.
sellan 84.
sendan 86. 130.
séođan 127.
seofon 124.
séon 'seihn' 77. 128.
  290. 297.
séon 'sehn' 50. 110.
  128.

sess 115.
settan 79.
sib(b) 118. 149.
sid 52.
sife 244.
siꝫe 173. 212.
siꝫor 47. 80. 121.
sincan 94. 297.
sinꝫan 122.
sittan 51. 59. 79.
slaꝫu 198.
sléan 95. 128.
slídan 94. 297.
slincan 94. 297.
slúpan 133.
smocc 135.
smúꝫan 135.
sná(w) 123.
snéowan 95.
sniđan 127. 135.
sniwed 123.
snód 69.
snoru 125.
snottor 150.
snówan 73. 95. 319.
some 84.
sond 142.
sót 80.
spadu 113.
spéd 131.
speornan 87.
spere 244.
spíwan 93. 113.
spón 114.
sponnan 296.
spornan 295.
sprota 151.
spurnan 315.
stađol 141.
steall 141.
stefn 143.
stemn 143.
steorra 140.
steort 139.
steupfaedaer 51.
stíđ 114.
stíꝫan 51. 122.
stól 48. 194.
stondan 297.
stów 73.
stréam 148.

studu, studu 248.
súcan 292.
súꝫan 292.
sund 144.
sunu 57.
súr 66.
swađul 95.
swefan 89. 94. 130.
  292.
sweꝫer 124. 131.
swéor 50. 109. 131.
swester, sweostor 51.
  60. 148.
swéte 48.
swindan 57. 70. 93.
  298.
swól 84.
synn 145.
téar 109. 133.
temman 133.
teohhian 132. 150.
téon 'zeihn' 51. 127.
téon 'ziehn' 128.
tien 109. 131.
-tiꝫ 219.
timbrian 148.
tóđ 68. 87. 133. 205.
  215.
tól 69.
tom 84.
top 138.
tredan 87. 292. 296.
tréo 61. 85.
tréowe 61.
treulēsnis 51.
úder 119.
wadan 91. 293.
wadol 141.
wæcnan 295.
wǽꝫ 61. 80.
wæter 60. 210.
wát 44. 60. 324.
wáwan 76.
wealcan 327.
wealdan 327.
weallan 327.
weallian 141.
wealtan 293.
weard 81.
weder 194.
wefan 118.

weꝥan 121.
weordan 86. 108. 127.
  290.
wépan 327.
wer 57.
wesan 129.
widiꝥ 93.
wiers 274.
win 66.
wind 70.
windan 57.
wine 56. 201.
wis 115.
wisson 281.
witan 88.
wód 92.
wóđ 92.
wrinꝥan 297.
writan 51. 60.
wuduwe 56. 60. 119.
wulf 67. 111.
wull 140.
ymb 118.

Mittelenglisch.

cliven 297.
crolle 141.
crous 141.
neder 57.
sticen 297.

Neuenglisch.

brack 143.
dial. samel 142.

Friesisch.

mese 144.
slūta 93. 145. 292.
stifne 143.

Kontinentalrunisch.

leub 51.
leubwini 51.

Mittelniederländisch.

blōsen 47.
kruis 141.

Neuniederländisch.

bakken 139.
brack 143.
kloppen 138.
krul 141.
meer 201.
fläm. mīzelen 144.
poel 132.
slank 145.
slinden 297.
spuwen 93.
straat 49.

Altsächsisch[1]).

aftīhan 51.
ahlōpan 135.
ahsla 91.
akkar 43. 133.
accus 134.
ambahtskepi 137.
ādom 63. 124. 209.
bakkeri 139.
bat, bet 274.
beda 57.
bedon 57.
biðon 56.
biddian, biddean 53.
  57. 94. 149.
bidriogan 119.
bigetan 121.
biklīban 297.
bilīban 124.
biodan 88. 118.
bītan 118.
bium 316.
blōmo 91.
bodo 89.
bodom 118. 209.
bōkan 139.
brōther 48. 108. 117.
dād 63. 91. 119.
dag 119.
darr 119. 324.
diop 132.
dōd 130.
dōg 324.
dohter 58. 119.

dōm 91.
dōn 91. 313. 329.
dōth 130.
drān 84.
drenkian 86.
driosan 88.
dropo 151.
duri, dura 119.
ēgun 324.
ehuskalkos 50. 109.
  112.
ei 61.
ecid 66.
ēkso 213. 324.
ēscon 299.
etan 85.
fader 44. 124.
falu 105.
farlīhan 128. 290.
farliosan 129.
farmunan 69. 324.
farterian 84.
farwerdan 86.
fastunnia 143.
fehu 105. 109.
fer 140.
fern 140.
fethara 105.
fiand, fiund 72.
fīf 111.
findan, fīthan 108.
  127.
flōd 106.
folda 67.
formo 68.
fōt 204.
fregnan 294.
fremmian 149.
frī 61. 106.
frithu 204.
friund 215.
gaman 168.
geba 79.
geban 79. 121.
gēst 134.
giburd 87. 117. 131.
gihugd 336.
gilōbian 88.

---

[1]) c und k werden gleich behandelt, b folgt auf b, d und
th auf t.

ginōg 45.
gisiht 111.
githungan 77.
glau 61.
glītan 297.
god 121.
godkund 87.
graban 95.
gumo 68. 121.
gūđea 122.
gūdhamo 122.
havoro, haðoro 111. 130.
halsmeni 56. 244.
hamur 210.
hangon 311.
hanokrād 109.
hard 124.
haton 311.
hebbian 43. 109. 112.
heðan 143.
hēl 109.
hēlag 196.
helith 214.
hellia 149.
hēm 194.
Heriford 203.
herta 70.
heru- 108.
heti 173. 212.
hīr 65.
hittia 88.
hlinon 50. 315.
hliotan 89.
hōn 96.
hōp 139.
hrā 109.
hrēni 88.
hros 68.
huggian 149.
hund 108.
hwerðan 87. 110.
hweđar 110.
hwīt 139.
hwitt 139.
kar 199.
keosan 129. 290.
kind 87.
knio 61. 133.
kō 48. 134. 147. 205.
krano 133.

kūđ 133.
kuman 84. 134.
kumi 85.
kuniburd 56.
lagulīdandi 203.
lat 144.
lātan 92.
lēdian 88. 129. 150.
leccon 139.
liggian 121.
liof 118.
līthan 127. 129.
lōkon 139.
luttil 150.
magath 123.
magu 123.
mēda 65.
mēn 194.
meri 201.
metod 214.
middi 51. 119.
mīdan 115.
mōdor 48. 124.
mornon 315.
morth 195.
mōtan 115.
mōdi 288.
mūđ 108.
neðal 118.
nemnian 85. 140.
nerian 130.
niman 83.
ōgian 139.
ōkan 44.
pēda 132.
te pincoston 53.
quellian 83.
quik 134.
rādan 63.
rethia 92.
rīki 137.
rōd 89.
rūnon, rūnian 66.
sāđ 63.
sāian 76. 327.
sand 142.
seggian 130.
sehan 128.
sellian 84.
selmo 209.
sendian 86. 130.

settian 79.
sibbia 118. 149.
sibun 124.
sigi 173.
sittian 51. 59. 79.
sīth 274.
scado 60.
skaft 114.
scaldan 293.
skēthan 43. 114.
skiotan 113.
skīr, skīri 65. 113.
skola 151.
slahan 128.
snīdan 135.
sōkian 92.
spado 113.
spōd 131.
stad 113.
standan 297.
stekan 94. 113. 292. 297.
stemna 143.
stōtan 135.
sundea 145.
swester 60.
swimman 144.
swōti 48. 49.
talon 311.
tand 68. 87. 133. 215.
tehan 109. 131.
teman 83.
timbar 85.
timbron 148.
tiohan 128.
treuhaft 51.
treulos 51.
trio, treo 61. 85.
topp 138.
tūn 133.
thagian 107.
thagon 107.
tharf 324.
thengian 53. 93.
thenkian 77. 107.
thenian 83.
thinsan 108.
thiod, thioda 107.
tholon, tholoian 108. 311. 313.

thorn 67. 108.
thorron 107.
thriddio 124.
thringan 52. 77. 93.
thunkian 77.
thurri 67. 107. 132.
thūsundig 145.
thwahan 128. 290.
wakon 311.
watar 60. 210.
wedar 194.
werthan 86. 107. 290.
wesan 129.
wēt 44. 60. 324.
widowa 56. 60. 119.
wīk 173.
wini 201.
wliti 60.

Mittelniederdeutsch.

brakig 143.
ettik 66.
vechten 298.
funke 71.
heger 56.
hervest 109.
lat 92.
mist 144.
prūsten 132.
slūten 93. 292.

Neuniederdeutsch.

slap 133.
snūven 138.
sōr 44.

Althochdeutsch[1]).

after 54.
aha 43. 110.
ahir, chir 80.
ahsala 91.
ahto 114.
ahhar, ackar 43. 133. 149.
ackus, acchus 47. 80. 134. 150.
alt 130.

ambaht, ambahti 137.
an 324.
ungi, engi 43.
ango 274.
angust 121.
ancha 125.
anst 87.
anut 47. 80. 81.
apful, afful 149.
aran 132.
ās 115.
ast 134.
ātum 63. 124. 209.
bahhan, bacchan 95. 139. 293. 294.
bāgan 297.
bannan 296.
bano 84.
bāri 86.
barn 195.
baz 274.
beinsegga 50.
beizzen 87.
bendil 194.
beran 50. 83. 117.
berg 52.
berien 84.
-bern 71.
beta, bet 57.
betōn 57.
bibar 118.
bibēn 56. 319.
bieza 66.
biginnan 296.
bīhal 141.
bilīban 124.
bilinnan 93.
bim 316.
bintan 52. 86. 118.
biotan 88. 118.
bireiti 88.
bircha, birihha 81.
bittar 150.
bitten 57. 94. 149.
bīzzan 87. 118.
blat 44.
-blīhhan 297.
blint 52.

bliuwan 61.
bluomo 91.
bluostar 116.
bluot 199.
bluozan 327.
bodam 58. 118.
bok 58. 139.
borōn 50. 68. 313.
boto 89.
bouhhan 139.
brehhan 94.
breman 143.
bringan 77.
brinnan 296.
broccho 151.
bruoder 48. 108. 117.
bruoh 48.
būan 74. 117. 327.
buog 48. 118. 203.
buohha 48.
Buochunna 48.
dagēn 107. 307.
dah 134.
rheinfr. danne 119.
dār 275.
darana 166.
darazuo 166.
darba 199.
darf 324.
darmite 166.
demar 85.
denchen 77. 107.
dennen 83. 149.
der 275.
derren 86.
dīhan 53.
dili, dilla 52. 107.
dinsan 108.
dinstar 148.
diot, diota 107.
Thiotmalli 131.
diufa, diuba 130. 197.
diutisc 196.
dolēn, dolōn 108. 311.
dorn 67. 108.
dorrēn 107.
drescan 299.
dringan 52. 77. 93.

---

[1]) c, ch, k sind gleichwertig, ebenso th und d, v und f; qu folgt auf p.

dritto 124.
dunchen 77.
dunni 108. 140.
durri 67. 107. 132.
duruhbillöt 141.
dūsunt 145.
salfränk. þuschunde 145.
dwahan 128. 290.
egisōn 54.
ei 61.
eigum 324.
eiscōn 114. 299.
eittar, eitar 150.
elina 53.
elthiron, eltiron 114. 130.
engi 121.
enit 47. 80. 81.
ēr 43.
ēra 198.
erbinomo 85.
erda 52.
erren 71.
ewit 60.
ezzan 46. 53. 133.
ezzih 66.
ezzo 207.
fāhan 77.
fallan 112.
falo 105.
farh, farah 106.
farliosan 129.
farn 105.
farro 132.
farwerten 86.
fasto 274.
fater 44. 124.
fatureo 146.
fedara 105.
fēh 109.
fehtan 105. 114. 298.
fel 106. 140.
fendo 86.
fēra, fiara 65.
ferio, fero 149.
ferro 140.
fersana 70. 106. 132.
ferzan 71.
fesa 125. 168.
fiant 72. 76.

fīhala 132.
fihu, fehu 50. 57. 106. 109.
filu 57.
fimf, finf 111.
findan 108. 127.
fir- 85. 106.
firni 140.
firspirnan 87. 295.
fisk 56.
flehtan 67. 298.
flec 139.
fluot 47. 106.
fogal, fugal 58.
fol 140.
folo 67. 106.
fora 68. 85. 106. 189.
forha 106. 131.
forscōn 67. 144. 299.
frabali, fravali 125.
frāgēn 299.
fremmen 149.
Frīa 61.
fridu 204.
friosan 129.
friunt 215.
frō, fruo 47.
fūht 144.
funcho 71.
fuotar 106. 206.
fuoz 86. 106. 133. 204.
furisto 68. 106.
vurt 203.
furuh 106.
gabissa, gavissa 125. 168.
gān 319.
ganeista 144.
gang 121.
gangan 122.
gans 121. 205.
garo 194.
gart 134.
gascaft 168.
gast 44. 121.
geba 79.
geban 79. 121.
geist 134.
gelpf 139.
gelo 194.

gēr 121.
gerta 134.
gibirgi 52.
giburt 87. 117. 131.
gidīhan 93. 97.
gīēn 76. 121. 298. 311.
gifēh 110.
gilouben 88.
gimma 53.
gimunt 69.
ginah 45. 324.
ginēn, ginōn 315.
ginesan 79. 130. 290.
ginuog 45.
gisiht 114.
gīt 121.
gitar 324.
giwahannen 95. 295.
gizehōn 132.
glas 199.
glīzan 297.
glouwēr 61.
gomo 68. 121. 208.
got 58.
grāfio, grābio 130.
grif 88.
gruntsellōn 141.
gundfano 122.
gutin 58.
habaro 117. 130.
habēn 43. 112.
hadu- 108.
haft 107. 114. 190.
hagustalt 47.
hāhan 77. 129.
hahsa 109.
halm 194.
hamar 210.
hanaf 133. 136.
hangēn 311.
hano 90. 109. 208.
harm 108.
harti, herti 124. 203.
harto 274.
haso 132.
hazzēn 311.
heffen 92. 109. 305.
hefīg, hebīg 130. 197.
hehara 56.
heil 109.

heilac 196.
heim 194.
heiz 88.
helan 67. 292.
helid 214.
hella 149.
helm 209.
henken, hengen 77.
129.
herbist 109.
herta 109.
herza 70.
hiar 65.
hīnaht 165.
hintana 188.
hirni 87.
hiuro 165.
hiutu 165.
hīwo 108.
hizza 88.
hlahhen 129.
hlinēn 315.
hliozan, liozan 89.
hliumunt, liumunt 69.
108.
hloufan 135.
Hludwīg 108.
hlūt, lūt 80. 90.
hlūttar 150.
hnapf, napf 138.
hnīgan 123.
hogēn 58. 311.
hōh 53. 89. 131.
hōhida 53.
horn 87. 195.
houf 139.
hreini 88.
huggen 58. 149.
hunno 145.
hunt 'Hund' 108. 112.
hunt '100' 109. 124.
142.
huof 108.
huoh 109.
huon 91.
huorra, huora 109.
huosto, hwuosto 49.
110.
huot 139.
hūt 51.
hwedar 110.

hwerfan, hwerban 87.
110.
hwergin 275.
hwīz 109. 139.
īla 141.
innan 188.
intrinnan 296.
intswebben 130.
irdīn 52.
irleskan 299.
irmin 287.
irminsūl 53. 55.
itaruchen 133.
jār 59. 194.
jehan 60.
jesan 60.
jetan 60.
joh 58.
jung 71. 131.
kallōn 133.
kamb 45. 118. 133.
kan 324.
char 199.
kara 46.
kēn, chien 65.
kīl 141.
chimeinidh 236.
kinni 140.
chind 52. 87.
kiosan 129. 133. 290.
kitzilōn 150.
kiuwan 59.
chlaphōn 138.
klenan 295.
chleta, chletta 151.
klīban 297.
klimban 297.
klopfōn 138.
chnabo, chnappo 151.
knetan 292.
chniu 61. 85. 133.
chnodo, chnoto 139.
141.
chnōt, chnuat 47.
chnussen 141.
kochōn 45.
chone 134.
corōn 58.
kostōn 50.
chranih 47. 133.
Chrēh, Chrieh 66.

cuman, coman 292.
kumft 68.
chumi 85.
kund 133.
kuning 47.
kunni 85.
chuo 48. 134. 147.
205.
kuoli 84.
kuoni 84.
kupfar 150.
churi 58.
lant 87.
laz 92.
lāzzan 92.
lebēn 307.
leffil, lepfil 150.
leiten 88. 130. 150.
leitid 214.
lecchōn 139. 316.
lēra 198.
lēren 130.
lesan 129.
leskan 144.
līdan 88. 127. 129.
liehsen 80.
liggen 122. 310.
līhan 110. 128. 290.
līht 111.
linnan 296.
liob 118.
lioht 81.
lobēn 307.
loc 135.
loskēn 143. 299.
lōz 89.
lūhhan 90.
lungar 122.
luog 80.
luogēn 139.
lūrra 48.
lutzil 150.
Madalgart 141.
Madalgēr 141.
Maginza 45.
mag 324.
magad 123.
mago 253.
mahal 141.
maht 44. 114.
mahtīg 196.

man 140.
māno 63.
mānōd 214.
marg 134.
māri 63.
māsca, masca 134.
maz 125.
mĕh 132.
mein 194.
melchan 71.
menni 56.
mĕr 274.
meri, mari 55. 56. 88. 143. 201. 244.
mĕta, miata 65.
mezzirahs, mezziras 125.
mezzisahs 125.
mias 66.
mīdan 115. 127.
mihhil 53.
min 274.
minze 52.
misken 113. 144. 299.
missa-, missi- 115.
missen 115.
mist 144.
mitti 51. 59.
mittigarni 121.
mord 195. 197.
mornēn 295. 315.
mund 108.
muniz, munizza 66.
muodi 288.
muoter 48. 124.
muoz 115. 324.
mūrberi 49.
mūrboum 48.
murmurōn 143.
mūs 205.
naba 45. 118.
nabalo 118.
nagal 122. 126.
naht 114.
nackot, nahhot 134. 150.
namo 190.
nara 199.
nebul 118.
nefo 107. 214.
neman 50. 83.

nemnen, nemmen 85. 140.
nerien 79. 130. 149.
nest 80. 134.
nift 114.
nicchessa 150.
nioro 123.
niuwi 51.
niuwōn 51.
nusta 69.
nuzzi 89.
ofan 111.
ohso 58. 207.
ōra 45.
ougen 139.
ouhhōn 44.
ouwa 132.
pfāl 49.
pfeit 132.
pflanza 45.
pforzih 45.
pfost 45.
pfuol 132.
quedan 83. 127. 134.
quec 134.
quelan 83.
quellan 295.
quellen 83.
queman 84. 134.
quena 50. 69. 84. 134.
queran 46.
quist 144.
rabo 151.
rad 44. 108.
rant 86. 142.
rappo 151.
rātan 63.
rātīh 49.
rāwa 73. 91.
redia 92.
reht 50. 52.
riemo 66.
rīhhi 137.
rihtī 52.
rinka 150.
rinnan 140. 296.
riob 197.
ringan 297.
rinta 86.
rīsan 128.

rītan 88.
riuva 197.
rīzzan 51. 60.
rō 109.
rokko 151.
rōr 132. 199.
ros 68.
rost 144.
rōt 89.
rūna 66.
rūnēn 66.
ruodar 206.
ruowa 73. 91.
sāen 76.
saf 45.
saga 199.
sagēn 130.
sahs 45. 80. 109. 125.
salz 43. 71.
salzan 90.
sam 45.
samo 84.
sāmo 209.
sang 86.
sant 142.
sāt 63.
sedal 141.
seh 80. 109.
sehan 50. 110. 128.
senten 86. 130.
sēnu 165.
sezzen 79.
sibun 124.
sīd 274.
sigi, sigu 47. 121. 173. 212.
siginomo 53.
sīhan 77. 94. 128. 297.
siht 111.
sind 52.
singan 122.
sinkan 94. 297.
sinnan 145. 295.
siodan 127.
sippea, sippa 118. 149.
sizzen 51. 59. 79.
scaban 90. 293.
scadōn 112.

scaft 114.
scal 324.
scaltan 293.
scamēn 142.
scant 142.
scato 60.
sceffidh 214.
sceidan 43. 114. 333.
sceltan 293.
skēro, skiaro 65.
scīnan 114. 295.
sciozan 113.
scolla 151.
skrīan 295.
scrirun 281.
scrōtan 327.
scūwo 61.
slaf 133.
slaga 198.
slahan 128.
slīfan 297.
slīhhan 94.
slintan 94. 297.
sliofan 133.
sliozan 93. 145.
smoccho 135.
snēo 123.
snīdan 127. 135.
snīwit 123.
snottar 150.
snuor 49. 69.
snura 125.
soht 58.
spāhi 83.
spaltan 293.
spān 114.
spannan 296.
speho 207.
spehōn 109. 113.
spinnan 295.
spiren 281.
spīwan 93. 113.
spornōn 315.
springan 297.
sprīzalōn 297.
sprozzo 151.
spunni 113.
spuot 131.
spurihalz 114.
spurnan 87. 295.
315.

stadel 141.
stal 141.
stantan 95. 297.
stat 113.
steg 56. 88.
stega 56.
stegōn 56.
stehhan 94. 113. 292.
297.
steinaht 196.
stelan 67. 83.
stēn, stān 310.
stengil 194.
sterno 113. 140.
stero 113.
sterro 140.
sterz 139.
stīgan 51. 122.
stimna 143.
stollo 140.
stornēn 315.
stōzan 135. 327.
strāzza 49.
strōm 148.
stuol 48. 194.
stuowan 73.
sūgan 292.
suht 58.
sum 85.
suntea 145.
suohha 80.
suohhen 92.
suozi, swuozzi 48. 49.
suozo 274.
swadem 95.
swāro 274.
swedan 95.
swehur 50. 58. 109.
121.
swester 51.
swigar 124. 131.
swimman 89. 140.
295.
swīn 66.
swīnan 70. 93. 295.
swintan 57. 70. 93.
298.
tāan 293.
tāt 63. 91.
teta 168. 329.
tiof 133.

tohter 58.
tor 58.
tōt 130.
toug 324.
trahho, traccho 151.
trenchen 86.
treno 84.
tretan 87. 292.
trinkan 86.
triuwi 61.
troffo, tropfo 151.
trōren 88. 130.
tunchal, tunchar 87.
tuom 91.
tuon 91. 313. 329.
Tuonouwa 48.
turi 54.
ubarwehan 291.
uber 54.
umbi 118.
ungibilōt 141.
unst 87.
uoba 199.
uohsana 91.
urchnāt 202.
ūzan 188.
wadal 141.
wāen 76.
wāg 80.
waganso 122.
wahhēn 311.
wahsan 144.
Walha 45.
wallan 295.
wallōn 141.
walzan 293.
wanna 145.
warm 123.
warnēn, warnōn 315.
Wascono lant 45.
wast 144.
watan 91. 293.
wazzar 60. 183. 210.
weban 118.
wegan 121.
weiz 44. 60. 324.
weizen 88.
wella 140.
werdan 86. 108. 127.
290.
werid 81.

wesan 129. 290.
wesanēn 95.
wetan 292.
wetar 194.
wīda 93.
wīgan 95. 292.
wīh 173.
wīhan 77. 95. 110. 291.
wille, willu 345.
wini 56.
Winida 55.
wint 70.
wintan 57. 70. 95.
winzuril 49.
wirs 274.
wīs 115.
wissun 281.
wituwa 56. 60.
wīzaga 208.
wīzan 88.
wolf 67. 111.
wolla 140.
wulpa 150.
wuot 92.
wuotag, wuotīg 196.
wurgen 297.
zahar 109.
zam 84.
zand, zan 68. 87. 133. 205. 215.
zangar 294.
zēha 132.
zehan 109. 131.
zeman 83.
zemmen 83. 133.
zerren 84.

ziagal 66.
ziahha 66.
zīhan 51. 127.
zimbar 85.
zimbarōn 148.
zilēn, zilōn 311.
zinna 145.
zins 53.
ziohan 128.
zittarōn 319.
zocchōn 139. 315.
zopf 138.
-zug 131.
zūn 133.
zwelif 130.

Mittelhochdeutsch [1]).

ber 84.
diupe 150.
drīhe 53.
md. *verse* 132.
verwesen 95.
Virgunnia 106.
gābe 83.
gæbe 83.
geswister 52.
glinzen 297.
hal 110.
knolle 141.
krīschen 143. 299.
krīzen 143. 299.
krūs 141.
līn 93.
lüschen 299.
matte 68.
meisch 134.

motte 68.
pfinztac 53.
schuor 84.
md. *slanc* 145.
slīten 297.
snitzen 135.
md. *snüben* 138.
spate 113.
spelte 293.
spenvarch 173.
sprinzen 297.
stutzen 135.
ndrhein. *ūr* 49.
wergen 297.
wülpe 125. 150.
zeche 132.
zersprīzen 297.
fränk. *zēwe* 132.
zīdelbast 141.
zīlant 141.
zint 87. 145. 215.

Neuhochdeutsch.

ausgemergelt 134.
blinken 297.
schweiz. *brocha* 151.
Finne 136.
schwäb. *fuchzē* 111.
funke 210.
futteral 106.
habergeiss 107.
keidel 141.
kroll 141.
schepp 138.
schweiz. *šprotzǝ* 151.
Waal 136.

[1]) *v = f*.

Berichtigungen und Nachträge.

Seite 1, Zeile 3 v. u. lies: herausgeg. von Theodor Aufrecht und Adalbert Kuhn, Bd. 1. 2. Berlin 1852. 53; von A. Kuhn, Bd. 3—22 . . . .

S. 5, Z. 13 v. o. lies: Edward Schröder.

S. 16, Z. 1 v. o.: Qvigstad bestreitet im Gegensatz zu W. Thomsen, daß die aus dem Nordischen ins Finnisch-Lappische eingedrungnen Lehnwörter über die Vikingerzeit hinausreichten, und leugnet dementsprechend die Möglichkeit, aus ihrer Gestalt Schlüsse auf die urgerm. Lautform zu ziehn. Vgl. die Anzeige des Werkes IF. Anz. VI. Heft 1/2.

S. 34, Z. 8 v. u. lies: im Sonderleben.

S. 45, Z. 15 v. u. lies: *Wascono lant.*

S. 46, Z. 17 v. o. lies: aisl. *berande.* — Z. 8 v. u. lies: *hario-.*

S. 48, Z. 12 v. u. lies: **Dōnawi.*

S. 50, Z. 5 v. o. lies: *ūtaþrō.*

S. 53, Z. 3 v. u. lies: ae. *déof.* — Letzte Zeile lies: Grundriß II, § 80.

S. 58, Z. 6 v. o. lies: *vidúṣī.*

S. 60, Anmerkung zu § 72. Die angeführte Vermutung von Sievers ist recht unsicher, namentlich, seitdem neuerdings L. Sütterlin, IF. IV. 100, ahd. *jehan* und *eihhan* miteinander verknüpft hat. Ist diese Verbindung richtig, so hätte *jehan* idg. *i̯* im Anlaut. Auch Hirts Deutung von *iu* ist schwerlich richtig.

S. 64, Z. 17 v. o. lies: aisl. *spǫnn.*

S. 69, Z. 17 v. o. lies: ἀδρός.

S. 72, Z. 17 v. u. lies: as. *fĭand, fiund.*

S. 76, Z. 1 v. o. lies: westnord. *būa.*

S. 80, Z. 6 v. u. lies: ahd. *liehsen* 'lucidus'.

S. 87, Z. 3 v. o. lies: ahd. *zand.* -- Z. 11 v. u. lies: ahd. *chind.*

S. 89, Z. 2 v. o. lies: ahd. *hliozan.* — Z. 3 v. o. lies: aisl. *hlaut* 'Opferblut'.

S. 93, Z. 1 v. u. streiche: und *suia.*

S. 98, Z. 25 v. o. lies: IF. VII, Heft 1.

S. 109, Z. 19 v. o. lies: ahd. *hĕrbist.*

S. 110, Z. 2. v. u. lies: mhd. *hal.*

S. 113, Z. 19 v. o. lies: ae. *spadu* . . . ahd. **spato.*

S. 118, Z. 10 v. u. lies: as. *nebal.*

S. 128, Fußnote 2 ergänze: **flahan.*

S. 132, Z. 11 v. o. lies: aisl. *hiól.*

S. 136. Der Name der *Waal* ist zu chronologischen Schlüssen nicht zu benutzen; denn das *c* in Caesars *Vacalus* kann nur die stimmlose germ. Spirans wiedergeben. Vgl. G. Kossinna, PBrB. XX. 295. 301.

S. 139, Z. 4 v. o. lies: ahd. *gelpf;* Z. 5: aisl. *gialfr.*

S. 141, Z. 8 v. o. lies: ahd. *gruntsellōn.*

S. 150, Z. 14 v. u. lies: ahd. *kitzilōn.*

S. 151, Z. 15 v. o. lies: ae. *dropa.*

S. 165, Z. 13 v. u. lies: ahd. *hiuro.*

S. 168, Z. 7 v. o.: E. Wadstein, IF. V. 12 f. bestreitet mit guten Gründen Kluges Herleitung von aisl. *gamall* aus **ʒá-mǣl-* 'bezeitet' und nimmt als Grundbedeutung 'verkrüppelt, geschwächt, gebrechlich' an, indem er das Wort aus *ʒa-ham-* herleitet, vgl. aisl. *hamla* 'verstümmeln'.

S. 174: b) Nach B. Kahle, dem A. Kock (brieflich) zustimmt, soll *i* zuerst im ersten Glied von Kompositis geschwunden sein, ohne Umlaut zu bewirken. Ist diese Annahme richtig, so verschiebt sich die Chronologie der nordischen Synkopierungen etwas.

S. 175, Z. 7 v. u. lies: *barūtn.*

S. 188, Z. 6 v. o. lies: ae. *hindan.*

S. 199, Z. 15 v. u. lies: aisl. *reyrr.*

S. 201, Z. 16 v. o. lies: ae. *cyre.*

S. 202, Z. 5 v. o. lies: *ur-chnät.*

S. 205, Z. 1 v. o. lies: aisl. *tǫnn* F., *-tannr* in Kompositis wie *Hildetannr;* Z. 14 v. o. lies: aisl. *mús,* Plur. *mýss;* Z. 15 lies: aisl. *gýs.*

S. 206, Z. 12 v. o. lies: ae. *bealdor;* Z. 5 v. u. lies: 'Rudern'.

S. 209, Z. 11 v. o. lies: as. *selmo* 'Bett'.

S. 212, Z. 3 v. o. lies: aisl. *rǫkkr.*

S. 241, Z. 2 v. o.: Nach A. Kock, Arkiv f. nord. filologi VIII. 256 ff. sollen auch die kurzstämmigen Nominative lautgesetzlich Umlaut haben (*iʀ*-Umlaut). Vgl. auch E. Wadstein, PBrB. XVII. 412 ff.

S. 243, Nr. 3 b. Vgl. auch S. Bugge, Norges Indskrifter med de ældre Runer. S. 65.

S. 332: Dieselbe Erklärung des *ê* in den nord- und westgermanischen 'reduplizierenden Präteritis ohne Reduplikation', wie sie Brugmann, IF. VI. 89 ff. bringt, hat auch, unabhängig von ihm, Fr. A. Wood gefunden; vgl. dessen Germanic Studies II. S. 27 ff., Chicago, The University of Chicago Press 1895. Ob die Erklärung trotz dieses Zusammentreffens haltbar sei, muß die Zukunft entscheiden. Vorläufig scheint es mir, daß sie die vorhandnen Schwierigkeiten nicht völlig zu überwinden im Stande sei. So versteht man z. B. bei der Zusammenstellung von *lḗtan* mit lit. *léidžiu* nicht, warum idg. *ḗi̯* im Präsens germ. *ǣ* ergiebt (d. h. schon in idg. Urzeit den zweiten Diphthongalkomponenten verloren hat), während im Präteritum das idg. *ēi̯* ins Urgermanische hinübergenommen und erst in einzelsprachlicher Zeit nach Jellineks Gesetz zu *ē* reduziert sein soll u. a. m. Man vergleiche auch über *ê* die Andeutungen J. Francks (IF. Anz. V. 283), der an der Erklärung des westgerm. *ê*, die an das *e* de Reduplikationssilbe anknüpft, festhält.